재외한인연구의 동향과 과제

공저자 소개 _____

윤인진 고려대학교 사회학과 교수
최우길 선문대학교 국제관계학과 교수
성동기 인하대학교 국제관계연구소 연구교수
심헌용 군사편찬연구소 선임연구원
임영언 전남대학교 세계한상문화연구단 연구교수
김인덕 성균관대학교 동아시아학술원 연구교수
민병갑 Queens College and the Graduate Center of the City University of New York 석좌교수
장서현 The University of New York, Graduate Center 사회학과 박사과정 재학 중
송다은 고려대학교 대학원 사회학과 석사과정 재학 중
임영상 한국외국어대학교 사학과/대학원 글로벌문화콘텐츠학과 교수
라경수 고려대학교 아세아문제연구소 HK연구교수

재외한인학회총서 1
재외한인연구의 동향과 과제

2011년 2월 28일 초판 1쇄 발행
2011년 6월 30일 초판 2쇄 발행

지 은 이 | 윤인진 외
펴 낸 이 | 이찬규
펴 낸 곳 | 북코리아
등록번호 | 제03-01240호
주   소 | 462-807 경기도 성남시 중원구 상대원동 146-8 우림2차 A동 1007호
전   화 | 02) 704-7840
팩   스 | 02) 704-7848
이 메 일 | sunhaksa@korea.com
홈페이지 | www.bookorea.co.kr
ISBN 978-89-6324-108-1 (93300)

값 20,000원

재외한인학회총서 1

재외한인연구의 동향과 과제

윤인진 외 지음

북코리아

PREFACE

국내에서 재외한인연구가 본격화된 것은 1988년에 재외한인연구회(현 재외한인학회)가 창립된 이후다. 초기에는 소수의 연구자들이 연구회 성격으로 월례발표회와 연례학술대회를 꾸준히 개최하고 어렵게 수합된 논문들을 학술지 『재외한인연구』에 게재하였다. 1990년대 중반부터는 국내에서 학위를 취득한 연구자뿐만 아니라 미국, 일본, 유럽 등지에서 재외한인 관련 박사학위를 취득한 신진 연구자들이 가세하면서 재외한인연구가 양적으로 성장했다. 또한 이 시기부터는 『재외한인연구』에 게재된 논문들이 대부분 교수 또는 연구원 등 전문 연구자들에 의해 작성되는 등 재외한인연구가 학술적인 분야로 자리 잡았다. 그리고 2000년대에 후반에 가서는 조선족 유학생들이 국내 대학원에서 석·박사 학위를 취득하고 신진 연구자로 등장하면서 재외한인연구의 중요한 집단으로 성장했다.

연구주제 면에서도 재외한인연구는 초기에는 역사학적·인문학적 접근이 대부분이었으나 1990년대 중반부터는 사회과학적 접근이 중심축을 이뤘다. 이런 결과는 사회학, 정치학, 언어학, 교육학, 법학, 언론학 등을 전공하는 연구자들이 재외한인을 연구하고 그 결과물을 출판하기 시작했기 때문이다. 2000년대 후반에 가서는 임영상 교수를 중심으로 문화콘텐츠학이 재외한인연구와 접목되었고, 윤인진 교수가 디아스포라와 다문화주의를 재외한인연구와 접목하면서 재외한인연구가 새로운 영역으로 확장되었다. 2010년 12월에는 재외한인학회의 연례학술대회에서 "재외한인연구와 한국학: 연계와 통합의 모색"이라는 주제로 다수의 논문들이 발표되면서 재외한인연구와 한국학의 연계와 통합을 통한 양 학문의 경계를 확장하는 시도를 했다.

재외한인연구가 발전하는 데는 헌신적인 개인 연구자들의 공로 외에도 연구기관들의 기여도 큰 몫을 했다. 국내 재외한인연구의 초석을 놓은 연구기관으로는 1964년에 설립된 해외교포문제연구소를 꼽을 수 있다. 이구홍 사무국장(이후 해외교포문제연구소 소장과 재외동포재단 이사장 역임)의 리더십으로 설립된 해외교포문제연구소는 재일동포사회를 중심으로 전 세계 재외동포들의 실태를 파악하고 재외동포정책을 수립하는 데 선도적인 역할을 했다. 특별히 연구소가 발행하는 『교포정책자료』는 사방에 흩어져 있는 재외한인 관련 연구물과 자료들을 수집하여 연구자들에게 제공함으로써 재외한인연구의 데이터베이스 역할을 수행했다.

재외한인학회는 국내에서 재외한인연구를 전문적으로 수행하는 연구학회로서 1988년에 이광규 교수가 창립한 이후 한경구 교수, 이종훈 박사, 백영옥 교수가 학회장직을 맡으면서 재외한인에 관한 연구조사 사업과 재외동포정책 개발을 지속적으로 수행해 왔다. 2009~2010년에는 윤인진 교수가 학회장이 되면서 학회 조직을 정비하고 학술활동을 활발히 하면서 재외한인연구 발전의 토대를 마련했다. 특히 임영상 교수가 편집위원장으로 활동하는 기간에 학회지인 『재외한인연구』가 한국연구재단의 등재후보지로 선정되면서 재외한인연구의 학술적 가치를 인정받았고, 2011년부터는 학회지에 투고하는 논문 수가 급증하고, 연 2회 발간하던 것을 연 3회로 늘리는 등 괄목한 성장을 했다.

전남대학교 세계한상문화연구단은 국내 한인 디아스포라 연구의 중심으로서 재외한인연구의 독립적인 축을 형성했다. 임채완 교수의 지도력으로 연구단은 2003년부터 3년간 한국학술진흥재단(현 한국연구재단) 지원과제인 "세계 한상네트워크와 한민족문화공동체 조사연구"를 수행하고 많은 학술서적과 논문을 출판했다. 그리고 2006년부터는 국내에서 유일하게 대학원 과정에서 디아스포라학과를 개설하고 재외한인연구 차세대 학자들을 양성하고 있다. 연구단은 재외한인학회와 공동으로 학술대회를 개최하는 등 협력관계를 유지하면서 재외한인연구 발전의 추동력을 제공하고 있다.

이외에도 평화문제연구소는 통일·북한문제 관련 제반 사안에 대한 정책 연구 및 이론을 개발하는 연구기관인데, 통일과정에서의 재외동포사회의 역할을 중시해서 재외동포 관련 학술회의를 개최하고 연구논문들을 학술지 『통일문제연구』에 게재해 왔다. 해외한민족연구소는 이윤기 소장에 의해 1989년에 설립되어 매년 중국조선족 학생백일장 및 민속절 행사 등을 통해 한민족 네트워크에 힘써 왔다. 순수한 학술단체라기보다는 민간동포활동 기관이지만 이곳에서 발행하는 연구지인 『한민족공동체』는 재외한인 관련 연구논문들을 게재하고 있다. 한국민족연구원은 조정남 교수의 지도력으로 1998년에 설립되어 전 세계적으로 부상하고 있는 인종과 민족, 그리고 민족주의 등의 문제를 다루는 연구기관이다. 재외한인은 이 기관의 중요한 연구과제 중의 하나이고, 이곳에서 발간하는 『민족연구』는 현대의 제반 민족문제의 근원적 실체와 이의 발전적 해결을 모색하는 논문들을 게재하고 있다. 한국학중앙연구원의 정영훈 교수가 학회장직을 수행했던 한민족학회 역시 재외한인 관련 학술활동을 지속적으로 수행하고 있는데, 특히 한민족공동체의 이론과 실천 방안을 중심으로 연구활동을 수행해 왔다.

이렇게 헌신적인 개인 연구자들과 연구기관들의 수고로 재외한인연구는 어려운 여건 속에서도 꾸준히 발전해 왔다. 앞으로 재외한인연구가 새로운 도약의 발판을 마련하기 위해서는 이 학문 분야가 갖고 있는 기회요인과 위험요인을 정확하게 파악해서 기회는 극대화하고 위험은 최소화하는 지혜가 필요하다. 재외한인연구가 갖고 있는 기회요인은 무엇보다 전세계 170여 개국에 거주하는 700만 명의 재외한인이라고 할 수 있다. 이런 큰 규모의 재외한인을 연구하고 대변하는 만큼 재외한인연구는 엄청난 잠재력을 갖고 있다. 더욱이 2012년 국회의원 총선부터는 재외국민 참정권이 부활되기 때문에 재외한인이 모국 정치에 행사하는 영향력이 확대되고 이로 인해 모국 정부는 재외한인에 대해 더욱 큰 관심을 갖고 지원을 확대할 것이다. 이때 재외한인 연구자들이 재외국민 참정권에 대해서 연구하고 정책대안을 제안하게 되면 학술적 기여뿐만 아니라 사회적 영향력도 증대할 수 있는 좋은 기회를 맞게 될 것이라고 생각한다.

반면 위험요인은 재외한인 연구자들의 수가 적고, 학문 분야들이 분산되어 있기 때문에 학문의 구심점을 갖기 어렵다는 것이다. 이로 인해 재외한인연구는 소수의 연구자들의 역량과 헌신에 따라 성장과 침체를 반복하는 불안정한 구조를 갖고 있다. 따라서 재외한인연구가 지속성장을 하기 위해서는 재외한인연구의 잠재적 자원을 결집하고, 재외한인 연구자들 간의 소통과 학제 간 연구를 활성화하는 것이 필요하다. 그리고 실제로 상당한 수준의 재외한인 관련 연구를 축적해 온 한국어 교육, 문학, 재외동포 교육, 선교 등과 같은 학문 분야의 연구자들을 재외한인학회와 같은 학문 공동체로 이끌어 내는 노력이 필요하다. 그리고 재외한인연구에서 두드러지게 나타나는 지역 간, 국가 간 연구성과의 불균형을 해소하기 위해 선행연구가 미진한 지역과 국가(예를 들어, 중남미, 유럽, 오세아니아, 동남아시아 등)에 거주하는 재외한인에 대한 연구가 적극적으로 추진되어야 한다. 끝으로 재외한인사회를 둘러싼 국내외적 환경 변화에 적극적으로 대응하고 이런 과정에서 재외한인연구의 외연을 확장하는 노력을 해야 할 것이다. 예를 들어, 정보통신교통의 발전으로 날로 확장되어 가는 초국가적 네트워크를 재외한인연구의 중요한 주제로 선정해서 디아스포라의 관점뿐만 아니라 초국가주의 관점에서 재외한인연구를 진행하는 노력이 필요하다. 그리고 최근 한국 사회에서 부상하는 다문화주의 연구를 재외한인연구와 접목해서 재외한인연구의 영역을 확장하는 것도 필요하다. 일찍이 재외동포는 다인종·다문화 사회에서 상이한 문화집단들과 공존하는 방법과 기술을 체득한 사람들이다. 이들의 경험으로부터 다문화 사회로 진입한 한국 사회가 문화 간 공존의 지혜와 기술을 배운다면 많은 시행착오를 줄일 수 있을 것이다. 아울러 역사학, 문화연구 등의 여러 학문연구의 이론과 방법을 통섭하는 새로운 학문 분야로 부상하는 문화콘텐츠학은 재외한인연구의 새로운 영역으로 적극 포섭해야 할 것이다. 재외한인의 이주와 정착의 역사, 원로 한인들의 생애사, 코리아타운, 전통명절 등은 학술적 가치뿐만 아니라 관광문화산업의 콘텐츠로 삼기에 부족함이 없다. 그리고 재외한인연구가 학술적 기여뿐만 아니라 재외동포사회의 발전에도 기여하려 한다면 재외한인사회의 문화콘텐츠를 발굴하고 관광문화자원으로 개발하는 데에도 노력을 기울여야 할 것이다.

미래를 준비하기 위해서는 과거를 돌아보고 현재를 성찰하는 것이 필요하다. 국내에서 재외한인연구의 중심 역할을 해 온 재외한인학회가 설립된 지 23년이 지난 현 시점에서 재외한인연구의 동향을 살펴보고 앞으로의 과제를 모색하는 것은 매우 의미 있는 작업이라고 생각한다. 따라서 본 저서에서는 국내외에서 출판되었거나 간행되었던 재외한인 관련 문헌들을 검색하고 분석하여 재외한인연구의 동향을 파악하고, 기존 연구의 문제점 또는 한계점을 진단하고, 앞으로의 발전 방향을 모색하고자 한다. 이를 위해 일군의 연구자들이 대표적인 재외한인 거주국인 중국, 일본, 독립국가연합, 미국의 한인들에 관한 선행연구의 동향과 성과를 평가하고 향후 연구과제를 모색하는 작업을 진행했다. 그 결과로 『재외한인연구의 동향과 과제』라는 저서가 북코리아에서 재외한인학회총서 1호로 출판됐다.

제1장에서 윤인진은 재외한인 관련 문헌들을 체계적이고 일관되게 검색하기 위해서 한국교육학술정보원이 제공하는 학술연구정보서비스를 활용하였다. 검색 대상 문헌들은 국내 대학원에서 간행된 석·박사 학위논문들과 국내 전문학술지에 출판된 논문들이다. 문헌들에 대한 내용분석을 통해 재외한인연구의 특성과 경향을 분석하고 그간 성과와 한계를 평가했다.

제2장에서 윤인진은 재외한인학회의 공식 학회지인 『재외한인연구』의

창간호(1990)부터 제22호(2010)에 게재된 논문들을 일일이 내용분석하여 재외한인연구의 동향과 특징, 그리고 한계점과 문제점을 진단했다. 주요 연구 결과는 1960~1970년대에는 재일한인에 관한 연구가 주류를 이루었고, 1980년대에는 재미한인에 관한 연구가 활발했으며, 1990년대부터는 조선족에 대한 연구가 폭넓게 진행되는 등 시대별로 재외한인연구의 대상과 주제가 변화했다는 것이다. 특히 국내에 체류하는 조선족에 대한 연구는 다문화 연구의 시각에서도 진행되어 재외한인연구의 경계를 확장한 것으로 밝혀졌다. 하지만 중앙아시아와 러시아, 유럽, 남미, 오대양 지역의 재외한인에 대한 연구는 극히 미미하여 지역 간 불균형이 심하다는 점이 한계로 지적되었다. 또한 재외한인연구는 대상지향적 연구의 성격을 갖기 때문에 자칫 연구의 구심점을 찾지 못하고 안정적 학문공동체를 유지하기 어려운 위험이 있다는 점이 밝혀졌다. 이를 극복하기 위해 지금까지 개별적으로 각기 학문 분야에서 진행되어 온 재외한인연구를 한자리에 모아서 네트워크하고 협력 체계를 만드는 방안이 제안되었다.

제3장에서 최우길은 국내 중국조선족 연구의 동향과 향후 과제를 분석했다. 연구방법은 국회도서관이 소장하고 있는 단행본, 학위논문, 학술논문 등을 비롯해『재외한인연구』게재논문과 국회도서관 및 학술연구정보서비스의 학술논문 등에 대한 시대별(연도별), 제목별(주제별), 저자별(필자별), 발행처별(발간기관별)로 연구현황을 분석하는 자료분석법을 활용했다. 연구결과, 국내에서의 조선족 연구는 1980년대 초부터 시작하여 1990년대에 꾸준히 증가하다가 2000년대 급격히 증가하는 양상을 띠었다. 연구 영역도 조선족의 역사 및 현황에 대한 개괄적인 소개의 수준에서 문학, 언어, 정치, 경제, 교육, 예술, 체육 등 세부 영역에서의 전문적인 연구로 발전한 것으로 밝혀졌다. 최근 조선족은 한국, 일본뿐만 아니라 전 세계로 이주하여 국경을 넘어서는 초국가적 네트워크를 형성하고 있다. 따라서 조선족이 초국가적 공간에서 어떻게 경제활동을 하고, 가족관계를 유지하며, 정체성을 형성하는가를 밝히는 것이 향후 연구과제로 남아 있다.

제4장에서 성동기와 심헌용은 고려인 연구사를 정리하고 향후 연구과제에 대해서 고찰했다. 1991년 구소련 붕괴 이후 국내 연구자들은 고려인에 대해서 본격적인 연구를 시작할 수 있었다. 이후 20년이 지난 지금 국내의 고려인 연구는 상당한 수준에 도달한 것으로 평가됐다. 그 동안 국내의 고려인 연구는 1단계인 과거지향적인 연구에서 2단계인 현재진행형 연구로 진화했다. 1단계에서는 고려인의 연해주 이주와 중앙아시아로의 강제이주와 관련된 역사적 분석이 주를 이뤘다. 그리고 이주 이후 발생한 전통문화의 변화를 분석한 문화사적인 연구와 이들의 정체성에 대한 사회학적 분석이 뒤따랐다. 2단계에서는 구소련 붕괴와 중앙아시아 국가들의 독립 이후 발생한 사회문제들, 예를 들어 민족주의의 부흥, 연해주 재이주, 무국적 고려인 문제 등에 대한 조사연구와 정책연구가 활발하게 진행됐다. 이제는 1, 2단계를 넘어서 새로운 현상의 도래와 사회문제의 발생으로 인해 3단계로 넘어가야 한다는 주장이 제기되고 있다. 특히 고려인의 국제화와 고려인 사회의 주역으로 부상한 차세대는 고려인과 그 사회를 새롭게 조명해야 할 필요성을 크게 하고 있다.

제5장에서 임영언과 김인덕은 1945년부터 2010년에 이르기까지 재일코리안 연구자와 연구내용을 중심으로 분석했다. 재일코리안 연구를 전체적으로 정리하는 것은 무리이기 때문에 역사, 문화, 정치, 경제 등 사회과학적 연구에 주목하여 수집 자료를 분석했다. 분석 결과, 재일코리안 연구는 1945년 해방 전후, 일본에서 글로벌 시대가 본격적으로 진행된 1980년 전후, 1990년대 후반 일본에서 다문화가 주창되고 다문화 공생이 본격화된 2000년대 이후로 시대 구분이 이뤄진다. 제1기에 해당하는 해방 전후의 연구는 조선인의 이주와 일본 사회에서의 정착과정에 대한 연구가 주를 이뤘다. 제2기에 해당하는 1980년대 이후의 연구는 재일코리안이 경험하는 민족차별, 법적 지위, 참정권 문제에 대해서 재일코리안 2세들이 연구를 진행했고, 한국인 학자들도 민족정체성 의식, 재일코리안 기업 등에 대해 연구를 본격적으로 시작했다. 제3기인 1990년대 후반의 연구에서는 다

문화 공생이 강조되고 대중문화 개방과 한류의 영향으로 재일코리안의 디아스포라가 새롭게 조명 받았다. 연구자들도 일본인에서 재일코리안과 한국인 학자들로 이동했고, 연구주제도 재일코리안 실태나 민족차별에서 문화, 축제, 다문화 공생, 네트워크 등으로 다양화됐다. 필자들은 향후 재일코리안 연구의 과제는 글로벌 시대 민족과 국가의 경계를 넘나드는 디아스포라 담론을 한층 더 발전시켜 탈국가적이고 탈민족적인 관점에서 재일코리안들이 생산한 문화자원을 학문적으로 분석하는 것이라 하였다.

제6장에서 민병갑은 재미교포에 대한 40년간의 문헌을 시기별과 주제별로 체계적으로 정리하고 검토했다. 장서현과 송다은은 민병갑이 작성한 영문 원고를 한국어로 번역했다. 문헌연구에 사용된 자료들은 재미교포에 관한 도서, 학술논문, 도서의 장들로서 학술적 가치가 높은 것들만을 선별했다. 시기별로 재미교포 연구는 1970년대부터 본격화되었다. 재미교포연구를 선도한 학자들은 대부분 미국으로 유학을 갔다가 박사학위를 취득한 후 미국 대학에서 교편을 잡은 이민세대 사회과학자들이었다. 이들은 재미교포의 이주, 경제활동, 자영업, 주거, 가족관계, 종교, 건강, 정체성 등의 주제들에 대해 설문조사와 인구센서스 자료의 통계분석 등 양적 방법론을 사용해서 분석했다. 1980년대 후반부터는 1.5세와 2세 학자들이 가세하면서 재미교포 연구가 양적으로 질적으로 성장했다. 특히 지난 20년 동안 미국의 많은 대학들에서 아시안 아메리칸 학과 또는 프로그램들이 개설되면서 1.5세와 2세 한인 학자들이 미국 학계로 진출하기 시작했다. 1990년대 중반 이후에는 더욱 많은 1.5세와 2세 한인 학자들이 새로운 이론과 연구방법론을 겸비하고 재미교포 연구를 진행했다. 이 시기의 한인 학자들은 여성들이 주류를 이루고, 이민세대 학자들에 비교해서 더욱 인문학적, 포스트모던적, 페미니스트적인 관점을 갖고, 참여관찰과 심층면접을 이용한 질적 방법론을 사용해서 정체성, 젠더, 종교, 정치, 인종관계 등의 주제들을 연구하고 있다.

제7장에서 임영상은 문화콘텐츠연구를 통해 재외한인연구의 확장 가능

성을 모색했다. 문화콘텐츠학은 문화콘텐츠의 기획, 생산, 유통, 소비 등의 전 과정을 학문적으로 접근하는 것을 목적으로 하며, 인문학, 사회과학, 문화연구, 문화기술 등 여러 학문연구의 이론과 방법을 통섭하는 21세기 신학문이다. 재외한인의 역사와 문화는 풍부한 문화콘텐츠를 제공하고 있기 때문에 문화콘텐츠학을 통해서 재외한인연구의 영역을 새롭게 개척할 수 있다. 필자는 우즈베키스탄의 고려인 농촌 콜호즈, 중국조선족의 농촌마을, 원로 한인들의 사라져 가는 역사와 기억을 디지털콘텐츠로 남길 필요성을 역설했다. 그는 연변조선족의 문화중심 용정과 문화루트 개발과 우즈베키스탄 한민족박물관과 디지털콘텐츠화에 관한 선행연구를 소개하면서 재외한인사회의 전자문화지도화와 디지털콘텐츠화의 가능성을 제시했다.

제8장에서 윤인진과 라경수는 코리안 디아스포라와 다문화의 연관성을 고찰했다. 한국 사회가 다문화 사회로 진입하면서 한국 학계에서는 다문화 연구 열풍이 드세졌다. 그러나 갑작스럽게 시작한 다문화 연구는 문화에 대한 연구라기보다는 인종과 민족에 편중된 연구라는 한계를 안고 있다. 또한 캐나다, 호주, 일본 등지의 다문화 정책을 소개하고 벤치마킹하는 데 치중한 나머지 재외한인의 경험을 한국의 다문화 연구에 참고하는 데 소홀했다. 재외한인은 오래전부터 다인종·다문화 사회에서 서로 다른 문화집단들과 공존을 해왔기 때문에 앞으로 한국이 문화다양성 속에서 사회통합을 이뤄내는 방법을 찾는 데 많은 교훈을 줄 수 있다. 따라서 재외한인의 디아스포라와 다문화 경험을 보다 심도 있게 연구해서 국내 재외한인연구의 지평을 넓히는 것이 바람직하다. 필자들은 코리안 디아스포라와 다문화의 상호 연관성을 살펴보는 사례로서 재일코리안 사회의 현재 위치를 일본 사회의 다문화 논의와 연계하여 조명했다. 일본에서 다문화 담론이 본격화된 것은 1980년대 후반이다. 뉴커머로 불리는 외국인들이 증가하고 이들과 일본인과의 새로운 관계를 모색하면서 다문화 공생이라는 개념이 일반화되었다. 그러면서 대립과 갈등으로 점철되었던 일본 사

회와 재일코리안 간의 관계에 변화의 조짐이 나타났다. 그러나 필자들은 일본인과 재일코리안이 공히 자민족중심주의를 견지하는 한 진정한 다문화 공생은 실현되기 어렵다고 평가한다. 특히 재일코리안 커뮤니티에 강하게 내재된 '동포' 담론이 '공생' 개념과 공존하기 어렵다고 보고, 기존의 민족주의적 '동포' 담론을 이질적인 문화와 민족도 수용할 수 있는 관용과 보편의 개념으로 재해석하는 것이 필요하다고 지적한다.

원래 본 저서에서는 중국, 일본, 독립국가연합, 미국의 재외한인뿐만 아니라 호주와 뉴질랜드, 중남미, 유럽의 재외한인에 관한 선행연구를 정리하고 평가하고자 했다. 그러나 본 저서에 포함된 다른 장들의 형식과 내용에 걸맞은 수준의 문헌연구가 이뤄지지 못해서 결국 소기 목표를 달성할 수 없었다. 이점을 매우 아쉽게 생각하며 추후 연구에서는 포함될 수 있기를 기대한다.

본 저서는 재외한인연구의 과거와 현재를 성찰하고 미래 연구의 방향을 모색하기 위해 기획되었다. 여러 차례의 재외한인학회 학술대회에서 발표되었던 논문들 중에서 기획 의도에 부합되는 것들을 선정하고 필자들에게 수정/보완을 요구해서 연구의 완성도를 높였다. 그리고 각 장에는 국내외 재외한인연구 문헌 목록들을 부록으로 포함해서 연구자와 학생들이 참고문헌으로 활용할 수 있도록 했다. 본 저서가 연구자들이 지금까지의 재외한인연구의 성과에 기초해서 한 단계 높은 학문을 추구하고 새로운 연구영역을 개척하는 데 유용하게 활용될 수 있기를 기대한다.

2011년 2월
대표저자 윤 인 진

CONTENTS

표 차례

그림 차례

제1장

재외한인연구의 발전과 미래 과제*

윤 인 진

1. 서론

국가 간 인구 이동이 일상화되고 보편화된 오늘, 세계는 '이주의 시대'를 맞고 있다. 2009년 기준으로 세계 전체 인구의 2.9%에 달하는 2억 명의 인구가 모국을 떠나 외국에서 1년 이상 거주하는 것으로 유엔은 추정하고 있다. 국제이주자들은 이민, 노동, 망명, 결혼, 유학, 방문 등 다양한 목적으로 모국을 떠나 다른 나라에 살면서 양쪽 국가의 정치, 경제, 사회, 문화에 중대한 영향을 미치고 있다.

한국도 예외일 수 없다. 한국은 1980년대 후반까지만 하더라도 이민 송출국이었으나 1990년대 초반에 들어서서 이민 수용국으로 변모했다. 외교통상부의 해외이주통계에 따르면 1990년에 해외로 이주한 한국인은 2만 3,314명이었으나 2000년에는 1만 5,307명으로 감소했고 2004년에 2만

---

* 본 장은 필자가 2009년 10월 28일 단국대 재외동포연구소 주최 학술회의에서 발표하고, 이후 수정 작업을 거쳐 『재외한인연구』 21호(2010)에 게재됐던 원고를 수정·보완한 것이다.

9,638명으로 반등했다가 그 이후로는 계속 감소세이다(외교통상부, 2009). 반면 국내에 체류하는 외국인 수는 1990년에 4만 9,507명에서 2008년에는 115만 명, 2010년에는 126만 명으로 증가했다(출입국외국인정책본부, 2010). 앞으로도 저출산·고령화 및 생산직종 기피로 인한 노동력 부족, 국제결혼의 증가, 동포에 대한 입국문호 확대 등으로 외국인 이주노동자, 결혼이민자, 외국적 동포 등이 지속적으로 증가할 것으로 예상된다.

이러한 인구학적 변화는 국제이주와 관련한 인구학적·사회문화적 현상들에 대한 학문적·정책적 관심을 크게 제고하였고, 그 결과로 2000년을 전후로 전례 없이 많은 연구물들이 양산되었다. 특히, 2000년대에 들어서 국내 학계에서는 '다문화 연구 열풍'이라고 불릴 만큼 각처에 다문화 연구센터가 설립되고, 다문화 학술 심포지엄이 수시로 열리고, 다문화를 주제로 한 학위논문들과 학술지 논문들이 급증하였다.

재외한인을 둘러싼 국내외 외부 환경과 재외한인사회 자체도 크게 변화했다. 외부 환경의 변화 중에서 가장 근본적인 변화는 초국가주의의 확대이다. 과거에는 한민족의 이주의 역사를 디아스포라의 관점에서 설명했던 것이 이제는 초국가주의 관점에서 설명해야 더욱 설득력을 갖게 되었다(윤인진, 2008). 초국가주의가 확대되면서 국가 간의 자유로운 이주, 모국과 거주국 간에 형성된 다양한 네트워크, 다양한 문화와 정체성이 혼종하는 다문화가 증가하였다. 현재 재외한인의 경제, 사회, 문화의 많은 영역에서 초국가적 현상이 두드러지게 나타나고 있다. 거주국 간의 인적교류와 자본이동은 날로 증가하고 있다. 로스앤젤레스의 코리아타운은 이제 단지 재미한인의 민족공동체라기보다는 한국-미국 간 경제교류의 중심지로 성장하였다. 문화 면에서 재외한인은 모국과 거주국의 문화를 혼합하여 새로운 문화양식과 문화공간을 만들어내고 있다. 심리 면에서 재외한인은 탈영토화된 사회적 정체성을 가지고 있다. 특히, 재외한인 2~3세대가 새로운 형태의 문화들을 창출하면서 사회적 정체성과 민족적 정체성이 꼭 일치하지 않는 경우가 발생하고 있다. 이로써 민족-국가 체계에는 포함될 수 없는 초국가적 정체성이 늘어나고 있다.

재외한인 사회 자체의 변화와 관련해서는 세대교체, 거주국 사회문화로의 동화 현상으로 인해 종족 정체성(ethnic identity)이 변화 또는 약화의 조짐을 보이고 있다. 1.5세, 2~3세로 구성된 차세대 동포는 국제결혼, 민족공동체로부터의 이탈 정도가 커서 모국과의 유대관계가 약해지고 있다. 현재 동포사회의 주역으로 성장하는 차세대가 모국에 대한 애착과 유대를 유지하고 글로벌 코리안 네트워크의 주역으로 참여하게 하는 것이 앞으로 재외동포정책의 가장 중요한 과제 중의 하나이다.

또 한 가지 중요한 변화는 재외국민의 참정권 행사이다. 재외국민(해외 일시체류자 및 영주권자)이 2012년 19대 국회의원 총선 때부터 참정권을 행사할 수 있게 되었다. 해외 부재자 투표자 규모는 해외 영주권자와 일시 체류자를 포함해서 240~250만 명으로 추정된다. 양자 대결구도로 치러지는 대선에서는 해외부재자투표가 선거에 결정적인 영향을 미칠 것으로 판단된다. 재외동포의 참정권 확대는 재외동포의 모국 정치에의 영향력 강화라는 지렛대를 통해서 모국 정부가 재외동포에 대해 더욱 큰 관심을 갖고 지원을 확대하는 긍정적 효과가 있다. 하지만 가뜩이나 분열된 재외동포사회를 여당과 야당 지지세력으로 분열하고 모국 정치에 지나친 관심으로 거주국의 주류정치 참여를 억제하는 부작용이 있을 수 있다. 이민 1세 중에서 성공한 재외동포 지도자들 중에는 2012년의 총선과 대선에서 여당 또는 야당 선거운동을 통해 모국 정치에 진출하려는 의도를 갖고 있는 사람들이 적지 않은 것으로 알려져 있다. 따라서 어렵게 부활된 재외국민선거가 재외동포사회를 분열하지 않고, 재외동포의 거주국 주류정치 참여를 저해하지 않도록 대책을 마련하는 것이 필요하다.

이렇게 재외한인의 특성과 모국과의 관계가 변하면서 재외한인을 연구하는 이론적 관점뿐만 아니라 연구대상, 주제, 방법론에서도 보다 다양화되고 업데이트될 필요가 있다. 또한 과서에는 해외에 있는 재외한인이 연구와 정책의 주된 관심 대상이었으나 1990년대 초반 이후부터는 국내에 있는 재외한인, 특히 조선족이 많은 관심을 받고 있다. 조선족은 동포이면서도 외국인의 신분으로 국내에서 이주노동자 또는 결혼이주여성으로 살아가고 있는데 이들을 제대로 설명하기 위해서는 단지 재외한인연구의 관점만이 아니라 국제이주와 다문화의 관점을 택하는 것이 필요하다. 따라서 재외한인연구가 시대변화에 적극적으로 대응하고 현실적합적인 학문이되기 위해서는 국제이주, 다문화, 소수자연구 등과 같은 인접학문 분야와의 긴밀한 소통과 학제 간 연구가 필요하다.

　이러한 문제의식을 가지고 본 장에서는 국내에서 출판되었거나 간행되었던 재외한인 관련 문헌들을 검색하고 분석하여 재외한인연구의 동향을파악하고, 기존 연구의 문제점 또는 한계점을 진단하고, 앞으로의 발전 방향에 대해서 제시하고자 한다. 국내에서 재외한인연구의 중심 역할을 해온 재외한인학회가 이광규 교수에 의해 1988년에 설립된 이후 21년이 지난 현 시점에서 지금까지의 재외한인연구의 성과를 검토하고 앞으로의 방향을 모색하는 것은 재외한인연구의 제2의 도약을 위해 의미 있는 작업이될 것이라고 생각한다.

2. 자료와 방법론

　본 논문에서는 재외한인 관련 문헌들을 체계적이고 일관되게 검색하기위해서 한국교육학술정보원이 제공하는 학술연구정보서비스(이하 RISS로 표기, www.riss4u.net)를 활용하였다. 학술문헌 검색 사이트에는 한국학술정보의 KISS, 누리미디어의 DBPIA, 교보문고의 스콜라, 국회 전자도서관, 국립중앙도서관 등이 있는데 재외한인 관련 문헌검색 결과 학술연구정보서비스가 가장 많은 문헌을 소장하는 것으로 판단하여 이 사이트를 활용하였다. 검색 대상 문헌들은 국내 대학원에서 간행된 석 · 박사 학위논문들과 국내전문학술지에 출판된 논문들이다. 외국에서 간행되었거나 출판된 석 · 박사 학위논문들과 학술지 논문들은 문헌분석에서 제외하였다. 원래 단행본도 문헌분석의 대상으로 삼았지만 많은 단행본이 여러 주제들을 포괄적으로 다루고 있어서 학문 분야, 주제, 대상을 구분하기 어렵기 때문에 본 장에서는 제외하였다. 문헌검색에 사용된 검색어들은 재외동포, 재외한인, 재외국민, 해외교포, 해외동포, 조선족, 재일동포, 재일교포, 재미동포, 재미교포, 재중동포, 재중교포, 고려인, 고려사람 등이다. 이런 검색어들을 제목으로 갖고 있거나 또는 주제어로 포함한 문헌들을 검색하고 중복된 문헌들은 하나만을 선택하였다. 최종적으로 선택된 석·박사 학위논문들과 학술지 논문들은 출판연도, 학문 분야, 주제어, 동포집단별로 데이터베이스화 한 후 SPSS.12 프로그램을 사용해서 통계분석을 하였다. 그리고 문헌들에 대한 내용분석을 통해 재외한인연구의 특성과 경향을 분석하였다.

3. 문헌분석 결과

1) 석·박사 학위논문

한 개인 연구자에게 있어서 석·박사 학위논문은 자신의 학문적 정체성을 형성하는 초석과 같은 것이다. 그리고 학위논문은 당시의 중요하고 시급한 연구주제를 다루기 때문에 학위논문들을 분석함으로써 재외한인연구의 동향을 파악하는 데 도움이 될 것이다. 본 논문에서는 연도별, 학문 분야별, 주제별, 연구대상별로 간행된 학위논문 건수를 분석하고, 학위논문들의 내용을 질적으로 분석하여 재외한인연구의 특성을 파악하고자 한다.

① 연도별 간행건수

RISS의 학위논문검색결과에 따르면 1969년에 간행된 윤용자의 연세대 교육대학원 석사학위논문("在日僑胞學生 및 父兄들의 祖國理解에 關한 一研究")이 초기

〈표 1.1〉 연도별 석·박사 학위논문 간행건수

간행연도	건 수	백분율	간행연도	건 수	백분율
1969	1	0.2	1993	13	2.5
1970	2	0.4	1994	6	1.1
1971	1	0.2	1995	4	0.8
1972	1	0.2	1996	8	1.5
1974	1	0.2	1997	22	4.2
1976	1	0.2	1998	21	4.0
1979	2	0.4	1999	18	3.4
1980	2	0.4	2000	32	6.1
1981	2	0.4	2001	23	4.4
1983	2	0.4	2002	40	7.6
1986	1	0.2	2003	48	9.1
1987	1	0.2	2004	39	7.4
1988	4	0.8	2005	42	8.0
1989	1	0.2	2006	43	8.2
1990	5	1.0	2007	37	7.0
1991	6	1.1	2008	47	8.9
1992	10	1.9	2009	40	7.6
			합 계	526	100.0

재외한인 관련 학위논문 중의 하나로 밝혀졌다. 1960년대 말부터 1990년
대 중반까지 매년 10여 편 정도의 학위논문이 재외한인과 관련해서 간행

〈그림 1.1〉 연도별 석·박사 학위논문 간행건수(1969~2009)

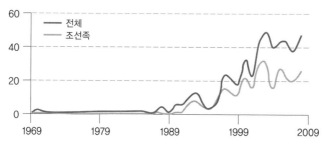

〈그림 1.2〉 연도별 조선족 관련 석·박사 학위논문 간행건수(1969~2009)

되었다. 그러다가 1990년대 후반에 들어서 매년 20편 이상의 학위논문이 간행되기 시작했고, 2008년 한해에 47편의 학위논문이 간행되어서 최근 10년 사이에 재외한인연구가 양적으로 크게 팽창하였다.

1990년대 후반에 들어서 재외한인 관련 학위논문들이 증가하게 된 데는 조선족 관련 학위논문들이 증가한 것에 크게 기인한다. 〈그림 1.2〉에서 알 수 있듯이 조선족 관련 학위논문들이 1997년 이후부터 매년 10편에서 20편 사이에서 간행되었고 2003년 한해에는 31편의 학위논문이 간행되었다. 예를 들어, 이종학의 2003년 고려대학교 사회학과 대학원 석사학위논문 "조선족의 도시 이주와 사회적응에 관한 연구", 차혜봉의 2003년 한국교원대학교 교육대학원 석사학위논문 "중국 연변지구 조선족의 이중언어 사용실태와 그 영어 학습에 관한 연구: 어휘와 어순을 중심으로"와 같은 학위논문들이 간행되었다. 1992년 한중수교 이후 조선족의 모국 방문이 증가하고, 한국 학자들이 조선족을 본격적으로 연구할 수 있는 환경이 조성되면서 조선족 관련 학위논문들이 증가하게 된 것으로 파악된다. 결국 조선족 관련 학위논문들이 양산되면서 재외한인 관련 전체 학위논문 수가 비례적으로 증가하게 되었다.

② 학문 분야별 간행건수

재외한인 관련 학위논문이 가장 많이 간행된 분야는 교육 관련 분야이다. 한국어 교육을 포함한 교육 관련 논문의 수는 167편으로 전체 526건의 논문 중 31.8%를 차지했다. 재외한인 차세대를 위한 한국어교육, 재외동포교육, 또는 민족교육이 재외한인사회의 가장 중요한 주제로 인식되면서 교육 분야에서 학위논문이 양산된 것이다. 예를 들어, 황인진의 2008년 연세대학교 교육대학원 석사학위논문 "카자흐스탄 현지인 한국어 교사 연수과정 개발 연구: 요구 조사를 중심으로"와 김화자의 2005년 한국외국어대학교 교육대학원 석사학위논문 "재미동포의 한국어 가정교육 실태 및 지도방안 연구" 등의 학위논문들은 한국어 교육의 실태와 발전방안에 대해서 모색하였다.

지역학, 국제관계학 분야에서도 재외한인에 관한 연구가 활발하게 진행되었다. 이 분야에서는 재외동포정책, 글로벌 코리안 네트워크, 한국 기업의 현지 시장 진출전략 등 정책지향적이고 실용적인 성격의 연구가 많이 이루어졌다. 예를 들어, 서영희의 2006년 서울대학교 국제대학원 석사학위논문 "1960년대 한국 정부의 재일동포에 대한 입장연구: 한일회담 과정에서 제기된 논점을 중심으로", 이혜원의 2003년 숙명여자대학교 국제관계대학원 석사학위논문 "글로벌 코리안 네트워크 구축 현황과 개선방안: 화교 네트워크와의 비교론적 관점에서" 등의 논문들은 한국 정부가 재외한인의 현지 정착을 지원하고 모국과의 네트워크를 강화하기 위한 정책을 평가하고 발전 방안을 제시하였다. 그리고 정범식의 2001년 연세대학교 대학원 지역학협동과정 석사학위논문 "한국 기업의 중국 시장 진출전략 사례연구" 등의 논문들은 한국 기업이 현지 시장 진출과 현지화 전략 등을 분석하였다.

재외동포정책연구에서 특이한 점은 단지 한국 정부의 재외동포정책만을 다루는 것이 아니라 북한의 재외동포정책, 특히 총련에 대한 북한의 정책을 심도 있게 연구하거나 남북한의 재외동포정책을 비교하는 학위논문들이 상당수 간행되었다는 점이다. 예를 들어, 유삼열의 1993년 서강대학교 정치외교학과 석사학위논문 "北韓의 在日僑胞政策과 朝總聯"과 이재정의 2004년 고려대학교 정치외교학과 석사학위논문 "남북한 재외동포 정책에 관한 비교 연구: 탈냉전기 정책 변화를 중심으로" 등의 학위논문들은 냉전시대에 체제경쟁을 하던 남북한 정부가 재외한인을 대상으로 전개한 재외동포정책을 분석하였다. 그리고 재외한인이 이념의 장벽을 뛰어넘어 민족애 차원에서 남북한 간의 매개자 역할을 하고 남북통일을 촉진할 수 있다는 주장을 펴는 학위논문들이 간행되었다. 예를 들어, 이도희의 2004년 대진대학교 통일대학원 석사학위논문 "민족통합을 위한 재외동포 활용방안 연구"는 재외한인이 남북통일과 민족통합에서 중요한 역할을 수행할 수 있다면서 재외한인을 적극 활용할 것을 요구하였다.

사회학, 정치외교학, 신문방송학, 심리학, 인류학, 언어학 분야에서는 재외한인의 이주, 정착, 경제활동, 정체성, 민족관계, 소수민족정책, 한국어 방송 청취 및 동포 매스미디어, 이중언어와 한국어 사용 패턴 등을 중점적으로 연구하였다. 예를 들어, 박광성의 2006년 서울대학교 사회학과 박사학위논문 "세계화시대 중국조선족의 노동력이동과 사회변화"는 초국가주의 관점에서 조선족의 해외 이주노동과 그로 인한 경제적 분업과 가족관계 변화를 분석하였다. 임혜선의 2005년 연세대학교 언론홍보대학원 석사학위논문 "재미동포의 모국 TV방송 시청에 관한 연구"는 재미한인의 모국 방송 시청동기, 시청행태, 만족도, 모국방송의 문화적 영향력을 조사하였다.

재외한인연구에서 독특한 영역을 차지하고 있는 것이 신학대학원 학위논문이다. 국내의 많은 신학대학원 학위논문들이 북한선교, 조선족선교, 북방선교 등의 목적 하에 재외한인을 개신교 선교와 연관시켜 연구하였다. 특히, 선교의 불모지이면서 남북통일 후 북한선교의 교두보라고 인식되는 중국의 조선족 대상 선교활동이 활발해지면서 조선족선교, 조선족교회, 탈북자선교에 관한 학위논문들이 1990년대 후반 이후 양산되었다. 예를 들어, 박계균의 2002년 천안대학교 기독신학대학원 석사학위논문 "중국 내 조선족교회를 통한 북한선교 전략에 관한 연구"와 조교천의 2004년 성결대학교 신학전문대학 석사학위논문 "중국 소수민족 선교전략 연구: 조선족을 중심으로"는 한국인과 중국인 사이에 매개역할을 할 수 있는 조선족을 우선적으로 선교해서 중국 복음화를 이루겠다는 선교 전략을 다루고 있다.

하지만 신학대학원에서 재외한인과 관련해서 많은 학위논문들이 양산되었지만 선교라는 뚜렷한 목적을 갖다보니 여타 학문 분야와 소통이 부족하고 학위논문 이후에 학술지 논문 또는 단행본 등의 후속연구로 발전되는 경우는 찾기 힘들다. 실제로 재외한인학회 회원 중에 신학대학 교수는 한 명도 없는 것이 현실이다. 따라서 신학 또는 선교학이 인문사회과학과 보다 긴밀히 소통하고 재외한인연구의 틀 안에서 학제 간 연구를 할 수 있는 여건을 마련하는 것이 중요한 과제라고 볼 수 있다.

또 한 가지 재외한인연구의 중요한 축을 차지하면서도 별개의 학문처럼 진행되어 온 분야가 문학이다. 이른바 동포문학, 이민문학, 디아스포라문학이라고 불릴 수 있는 이 분야는 재외한인 작가들의 작품을 해석하고 평론하면서 이민자 또는 소수자로서의 정체성 문제를 심도 있게 분석하였다. 국내 국어국문학과, 일어일문학과, 중어중문학과, 교육대학원 학위논문들

〈표 1.2〉학문 분야별 석·박사 학위논문 간행건수

학문 분야	건 수	백분율	학문 분야	건 수	백분율
교 육	112	21.3	사회학	16	3.0
한국어교육	55	10.5	사회복지	15	2.9
지역·국제관계	41	7.8	법 학	13	2.5
선교·신학	36	6.8	인류학	8	1.5
문예·문화	32	6.1	북한·통일	8	1.5
의학·간호	25	4.8	역사학	8	1.5
행정·정책	23	4.4	심리학	6	1.1
정치·외교	21	4.0	식품·영양	4	0.8
경제·경영·무역	20	3.8	재외동포학	4	0.8
주택·건축·공학	20	3.8	기 타	39	7.4
신문·방송	20	3.8	합 계	526	100.0

중에 재외한인 작가들의 작품세계를 분석한 논문들이 상당수 있다. 예를 들어, 이종순의 1996년 고려대학교 국어국문학과 석사학위논문 "中國 朝鮮族 小說 研究: 80年代 小說을 中心으로"와 양명심의 2003년 건국대학교 일어일문학과 석사학위논문 "이회성 초기작품에 나타난 '정체성'에 관한 연구"는 조선족과 재일한인 작가들의 소설들을 평론한 논문들이다. 신학과 마찬가지로 문학 역시 재외한인과 관련하여 상당한 연구성과를 축적했음에도 불구하고 인문사회과학과 소통하지 못하고 고립적으로 연구를 진행해 왔기 때문에 앞으로는 적극적으로 재외한인연구의 영역 안으로 끌어들일 필요가 있다.

③ 연구대상별 간행건수

앞서 지적하였듯이 조선족과 관련해서는 최근 들어 가장 많은 연구가 진행되었다. 전체 526건의 학위논문 중 56%에 해당하는 295건의 논문이 조선족을 다뤘다. 조선족 다음으로 많이 다뤄진 집단은 재일한인이다. 전체 논문수의 11%에 해당하는 논문들이 재일한인의 법적 지위, 정체성, 문학작품 등을 다뤘다. 그 다음으로는 재미한인에 관한 논문들이 많이 간행되었는데 주로 차세대의 한국어교육, 정체성, 1세대의 자영업, 한인교회 등에 관한 논문들이 양산되었다. 중앙아시아의 고려인에 대한 논문들도 상당수 간행되었는데 주로 강제이주, 한국어교육, 정체성, 민족관계 등에 관한 논문들이 간행되었다. 그 외 동남아시아, 유럽, 남미, 오대양 지역의

〈표 1.3〉 재외한인집단별 석·박사 학위논문 간행건수

재외한인집단	건 수	백분율	재외한인집단	건 수	백분율
재외한인	87	17.0	고려인	25	4.5
조선족	295	55.9	국내 체류 재외한인	20	4.1
재일한인	57	10.7	한국인, 한국 기업	9	1.7
재미한인	30	5.6	기타지역 한인	3	0.4
			합 계	526	100.0

재외한인에 대한 논문은 찾아보기 어려울 정도로 지역 간, 국가 간 차이가 현저하다. 따라서 앞으로 재외한인연구가 균형 있고 종합적인 학문이 되기 위해서는 연구 소외지역에 대한 보다 적극적인 투자와 연구가 이루어져야 할 것이다.

④ 연구주제별 간행건수

재외한인 관련 석·박사 학위논문에서 빈번하게 다뤄진 연구주제들은 이주/이민, 청소년, 선교, 한국어교육, 정체성, 이주노동자, 재외동포교육, 경제/경영(자영업 포함), 여성/가족, 신문방송, 재외동포정책, 결혼이주여성 등이다. 이주/이민을 주제로 다루는 학위논문들이 가장 많은 것은 이주/이민이 재외한인사회를 형성하게 한 원동력이기 때문이다. 그리고 재외한인의 국제이주는 현재에도 진행되는 현상이며, 특히 조선족은 중국의 개혁개방 이후 동북3성에서 연해지역과 내륙 대도시로의 국내이주뿐만 아니라 한국, 일본, 미국 등지로의 국제이주도 활발한 집단이다. 또한 1992년 한중수교 이후 이주노동자 또는 결혼이주여성의 신분으로 국내로 입국한 조선족들이 많아지면서 이들의 사회문화적응, 인권, 다문화와 관련한 주제들을 연구한 논문들이 양산되었다.

청소년을 주제로 한 학위논문들이 많은 것은 한국어교육, 재외동포교육, 민족교육, 자녀교육 등을 주제로 한 논문들이 많기 때문이다. 특히 정체성을 다루는 논문들은 1세, 1.5세, 2세 간의 종족정체성의 수준과 양상, 모국문화의 유지, 모국과의 관계 등을 연구하기 때문에 청소년 관련 학위논문들이 많이 양산되었다.

최근 연구에서 두드러진 현상은 국내에 있는 재외한인, 특히 조선족의 이주노동과 국제결혼을 다루는 학위논문들이 늘어났다는 점이다. 예를 들어, 김일권의 2003년 중앙대학교 사진학과 석사학위논문 "한국체류 중국 조선족의 생활실태에 대한 연구: 구로구 가리봉동, 안산시 원곡동을 중심으로", 이범진의 2005년 세종대학교 행정대학원 석사학위논문 "국내 이주

〈표 1.4〉 연구주제별 석·박사 학위논문 간행건수

연구주제	건 수	백분율	연구주제	건 수	백분율
이주/이민	49	9.3	경제/경영	27	5.1
청소년	48	9.1	여성/가족	23	4.4
선 교	37	7.0	신문방송	23	4.4
한국어교육	34	6.5	재외동포정책	20	3.8
정체성	31	5.9	결혼이주여성	16	3.0
이주노동자	31	5.9	한국 기업	9	1.7
재외동포교육	27	5.1	기 타	151	28.7
			합 계	526	100.0

노동자의 복지 향상 방안 연구: 조선족 노동자와 외국인 노동자를 중심으로", 박신규의 2009년 경북대학교 대학원 사회학과 박사학위논문 "국제결혼이주여성의 이주경로별 사회적 정체성의 형성: 구미시 결혼이주여성의 이주과정을 중심으로" 등과 같이 국내에서 동포와 외국인으로서의 양면성을 가진 조선족의 실태를 연구하는 논문들이 증가하고 있다. 이런 문헌분석결과를 통해 볼 때 이미 재외한인연구는 단지 해외에 있는 재외한인에 대한 연구에 그치는 것이 아니라 국내의 이주민으로서 소수자로서의 재외한인에 대한 연구로 영역이 확장되고 있음을 알 수 있다.

2) 전문학술지 논문

『재외한인연구』와 같은 전문학술지에 게재된 논문들은 원고 분량이 제한되고 독자층이 전문가들에게 제한되기 때문에 논문의 학문 분야, 주제, 연구대상을 보다 분명하게 파악할 수 있다. 그리고 RISS의 문헌검색결과 총 1,340편의 논문들이 검색되어 학위논문 문헌분석결과보다 높은 신뢰성과 타당성을 확보할 수 있을 것으로 판단된다.

① 연도별 출판건수

RISS 문헌검색결과 초기의 학술지 논문들은 1959년에 대한지방행정공
제회에서 출판한 『지방행정』 8권에 유진오의 "재일교포북송반대민간대표
회귀환보고: 재일교포북송음모는 실패로 본다", 윤성형의 "일본의 재일교
포북송에 대한 음모와 해부", 최규남의 "재일교포북송반대민간대표회귀환
보고: '제네바'에 대표부를 설치하였으면"인 것으로 밝혀졌다. 이후 1960년
대와 1970년대에 출판된 학술지 논문들에는 재일한인에 관한 논문들이 다
수를 차지하였다. 예를 들어, 고창식의 "재일교포 교육 실태보고"[『국어교육』
8호(1964)]와 박관숙의 "재일교포(在日僑胞)의 법적 지위"[『법학논총』(단국대학교 법
학연구소) 5권(1965)] 등의 논문들이 재일한인의 법적지위, 한국어교육, 자녀교
육 등의 문제를 연구하였다. 1970년대까지 재외한인연구에서 재일한인에
관한 논문들이 주류를 이룬 것은 미주와 유럽 등으로의 한인 이주가 1970
년대 초반부터 본격화되었고, 구소련과 중국은 한국과 국교가 수립되지 않

〈표 1.5〉 연도별 학술지 논문 출판건수

출판연도	건 수	출판연도	건 수	출판연도	건 수
1959	4	1982	2	1997	60
1963	1	1983	3	1998	66
1964	1	1984	1	1999	82
1965	2	1985	6	2000	102
1969	1	1987	6	2001	78
1970	1	1988	5	2002	84
1972	1	1989	9	2003	51
1973	2	1990	26	2004	92
1974	3	1991	21	2005	94
1975	2	1992	48	2006	101
1976	3	1993	50	2007	80
1977	2	1994	43	2008	73
1979	3	1995	63	2009	20
1980	1	1996	47	합 계	1,340

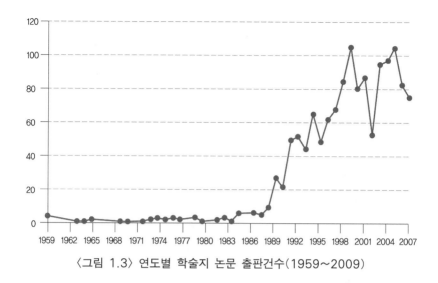

〈그림 1.3〉 연도별 학술지 논문 출판건수(1959~2009)

았고 공산권 국가였기 때문에 이 지역의 한인들에 대해서 한국의 연구자들이 접근할 수 없었기 때문인 것으로 파악된다.

1960년대부터 1970년대까지 재외한인 관련 학술지 논문건수는 한 해 3개 이하로 미미했으나 1990년에 들어서 한 해 26개로 크게 증가했고, 2000년에는 102개가 출판될 정도로 크게 증가했다. 따라서 학술지 논문수로만 본다면 재외한인연구는 1990년부터 본격적으로 활성화되었다고 볼 수 있다. 앞서 살펴본 석·박사 학위논문 문헌분석에서도 1990년부터 학위논문 간행건수가 증가한 것을 고려한다면 국내에서의 재외한인연구는 1990년에 들어서서 본궤도에 올랐다고 볼 수 있다.

② 학문 분야별 출판건수

석·박사 학위논문 문헌분석 결과와 마찬가지로 가장 많은 학술지 논문이 출판된 분야는 교육학, 정책학, 사회학, 정치학, 신문방송학, 언어학, 법학 등과 같은 사회과학 분야였다. 문학 분야 역시 재외한인연구에서 상당한 비중을 차지할 만큼 많은 학술지 논문들이 출판되었다. 그러나 신학은

석·박사 학위논문 간행건수에 비교해 볼 때 학술지 논문들은 많이 출판되지 못했다. 이런 결과는 앞서 지적하였듯이 선교라는 실천적인 목적 때문에 학위논문은 작성하지만 이것이 후에 학술지 논문으로 발전되지 못한 것에 기인한 것으로 보인다.

비록 출판건수로 보면 전체 학술지 논문의 1.8%밖에는 차지하지 않지만 재외한인연구의 특성과 잠재력을 보여주는 분야는 의학/의료 분야이다. 특별히 중국의 조선족과 한족, 한국의 한국인을 질병, 사망, 건강 등의 의학적 측면에서 비교한 연구들이 상당수 출판되었다. 예를 들어, 이동근·김만권·이호영·신승철·유계준의 "한국인과 중국 길림성 조선족의 우울증에 대한 횡문화적 비교 연구"[『神經精神醫學』 30권(1991)]과 방금녀·최보율·고응린의 "한국인, 중국 연변 지역 조선족 및 한족, 중국인의 악성 종양 사망률 비교연구"[『韓國疫學會』 18권(1996)] 등의 논문들은 유전요인과 문화배경은 동일하지만 사회환경이 다른 조선족과 한국인이 질병과 건강 면에서 어떠한 차이를 보이는가를 규명하였다. 이렇듯 재외한인은 유전, 문화, 환경 등의 독립적인 요인들이 어떻게 상호작용을 해서 건강과 질병에 영향을 미치는가를 분석할 수 있는 유용한 집단이다. 앞으로 의학 분야뿐만 아니라 심리, 소비, 여가 등의 다양한 분야에서도 재외한인을 비교집단으로 활용한 연구가 더욱 많이 진행되기를 기대한다.

〈표 1.6〉 학문 분야별 학술지 논문 출판건수

학문 분야	건 수	백분율	학문 분야	건 수	백분율
교 육	170	12.7	법 학	35	2.6
정 책	62	4.6	예 술	30	2.2
기타 사회과학	681	50.8	역 사	24	1.8
문 학	234	17.5	복식/의류	8	0.6
신 학	18	1.3	식품/영양	15	1.1
주택/건축/공학	32	2.4	체 육	7	0.5
의 학	24	1.8	합 계	1,340	100.0

③ 주제별 출판건수

재외한인 관련 학술지 논문에서 가장 많이 다뤄진 주제는 동포문학이었다. 분석 대상인 1,340편의 학술지 논문 중에서 17%에 해당하는 228편의 논문들이 동포문학, 이민문학, 디아스포라문학에 속하는 것으로 주로 재외한인 작가들의 작품을 해석하고 평론하는 성격의 논문들이다. 그 다음으로 많이 다뤄진 주제는 언어와 한국어교육과 관련한 것이다. 조선족교육과 재외동포교육과 같이 교육 관련 논문들을 언어·한국어교육과 함께 묶는다면 총 230편(전체 논문수의 17%에 해당)의 논문이 교육 관련 논문으로 출판되었다. 이렇게 본다면 재외한인연구의 중추가 교육 관련 연구라고 볼 수 있다.

석·박사 학위논문 문헌분석에서도 나타났지만 재외동포법, 이중국적, 법적 지위, 재외동포 참정권(해외부재자투표), 재외동포정책 등과 같이 재외한인 관련법과 정책과 관련한 논문들도 상당수 출판되었다. 총 109편(전체 논문수의 8%에 해당)의 논문이 재외한인 관련 법·제도·정책을 연구하였다.

사회학, 인류학, 정치학, 심리학 등의 사회과학 분야에서는 종족정체성, 민족정체성, 민족의식 등의 주제를 많이 연구하였다. 종족정체성(ethnic identity)은 한인과 같은 소수이민자집단이 거주국 사회에서 독특한 종족집단으로 유지하게 하고 모국과의 연대를 가능케 하는 구심점이기 때문에 이 주제에 대해서 많은 사회과학자들이 연구를 하였다.

재외한인연구에서 심도 있게 연구되어 온 주제 중의 하나가 남북관계·남북통일이다. 지난 냉전체제 시기에 남북한 간의 체제경쟁 과정에서 재외한인을 자신의 우군으로 끌어들이기 위해 재외동포정책을 전개한 것이 이 주제와 관련하여 연구논문을 양산하게 되었다. 남북한 간의 체제경쟁이 끝난 이후에는 재외한인을 활용하여 북한을 개방하고 발전시키는 방안에 대해서 연구가 시작되었다. 따라서 남북관계 개선과 남북통일을 촉진하는 중개자 또는 매개자로서의 재외한인의 역할에 대해서 연구한 논문들도 상당수 있다.

<표 1.7> 주제별 학술지 논문 출판건수

주 제	건 수	비율(%)	주 제	건 수	비율(%)
동포문학	228	17.0	여성/가족	47	3.5
언어/한국어교육	131	9.8	청소년	46	3.4
조선족교육	40	3.0	이주/이민	31	2.3
재외동포교육	24	1.8	경제/경영	27	2.0
재외동포정책	35	2.6	소수민족정책	14	1.0
선거권	20	1.5	사회문제	23	1.7
법적 지위	29	2.2	재외동포역할	30	2.2
국적, 국적법	10	0.7	역 사	20	1.5
재외동포법	15	1.1	예 술	38	2.8
정체성/민족의식	70	5.2	신문방송	7	0.5
주택/건축/공학	40	3.0	기 타	362	27.0
남북관계/남북통일	53	4.0	합 계	1,340	100.0

④ 재외한인집단별 출판건수

　석·박사 학위논문 간행건수에서와 마찬가지로 학술지 논문 출판건수
에서도 재외한인집단별로 축적된 연구의 성과 면에서 현저한 차이와 불평
등이 존재한다. 전체 학술지 논문 출판건수 중에서 조선족 관련 논문의 수
가 59%를 차지할 정도로 조선족은 재외한인연구에서 가장 심도 있고 다양
하게 연구되었다. 다음으로 심도 있게 연구된 집단은 재일한인으로 전체
논문 수의 13%가 재일한인 관련한 것이고, 그 다음으로는 재미한인으로서
전체 논문 수의 6.5%가 재미한인 관련한 것이다. 중앙아시아와 러시아 등
지의 고려인과 관련한 논문 수는 전체 논문 수의 3%에 불과했다. 유럽,
남미, 오대양 지역의 재외한인에 관한 논문은 찾아보기 어려울 정도로 축
적된 연구가 미천하다.

　이러한 지역 간, 국가 간 연구성과의 차이는 각 지역과 국가에 거주하
는 재외한인의 규모와 이주 역사, 모국에 대한 정치경제적 영향력, 재외한
인 연구자 수와 비례한다고 볼 수 있다. 하지만 앞으로 재외한인연구가 전

〈표 1.8〉 재외한인집단별 학술지 논문 출판건수

재외한인집단	건 수	비율(%)	재외한인집단	건 수	비율(%)
전체 재외한인	223	16.6	재캐나다한인	4	0.3
조선족	790	59.0	고려인	42	3.1
재일한인	167	12.5	남미지역 한인	7	0.5
기타 아시아지역 동포	11	0.8	유럽지역 한인	3	0.2
재미한인	87	6.5	국내 체류 재외한인	6	0.5
			합 계	1,340	100.0

체 재외한인에 관한 종합적인 학문이 되려고 한다면 이러한 지역 간, 국가 간 차이는 시급히 해결되어야 할 것이다.

5. 결론과 제언

전 세계 재외한인의 수는 700만 명이라고 한다. 우리는 재외한인을 모국의 귀중한 해외 인적자원이라고 부른다. 700만 명의 재외한인을 연구하는 재외한인연구는 엄청난 잠재력을 갖고 있다. 그리고 재외한인연구는 학술연구에 그치는 것이 아니라 재외한인의 거주국에서의 권익 증진과 문화정체성 유지에 기여하는 정책과 프로그램을 개발하고 모국과 재외한인을 연계해서 상생의 민족공동체를 만들어 가는 귀중한 정책연구를 수행하고 있다.

재외한인을 둘러싼 국내외적 환경은 빠르게 변화하고 있다. 따라서 재외한인연구의 이론적 관점뿐만 아니라 연구대상, 주제, 방법론도 환경변화에 대응하기 위해 보다 다양화되고 업데이트될 필요가 있다. 또한 최근 조선족을 위시하여 많은 재외한인이 국내로 입국해서 체류하면서 내국인과 다양한 형태의 상호작용을 하고 있다. 이렇게 변모하는 재외한인의 경험과 실태를 파악하기 위해서는 재외한인연구의 관점만이 아니라 국제이주와 다문화의 관점도 포함하는 것이 필요하다.

이러한 문제의식을 가지고 본 논문에서는 국내에서 출판되었거나 간행되었던 재외한인 관련 문헌들을 검색하고 분석하여 재외한인연구의 동향을 파악하고, 기존 연구의 문제점 또는 한계점을 진단하고, 앞으로의 발전 방향에 대해서 모색하고자 하였다. 연구방법은 한국교육학술정보원이 제공하는 학술연구정보서비스(이하 RISS로 표기, www.riss4u.net)에 등록된 석·박사 학위논문들과 전문학술지 논문들을 대상으로 재외한인 관련 검색어를 사용해서 검색하고, 출판연도, 학문 분야, 주제어, 동포집단별로 데이터베이스화하고, 통계분석과 내용분석을 통해 재외한인연구의 특성과 경향을 분석하였다. 분석 결과, 재외한인연구는 1960년대부터 시작되었으나 1990년대에 들어서 본격적으로 활성화되었다. 1960~1970년대에는 재일한인에 관한 연구가 주류를 이루었고, 1980년대에는 재미한인에 관한 연구가 활발했고, 1990년대부터는 조선족에 대한 연구가 폭넓게 진행되었다. 특히 국내에 체류하는 조선족에 대한 연구는 다문화 연구의 시각에서도 진행되어 재외한인연구의 경계를 확장하였다. 하지만 중앙아시아와 러시아, 유럽, 남미, 오대양 지역의 재외한인에 대한 연구는 극히 미미하여 지역 간 불균형이 심하다.

재외한인연구를 한 단계 발전시키기 위해서는 무엇보다 재외한인연구의 잠재적 자원을 결집하고 재외한인연구자들 간의 소통과 학제 간 연구를 활성화하는 것이 필요하다. 이를 위해 각자의 개인적 자원을 재외한인 연구 발전의 공공재로 활용할 수 있는 방안을 모색해야 한다. 한 가지 방법으로 생각할 수 있는 것은 지금까지 개별적으로 각기 학문 분야에서 진행되어 온 재외한인연구를 한자리에 모아서 네트워크하고 협력 체계를 만드는 것이다. 예를 들어, 재외한인 관련 학술대회를 어느 한 주간(예를 들어, 10월 5일 세계한인의 날을 중심으로)에 집중적으로 개최하여 시너지효과를 내게 하거나, 개별 학회의 학술대회 또는 워크숍에 다른 학회의 연구자들을 초청하여 통섭의 학문과 협력의 학문공동체를 이뤄나가는 방안을 생각할 수 있다. 특별히 앞서 살펴보았듯이 한국어교육, 재외동포교육, 선교 등과 같은 분야에서는 많은 재외한인연구가 축적되었지만 이들 분야의 연구자들이 인문사회과학 분야의 연구자들과 소통하지 않고 고립되어 있는 것은 시급히 해결해야 할 것이다. 이들 분야의 연구자들이 재외한인연구의 틀 속으로 들어와서 적극적으로 참여하고 기여할 때 재외한인연구의 외연적 성장과 질적 성장을 크게 이뤄질 것이다. 그리고 재외한인연구의 지역 간, 국가 간 불균형을 해소하여 종합적인 학문으로 발전하기위해서는 선행연구가 미진한 지역과 국가의 재외한인연구를 위한 적극적인 투자가 이루어져야 할 것이다.

아울러 재외한인연구자들은 일반국민, 정부, 시민단체들과의 의사소통에도 더욱 주력해야 할 것이다. 재외동포 참정권, 이중국적, 방문취업제 등과 같은 재외한인 현안들에 대해서 연구자들과 재외한인학회와 같은 기관들이 적극적으로 국민적 의견수렴을 하고 현실적인 정책 대안을 제시하는 역할을 수행해야 할 것이다.

참고문헌 _____

고창식(1964). "재일교포 교육 실태보고". 『국어교육』 8호.

김일권(2003). "한국체류 중국조선족의 생활실태에 대한 연구: 구로구 가리봉동, 안산시 원곡동을 중심으로". 중앙대학교 사진학과 석사학위논문.

김화자(2005). "재미동포의 한국어 가정교육 실태 및 지도방안 연구". 한국외국어대학교 교육대학원 석사학위논문.

박관숙(1965). "재일교포(在日僑胞)의 법적지위". 『법학논총』(단국대학교 법학연구소) 5권.

박광성(2006). "세계화시대 중국조선족의 노동력이동과 사회변화". 서울대학교 사회학과 박사학위논문.

박신규(2009). "국제결혼이주여성의 이주경로별 사회적 정체성의 형성: 구미시 결혼이주여성의 이주과정을 중심으로". 경북대학교 대학원 사회학과 박사학위논문.

박재균(2002). "중국 내 조선족교회를 통한 북한선교 전략에 관한 연구". 천안대학교 기독신학대학원 석사학위논문.

방금녀 · 최보율 · 고응린(1996). "한국인, 중국 연변 지역 조선족 및 한족, 중국인의 악성 종양 사망률 비교연구". 『韓國疫學會』 18권.

법무부(2009). 『출입국관리현황자료』.

서영희(2006). "1960년대 한국 정부의 재일동포에 대한 입장연구: 한일회담 과정에서 제기된 논점을 중심으로". 서울대학교 국제대학원 석사학위논문.

양명심(2003). "이회성 초기작품에 나타난 '정체성'에 관한 연구". 건국대학교 일어일문학과 석사학위논문.

외교통상부(2009). 『해외이주신고 및 현지이주신고』.

유삼열(1993). "北韓의 在日僑胞政策과 朝總聯". 서강대학교 정치외교학과 석사학위논문.

유진오(1959). "재일교포북송반대민간대표회귀환보고: 재일교포북송음모는 실패로 본다". 『지방행정』 8권.

윤성형. "일본의 재일교포북송에 대한 음모와 해부". 『대한지방행정공제회』.

윤용자(1969). "在日僑胞學生 및 父兄들의 祖國理解에 關한 一研究". 연세대학교 교육대학원 석사학위논문.

윤인진(2008). "한민족 이산(Diaspora)과 한민족공동체 형성방안". 2008. 『동방학지』 142호: 179-229.

이도희(2004). "민족통합을 위한 재외동포 활용방안 연구". 대진대학교 통일대학원 석사학위논문.

이동근 · 김만권 · 이호영 · 신승철 · 유계준(1991). "한국인과 중국 길림성 조선족의 우울증에 대한 횡문화적 비교 연구". 『神經精神醫學』 30권.

이범진(2005). "국내 이주 노동자의 복지 향상 방안 연구: 조선족 노동자와 외국인 노동자를 중심으로". 세종대학교 행정대학원 석사학위논문.

이재정(2004). "남북한 재외동포 정책에 관한 비교 연구: 탈냉전기 정책 변화를 중심으로". 고려대학교 정치외교학과 석사학위논문.

이종순(1996). "中國 朝鮮族 小說 硏究: 80年代 小說을 中心으로". 고려대학교 국어국문학과 식사학위논문.

이종학(2003). "조선족의 도시 이주와 사회적응에 관한 연구". 고려대학교 사회학과 대학원 석사학위논문.

이혜원(2003). "글로벌 코리안 네트워크 구축 현황과 개선방안: 화교 네트워크와의 비교론적 관점에서". 숙명여자대학교 국제관계대학원 석사학위논문.

임혜선(2005). "재미동포의 모국 TV방송 시청에 관한 연구". 연세대학교 언론홍보대학원 석사학위논문.

정범식(2001). "한국 기업의 중국 시장 진출전략 사례연구". 연세대학교 대학원 지역학협동과정 석사학위논문.

조교철(2004). "중국 소수민족 선교전략 연구: 조선족을 중심으로". 성결대학교 신학전문대학 석사학위논문.

차혜봉(2003). "중국 연변지구 조선족의 이중언어 사용실태와 그 영어 학습에 관한 연구: 어휘와 어순을 중심으로". 한국교원대학교 교육대학원 석사학위논문.

출입국외국인정책본부(2010). "체류외국인현황" (www.immigration.go.kr/HP/TIMM/imm_06/imm_2010_12.jsp 2011/1/10 검색).

최규남(1959). "재일교포북송반대민간대표회귀환보고: '제네바'에 대표부를 설치하였으면". 『대한지방행정공제회』.

황인진(2008). "카자흐스탄 현지인 한국어 교사 연수 과정 개발 연구: 요구 조사를 중심으로". 연세대학교 교육대학원 석사학위논문.

■ **윤인진** 고려대학교 사회학과 교수. University of Chicago 사회학과에서 사회학 박사 학위 취득. University of California, Santa Barbara의 Asian American Studies Department에서 조교수로 재직. 1995년부터 현재까지 고려대학교 사회학과 교수로 재직. 주요 연구물은 On My Own: Korean Businesses and Race Relations in America(University of Chicago Press, 1997), 『코리안 디아스포라』(고려대학교 출판부, 2004), 『북한이주민』(집문당, 2009), 『한국인의 이주노동자와 다문화 사회에 대한 인식』(한국학술정보, 2010), 『북한이탈주민의 정체성과 남한주민과의 상호인식』(2010, 북한이탈주민지원재단). 현재 북한이탈주민학회 회장(2011~2012), 재외한인학회 편집위원장(2011~2012)으로 활동. 이메일 주소: yoonin@korea.ac.kr, 홈페이지 주소: http://yoonin.hosting.paran.com

제2장

『재외한인연구』
(1990년 창간호~2010년 제22호)의
내용분석*

윤 인 진

1. 재외한인연구란 무엇인가

연구(research)란 무엇인가? 맥밀란과 슈마허(McMillan and Schumacher, 1989)는 연구란 어떤 목적을 위해서 정보나 자료를 수집하고 분석하는 체계적인 절차라고 정의 내렸고, 컬린거(Kerlinger, 1986)는 가설이나 이론에 의하여 유도된 자연 현상에 대한 체계적이며 경험적인 탐구라고 보았다. 이렇게 볼 때 연구는 어떤 목적을 갖고 체계적이며 논리적인 방법으로 증거를 확인하고 이론을 세워 가는 작업이라고 정의할 수 있다.

연구는 여러 가지 방식으로 구분할 수 있다. 연구주제와 방법론적 차원에 따라 연구는 인문학, 사회과학, 자연과학으로 구분할 수 있다. 인문학은 철학, 역사, 문학, 예술 등 인간의 가치와 인간의 자기표현 능력을 이해하기 위한 학문 분야이다. 사회과학은 정치, 경제, 사회, 문화와 같이 우리

---

* 본 장은 필자가 2010년 12월 23일 고려대학교에서 개최된 2010년 재외한인학회 · 한국학중앙연구원 공동학술회의에서 발표됐던 원고를 수정 · 보완한 것이다.

사회에서 일어나는 사회현상을 과학적 방법을 통해서 설명하고 예측하고 통제하기 위한 학문 분야이다. 자연과학은 물리, 화학, 생물, 천문, 지리와 같은 자연현상을 과학적 방법을 통해서 설명하고 예측하고 통제하기 위한 학문 분야이다. 필자가 속해 있는 사회과학은 다시 연구방법에 따라 양적 연구(quantitative research)와 질적 연구(qualitative research)로 구분된다(Ragin, 1987). 양적연구는 관찰 대상을 수치화하여 측정하는 연구로 그 방법 및 논리는 실증주의에 바탕을 두고 있다. 반면 질적 연구는 수치로 된 자료 대신 말(words)의 형태로 된 자료를 사용하고 그 방법 및 논리는 구성주의에 기초를 두고 있다.

이 외에도 연구는 실로 다양한 기준에 따라 구분될 수 있는데 여기서 필자가 재외한인연구와 관련하여 구분하고자 하는 연구의 분류는 '대상지향적 연구'(object-oriented research)와 '주제지향적 연구'(subject-oriented research)이다. 대상지향적 연구는 구체적인 연구대상을 연구목표로 삼아 연구를 수행하는 것이다. 예를 들어, 중앙아시아연구와 같은 지역학연구는 대표적인 대상지향적 연구라고 할 수 있다. 반면 주제지향적 연구는 추상적인 연구주제에 대해서 연구를 수행한다. 인문학과 사회과학의 대부분의 주류학문들이 주제지향적 연구에 해당한다. 예를 들어, 사회학은 소위 '사회학적 현상 또는 사실'이라고 할 수 있는 광범위한 주제들에 대해 연구한다. 물론 때로는 현상과 사실이 구체적인 대상(예를 들어, 청소년)인 경우도 있지만 추상적인 개념(예를 들어, 사회화)인 경우도 많다.

연구 관점과 방법에 있어서 대상지향적 연구는 필연적으로 동일한 연구대상을 연구하기 위해 다양한 학문 분야가 참여하는 다학문 또는 학제 간 연구가 되는 경우가 일반적이다. 다시 중앙아시아연구의 예를 들면 여기에는 역사학, 정치학, 경제학, 인류학, 사회학, 인문지리학, 종교학에 종사하는 연구자들이 중앙아시아와 관련된 다양한 주제들에 대해서 때로는 개별적으로 때로는 공동으로 연구를 수행한다. 반면 주제지향적 연구는 다학문 또는 학제 간 연구가 반드시 요구되지는 않고 해당 학문 분야의 특정

이론과 방법론을 사용해서 구체적인 연구대상을 분석한다. 주제지향적 연구의 종사자들은 상당 부분 공통의 이론과 방법론을 공유하기 때문에 비교적 안정된 학문공동체를 유지하는 경우가 많다. 이에 비교해서 대상지향적 연구의 종사자들은 공통의 이론과 방법론을 공유하지 못하기 때문에 독립적인 학문을 형성하기 어렵고 안정된 학문공동체를 유지하기 어렵다.

이런 관점에서 볼 때 재외한인연구는 대상지향적 연구에 속한다. 재외한인연구를 정의하자면 해외에 거주하는 한인(Korean)에 관한 체계적이고 경험적인 학술 연구이다. 여기서 재외한인은 한민족의 혈통을 이어 받은 또는 그렇게 생각하는 모든 법적 지위의 한인을 지칭한다. 따라서 재외한인연구는 한인이라는 구체적인 연구대상을 연구하기 위해 다양한 학문 분야의 이론과 방법론을 활용하는 종합적이고 다학문적인 연구이다.

이러한 특징으로 인해 재외한인연구는 대상지향적 연구가 갖고 있는 한계에서 벗어나기 어렵다. 단지 재외한인 연구자들의 수가 적은 것 외에도 연구자들의 학문 분야들이 다양하다보니 어느 한 곳에 구심점을 두고 학문적 성과를 축적하기 어렵다. 한국의 재외한인연구의 중심인 재외한인학회의 경우를 보더라도 몇몇 사람들의 역량과 헌신에 따라 학회의 성장과 침체가 좌우되는 불안정한 조직이다. 그러나 재외한인학회는 국내의 많은 군소학회들에 비교해서 유리한 측면도 있다. 전 세계 170여 개국에 700만 명의 재외동포를 연구하고 대변하는 만큼 재외한인학회는 엄청난 잠재력을 갖고 있다. 더욱이 2012년부터 재개된 재외국민 선거는 재외동포에 대한 정부와 국민들의 인식과 관심을 제고할 것이고 이에 따라 재외한인연구에 대한 사회적 관심과 지원도 증가할 것이기 때문이다. 재외한인을 연구하는 국내외 학자들을 결집하고 재외동포의 거주국에서의 권익 증진과 한민족 정체성 유지에 기여하는 정책과 프로그램을 개발하는 본연의 역할을 수행한다면 재외한인학회는 크게 성장할 것이다. 따라서 앞으로 재외한인 연구자들의 역할은 재외한인연구가 갖는 구조적 한계를 최소화하고 대신 장점과 잠재력을 극대화하는 방향으로 서로의 지혜를 모으고 역량을 결집하는 것이라고 할 수 있다.

　재외한인연구의 발전 방향을 모색하기 위해서는 지금까지 재외한인연구가 어떻게 진행되어 왔고 그 문제점과 한계점은 무엇인가를 진단하는 것이 필요하다. 필자는 제1장에서 한국교육학술정보원이 제공하는 학술연구정보서비스(이하 RISS로 표기, www.riss.kr)에서 재외한인 관련 전문학술지 논문들을 분석했다.[1] 본 장에서는 재외한인학회의 공식 학회지인 『재외한인연구』의 창간호(1990)부터 제22호(2010)에 게재된 논문들을 일일이 내용분석하여 재외한인연구의 동향과 특징, 그리고 한계점과 문제점을 진단하고자 했다.

2. 『재외한인연구』 논문 분석 결과

1) 제1호(1990)

　재외한인학회는 1988년 설립되었고 학회지는 1990년에 제1호가 출간되었다. 제1호의 첫 번째 논문은 재외한인학회를 설립한 이광규(인류학)의 "국제인권규약과 재일한국인의 주체성문제"였다. 이 논문은 재일한국인이 어떻게 그리고 왜 민족적 정체성을 유지하였느냐의 문제를 다루었는데 재일한국인의 주체성 문제를 사개조로 나누어 샌프란시스코강화조약 이후, 한일협정 이후, 일립(후지쯔)제작소 취직 차별 사건 이후, 그리고 국제인권규약 이후로 나누어 살펴보았다. 두 번째로 실린 논문은 정인섭(법학)의 "재일한국인법적지위협정: 그 운영 25년의 회고"였다. 이 논문은 해방 이후 끊임없는 쟁점이 되어 온 재일한국인의 법적 지위문제를 다루기 위해 1965

---

[1] 재외한인연구의 동향에 대한 보다 자세한 연구결과는 필자의 논문 "재외한인연구의 동향과 과세"에서 소개되있나(윤인신, 2010). 이 논문에서는 학술연구정보서비스(RISS)에서 재외한 인 관련하여 검색된 국내 대학원에서 간행된 석·박사 학위논문들과 국내 전문학술지에 출판된 논문들을 대상으로 분석했다.

년 법적지위협정의 내용을 간략히 검토하고, 그 협정이 지난 25년 가까운 세월동안 실제로 어떻게 운영되어 왔고, 오늘의 의의는 무엇인가를 검토했다. 세 번째로 실린 논문은 김응렬(사회학)의 "재일한국인의 사회적 기회"였다. 이 논문은 재일한국인에게 있어 가장 기본적이고 중요한 사회적 기회가 취업 기회라고 보고 재일한국인의 취업 실태와 변화 양상을 분석하였다. 이외에도 제1호에서는 박병윤(교육자)의 "재일한국인의 법적지위", 이구홍(언론인)의 "해외동포가 국가발전에 미치는 영향", 조영환(정치학)의 "일계미국인과 재외교포의 전후 보상에 따른 비교연구" 등 재일한인에 관한 세 편의 논문들이 게재되었다. 비록 제1호에서는 재일한인에 관한 논문들이 주류를 이뤘지만 허원무(사회학)의 "재미한국이민의 1.5세대현상"과 전경수(인류학)의 "브라질의 한국이민과 그 전개과정"의 논문에서는 재미한인과 재남미 한인에 관해서 연구하였다. 이렇듯 제1호에서는 가능한 다양한 지역의 재외한인에 관한 연구결과를 담으려고 노력하였다. 또한 대학 교수 외에도 언론인, 교육자 등 지식인들이 참여했다.

2) 제2호(1992)

제2호에서는 제1호에서 재일한인을 중심으로 다뤘던 것과는 대조적으로 재소한인, 재미한인, 재브라질한인, 재독한인, 재중한인, 재사할린한인 등 가능한 대표적인 재외한인 집단을 다루려고 노력하였다. 제2호의 첫 번째 논문은 제1호와 마찬가지로 이광규의 "재소원동 한인의 문화와 생활"이었는데, 이 논문은 소련 원동지역에 거주하는 한인들의 생활실태를 조사하고 의식과 가치관을 파악하고자 하였다. 두 번째로 게재된 논문은 김광정(사회학)·김신 교수(경제학)의 "재미교포의 자영소기업에 대하여"였다. 이 논문은 재미한인의 자영소기업 경영은 미국의 순수한 이민현상이며, 재미한인의 어떠한 배경특성과 처지가 미국 사회구조와 어떻게 결합하여 이 같은 현상을 만드는가를 분석하였다. 제1호에 게재된 허원무의 1.5세대 연구와 김광정·김신의 자영업 연구에서 공통적인 점은 사회학자들은 대체로 전반적인 실태 파악보다는 구체적인 사회현상에 초점을 맞춘다는 것이다. 이런 경향은 이후의 사회학자들의 논문에서도 자주 발견된다. 이 외에도 전경수의 "브라질 한국이민사회 민족관 문제", 이장섭(민속학)의 "독일 한인2세의 문화화", 박병윤(재일민단)의 "남북의 UN동시가입과 재일동포의 역할: '91년 문제'의 총괄과 분단극복을 위하여", 이장희(법학)·조수향의 "산재지구 조선민족 언어교육에 대한 몇 가지 견해", 권영조(민족연구소)의 "조선민족의 이주와 중국 동북일대 근대 벼농사의 개척", 천수산(역사연구소)의 "중국조선족의 민간신앙에 대한 개관", 이광인(역사연구소)의 "시베리아주 조선민족과 중국 동북에로의 재이주", 박수호 교수(교육학)의 "사할린 한인 역사 통계" 등이 게재되었다. 제2호에서 두드러진 점은 재일한인에 관한 논문의 수가 1편으로 줄어든 반면 재중한인에 관한 논문이 3편이나 되었다는 점이다. 1993년 이후에는 재일한인에 관한 논문이 1년에 1~2편으로 저조한 반면 재중한인에 관한 논문은 3편 이상씩 크게 증가하였다.

3) 제3호(1993)

제3호는 각국의 재외한인의 이주 및 정착의 역사를 개괄하는 특집기획의 성격을 가졌다. 첫 번째로 게재된 이광규의 논문 "세계 속의 재외한인"에서는 서로 다른 곳에서 서로 다른 경험을 가지고 있는 재외한인들의 공통적인 특징을 찾고자 했으며 이들이 한국인이라는 정체성을 유지하기 위하여 왜 그렇게 최선을 다하는지를 설명하고자 했다. 두 번째로 게재된 하와이대학교의 웨인 패터슨(Wayne Patterson)의 논문에서는 하와이에 이주한 한인 1세대와 2세대의 가치체계 차이를 연구하고 하와이 거주 한국인 이민상황을 중국인이나 일본인 이민 사회와는 다르게 한 특성들을 설명했다. 제3호의 또 다른 특징은 제1호의 2호에서는 한국인 학자들의 논문들만 게재했던 것과는 달리 제3호에서는 외국인 교수들의 논문들을 다수 게재했다는 점이다. 웨인 패터슨의 "하와이 거주 한국인들의 전통적 가치의 변화: 세대별 변화와 서구의 영향 1903~1945"를 비롯하여 슬로트 월터(Slote Walter)의 "치료 중의 재외한국인들: 고향에 대한 함의", 알렉산더 페트로프(Petrov Alexander)의 "러시아의 한인들, 1861~1917: 새로운 상황에서의 몇 가지 문제들", 로사 자릴가시노바(Rosa Dzharylgasinova)의 "구소련 한인 민족문화의 발전: 전통과 혁신", 히로시 타나카(Hiroshi Tanaka)의 "일본에서의 한국인 영주자들과 신입국자들", 조지 드보스(George A. De Vos)와 김은영의 "미국과 일본에서 한국인들의 성취, 소외 그리고 권위에 관한 문제" 유푸황(You-Fu Huang)의 "재중한인의 이민사", 야오후아린(Yao-Hua Lin)의 "중국의 한인과 동북부 중국에서의 다른 소수민 집단에 대한 비교연구", 쿠이쳉마(Qui-Cheng Ma)의 "중국의 한인의 역사적 유산" 등 모두 9명의 외국인 학자들의 논문들이 게재됐다.

4) 제4호(1994)

제4호는 재중한인 특집호의 성격을 가져서 총 7편의 논문 중 5편이 재중한인에 관한 것이었다. 여기서는 이전 호에서 재중한인의 이주사 또는 전반적인 실태를 다뤘던 것과는 달리 구체적인 사회현상과 문제에 대해서 다루는 논문들이 많았다. 첫 번째로 게재된 김병호(민족학)의 "중국조선족 인구유동과 사회문제"에서는 개혁개방 이후 조선족사회의 심각한 사회문제로 대두된 인구유동의 상황과 특징, 그리고 이에 따른 사회문제에 대해서 분석했다. 다섯 번째로 게재된 권영조(민족연구소)의 논문 "중국조선족 기업가: 최수진 및 석산린에 대하여"에서는 개혁개방 이후 농민에서 기업가로 변신하고자 노력하는 조선족의 실태를 반영하였다. 이 논문에서는 중국내 조선족에 의해 세워져 성공적으로 운영되는 사기업과 대표적 조선족 기업인으로서 최수진과 석산린의 기업활동에 대해서 분석하였다. 조선족 관련 논문 외에 게재된 논문 두 편은 모두 재일한인에 관한 것인데 김주회

(가족문화소비자학)의 논문 "재일한인의 친족생활: 사례연구를 통하여"와 정인섭·이승우(법학)의 논문 "재일교포의 섭외가족법상 지위에 관한 연구: 일·북 수교에 대비하여"가 있다.

제4호의 또 다른 특징 중의 하나는 재외한인의 민속, 생활양식, 친족생활 등에 관해서 초점을 맞추어 분석했다는 점이다. 천수산(역사연구소)은 "중국조선족 생육풍속에 대한 탐구"에서 조선족의 생육(아이를 가지고 낳고 기르는 것)의 기원적, 금기적 풍속에 관해 연구했고, 김형직(작가)는 "중국 조선민족의 민속실태"에서 조선족의 민간신앙, 통과의례, 세시풍속, 민속놀이에 대해 연구했다. 그리고 김주희는 "재일한인의 친족생활: 사례연구를 통하여"에서 구한 재일한인의 친족생활에 대해 조사했는데 한국의 전통적 가족가치관과 친족관계의 내용이 이문화와의 접촉과정에서 어떤 식으로 변모해 왔는지, 아니면 유지되고 있는지에 관심을 갖고 분석했다. 나아가 일본 사회로부터의 차별과 맞물려 있는 민족의식이 친족관계에 어떠한 방식으로 표현되고 있는가를 연구했다.

5) 제5호(1995)

제5호의 특징은 1992년 미국 로스앤젤레스 인종폭동의 여파를 반영하듯 두 편의 논문이 한흑갈등과 로스앤젤레스 폭동에 대해서 다뤘다. 이정덕(인류학)은 "뉴욕시 한흑갈등과 시위의 전개과정"에서 한흑간의 일상적인 불신과 갈등이 어떻게 경험되고 인식되며 이것이 어떻게 보다 조직적인 갈등으로 비화되었는지를 그리고 이러한 한흑갈등이 뉴욕시에서 어떻게 전개하여 왔는지를 현지조사, 수집한 각종 문헌, 면접자료를 중심으로 연구했다. 변주나(간호학)은 "화병, 1992년 LA폭동의 정치·경제적 공모와 한국계 미국인 피해자들의 속죄양 증후군"에서 폭동으로 인한 사업의 파손이 한국계 미국인 교포들에게 어떠한 신체적, 정신 및 사회적 충격을 야기했는가를 정신의학과 신경과학적 연구방법을 사용해서 분석했다.

제5호에서는 멕시코 한인이주 90주년을 기념하는 차원에서 세 편의 논문들이 게재되었다. 김귀옥(사회학)의 "1905년 멕시코이민 한인노동자 연구: 하와이 이민과 비교하면서"에서는 왜 한인들은 당시 멕시코에 가게 되었는가를 하와이 이주와 연관성 속에서 설명했다. 서성철(중남미문학)의 "멕시코 한인 이민사 현황과 문제점: 초기 한인 이민에 국한하여"에서는 한인의 멕시코 이민사 연구 자료에 대한 현황과 문제점을 지적했다. 코보리 카오루의 "멕시코 초기 한국인이민 조사에 참가하면서"에서는 한인의 멕시코 이민에 대한 역사적 문제점에 대해 조사했다. 국내에서 중남미 한인에 관한 연구가 부족한 상황에서 『재외한인연구』에서 특별히 과소 연구된 재외한인집단에 대해 관심을 보이고 관련 논문을 게재하는 노력은 재외한인연구가 균형 있고 대표성 있는 학문으로 발전하는 데 필수적인 요건이라고 할 수 있다.

6) 제6호(1996)

이전 호들에서도 그랬지만 제6호에서는 재외한인 관련 주요 현안과 사회문제에 대해 연구자들이 집중 분석하고 대책을 마련하려는 노력이 더욱 돋보였다. 이광규의 "한국에서의 재중교포의 제문제"에서는 '코리안 드림'을 그리며 빚을 지면서까지 한국으로 오려고 했던 재중한인들이 일부 한국인 사기꾼들에 의해 피해를 받게 된 경위와 구제 방안을 모색하였다. 이 논문은 재중한인과 한국인 사이에 깊어져 가는 골을 구체적으로 다루었고, 재중한인이 한국에 와서 어떠한 고통을 경험하고 있으며, 이들의 문제를 해결하고자 하는 시민단체들의 활동에 대해서 연구했다. 변주나의 "1992년 로스엔젤래스 시민소요 관련 한국계 미국인 사회 피해설과 해결방안"에서는 시민 소요와 관련되어 지속적으로 제기되어온 한국계 미국인 자영업체의 상대적 피해에 관한 가설들을 분석검증하여 그 실상과 허상을 가리고, 입증된 가설의 실상을 중심으로 한국계 미국인 사회가 직면한 문제를 진단하고 그 해결방안을 모색했다.

제6호의 또 한 가지 중요한 성과는 그 이전에는 재중한인에 대해서 다룰 때 주로 중국에 있는 한인에 대해서 연구했지만 이때부터 국내에 체류하는 재중한인에 대해서 본격적으로 다루는 논문이 나타나기 시작했다는 것이다. 김소정(간호사회학 석사)은 "재한 중국조선족 노동자들의 생활만족도에 관한 연구"에서 다양한 문제를 안고 생활하는 조선족 노동자들의 과거 한국 입국 전과 입국 후, 현재, 그리고 미래에 기대하고 있는 생활만족정도를 비교 연구했다.

또한 제6호는 재외한인의 언어상황, 민족정체성, 학업성취 등 사회문제와 직접 관련이 적지만 학술적으로 중요한 주제들에 대한 분석적인 논문들을 많이 게재했다는 점에서 재외한인연구의 학술적 수준을 한 단계 끌어올렸다고 평가할 수 있다. 허승철(노어노문학)의 "구소련 지역 한인의 언어동화와 이중언어 사용에 대한 사회언어학적 연구"에서는 소련의 인구센서스 자료 중 언어와 관련된 자료를 분석하여 한인들의 언어 동화 과정을 객관적으로 서술했다. 윤인진(사회학)의 "재미 한인의 민족 정체성과 애착의 세대간 차이"에서는 재미한인을 대상으로 실시한 설문조사 자료를 이용해서 재미한인의 민족정체성과 민족애착의 세대간 차이를 연구했다. 그리고 이정선(인류학)의 "학업성취의 사회화: 재미 한인고등학생에 대한 문화기술적 연구"에서는 재미한인의 독특한 교육적 경험을 참여자의 관점에서 분석하고 탐구했다. 재미한인 학생의 학업성취라는 현상을 통해 재미한인의 독특한 문화적 성향을 분석하고자 했다. 인구센서스, 설문조사, 문화기술적 연구 등 경험적 자료를 통해 실증적이고 사회과학적 분석을 시도한 논문들이 대거 게재된 것은 제6호가 처음이라고 판단된다. 그런 의미에서 1996년부터 재외한인연구는 종전의 역사학적, 인문학적 접근에서 사회과학적 접근으로 중심축이 옮겨갔다는 생각이 든다.

7) 제7호(1998)

제7호는 중앙아시아 한인 강제이주 60주년을 기념하는 특집호로 구성되었다. 그래서 총 10편의 논문들이 강제이주, 러시아의 소수민족정책, 민족관계, 고려인의 실태와 사회문제, 언어와 정체성, 연해주 재이주, 국적문제 등에 대해서 분석했다. 제7호에서는 러시아와 중앙아시아의 외국인 연구자들의 논문들이 대거 게재되어 현지 전문가들의 분석결과를 자세하게 소개했다. 예를 들어, 한막스(국제관계학)의 "한인 강제이주의 역사적 의미", 자이카 지아이나(러시아학)의 "러시아 연해주 정부의 소수민족 정책", 유가이 일리야 그리고리예비치(한국어문학)의 "중앙아시아 고려인의 민족적 독창성", 양원식(고려일보)의 "중앙아시아 카자흐스탄 고려인들의 사회문제", 김떼밀(고려인협회)의 "러시아 연해주 한인의 문제", 명 드미트리(철학)의 "카자흐스탄 고려인의 민족관계 의식조사 보고서" 등의 논문들이 강제이주 60주년 기념 학술회의에서 발표된 후 수정/보완되어 제7호에 게재됐다. 이들 외국인 연구자들 외에도 윤인진의 "중앙아시아 한인의 언어와 민족정체성", 이종훈(정치학)의 "중앙아시아 고려인의 연해주 재이주가 갖는 정치경제적 의미", 노영돈(법학)의 "CIS 한인의 국적" 등이 고려인에 관해 분석했다.

제7호의 또 한 가지 중요한 성과는 이전 호들에서는 대체로 여섯 편 정도의 논문들이 게재되었다면 한 호에 총 12편의 논문들이 게재되어 두 배의 양적 성장을 거뒀다는 점이다. 이후 제8호에서도 총 12편이 게재될 정도로 1997년과 1998년이 재외한인연구의 도약기라고 할 정도로 성장이 두드러졌다.

8) 제8호(1999)

제8호에서는 제7호를 이어 고려인에 관한 논문들이 6편이나 게재되었다. 역시 강제이주 60주년 이후 고조된 고려인에 관한 학문적 관심을 반영하였다. 제8호에서 두드러진 또 하나의 특징은 박사학위 또는 석사학위논문들이 모두 3편이 게재되었다는 점이다. 이런 결과는 편집위원회에서 적극적으로 석·박사학위논문 중에서 우수한 논문들을 발굴했기 때문이다. 장원창 박사(정치학)의 "소련 붕괴 이후의 카자흐스탄의 민족 문제와 한인사회"는 소련의 붕괴로 카자흐 문화와 사회구조에 적응해야 하는 것과 한민족 문화를 유지하고 부흥해야 하는 두 가지 과제를 안게 된 한인들의 처지와 그에 대한 대응 전략을 분석했다.

장준희 석사(문화인류학)는 "카자흐스탄 고려사람의 민족정체성 변화과정 연구"에서 카자흐스탄의 독립 이후 과도기적이고 혼란스런 고려인들의 정체성의 단면을 분석했다. 김병천 석사(정치학)는 "김영삼 정부의 재외동포정책에 관한 연구: 이중국적허용 논의를 중심으로"에서 김영삼 정부의 국제화, 세계화 정책의 일환으로 논의된 이중국적의 문제를 분석했다. 재외한인연구가 지속가능한 학문으로 성장하기 위해서는 학문 후속세대의 양성이 필수적이고 그런 면에서 제8호는 신진연구자들에게 학위논문을 학회지에 게재할 수 있는 기회를 제공했다는 면에서 긍정적으로 평가받을 수 있다.

9) 제9호(2000)

제9호에서는 재미한인에 관한 논문 세 편, 재중한인에 관한 논문 두 편, 고려인에 관한 논문 두 편이 게재되었다. 앞서 지적했듯이 1992년 이후 재중한인과 고려인에 관한 논문들이 증가한 반면 재일한인에 관한 논문들은 현저하게 감소했다. 재미한인에 관한 논문 중 두 편은 한인 2세의 정체성과 세대갈등에 관한 것으로서 재미한인사회에서 1.5세와 2세가 성장하면서 발생하는 문제들에 초점을 맞추었다. 재중한인에 관한 논문 중 한편은 인구위기에 관한 것으로 중국의 개혁개방 이후 증가된 재중한인의 인구이동으로 인한 위기의식을 반영했다.

첫 번째로 게재된 윤인진의 "미국으로의 한인 이주와 이민가족의 세대 갈등"에서는 재미한인 사회의 심각한 사회문제로 인식되고 있는 세대갈등에 관련해서 이 문제의 현황, 원인, 개선방안을 논의하였다. 두 번째로 게재된 조혜영(인류학)의 "재미 한인 2세와 민족 정체성"은 재미한인 2세들의 민족정체성 형성과정의 한 단면을 살펴본 민족지적 연구이다. 이 논문은 미국의 한 대학에 개설된 한국어 강좌 및 여기에 참여하는 한인 대학생들을 통해서 정체성 형성 과정이 복잡하고 다면적으로 진행되고 있음을 보여주었다. 세 번째로 게재된 김원태(신문방송학)의 "재미 한인사회의 한인방송에 관한 연구"에서는 라디오 코리아를 비롯한 미국의 한인방송들에 대해 연구했다. 연구 결과 한인방송들이 한인의 단합과 여론 조성에 기여하고 한인사회의 지도자 역할을 하고 있고 한인 2세들에게 한국어를 보급하며 한인의 자긍심을 높이는 데도 기여하는 것으로 밝혀졌다. 일반적으로 재외한인들은 거주국 사회에서도 대도시에 집중 거주하고 있는데 지리적으로 방대한 대도시에 살면서도 한인으로서의 정체성을 유지하는 데 한인방송과 같은 매스미디어의 역할이 지대한 것으로 알려졌다(I. Kim, 1981; 윤인진, 2003). 따라서 김원태의 논문과 같이 재외한인사회의 매스미디어에 관한 연구들이 중요한 가치를 갖는다. 다섯 번째로 게재된 이진영(정치학)의 "중국 공산당의 조선족 정책의 기원에 대하여(1928~1949)"는 중국 정부의 한인계 중국인(조선족)에 대한 정책의 시원에 대해 논했다. 주요 결론은 중국내의 한인계 중국인에 대한 정책의 시원은 그들이 중화인민공화국의 국적을 부여받지 않은 상태에서, 그리고 만주의 조선인으로 남아있는 상태에서 중국공산당이 행한 정책에서 찾을 수 있다는 것이다. 일곱 번째로 게재된 정근식·염미경(사회학)의 "디아스포라, 귀환, 출현적 정체성: 사할린 한인의 역사적 경험"은 국내 연구에서 찾아보기 어려운 사할린 한인에 대한 연구이다. 이 논문에서 사할린 한인은 식민지체제와 냉전체제의 역사적 복합에 의해 생성된 디아스포라 집단으로 이해된다. 종전의 사할린 한인을 바라보는 시각은 민족주의적인 것이어서 이들의 정치사회적 현실을 간과해

왔다고 비판적으로 평가하면서 2세대들의 출현적 정체성에 주목할 때 현재의 사할린 한인사회의 변화를 제대로 이해할 수 있다고 주장했다.

10) 제10호(2001)

2001년부터는 일 년에 두 차례 논문이 출판되는 계기를 맞이했다. 제10호는 한일장신대 교수들이 한국학술진흥재단의 지원을 받은 연구프로젝트 『아시아의 소수민족 연구: 해외한민족 연구』의 결과물을 특집기획으로 게재하였다. 이홍락의 재일 한국·조선인에 관한 연구, 구춘서의 재미한인에 관한 연구, 기광서의 구소련 한인에 관한 연구, 이규태의 재중한인에 관한 연구, 이남섭의 멕시코 초기 한인사회에 관한 연구가 그것이다. 첫 번째로 게재된 이홍락(경제학)의 "재일 한국·조선인: 형성과정과 현재 그리고 그들의 역할"에서는 재일 한국·조선인의 형성과정과 현황, 특히 일본의 재일 한국·조선인에 대한 정책과 일본 사회의 차별, 그리고 그것에 대한 재일 한국·조선인의 대응을 살펴봄으로써 그들이 놓여있는 특수 상황을 이해하고 우리의 민족적 과제인 통일논의 과정에서 그들이 해낼 역할의 중요성을 확인하고자 했다. 두 번째로 게재된 구춘서(신학)의 "재미동포의 중간자적 위치에 대한 신학적 이해"에서는 재미한인들이 미국 땅에서 소수 중간계층으로 살아가면서 겪는 여러 가지 고난의 현실을 민중신학의 민중의 사회전기 방식으로 살펴보면서 이러한 고난의 원인과 그 현황 그리고 이의 극복방안을 연구했다. 세 번째로 게재된 기광서(정치학)의 "구소련 한인의 민족 정체성 상실과 회복: 역사와 현재"에서는 러시아 한인이 러시아 영토에서 겪은 민족정체성의 보존과 상실과정을 고찰하고 1990년대 소련 붕괴 후 그것을 회복하기 위한 시도와 노력을 살펴보았다. 네 번째로 게재된 이규태(역사학)의 "중국조선족 사회의 형성과정"에서는 연변조선족자치주의 성립과정을 중심으로 중국조선족 사회가 역사적으로 어떻게 형성되었는가를 규명했다. 그리고 한중수교 및 남북관계의 급속한 전개라는 정세변화 속에서 생산적인 한중관계의 모색, 특히 중국의 소수민족으로서의 연변조선족의 역할 등을 전망했다. 다섯 번째로 게재된 이남섭(사회학)의 "남미의 아시아 소수민족과 멕시코 초기 한인사회의 비교연구: 이주과정과 사회문화적 영향을 중심으로"에서는 소수민족으로서 멕시코 한인들이 20세기 초 다인종 사회인 남미사회에 외국인 노동자로 유입하는 과정에서 나타나는 노동력의 국제적 이동과정과 그 사회, 문화적 영향을 다른 아시아 소수민족의 경우와 비교, 검토했다. 특집 기획 논문 외에 조윤희(언어, 문학)의 "우즈베키스탄 한인의 언어상황과 한국어의 지위"에서는 우즈베키스탄 한인의 현대 언어상황 구조를 살피면서 언어사용자들의 한국어에 대한 상징적, 개념적 평가와 현실적, 실제적 평가 사이의 부조화가 언어상황 속에서 한국어의 지위에 어떤 영향을 미치는지를 조사했다. 또한 한국어의 지위에 대한 평가에서 개념과 실제 사이의 괴리가 세대별로 어떻게 표출되는 지를 분석했다. 마지막으로 게재된 성동기(노어노문학)의 "한국의 IMF체제이후 우즈베키스탄 고려인의 위상고찰과 접근방법론"은 우즈베키스탄 상황과 고려인의 위상변화를 분석하고 이에 따른 한국측의 대응방향과 접근방법론을 고찰했다.

11) 제11호(2001)

제11호에서는 이전에는 잘 다루지 않은 캐나다와 호주의 재외한인에 관한 두 편의 논문이 게재되었다. 윤인진의 "토론토지역 한인의 생활과 의식"은 1990년대 중반 이후 새로운 이민자들의 유입으로 제2의 중흥기를 맞이하고 있는 캐나다 한인사회의 구조와 변화를 조사하였다. 이 논문은 캐나다 한인의 현지사회 통합방식을 이론화하고 캐나다와 같은 다문화 사회에서의 민족성의 역할을 재검토했다. 설병수(문화인류학)는 "해외 이민의 명암: 호주 내 한인들의 이민동기와 실제 생활"에서 양질의 삶을 원하는 한국인들에게 주요 이민 대상국 중의 하나로 인식되어 온 호주에 사는 한인들의 이민동기와 실제 생활에 대한 평가를 조사했다. 세 번째로 게재된 성동기의 "우즈벡 다민족 정책과 민족주의: 현재의 시대적 상황에 따른 고려인의 위상재조명"에서는 우즈벡 정부가 시행하고 있는 다민족 정책과 민족주의를 분석하고 이것을 토대로 향후 우즈벡 사회를 전망하였다. 그리고 이러한 상황에 맞추어 고려인들이 우즈베키스탄의 소수민족으로서 가지는 위상을 재조명했으며, 특히 그들이 우즈벡이라는 사회에 제대로 적응하기 위한 방향을 제시하였다. 성동기는 국내에서 우즈베키스탄을 연구하는 학자가 매우 부족한 상황에서 이 국가와 이곳에 거주하는 고려인들에 관한 경험적인 연구와 정책연구를 지속적으로 수행해서 학술적으로 기여하는 바가 크다.

이렇게 재외한인 연구자들은 단지 재외한인 연구에 그치는 것이 아니라 지역 연구를 수행하는 이중의 역할을 수행하고 있다. 이 외에도 조혜영의 "재미한인2세의 학업성취에 대한 이해", 이종훈(정치학)의 "재중동포정책과 재외동포법의 개선 방향", 이진영의 "동아시아에서의 한인계 이민자에 대한 연구: 그 쟁점과 전망", 최우길(국제유엔학)의 "남북관계와 중국조선족" 등의 논문들이 게재되었다. 이종훈의 논문은 재중한인 등을 차별했다고 비판받았던 재외동포법의 개정 방향, 그리고 재외동포기본법의 제정 필요성을 제시했다. 주요 주장은 재외동포법의 개정 또는 재외동포기본법의 제정은 한민족공동체 또는 한민족 네트워크의 형성을 목표로 해야 한다는 것이다.

12) 제12호(2002)

제12호에서는 재중한인 관련 논문 3편, 재미한인 관련 논문 1편, 고려인 관련 논문 1편이 게재되었다. 이 중에서 윤인진의 "세계 한민족의 이주 및 정착의 역사와 한민족 정체성의 비교연구"는 기존 연구에서 국가별로 다뤘던 재외한인의 이주 및 정착의 역사와 민족정체성을 종합적으로 비교하고 이론화했다는 점에서 학술적 의의가 컸다. 또한 여섯 번째로 게재된 양장애·신경호(심리학)의 영어 논문 "Korean Women in the U.S.: A Qualitative Study of Psychosocial Well-being Determinants"는 캔자스 시티 도심부에 살고 있는 재미한인여성의 심리적 웰빙에 영향을 미치는 사회경제적 요인들을 탐구했다. 연구 결과 재미한인 여성의 심리적 웰빙에 영향을 미치는 주요 요인들은 불안정한 저수익, 결혼 불만족, 부모자녀관계, 네트워크 부족인 것으로 밝혀졌다. 이 외에도 조혜영의 "해외동포 모국수학생에 대한 연구: 중국동포 학생들의 모국관 및 민족관을 중심으로", 한경구(인류학)의 "연변지역에서의 한국위성방송 수용의 특성", 김재기(정치학)의 "중국조선족 집거구 해체 위기와 대응", 성동기의 "중앙아시아 5개국의 자국 해외동포 관련 법조문 분석" 등이 게재되었다.

13) 제13호(2002)

제13호는 한민족공동체에 관한 5편의 논문을 게재하여 집중적으로 한민족공동체의 개념, 역할, 발전 방안 등에 대해서 논의했다. 첫 번째로 게재된 정영훈(사회학)의 "한민족공동체 형성과제와 민족정체성 문제"에서는 한민족공동체의 아이디어가 추구하는 이상과 과제에 대해 설명하고, 민족정체성의 개념과 의의 및 그것의 유지, 소멸에 관여하는 요인들에 대해 살피고, 한민족공동체 구성원으로서의 정체성은 지금 어떤 상황에 놓여 있는지의 문제와, 한민족공동체의 민족정체성 형성을 위해서는 어떤 방향 설정과 노력이 필요한가라는 문제를 논의했다. 두 번째로 게재된 강광식의 "한민족공동체와 남북통일 문제"에서는 한민족공동체의 형성이라는 큰 틀 속에서 남북통일 문제가 지니는 의의에 주안점을 두고 통일한국의 미래상을 탐색하였다. 그리고 영토국가 중심적인 공동체의 한계에 대해 살펴보고, 이와 관련해 미래지향적 공동체상으로서 새로이 부각되고 있는 복합적 공동체 개념의 현실적 함의를 논의했다. 세 번째로 게재된 이종훈의 "한민족공동체와 한국 정부의 역할"에서는 한민족공동체 형성의 이상과 현실에 관해 살펴보았다. 네 번째로 게재된 전택수의 "지구촌 한민족경제공동체의 이상과 현실"에서는 지구촌 한민족경제공동체의 구축이 필연적임을 밝히고, 지구촌 경제의 특성상 한민족경제공동체의 이념은 재외한민족 각자가 세계로부터 존경받는 사람이 되도록 하는 것임을 밝혔다. 그리고 경제공동체는 각국의 한인 후예들이 현지의 주류사회에서 자신의 경제적 이득을 제고하면서 모국의 경제적 발전에 이바지하는 방안을 모색하도록 지원할 것을 주요 목적으로 삼아야 한다고 주장했다. 다섯 번째로 게재된 김병선의 "한민족 인터넷 문화공동체의 형성 방안"에서는 21세기의 정보통신 사회에서 한민족의 공동체를 가상공간에 건설하는 것을 목표로, 그와 관계되는 여러 장애요인과 극복방안, 가상적 민족공동체를 이루기 위한 구체적인 방안과 정책적인 지원방안을 살펴보았다. 한민족공동체와 관련 없지만 연구 노트의 성격을 띤 이광규의 "재미동포의 뷰티 서플라이 산업"은 재미한인의 자영업의 새로운 니치로 등장한 흑인 뷰티 서플라이 사업에 대한 소개와 왜 한인들이 흑인 뷰티 서플라이 사업을 독점하고 있는가, 흑인 뷰티 서플라이 상점은 어떤 물건을 어떻게 판매하고 있으며 상품의 유통과정은 어떠한가에 대해서 분석했다.

14) 제14호(2003)

제14호는 재중한인에 관한 논문 4편을 게재했고 캐나다 한인에 관한 논문 1편을 게재했다. 제14호에서 특이한 점은 재외한인 여성에 초점을 맞춘 논문이 두 편 게재되었다는 점이다. 김귀옥은 "경계 안팎의 여성 조선족: 삶의 특성과 사회의식"에서 급변하는 연변조선족 사회와 한국 사회에서 조선족 여성들의 사회적 진출상, 직업관, 결혼 및 이혼관, 자녀 양육과 교육관, 사회관과 현실을 살펴보면서 조선족 여성의 특성을 발견하고자 했다. 한편 김명희(지리환경학)은 "1990년대 이후 국민국가 독일의 재러 독일계

동포이주자에 대한 정책 고찰: 한국 내 조선족 이주자에 대한 새로운 이론적, 정책적 접근의 모색을 위하여"에서 2000년도를 기점으로 지난 3년간 꾸준한 변화, 개선을 추구해온 독일 사민당 정부의 이주, 이민 정책 속에서 독일의 아우스지들러라 불리는 재동유럽, 특별히 지난 십년간 재러 독일계인 이주 집단이 겪은 경험에 대해 소개했다. 독일의 아우스지들러 정책에 대한 엿보기를 통해 국내의 재외동포법을 포함한 두 국가가 취하고 있는 실질적인 접근 방식과 개념적 문제점들을 고려해 보고자 했다. 그 외의 논문으로는 허명철(사회학)의 "중국조선족공동체에 대한 이론적 접근", 최우길의 "한·중 관계와 조선족 문제: 최근 중국에서의 논의와 한국 정부의 선택을 중심으로", 윤인진의 "캐나다 한인의 이주와 사회적응" 등이 게재됐다. 이 중에서 허명철의 논문은 조선족 공동체의 형성과 발전과정에 대한 역사적인 고찰과 시대발전추세에 대한 분석을 토대로 미래지향적인 시각에서 조선족공동체의 진로를 진지하게 탐구했다.

15) 제15호(2003)

제15호는 재중한인에 관한 논문 3편, 고려인에 관한 논문 1편, 재일한인에 관한 논문 1편, 프랑스에 입양한 한국 고아에 관한 논문 1편을 게재했다. 김원태(신문방송학)는 "중국조선족의 언론현황과 언론관에 관한 조사연구"에서 조선족이 사회에 대한 지식과 정보를 얻고 생활의 반려자로 삼으며 여론을 형성하는 조선족 언론에 대해 연구했다. 이 논문은 중국조선족 언론의 이념과 특성을 살펴보고 조선족 언론의 현황을 알아본 다음 조선족을 대상으로 설문조사한 내용을 분석하여 조선족 언론이 처한 현실과 나아가야 할 방향을 진단했다. 윤인진의 "중국조선족의 도시이주, 사회적응, 도시공동체: 청도 사례연구"는 1980년대 이후 증가하기 시작한 중국조선족의 도시로의 인구이동, 도시 내에서의 사회적응, 그리고 조선족 도시공동체의 특성에 대해서 청도지역의 사례연구를 통해 조사했다. 이 논문은 조선족의 미래가 더 이상 농촌에 있지 않고 도시공동체에 있다고 주장하여 조선족 연구의 방향을 도시연구로 전환했다는 점에서 학술적 의의가 있다. 임영상·황영삼(역사학)의 "CIS 및 발트지역 고려인 사회의 민간네트워크"는 독립국가연합과 발트지역의 고려인 민간네트워크 구축에 대한 실태와 문제점을 규명하고 본질적 대안을 제시했다. 구소련 해체 이후 발트지역으로 이주한 중앙아시아 고려인들에 대한 실태를 보고했다는 점에서 학술적 가치가 있다. 유연숙(교육학)의 "한국인 여성의 국제이동 성격에 관한 일고찰: 1980년도 이후 일본에 이동한 케이스를 중심으로"는 일본의 수도권에 재주하고 있는 뉴커머 한국인 여성을 대상으로 일본에 노동력으로서 유입하게 된 과정을 분석했다. 2000년 이후 재일한인에 관한 연구는 올드 타이머보다는 뉴커머에 초점을 맞춘 것들이 증가했다. 임봉길(인류학)의 "프랑스에 입양한 한국 고아의 사회적 적응과 정체성의 형성"은 한인 입양인에 관해 재외한인연구에서는 아주 보기 드물게 진행된 연구성과이다. 이 논문에서 저자는 파리 근교에 거주하고 있는 입양아들을 대상으로 하고, 각 지방 현청의 입양담당 부서를 찾아 입양에 관한 자료를 수집하고 이들을 인터뷰했다. 연구의 목적은 입양인들이 현지 입양과 더불어 접하게 된 타문화(프랑스의 삶의 방식)을 어떻게 내면화하고 있는지를 그들의 부모와 당사자를 대상으로 알아보며, 그들의 적응과 적응양태를 분석하는 것이다. 그리고 그들의 부모와의 일체감의 문제, 종족적인 차이가 어떻게 그들에게 이해되고 받아들여지는지에 대해서 조사했다. 해외 입양인도 재외한인의 범주에 속하고 이들에 대한 학술적이고 정책적인 연구가 수행되었어야 함에도 불구하고 창간호부터 제1호까지 13년의 시간이 지나고서 비로소 한 편의 논문이 게재되었다는 것은 재외한인 연구자들이 부끄러워해야 할 일이다. 앞으로는 해외 입양인 연구자들의 연구 성과를 적극적으로 『재외한인연구』에 게재함으로써 재외한인연구의 영역을 확대하는 것이 필요하다.

16) 제16호(2004)

제16호는 사회조사방법을 통한 재외한인연구, 시베리아 철도와 고려인의 이주과정, 세계화와 조선족 사회, 재아르헨티나 동포, 미주한인기업 실태 등 다양한 주제들에 관한 논문들을 게재했다. 이중 박광성(사회학)의 논문 "세계화와 중국조선족사회가 직면한 새로운 도전"은 세계화라는 큰 배경에서 중국과 한국의 대응전략을 살펴보고, 이 틀에서 민족범주가 어떤 의미를 가지는 가를 분석하며, 이를 바탕으로 조선족 사회의 현실과 결부하여 과경민족으로서 조선족이 직면하고 있는 새로운 생존환경을 검토했다. 변주나·정남옥·김윤태·유강경(간호학)의 "탈북자 고문피해 실태"는 국내에 거주하는 탈북자들이 난민으로 여겨질 수 있는 지를 조사한 연구이다. 연구 결과 응답자들은 중국에서 북송된 후 수용시설에 구금되어 고강도의 다양한 고문을 장기적으로 경험한 후 이를 피해서 2차 이상 탈북을 시도한 정치적 난민임을 확인할 수 있었다. 이 논문의 결과와 별도로 탈북자를 재외한인의 범주에 포함할 수 있을 것인가는 논란의 소지가 있다. 창간호부터 제16호까지 재외한인의 범주는 비교적 분명했고 일관성이 있었는데 제16호에 들어서 처음으로 논란의 소지가 있는 집단이 포함되었다. 재외한인의 범주는 굳이 폐쇄적이고 배타적일 필요는 없지만 그래도 내적 일관성이 있어야 하기 때문에 연구대상의 선정에 신중을 기할 필요가 있다.

17) 제17호(2005~2006)

원래 제17호는 2004년에 출판되었어야 하는데 한 해를 넘겨서 그것도 2005년과 2006년 합본으로 출판하는 문제가 발생했다. 그 원인은 어쨌든 그 이전까지 지속적으로 양적 및 질적 성장을 해 오던 재외한인연구가 추동력을 잃었다. 제17호에서는 외국국적 동포의 노동시장 분석, 미국 LA 한인단체와 다민족 관계, 재일코리안 기업가의 네트워크 현황, 호주한인동포, 연해주 고려인 농업정착지원 현황에 관한 5편의 논문이 게재됐다. 이 중에서 설동훈(사회학)의 "외국국적 동포의 노동시장 분석"은 외국국적 동포의 국내 노동시장의 위치를 파악하고 이들의 자유취업이 허용될 경우 한국의 노동시장에 미칠 효과를 파악하고 적절한 대응방안을 마련하고자 했다. 이정덕·전봉수(인류학)의 "미국LA 한인단체와 다민족 관계"는 LA 한인들을 중심으로 미국사회로 편입되어 현지화되는 과정을 다뤘다. 주요 결과는 한인들이 미국사회의 일원으로 편입되면서 점차 한국과의 관계나 한국으로의 귀소의식보다 미국사회집단의 일원으로 스스로를 확인하고 한국으로부터의 이산집단이라는 의식과 한국으로의 회귀의식이 크게 약화되고 있다는 것이다. 임영언(사회학)의 "재일코리안 기업가의 네트워크 현황 및 활성화 방안"과 신상문(동북아평화연대)의 "재러한인의 현황과 주요과제: 연해주 고려인 농업정착지원 현황과 과제를 중심으로"는 재외동포 정책 관련 주제들을 다뤘다.

18) 제18호(2007)

제18호는 재일한인 청소년의 민족정체성 변화에 관한 논문 1편, 북미 한인 청소년에 관한 논문 1편이 게재됐다. 그리고 재중한인의 초국적 인구 이동에 관한 논문 1편과 체제전환기의 고려인에 관한 논문 1편이 게재됐다. 김태기(일본어학)의 "일본 정부의 재일외국인 정책과 재일한인청소년의 민족적 정체성의 변화에 관한 고찰: 1990년대 이후의 변화를 중심으로"는 재일한인이 거주하고 있는 일본 국가의 사회가 1990년대 이후 어떻게 변화해 왔는지를 재일한국인과의 관계를 중심으로 살펴보았다. 그리고 재일 한인 청소년의 정체성이 어떻게 변화해 왔으며 그 비전에 대하여 고찰해 보며, 한국 정부와 사회의 과제에 대하여 논의했다. 윤인진의 "재미동포 사회의 현안과 정책적 과제: 북미 한인 청소년을 중심으로"는 한국청소년 정책연구원에서 2007년에 수행한 '한민족청소년 인적자원 활용을 위한 글로벌 네트워크 구축방안 연구'의 일환으로 수행했던 연구 결과를 논문으로 발전시킨 것이다. 이 논문은 북미한인 차세대를 구성하는 중심 집단인 청소년들의 인구학적, 사회경제적 특성을 조사하고, 주류사회 진출현황을 파악하고 이들이 한민족 정체성과 모국과의 연대성을 유지하면서 거주국의 모범적 사회구성원으로 성장할 수 있는 방안을 모색했다. 제18호에서 학술적으로 두드러진 논문은 박광성의 "중국조선족의 초국적 인구이동과 경제생활의 변화"로서 이 논문은 초국가주의 관점에서 재외한인을 연구했다는 점에서 학술적 의의가 컸다. 이 논문은 초국적 이동이 조선족의 경제생활에 어떤 변화를 가져다주며, 그것이 의미하는 바는 무엇인가에 대하여 분석했다.

19) 제19호(2008)

제19호에는 재외동포정책 관련 논문 2편, 재미한인 관련 논문 1편, 재한 조선족에 관한 논문 2편이 게재됐다. 이전 호들에서 이미 나타난 현상이지만 국내에 체류하는 조선족에 관한 논문들의 출판이 증가했다. 예동근(사회학)은 "공생을 만드는 주체로서의 조선족: '제3의 정체성' 형성에 대한 논의: 재한조선족의 현실과 전망"에서 외국인 노동력정책과 재외동포정책에 대한 분석을 통하여 단일민족국가인 한국 사회의 민족주의와 시민주의의 맥락 속에서 형성된 사회적 배제와 포섭의 메커니즘이 조선족동포들에게 어떻게 작동하고 있는지에 대하여 논의했다. 이 논문에서 저자는 세계시민주의에 기반을 둔 '공생관계'를 형성하기 위해 조선족 동포들이 국가와 민족을 넘는 '제3의 정체성'을 만들어 가는 것이 이념적이면서도 현실적이고 실천적 지향임을 강조했다. 한편 박우(사회학)는 "재한 중국 유학생의 이주현황과 특성에 관한 연구: 한족, 조선족 유학생 비교를 중심으로"에서 재한 한족 유학생과 조선족 유학생의 한국유학의 원인, 졸업 후 계획, 한국에서의 경제·사회생활 및 한국에 대한 인식을 비교하여 두 집단의 공통점과 차이점에 대해 논의했다. 예동근과 박우는 각각 고려대학교와 서울대학교 사회학과에서 박사학위 과정을 밟고 있는 대학원 학생들로서 앞서 소개한 박광성(서울대 사회학 박사)을 포함해서 앞으로 국내 유학을 한 조선족 학생들이 재외한인연구의 차세대 연구자로 성장하고 있음을 시사한다. 제19호는 미국에서 유학생으로 재미한인을 연구한 김욱(사회복지학)의 논문을 게재했다. 저자는 "니치산업의 종단적 교차비교를 통해 본 재미 한인경제의 변화추이(1990~2000)"에서 미국 인구조사국에서 제공하는 산업분류체계를 이용하여 한인들이 많이 몰려있는 산업들에 대한 니치분석을 실시했다. 연구 결과 기존 한인들이 많이 집중 된 소규모 노동집약적 자영업 니치들은 한인경제의 성숙에 따라 약화, 소멸되기보다 오히려 강화되는 추세이며, 새롭게 등장한 자영업 니치들은 적은 수이지만 대규모 자본집약적 고위시장에서 한인경제 발전의 견인차 역할을 하고 있는 것으로 나타났다. 이 논문은 2009년 재외한인학회 우수논문상으로 선정되어 학술적 가치를 인정받았다.

20) 제20호(2009)

제20호부터는 한국외대 임영상 교수가 편집장이 되어 보다 체계적인 기획과 편집과정을 거쳐서 출판되었다. 제20호는 재외한인 관련 문화콘텐츠에 초점을 맞춘 논문들이 4편이 게재되면서 재외한인연구의 새로운 영역으로 문화콘텐츠가 적극 편입되는 계기를 마련했다. 임영상의 "우즈베키스탄 고려인의 전통명절과 문화콘텐츠"에서는 한국의 대중문화에 바탕을 둔 일방적인 '한류'가 아니라, 우즈베키스탄과 아시아 사람들이 공유할 수 있는 '신한류'를 창출하는 것이 필요하다고 역설한다. 이를 위해 우즈베키스탄 페르가나 고려인 사회가 지역민과 함께 축하해온 '단오'를 바탕으로 한민족이 다양한 단오명절 콘텐츠로 발전시키기 위한 한국 사회의 협력이 필요하다는 점을 강조했다. 문화콘텐츠와 관련된 또 하나의 논문으로 손미경(문화콘텐츠학)의 "한·일 간 문화콘텐츠 영화교류와 재일코리안"은 한일 간 문화콘텐츠 영화교류가 활성화되는 상황에서 재일코리안이 어떤 위치에 있으며 중개자로서 어떤 역할을 해왔는지 조망했다. 그리고 정희숙의 "중국조선족문화자원과 관광문화산업 기획: 연변조선족자치주를 사례로"는 연변조선족자치주는 관광 경쟁의 잠재력을 구비하고 있다고 보고 연변조선족자치주의 자연관광자원과 문화관광자원을 유기적으로 결합하여 독자적인 관광상품을 개발하고, 연변조선족자치주만의 브랜드를 창출하기 위한 전 방위적인 문화기획을 제안했다. 제20호에는 이병조(역사학)의 "러시아 아무르주의 한인사회와 정교회 선교활동(1872~1916): 블라고슬로벤노예 마을을 중심으로"가 게재되었는데 이 논문은 프리아무르 지방정부와 정교회 지도부의 한인선교 활동을 통해 아무르주 블라고슬로벤노예 마을의 한인공동체의 기독교화와 러시아와 상황을 조사했다. 이를 통해 블라고슬로벤노예 마을에 대한 러시아 세속당국 미 정교회의 노력과 그 결과 속에서 프리아무르 전체 한인사회에서의 러시아 정교회의 한인선교의 본질과 한계를 진단했다. 이 논문은 2009년 재외한인학회 우수논문상으로 선정되어 학술적 가치를 인정받았다.

21) 제21호(2010)

제21호는 민병갑 교수가 외부편집인으로 역할을 수행하여 재미한인에 관한 매우 심도 있는 논문들이 5편 게재되었다. 민병갑의 "A Four-Decade Literature on Korean Americans: A Review and a Comprehensive Bibliography"는 지난 40년간의 재미한인에 관한 문헌을 자세히 검토한 것으로, 문헌검토와 포괄적 서지목록을 제시했다. 문헌 검토는 재미한인을 연구하는 주요학자들과 그들의 연구서 및 논문을 연대순으로 검토했고, 재미한인에 대한 문헌을 주요 주제별로 개관했다. 최윤선·김유승의 "Acculturation and the Family: Core vs. Peripheral Changes among Korean

Americans"는 미국계 한인가정 부모와 청소년 자녀를 연구하여 문화변화 과정을 살펴보았다. 분석 결과 미국 내 한인가정은 서구문화권보다는 대체로 한국문화권의 특징을 보이고 있으며 이민 1세대인 부모들은 문화변화에 소극적이고, 이민 2세대인 청소년 자녀들은 부모들의 염려와는 달리 자기정체에 대한 혼란함을 많이 겪지 않으며, 한인계 미국인으로서의 긍정적이고 강한 정체감을 지니고 있는 것으로 보고되었다. 양계정·김치곤의 "Religious Participation and Cultural Practices of Resistance among Korean Immigrant Women Intermarried to U.S. Military Personnel"은 미군과 결혼하여 미국에 이주한 한인여성들의 일상적이고 실존적인 삶의 경험을 기술하고, 그들이 미국의 주류사회와 한인공동체 안에서 겪는 편견이나 차별에 대항하는 대안적 문화양식을 고찰하였다. 한인교회의 예배와 구역모임에 참여하는 것은 여성들이 적극적으로 집중하고 파워를 키울 수 있는 기회를 제공할 뿐만 아니라 차별과 편견에 대항할 수 있는 문화 양식을 배양할 수 있다고 주장했다. 국내 논문으로 게재된 윤인진의 "재외한인 연구의 동향과 과제"는 국내에서 출판되었거나 간행되었던 재외한인 관련 문헌들을 검색하고 분석하여 재외한인연구의 동향을 파악하고, 기존 연구의 문제점 또는 한계점을 진단하며, 앞으로의 발전 방향을 모색했다.

22) 제22호(2010)

제22호는 2010년 2월에 재외한인학회와 전남대 한상문화연구단 공동 학술회의 '재외한인과 다문화 학술회의'에서 발표된 논문들을 게재했다. 재외한인은 다민족·다문화 사회에서 살아가는 다문화적 소수자집단이기 때문에 최근 한국에서 많은 관심을 받고 있는 다문화 사회론에 중요한 시사점과 함의를 줄 수 있는 집단이다. 따라서 재외한인의 경험을 통해 이제 본격적으로 다문화 사회의 문턱에 들어선 한국 사회가 시행착오를 줄일 수 있는 방안을 모색하는 목적을 갖고 있다. 첫 번째로 게재된 엄안토니나

(한국어문학)의 "사마르칸트에서 살아온 소비에트 고려인의 다문화적인 삶의 이야기"는 소비에트 붕괴를 전후하여 우즈베키스탄 사마르칸트를 중심으로 고려인들과 타민족 간의 다문화적인 생활모습을 살펴보았다. 생활방식의 변화는 있었으나 민족간 다문화적인 생활모습은 중단되지 않았다고 보고했다. 라경수(국제관계학)의 "일본의 다문화주의와 재일코리안: '공생(共生)'과 '동포(同胞)'의 사이"는 '자이니치(在日)'라 불리는 재일코리안들을 '다문화주의(Multiculturalism)'라고 하는 관점에서 재조명했다. 공생(일본 문화가 다문화 사회 실현을 위해 내세우는 의식), 동포(재일코리안을 강하게 규정하는 의식)를 대비시켜, 두 개념이 어떻게 충돌할 수 있는지, 상호 공존의 가능성은 없는지 고찰했다. 양명득(신학)의 "호주 다문화 사회화 재호 한인동포"는 호주 백호주의의 등장과 철폐, 다문화주의의 논쟁과 발전, 그리고 그 사회에서 뿌리를 내린 한인동포들의 삶을 조명했다. 최금해(정치학)의 "고학력 조선족 국제결혼 여성들의 한국생활에 관한 질적 연구"는 현상학적 연구방법을 사용하여 고학력 조선족 국제결혼 여성들의 한국생활 적응의 의미는 무엇인지, 이들의 한국생활에서의 욕구와 문제는 무엇인지 파악하였다. 연구 결과 고학력 조선족 국제결혼 여성들의 한국생활 적응의 의미는 '참여', '노력', '변화'로 나타났다. 이 논문은 2010년 재외한인학회 우수논문상으로 선정되어 학술적 가치를 인정받았다. 이 외에 김경희(일본학)의 "한류를 통한 한국·일본·재일코리안의 새로운 관계 구출을 위한 제언", 임영상(역사학·문화콘텐츠학)의 "용정이야기와 문화총서 '일송정'"이 게재되었다. 이 중 임영상의 논문은 2000년 5월부터 2005년 5월까지 간행한 문화총서 '일송정'의 차례분석과 평가를 시도했다. 그리고 일송정에 실린 용정의 이야기들이 이야기 산업 시대에 독특하면서도 보편적인 용정문화콘텐츠의 소재가 될 수 있음을 밝혔다.

3. 결론과 제언

『재외한인연구』의 내용분석을 통해 확인한 내용들은 다음과 같다. 첫째, 소수의 선도적인 연구자들에 의해 재외한인연구가 추동되었다. 특히 이광규 교수는 재외한인학회를 창립했을 뿐만 아니라 제1호부터 제7호까지 첫 번째 논문을 담당해왔다. 이후에도 꾸준히 논문을 게재하여 후학들에게 진정한 학자의 귀감을 보여주었다. 그리고 윤인진은 1996년 제6호에 처음으로 논문을 게재한 이후 거의 매호마다 논문을 기고했다. 이런 결과는 『재외한인연구』가 한국연구재단의 등재지가 아닌 상황에서 학회지 원고를 모집하기 어렵게 되자 소수의 연구자들이 솔선수범의 자세를 보였다고 이해는 할 수 있으나 결코 바람직한 모습은 아니다. 앞으로는 더욱 많은 연구자들이 참여하는 학회지가 될 수 있도록 각별한 노력이 필요하다.

둘째, 창간호와 그 이후 몇 몇 호에서는 교수 또는 박사 이외의 지식인(교육가, 언론인, 시민운동가)들의 논문들이 가끔 게재되었는데 1995년 이후에 출판된 제5호부터는 거의 대부분의 논문들이 전문 연구자들에 의해 작성되었다. 이런 동향은 재외한인연구가 이 시기부터 학술적인 분야로 자리 잡았다는 것으로 해석할 수 있다. 이것은 이광규 교수와 같은 제1세대 재외한인 연구자들 이후로 1950~1960년대에 출생한 제2세대 재외한인 연구자들이 학계에 진출하기 시작하면서 나타난 결과가 아닌가 생각한다. 2000년대 후반에 가서는 조선족 유학생들이 국내 대학원에서 교육을 받고 신진 연구자로 등장하기 시작했는데, 앞으로 이들의 역할은 더욱 커질 것으로 기대된다.

셋째, 재외한인의 역사에서 중요한 사건이 발생한 후 특정 주기가 되면 그것과 관련한 논문들이 갑작스럽게 증가했다가 곧바로 감소하는 현상이 반복된다. 예를 들어, 1995년에는 멕시코 한인 이민 90주년을 기념하는 차원에서 여러 차례 학술대회가 개최되고 그런 대회에서 발표됐던 논문들이 학회지에 게재되는 경우가 많았다. 그리고 1997년에는 중앙아시아 강제이

주 60주년을 맞이해서 동일한 현상이 발생했다. 물론 역사적으로 기념할 만한 때에 그와 관련한 논문들이 집중적으로 출판되는 것은 당연하면서 필요하다고 볼 수 있지만 행사 목적으로 부실하게 준비된 논문들이 발표되고 출판되는 것은 지양해야 할 것이다. 앞으로는 충분한 시간 여유를 갖고 철저히 기획되고 검증된 논문들이 학술대회에서 발표되고 토론되고 수정/보완되어 학회지에 게재되어야 할 것이다.

정리하면 앞서 서론에서 지적했듯이 대상지향적 연구의 성격을 갖는 재외한인연구는 자칫 연구의 구심점을 찾지 못하고 안정적 학문공동체를 유지하기 어려운 위험을 갖고 있다. 이런 한계를 최소화하고 재외한인연구의 장점과 잠재력을 극대화하는 지혜가 필요하다. 이를 위해서는 재외한인연구자들 간의 소통과 학제 간 연구가 활성화되는 것이 필요하다. 이를 위해 각자의 개인적 자원을 재외한인연구 발전의 공공재로 활용할 수 있는 방안을 모색해야 한다. 한 가지 방법으로 생각할 수 있는 것은 지금까지 개별적으로 각기 학문 분야에서 진행되어 온 재외한인연구를 한자리에 모아서 네트워크하고 협력 체계를 만드는 것이다. 예를 들어, 재외한인 관련 학술대회를 어느 한 주간(예를 들어, 10월 5일 세계한인의 날을 중심으로)에 집중적으로 개최하여 시너지효과를 내게 하거나, 개별 학회의 학술대회 또는 워크숍에 다른 학회의 연구자들을 초청하여 통섭의 학문과 협력의 학문공동체를 이뤄나가는 방안을 생각할 수 있다. 이렇게 기획된 학술대회에서 발표된 논문들을 엄정하게 선정해서 수정/보완 후 『재외한인연구』에 게재하는 적극적인 노력을 기울여야 재외한인연구가 발전할 수 있을 것이다.

아울러 재외한인 연구자들은 시대적 상황에서 중요한 현안들에 대해서 학술적인 연구와 함께 정책 연구를 활발하게 수행할 필요가 있다. 재외동포 참정권, 복수국적, 방문취업제, 다문화주의 등과 같은 현안들에 대해서 실태조사와 분석과 함께 현실적인 대안을 제시하는 것이 필요하다. 그렇게 되면 재외한인연구에 대한 사회적 인식이 제고되고 사회적 수요가 증가해서 학문 발전의 토대가 마련될 것이다.

참고문헌

윤인진(2003). "중국조선족의 도시이주, 사회적응, 도시공동체: 청도 사례연구". 『재외한인연구』 13권 2호: 49-89.

_____(2010). "재외한인연구의 동향과 과제". 『재외한인연구』 21호: 326-356.

Kerlinger, F. N. (1973). *Foundations of Behavioral Research* (2nd ed). NY: Holt.

Kim, Illsoo (1981). *New Urban Immigrants: The Korean Community in New York*. Princeton: Princeton University Press.

MacMillian, J. H. & Schumacher, S. (1989). *Research in Education: A Conceptual Introduction* (2nd ed.). Glenview, IL: Scott, Foresman.

Ragin, Charles (1987). *The Comparative Method: Moving Beyond Qualitative and Quantitative Strategies*. Berkeley: University of California Press.

〈1990년 제1호〉

제 목	저 자	연구대상	주제어	내 용	직위/분야
국제인권규약과 재일한국인의 주체성 문제	이광규	재일한국인	교포, 이민, 국제인권규약, 재일한국인, 주체성, 교포, 이민	재일한국인이 어떻게 그리고 왜 민족적 정체성을 유지하였느냐를 연구했다. 재일한국인의 주체성 문제를 사개조로 나누어 샌프란시스코강화조약 이후, 한일협정 이후, 일립제작소취직차별사건 이후, 그리고 국제인권규약 이후로 나누어 살폈다.	교수/인류학
재일한국인 법적지위협정: 그 운영 25년의 회고	정인섭	재일한국인 법적지위협정	교포, 이민, 재일한국인, 법적지위협정, 일본, 교포, 이민	재일한국인의 법적 지위문제는 끊임없는 쟁점이 되어 왔다. 따라서 1965년 법적지위협정의 내용을 간략히 검토하고, 그 협정이 지난 25년 가까운 세월동안 실제로 어떻게 운영되어 왔고, 오늘의 의의는 무엇인가를 검토했다.	교수/법학
재일한국인의 사회적 기회	김응열	재일한국인	교포, 이민, 재일한국인, 사회적 제약, 규범의식, 사회적 기회, 교포, 이민	재일한국인에게 있어 가장 기본적인 중요성을 띄고 있는 것이 여러 가지의 사회적 기회 중에서도 취업기회이기 때문에 여기에 초점을 맞추어 분석했다.	교수/사회학
재일한국인의 법적 지위	박병윤	재일한국인	교포, 이민, 재일한국인, 법적지위, 민족학교, 교육, 교포, 이민	민족적 정체성을 확립하기 위해서 재일동포의 역사와 현상을 가르침과 동시에 올바른 민족사관에 바탕을 둔 민족관, 조국관, 통일상을 배양하는 것이 바람직하다. 특히 본 논문에서는 민족학교의 교육현황, 특히 해방 후의 민족교육 탄압에 관하여 연구했다.	교육자
통일적 "한국·조선" 학의 추진	서용달	한국사 한국학 조선학	한국사, 교포, 이민, 한국학, 조선학, 한국사, 교포, 이민	조국분단으로 인하여 통일된 호칭문제가 발생하고 있는바, 본 논문에서는 일본 사회에서 사용하는 한국, 조선의 용어 사용에 대한 소견을 진술했다.	교수/한국학, 조선학

제 목	저 자	연구대상	주제어	내 용	직위/분야
해외동포가 국가발전에 미치는 영향	이구홍	해외동포 중국, 자유중국 (대만), 이스라엘, 유태인	교포, 이민, 해외동포, 국가발전, 교포, 이민	우리나라의 국민과 정부는 해외동포의 기여도와 앞으로의 기대되는 역할에 대해 너무 무관심 내지 무지하다는 점에서, 본 논문은 해외에 진출한 한국동포와 다른 나라, 다른 민족과 비교를 통한 본국 국민, 정부가 해외동포들의 기여도와 앞으로 기대되는 역할에 대한 입장을 연구했다.	언론인
일계미국인과 재외교포의 전후 보상에 따른 비교연구	조영환	일계 미국인 재일교포	교포, 이민, 미국인, 재일교포, 전후보상, 교포, 이민	일계미국인의 처우와 재일한국인의 처우에 대한 비교를 시도했다. 나아가 일본인의 한국인에 대한 처우 개선을 요구했다.	교수/ 정치학
재미한국이민의 1.5세대현상	허원무	재미 한국인	교포, 이민, 재미한국이민, 교포, 이민	1.5세대라는 말이 왜 재미한인사회에 처음으로 생겼고, 1.5세대현상의 구성요건은 무엇이며, 이런 현상이 한인사회의 무엇을 의미하고 있는지 사회학적인 고찰했다.	교수/ 사회학
브라질의 한국이민과 그 전개과정	전경수	이민 남미 이민자들	교포, 이민, 브라질, 한국이민, 교포, 이민	일제시기부터 브라질에로의 한국이민사를 요약 정리했다.	교수/ 인류학

〈1992년 제2호〉

제 목	저 자	연구대상	주제어	내 용	직위/분야
재 소 원 동 한 인 의 문 화와 생활	이광규	재소한인	교포, 이민, 재소한국인, 문화, 생활, 소련, 한국인, 교포, 이민	중요한 의미를 가지는 소련 원동지역에 거주하는 한인들의 생활실태를 조사하고 의식과 가치관을 파악했다.	교수/ 인류학
재미교포의 자영소기업에 대하여	김광정, 김신	재미교포 한인교포	교포, 이민, 재미한국인, 자영소기업, 한국인, 미국, 교포, 이민	한인교포들의 자영소기업 경영은 미국의 순수한 이민현상이며, 교포들의 어떠한 배경과 처지가 미국 사회구조와 어떻게 결합하여 이같은 현상을 만드는가를 분석, 연구하는 것이 교포 이민정착과정을 이해하는 데 필요하다. 여기에서는 기업소기업 참여율, 진출원인, 실태, 문제점, 선망, 결론으로 나누어 살폈다.	교수/ 사회학, 경제학

제 목	저 자	연구대상	주제어	내 용	직위/분야
브라질 한국 이민사회 민족관 문제	전경수	브라질 한국 이민사회	교민, 이민, 브라질, 한국, 이민사회, 민족관, 교포, 이민	한국이민사회는 한국민족이란 문제의식과 어떻게 연결되어 있는가? 한국국민과 정부가 브라질의 한국이민사회에 대해서 어떤 종류의 민족관을 생각하고 있는가 하는 문제를 점검해보고, 어떠한 민족관의 정립이 바람직한 것인가 하는 문제를 논의했다.	교수/ 인류학
독일 한인 2세의 문화화	이장섭	독일 한인 한국인 2세	교포, 이민, 독일, 한국인 2세, 문화화, 교포, 이민	독일에 정착한 한인들 사이에서 맺어진 한인 가족의 2세가 어떻게 독일사회에서 문화적 행동양식을 획득해 나아가는 가를, 부모 세대의 초기 육아양식, 2세들의 언어습득과정 그리고 한인가족의 부모자녀관계를 분석하여 파악했다.	교수/ 민속학
남북의 UN 동시가입과 재일동포의 역할: '91년 문제'의 총괄과 분단극복을 위하여	박병윤	재일동포	교포, 이민, 남북한유엔가입, 재일교포, 재일한국인, 1991년, 교포, 이민	재일동포의 법적 지위, 소위 "91년 문제"를 총괄하고 금후의 재일동포의 운동방향에 관해서 재일동포의 법적지위문제해결과 남북의 화합과 통일문제를 연결시켜 사견과 제언을 발표했다.	재일한국 거류민단
산재지구 조선민족 언어교육에 대한 몇 가지 견해	이장희 조수향	장춘시 4구역의 조선민족	어학교육, 조선민족, 언어교육, 어학교육	장춘시 네 구역의 조선민족 언어교육에 대한 고찰을 통하여 산재지구의 조선민족 언어 교육에 대한 몇 가지 견해를 발표했다.	교육자
조선민족의 이주와 중국 동북일대 근대 벼농사의 개척	권영조	조선민족 벼농사	교포, 이민, 조선민족, 중국, 벼농사, 교포, 이민	조선민족의 이주에 따른 중국 동북아 일대의 벼농사 개척에 대해 연구했다.	민족 연구소
중국조선족의 민간신앙에 대한 개관	천수산	중국 조선족	종교일반, 중국, 조선족, 민간신앙, 종교일반	민간신앙현상에 대해 계통적으로 고찰, 탐구하는 것은 그 민족을 연구, 이해하는 데 있어 중요하다. 중국조선족의 민간 신앙상황에 대하여 한 차례 대략적으로 탐구했다.	역사 연구소

제 목	저 자	연구대상	주제어	내 용	직위/분야
시베리아주 조선민족과 중국 동북에로의 재이주	이광인	조선민족	교포, 이민, 시베리아주, 조선민족, 중국, 이주, 교포, 이민	중소 동북국경을 넘어선 시베리아 조선사람들의 중국 동북으로의 재이주에 대해 연구했다.	역사 연구소
사할린 한인 역사통계	박수호	사할린 한인	교포, 이민, 사할린, 한국인, 역사, 교포, 이민	사회적 민속문학적으로 이해하는 데 중요한 사할린 한인에 대한 연구이다. 사할린 한인들의 인구형성 역사를 조사했다.	교수/ 사범대

〈1993년 제3호〉

제 목	저 자	연구대상	주제어	내 용	직위/분야
세계 속의 재외한인	이광규	재외 한국인	교포, 이민, 재외한국인, 교포, 이민	서로 다른 곳에서 서로 다른 경험을 가지고 있는 재외 한인들의 공통적인 특징을 찾고자 한다. 그들이 한국인이라는 정체성을 유지하기 위하여 왜 그렇게 최선을 다하는지를 밝히고자 했다.	교수/ 인류학
하와이 거주 한국인들의 전통적 가치의 변화: 세대별 변화와 서구의 영향 1903~1945	Patter son Wayne	하와이 한국인	교포, 이민, 하와이, 한국인, 교포, 이민	하와이에 이주한 한인 1세대와 2세대의 가치체계 차이 연구, 하와이 거주 한국인 이민상황을 중국인이나 일본인 이민 사회와는 다르게 한 특성들을 설명했다.	교수/ 역사학
치료 중의 재외한국인들: 고향에 대한 함의	Slote walter H	재외 한국인	교포, 이민, 재외한국인, 정신치료, 교포, 이민	한국인과 다른 아시아 2세대 이민자에서 나타나는 정신–사회적 쟁점들(특히, 유교주의와 한국가족의 문화적응, 대인관계, 가치체계)을 연구했다.	교수/ 정신분석 인류학
러시아의 한인들, 1861년–1917년: 새로운 상황에서의 몇 가지 문제들	Petrov Alexan der	러시아 한국인	교포, 이민, 러시아, 한국인, 교포, 이민	1860년대~1920년까지 러시아에 거주했던 한국인들이 직면했던 문제에 대해 연구했다. 안전, 생존, 언어, 행정기구 등의 주제를 다뤘다.	교수/ 극동 지역학

제 목	저 자	연구대상	주제어	내 용	직위/분야
구소련 한인 민족문화의 발전: 전통 과 혁신	Dzharyl gasinov a Rosa	재소 한국인	교포, 이민, 재소한국인, 민족문화, 소련, 한국인, 교포, 이민	19세기 말 이후 구소련 한국인들 의 역사와 문화에 관해 연구했다.	교수/ 역사, 인류학
일본에서의 한국인 영주자들과 신입국자들	Hiroshi Tanaka	재일 한국인	교포, 이민, 일본, 한국인, 재일한국인, 교포, 이민	새롭게 입국하는 사람들에 대한 일본 정부의 정책을 반영하는 일본에 정착한 한국인 영주자들의 현재 위치를 연구했다.	교수/ 역사학
미국과 일본에서 한국인들의 성취, 소외 그리고 권위에 관한 문제	George A. De Vos 김은영	재미 한국인 재일 한국인	교포, 이민, 미국, 일본, 한국인, 재일한국인, 재미한국인, 교포, 이민	그들의 부모나 조부모세대에 불명예와 비하를 겪었던 일본의 현재 한국세대들은 한국말도 못하고 현대 일본 사회에 동화되지도 못하면서 개인적인 소외를 경험하고 있으며, 이는 매우 높은 비행율, 다른 사회적 증상으로 나타나는 추세이다. 본 연구 구에서는 재일한국인과 재미한국인을 비교했다.	교수/ 인류학
재중한인의 이민사	You-Fu Huang	재중 한국인	교포, 이민, 재중한국인, 이민사, 중국, 한국인, 교포, 이민	중국내 소수민족으로서 중국의 시민권을 갖고 있는 한국인들의 중국 이주 역사를 4개의 시기에 걸쳐 연구했다.	교수/ 민족학
중국의 한인과 동북부 중국에서의 다른 소수민 집단에 대한 비교연구	Yao-Hu a Lin	재중 한국인 중국 소수민족	민족, 인종, 중국, 한국인, 재중한국인, 민족, 인종	중국 북동부에 거주하는 한국인과 다른 소수민족(5개)에 대한 비교 연구(언어, 종교, 문화 등)	교수/ 민족학
중국의 한인의 역사적 유산	Qui-Ch eng Ma	재중 한국인	교포, 이민, 중국, 한국인, 재중한국인, 교포, 이민	중국내에서 한국인들이 중국에 미친 영향에 관해 연구했다.	교수/ 민족학

〈1994년 제4호〉

제목	저자	연구대상	주제어	내용	직위/분야
중국 조선족 인구유동과 사회문제	김병호	중국 조선족	교포, 이민, 중국, 조선족, 인구유동, 사회문제, 교포, 이민	중국조선족의 인구유동 상황과 특징 및 이에 따르는 일부 사회적 문제에 대하여 분석하여 조선족의 발전에 영향을 주는 이러한 사회문제를 정확하게 해결하는 데 도움을 주고자 했다.	교수/ 민족학
중국의 조선어문교육에 대한 역사적 고찰	고금숙	조선어문 교육	교포, 이민, 한국어, 중국, 조선어문교육, 조선족, 교포, 이민, 한국어	19세기 말엽 조선반도로부터 대량의 조선족들이 동북아로 이주하여 서당을 꾸리던 데로부터 시작된 중국의 조선어문교육에 대하여 고찰하고, 조선어문교육의 반절단계를 획분하고 매 단계의 조선어문교육의 성질과 특성을 밝혔으며, 이로부터 중국 조선어문교육의 경험교훈과 발전전망을 논의했다.	교육자
중국조선족 생육풍속에 대한 탐구	천수산	중국 조선족	민속, 풍습, 중국, 조선족, 생육풍속, 민속, 풍습	중국조선족의 생육(아이를 가지고 낳고 기르는 것)의 기원적, 금기적 풍속에 관해 연구했다.	역사 연구소
중국 조선 민족의 민속실태	김형직	중국 조선족	민속, 풍습, 중국, 조선족, 민간신앙, 통과의례, 민속놀이, 세시풍속, 민속, 풍습	중국조선족의 민간신앙, 통과의례, 세시풍속, 민속놀이에 대한 연구했다.	작가
중국조선족 기업가: 최수진 및 석산린에 대하여	권영조	중국 조선족 기업인	교포, 이민, 중국, 조선족, 기업가, 최수진, 석산린, 교포, 이민	중국내 조선족에 의해 세워져 성공적으로 운영되는 사기업과 대표적 조선족 기업인으로서 최수진과 석산린의 기업활동에 대해 연구했다.	민족 연구소

제 목	저 자	연구대상	주제어	내 용	직위/분야
재일한인의 친족생활: 사례연구를 통하여	김주희	재일 한국인	교포, 이민, 재일한국인, 친족생활, 교포, 이민	사례조사를 통하여 구한 재일한인들의 친족생활에 대한 내용을 정리했다. 한국의 전통적 가족가치관과 친족관계의 내용이 이문화와의 접촉과정에서 어떤 식으로 변모해 왔는지, 아니면 유지되고 있는지에 관심, 나아가 일본사회로부터의 차별과 맞물려 있는 민족의식이 친족관계에 어떠한 방식으로 표현되고 있는가를 연구했다.	교수/ 가족문화 소비자학
재일교포의 섭외가족법상 지위에 관한 연구: 일·북 수교에 대비하여	정인섭, 이승우	재일교포	교포, 이민, 재일교포, 섭외가족법, 재일한국인, 이혼, 일본, 북한, 수교, 혼인, 친자관계, 법률관계, 교포, 이민	일북수교의 상황 속에서 전개될 재일교포의 가족법적 문제를 연구했다.	교수/ 법학

〈1995년 제5호〉

제 목	저 자	연구대상	주제어	내 용	직위/분야
러시아 극동지역 한인사회의 제문제	이광규	러시아 극동지역 러시아 한인	교포, 이민, 러시아, 극동지역, 러시아 극동지역, 한인사회, 교포, 이민	러시아의 연해주가 어떠한 지역이고, 정치적, 경제적으로 어떤 조건에 있으며, 우리 한인들에게 어떤 의미를 갖는 것인가를 보려 했다. 특히, 이곳에 거주하는 재소한인들의 생활을 보며 한인들의 이주사를 보기로 했다.	교수/ 인류학
뉴욕시 한흑 갈등과 시위의 전개과정	이정덕	재미 한국인 미국 흑인	교포, 이민, 뉴욕시, 한흑갈등, 시위, 교포, 이민	일상적인 불신과 갈등이 어떻게 경험되고 인식되며 이것이 어떻게 보다 조직적인 갈등으로 비화되었는지를 그리고 이러한 한흑갈등이 뉴욕시에서 어떻게 전개하여 오는지를 현지조사, 수집한 각종 문헌, 면접자료를 중심으로 연구했다.	교수/ 인류학

제 목	저 자	연구대상	주제어	내 용	직위/분야
화병, 1992년 LA폭동의 정치·경제적 공모와 한국계 미국인 피해자들의 속죄양 증후군	변주나	한국계 미국인	정신의학, 신경과학, 화병, 1992, LA폭동, 한국계 미국인, 속죄양증후군, 정신의학, 신경과학	폭동으로 인한 사업의 파손이 한국계 미국인 교포들에게 어떠한 신체적, 정신 및 사회적 충격을 야기했는가를 조사했다.	교수/간호학
1905년 멕시코 이민 한인노동자 연구: 하와이 이민과 비교하면서	김귀옥	멕시코이민한인 하와이 이민한인	교포, 1905, 멕시코, 한인노동자, 하와이, 이민, 교포, 이민	왜 한인들은 당시 멕시코에 가게 되었는가를 하와이 이주와 연관성 속에서 설명했다.	교수/사회학
멕시코 한인 이민사 현황과 문제점: 초기 한인 이민에 국한하여	서성철	멕시코 한인 이민사	교포, 이민, 멕시코, 한인, 이민사, 멕시코한인이민사, 교포, 이민	한국인의 멕시코 이민사 연구 자료에 대한 현황과 문제점을 조사했다.	교수/중남미문학
멕시코 초기 한국인 이민 조사에 참가하면서	코보리 카오루	멕시코 한인 이민사	교포, 이민, 멕시코, 한국인, 이민, 멕시코한국인이민, 교포, 이민	한국인의 멕시코 이민에 대한 역사적 문제점에 대한 조사했다.	

⟨1996년 제6호⟩

제 목	저 자	연구대상	주제어	내 용	직위/분야
한국에서의 재중교포의 제문제	이광규	재중교포 한국인	교포, 이민, 한국, 재중교포, 중국, 교포, 이민	재중교포와 한국인 사이에 깊어져 가는 골을 구체적으로 다루어 보려는 것이 목적이다. 재중교포가 한국에 와서 어떠한 고통을 경험하고 있으며, 이것에 대하는 시민단체들의 활동이 어떤 것인가에 대한 연구	교수/인류학

제 목	저 자	연구대상	주제어	내 용	직위/분야
구소련 지역 한인의 언어 동화와 이중 언어 사용에 대한 사회언어학적 연구	허승철	구소련 한인 한국어 언어동화	교포, 이민, 구소련, 한인, 언어동화, 이중언어, 언어학, 재소한인, 교포, 이민, 언어학	소련의 인구센서스 자료 중 언어와 관련된 자료를 분석하여 한인들의 언어 동화 과정을 객관적으로 서술하는 것이 목적이다.	교수/ 노어 노문학
재미 한인의 민족 정체성과 애착의 세대 간 차이	윤인진	재미한인	교포, 이민, 재미, 한인, 재미한인, 민족정체성, 교포, 이민	재미 한인의 민족 정체성과 민족 애착의 세대 간 차이를 연구했다. 기존 이론들이나 설명들이 재미 한인의 경우에 적용될 수 있는지를 검토, 기존 연구에서 간과되었던 민족성의 새로운 측면을 검토했다.	교수/ 사회학
한국문화의 국제화를 위한 뉴욕 교포의 역할	민병갑	뉴욕 교포	교포, 이민, 한국문화, 국제화, 뉴욕교포, 미국, 문화복수주의, 힌인촌, 교포, 이민	뉴욕의 교포들이 한국 문화를 뉴욕의 여러 소수 민족 및 외국인들에게 알리는 데 얼마나 큰 공헌을 하고 있는가를 구체적으로 검토했다.	교수/ 사회학
1992년 로스엔젤래스 시민소요 관련 한국계 미국인 사회 피해설과 해결방안	변주나	학술대회 발표논문 시민소요 한국계 미국인 자영업체	교포, 이민, 1992, 로스엔젤래스, 시민소요, 로스엔젤래스시민소요, 한국계, 미국인, 한국계미국인, 사회피해설, 교포, 이민	시민 소요와 관련되어 지속적으로 제기되어온 한국계 미국인 자영업체의 상대적 피해에 관한 가설들을 분석검증하여 그 실상과 허상을 가려보고, 입증된 가설의 실상을 중심으로 한국계 미국인 사회가 직면한 문제와 그 해결방안을 요약 소개했다.	교수/ 간호학
학업성취의 사회화: 재미 한인고등학생에 대한 문화기술적 연구	이정선	재미한인	교포, 이민, 학업성취, 재미, 한인고등학생, 재미한인고등학생, 교포, 이민	재미 한인의 독특한 교육적 경험을 분석하고 탐구(참여자의 관점): 재미한인 학생의 학업성취에 초점을 두고 한인들의 독특한 문화적 성향을 탐구	교수/ 교육학

제 목	저 자	연구대상	주제어	내 용	직위/분야
재한 중국 조선족 노동자들의 생활 만족도에 관한 연구	김소정	한국 내 조선족 노동자	교포, 이민, 중국, 조선족, 노동자, 조선족노동자, 생활만족도, 교포, 이민	다양한 문제를 안고 생활하는 조선족 노동자들의 과거 한국 입국 전과 입국 후, 현재, 그리고 미래에 기대하고 있는 생활만족정도를 비교 연구해 줌으로써 이들의 코리안 드림의 실상을 가시화해 봄과 동시에 중국조선족 동포정책수립에 도움을 주고자 했다.	석사/ 간호 사회학

〈1998년 제7호〉

제 목	저 자	연구대상	주제어	내 용	직위/분야
러시아 한인 강제이주 60주년의 의미	이광규	강제이주 재소한인	러시아, 강제이주, 유이민사, 재소한인	1937년 러시아의 연해주에서 중앙아시아로 강제이주를 당한 사건이 어떤 것이며, 그것이 독립국가연합에 거주하는 한인들과 한인들 전체에게 무슨 의미가 있는지를 탐구했다.	교수/ 인류학
한인 강제이주의 역사적 의미	한막스	강제이주 고려인	고려인, 강제이주, 역사적 의미	현대 역사적 입장에서 고려인 강제 이주사를 분석하려면 그 역사를 여러 단계로 구분하여야 한다. 1934년부터 1941년 사이, 1941년부터 1955년까지, 1955년부터 지금까지의 3단계로 구분할 수 있다.	교수/ 국제 관계학
러시아 연해주 정부의 소수민족 정책	자이카 자이아나	강제이주 한인	한인, 연해주, 소수민족, MIGRATION, 이민, 러시아, EMIGRATION, 교포	Primor'e에 이주한 한국인들의 역사와 지역의 행정관료들에 의해 수립된 정책들을 분석했다.	교수/ 러시아학
중앙아시아 고려인의 민족적 독창성	유가이 일리야 그리고리 예비치	한국어-러시아어 병용 고려인	언어병용, 친밀도, 인종지학, 민족언어	고려인들의 민족적 독창성과 그들의 인종적 발전 과정을 정의할 때 그들의 인구수가 중요한 의미를 갖는다. 수적인 증가가 한 인종이 얼마나 안정되었는가를 알려주는 한 지표가 되는 한편 수적인 감소는 다른 민족에 동화될 수 있는 가능성을 나타내기 때문이다.	교수/ 한국어 문학과

제 목	저 자	연구대상	주제어	내 용	직위/분야
중앙아시아 카자흐스탄 고려인들의 사회문제	양원식	카자흐스탄 고려인	사회문제의 변화과정, 구소련 붕괴와 신생독립국들의 정치 및 정책	중앙아시아 및 카자흐스탄 고려인들의 사회문제는 구소련과 소련 붕괴후 각 신생독립국들의 정치와 밀접히 연관되어 있으며 정책 변화의 시기상 3단계로 나누어 살펴볼 수 있다.	언론인
러시아 연해주 한인의 문제	김떼밀	강제이주 연해주 한인	연해주, 이민, 러시아, 강제이주, 교포, 한인	연해주 한인 단체 연합의 집행기관으로서 연해주 한인 '재생' 기금은 현재까지 상실되고 분산되어 있는 민족문화의 복원과 관련된 모든 일을 해 나갈 것이다. 이 기금의 주요 임무는 무엇보다도 러시아 한인들의 복원을 바라는 정부·사회·경제·종교 및 기타 단체들과 시민들의 힘을 하나로 모아 연해주로 이주해온 러시아 한인들을 돕는 것이다.	고려인 협회
중앙아시아 한인의 언어와 민족정체성	윤인진	강제이주 연해주 한인	민족정체성, 고려인, 구소련, 이민, 교포, 중앙아시아, 한인, 언어	중앙아시아 한인의 언어사용과 민족정체성의 상황을 경험적 자료를 사용해서 살펴보고 급속한 언어 동화 상황에서도 한인들이 한민족으로서의 민족정체성을 유지하는 원인을 민족성에 관한 사회학정 이론들을 통해서 설명하려 한다.	교수/ 사회학
중앙아시아 고려인의 연해주 재이주가 갖는 정치경제적 의미	이종훈	연해주 지역 재이주 고려인	고려인, 재이주, 연해주, 이민, 교포, 중앙아시아	중앙아시아 고려인의 연해주 지역 재이주는 연해주 지역경제의 발전에는 긍정적인 역할을 하지만, 이들이 초래할 수 있는 정치적 문제는 그다지 심각하지 않다. 연해주 정부는 이들이 가진 잠재력을 생각하여 이들의 재이주를 적극 지원하는 조치가 바람직하다.	박사/ 정치학

제 목	저 자	연구대상	주제어	내 용	직위/분야
CIS 한인의 국적	노영돈	재소한인, 소련 붕괴 후 CIS 내의 한인	재소한인, 소련붕괴, 민족정책, 해외동포정책, 국적	소련이 붕괴됨으로 인하여 재소한인은 CIS체제내에서 서로 상이한 국적을 가지게 됨으로써 그 운명이 달라졌으며, 전체로서 재소한인으로 존재하던 때와는 달리CIS내의 각국에서 소수민족으로서의 상이한 민족정책의 대상이 됨으로써 그 지위가 약화되었다. 이는 한국의 해외동포정책에도 많은 어려움을 가져오고 있다.	교수/법학
미국의 이민자 비즈니스 오너들의 연결망 활용 경향에 대한 연구: 애틀랜타 메트로폴리탄 지역의 한국인 이민자들을 대상으로 하여	유진경	성공적 경제적 지위를 이룬 한국인 이민자 집단	교포, 이민, 미국, 이민자, 비지니스오너, 애틀랜타, 메트로폴리탄, 한국인, 교포, 이민	가족연결망이 이민자가 비즈니스를 설립하는 데 굉장히 중요한 역할을 하는 것으로 일반적으로 믿어져 왔으나 애틀랜타에 있는 연결망이 없는 사람들보다 비즈니스를 빨리 시작한다든지 아니면 저임금 단순 노동직에서 빨리 벗어나서 비즈니스를 시작한다든지 하는 측면에서 특별히 유리한 점은 있지는 않은 것으로 나타났다.	박사/사회학
재일동포의 민족교육과 모국수학의 현황과 발전방안	이정훈, 윤인진	재일동포 2세 (모국수학생)	재일동포, 민족교육, 이민, 모국수학, 일본, 교포	본 논문에서는 재일동포 사회의 민족교육의 문제점을 살펴보고 재일동포사회와 본국과의 연계 속에서 행해지고 있는 모국수학의 상황과 문제점을 고찰한다. 모국대학의 대학생들과 만남의 기회가 상호이해의 중요한 디딤돌이 될 것이며 그들은 한국 사회를 조금이나마 더 깊게 이해할 수 있다. 국내수학의 연장선상에서 해외교육과 모국수학의 연계성을 찾는 것이 중요하다.	교수/사회학
카자흐스탄 고려인의 민족관계 의식 조사 보고서	명드미트리	카자흐스탄 알마타 거주 고려인	고려인, 이민, 카자흐스탄, 민족관계, 교포, 민족차별	모든 민족 문제는 각각의 민족이 개별적으로 해결할 수 있는 것이 아니고 국가적이고 사회적인 차원에서 해결할 수 있는 것이 아니고 국가적이고 사회적인 차원에서 해결될 수 있는 것이다. 각각의 국민이 자신이 살고 있는 곳의 주인이 되기 위해서는 개개인의 권리를 보호하는 것이 필요하다.	교수/철학

〈1999년 제8호〉

제 목	저 자	연구대상	주제어	내 용	직위/분야
소련 붕괴 이후의 카자흐스탄의 민족문제와 한인사회	장원창	카자흐스탄 한인과 다수민족 비교분석	교포, 이민, 소련 붕괴, 카자흐스탄, 민족문제, 한인사회, 민족정책, 교포, 이민	소련의 붕괴로 한인은 카자흐 문화와 사회구조에 적응해야 하는 문제와, 한민족의 문화의 부흥과 유대라는 새로운 과제를 안게 되었다. 한인들은 카자흐스탄의 언어와 문화에도 적응하여야 하며, 자신의 모국인 한반도의 통일과 남북한 해외동포의 '한민족공도에'의 번영을 추가하여야 할 것이다.	박사/ 정치학
카자흐스탄 고려사람의 민족정체성 변화과정 연구	장준희	카자흐스탄 고려인	교포, 이민, 카자흐스탄, 고려사람, 민족정체성, 민족동화, 민족정책, 소수민족, 교포, 이민	고려인들의 정체성은 정치적, 민족적 환경에 따라 자신들의 모습을 변화시켜 왔듯이 이데올로기에 의한 영향을 많이 받아 정체성을 항상 새로운 체제에 맞추어 정립해 왔다. 카자흐스탄이란 독립국가가 등장한지 얼마 지나지 않은 시점에서 현재 고려인들은 과도기적이고 혼란스런 성체성의 한 면을 보여주고 있다. 이것은 일련의 국내외 정치·문화환경 변화에 따른 문화충격 반향으로 생각되기도 한다.	이슬람 문화 연구소
우즈베키스탄 독립에 따른 고려인의 직업변화와 앞으로의 전망: 이빠드롬 앙케트 분석에 따라	성동기	우즈베키스탄 이빠드롬에서 장사하는 고려인	키워드교포, 이민, 우즈베키스탄독립, 고려인, 직업변화, 이빠드롬, 소수민족, 교포, 이민	우즈베키스탄의 독립 후 이곳에 살고 있는 소수민족들의 정치적, 경제적, 사회적 위상은 과거 구소련 시절보다 더 어려운 상황에 처해 있다. 고려인들은 다른 소수민족과 마찬가지로 이러한 역사적 상황에서 그들의 직업을 변화시켜 가고 있으며, 그들의 직업변화가 어떠한 방향으로 나가는지 살펴보고 향후 대응책을 분석할 필요가 있다.	교수/ 노어 노문학

제 목	저 자	연구대상	주제어	내 용	직위/분야
독립국가연합 한인의 민족관계에 관한 의식	윤인진	독립국가연합거주 한인의 의식	교포, 이민, 독립국가연합, 한인, 민족관계, 한인자치주, 소수민족, 교포, 이민	본 연구에서는 중앙아시아와 타지역 한인들의 인구학적 특성, 사회경제적 특성, 언어상황, 민족정체성, 민족관계 등의 주제들에 대해서 최근에 체계적이고 과학적으로 수집된 경험적 자료들을 사용하여 분석한다. 특히 1991년 중앙아시아 국가들이 독립을 선언한 후의 급변하는 정치, 경제, 사회, 문화적 변화들은 한인들의 민족정체성, 타민족과의 관계, 한국과의 관계 등에 커다란 영향을 미칠 것으로 예상된다.	교수/ 사회학
러시아 연해주 일대의 한민족 간 교류협력 실대에 관한 연구	이종훈	연해주 일대 한민족 간의 교류와 협력실태	교포, 이민, 러시아, 연해주, 한민족, 교류협력, 재러동포, 지역동포사회, 교포, 이민	연해주 일대에서 이루어지고 있는 한민족간의 교류와 협력 실태를 살펴보고, 교류과정에서 나타나고 있는 문제점과 그 원인을 검토한 다음, 향후 전망과 더불어 과제를 생각해 보기로 한다. 한민족문화경제공동체 형성에의 장애요인을 밝히고 이것을 최소화할 수 있는 방안을 찾아보려고 한다.	박사/ 정치학
중국조선족의 정체성 변화에 관한 소고	최우길	중국 조선족 사회와 한국의 관계	교포, 이민, 중국, 조선족, 정체성변화, 조선족사회, 교포, 이민	본 논문은 개혁개방 이후, 특히 한국과 관계를 맺은 이후 조선족 사회가 어떠한 변화를 겪고 있는가와 이에 따라 조선족 지식인들이 스스로를 어떤 존재로 인식하게 되었는가를 살펴보고자 한다.	교수/ 국제유엔학
로스앤젤레스 한인교회에 대한 비교역사 사회학적 연구	박동욱	로스앤젤레스 한인교회	교포, 이민, 로스앤젤레스, 한인교회, 재미교포, 코리아타운, 교포, 이민	본 논문에서는 로스앤젤레스 한인교회이 내재적 사회력과 교회의 생성 및 역할에 관해 알아보고자 한다. 미국 종교와 한인교회의 발전 상황에 관한 비교역사, 사회학적 연구를 수행했다.	교수/ 사회학

제 목	저 자	연구대상	주제어	내 용	직위/분야
한·영 국민성의 비교연구	최상호	한국-영국 국민성	민족, 인종, 국민성, 인간자원, 민족, 인종	본 논문에서는 민족성의 형성과 변화에 대한 보다 결정적인 요인으로 환경을 상정하면서, 보다 인간다운 풍성한 삶을 보다 효율적으로 실현하는 면에서의 행위주체로서의 보편적 한국인의 문제점과 그에 대한 특성 및 요인을 분석한 후 이의 개선을 위한 원인요법 차원에서의 전략과 방법을 탐색하되, 특히 바람직한 사회환경의 형성 변화를 위한 교육적 방법을 중시하고자 한다.	교수/ 농학
베트남 내 한국계 기업의 현황	전경수	베트남에서 활동하고 있는 한국 기업들	기업, 경영학, 베트남, 한국계기업, 단독투자기업, 합작투자기업, 기업활동, 기업, 경영학	베트남의 사업규모가 신장되면 이익도 많이 날 수 있을 뿐만 아니라 제품의 질도 좋아질 수 있을 것이라 전망된다. 한국에서의 한계기업들이 그 지속적으로 기업활동을 할 수 있는 호조건을 구비하고 있는 곳들 중의 하나가 베트남이라는 인식을 주효한 상황에서, 우리는 베트남에서 활동하고 있는 한국계 기업들의 현황과 문제를 보게 된다.	교수/ 인류학
김영삼 정부의 재외동포정책에 관한 연구: 이중국적허용 논의를 중심으로	김병천	이중국적을 포함한 재외동포정책	이중국적, 재외동포, 정치학, 김영삼 정부	이중국적에 관한 정책 연구는 총체적으로 보면 김영삼 정부의 국제화, 세계화 정책 수행과정을 살펴보는 것이고, 재외동포정책 차원에서는 타당하고 분명한 목적과 목표를 갖고 일관된 정책이 수립되었는지를 파악하는 것이다.	석사/ 정치학
러시아의 강제이주된 민족들 명예회복 정책	심헌용	강제이주된 한민족 명예회복 정책	교포, 이민, 러시아, 강제이주, 명예회복정책, 이주정책, 교포, 이민	본고는 강제이주 조치가 정치적 수단으로 애용되어 왔으나 정당치 못하게 평가되고 있는 정책적 유산들을 현 단계의 러시아가 어떻게 시정해 나가고 있는지를 살펴보는 데 있다. 이러한 연구목적을 위해서는 현대 러시아의 민족정책의 틀 속에서 강제 이주된 민족들의 명예회복 작업은 어떤 단계에 놓여 있는지, 그리고 강제이주된 소수민족들은 어떻게 대처하고 있는지를 알아보고자 한다.	박사/ 정치학

제 목	저 자	연구대상	주제어	내 용	직위/분야
중국의 소수민족정책과 연변조선족사회	방수옥	중국 내 소수민족 실태	민족, 인종, 중국, 소수민족, 연변, 조선족, 연변조선족, 민족구역자치, 민족, 인종	본 연구는 1949년 이후 중국 정부가 국가건설과 민족건설의 일환으로 전개해 온 소수민족 정책의 추진과정을 살펴보고, 이러한 중국의 소수민족정책에 조선족들은 어떻게 대처하여 나아가며, 조선족의 정체성을 어느 정도 보존했으며, 변화하는 현 시대에 조선족 사회가 안고 있는 애로점은 무엇인가를 살펴보고 그 대책에 대하여 간단히 언급하려고 한다.	정치연구소

〈2000년 제9호〉

제 목	저 자	연구대상	주제어	내 용	직위/분야
미국으로의 한인 이주와 이민가족의 세대갈등	윤인진	해외 한민족의 다이아스포라 공동체	한인이주, 세대갈등, 미국, 이민가족, 이민, 재미한인사회, 교포	본 논문에서는 재미한인 사회의 심각한 사회문제로 인식되고 있는 세대갈등에 관련해서 이 문제의 현황, 원인, 개선방안을 논의하였다. 한인 이민가족의 세대갈등의 원인을 이해하기 위해서 미국으로의 한인 이주의 역사와 사회경제적 적응의 상황과 문제점을 소개하였다.	교수/사회학
재미 한인 2세와 민족정체성	조혜영	일리노이 대학의 재미동포 한국어 수업 참여 학생	민족정체성, 민족지적 연구, 한국어학습, 재미한인 2세, 이민, 교포	이 글은 재미한인 2세들의 민족 정체성 형성과정의 한 단면을 살펴본 민족지적 연구이다. 미국의 한 대학에 개설된 한국어 강좌 및 여기에 참여하는 한인 대학생들을 통해서 정체성 형성 과정이 복잡하고 다면적으로 진행되고 있음을 보인다. 이 과정에서 한국과 관련된 혹은 한인으로서 가졌던 개인적 경험을 새롭게 해석하게 된다.	정신문화연구원

제 목	저 자	연구대상	주제어	내 용	직위/분야
재미 한인 사회의 한인 방송에 관한 연구	김원태	미국의 한인언론 및 나타난 한인관 조사	이민, 라디오 코리아, 재미 한인사회, 한 국홍보, 여론 형성, 교포, 한인방송	라디오 코리아를 비롯한 미국의 한인방송들은 한인의 단합과 여론 조성에 기여하고 한인사회의 지도자 역할을 하고 있고 한인 2세들에게 한국어를 보급하며 한인의 자긍심을 높이는데도 기여하고 있다. 이들은 방송활동을 통해서 한인의 동질성을 회복하고 애국심과 긍지를 갖게 하고 있다.	교수/ 신문방송학
중국 조선 족의 인구 위기에 대한 연구	유병호	중국 조선족	조선족 인구 위기, 산아제 한 정책, 민족공동체 해체, 조선족의 정체성, 극복 방안	연변조선족자치주정부의 산아제한 정책으로 시작된 조선족 사회의 인구위기는 인구의 감소, 민족교육의 퇴보, 민족도덕의 쇠퇴 등 사회 각 방면의 위기를 유발하여 연변조선족자치주폐지 등 민족공동체의 해체를 예측하는 단계에까지 이르렀다. 본 연구에서는 조선족사회이 인구위기를 진단하고 그 원인을 밝히고 극복방안을 제시하고자 한다.	민족 연구소
중국 공산당의 조선족 정책의 기원에 대하여 (1928-1949)	이진영	중국 정부의 민족 정책의 조선족 정책	키워드민족, 인종, 중국공산당, 조선족 정책, 민족정책 , 소수민족, 한인계중국인, 민족, 인종	이 논문은 중국정부의 한인계 중국인(조선족)에 대한 정책의 시원에 대해 논한다. 중국내의 한인계 중국인에 대한 정책의 시원은 그들이 중화인민공화국의 국적을 부여받지 않은 상태에서, 그리고 만주의 조선인으로 남아있는 상태에서 중국공산당이 행한 정책에서 찾을 수 있다.	통일 연구원
중앙아시아의 정치경제적 상황과 한인사회 : 카자흐스탄을 중심으로	장원창	중앙 아시아 5개국 중 카자흐스탄의 정치, 경제 개혁의 현황	한민족문화, 민족, 정치경제적상황, 한인사회, 인종, 구소련, 카자흐스탄, 사회주의체제, 포스트공산사회, 중앙아시아	본 논문은 포스트공산 사회의 정치, 경제에 대한 이해를 높이기 위해 소련의 붕괴로 독립한 중앙아시아 5개국 중 카자흐스탄의 정치, 경제개혁의 현황을 조사, 분석하였다. 이는 중앙아시아에 살고 있는 40여 만인의 한인사회의 현재와 장래를 파악하는 데 도움이 되기 때문이다.	박사/ 정치학

제 목	저 자	연구대상	주제어	내 용	직위/분야
디아스포라, 귀환, 출현적 정체성: 사할린 한인의 역사적 경험	정근식, 염미경	사할린 한인 디아스포라 집단	민족, 2세대, 1세대, 카레이스키, 인종, 디아스포라, 귀환, 출현적정체성, 고국방문, 사할린한인	사할린 한인은 식민지체제와 냉전체제의 역사적 복합에 의해 생성된 디아스포라 집단이다. 지금까지 사할린 한인을 바라보는 시각은 민족주의적인 것이어서 이들의 정치사회적 현실을 간과해 왔지만, 2세대들의 출현적 정체성에 주목할 때 현재의 사할린 한인 사회의 변화를 제대로 이해할 수 있다.	교수/ 사회학

〈2001년 제10호〉

제 목	저 자	연구대상	주제어	내 용	직위/분야
재일 한국·조선인: 형성과정과 현재 그리고 그들의 역할	이홍락	재일 한국·조선인의 형성과정과 현황	재일한국인, 재일조선인, 차별, 재일동포, 교포, 이민	이 글에서는 재일 한국·조선인의 형성과정과 현황, 특히 일본의 재일 한국·조선인에 대한 정책과 일본 사회의 차별, 그리고 그것에 대한 재일 한국·조선인의 대응을 살펴봄으로써 그들이 놓여있는 특수 상황을 이해하고 우리의 민족적 과제인 통일논의과정에서 그들이 해낼 역할의 중요성을 확인하려 하였다.	교수/ 경제학
재미동포의 중간자적 위치에 대한 신학적 이해	구춘서	재미동포들의 소수 중간계층 고착화	재미동포, 중간자적 위치, 신학, 인종차별, 교포, 이민	본 논문에서 필자는 재미동포들이 미국 땅에서 소수 중간계층으로 살아가면서 겪는 여러 가지 고난의 현실을 민중신학의 민중의 사회전기 방식으로 살펴보면서 이러한 고난의 원인과 그 현황 그리고 이의 극복방안을 연구하였다.	교수/ 신학
구소련 한인의 민족 정체성 상실과 회복: 역사와 현재	기광서	러시아 연해주 정착 한인	구소련한인, 민족정체성, 러시아한인, 한인사회, 교포, 이민	본 논문의 목적은 러시아 한인이 러시아 영토에서 겪은 민족정체성의 보존과 상실과정을 고찰하고 1990년대 소련붕괴 후 그것을 회복하기 위한 시도와 노력을 살펴보는 데 있다.	교수/ 정치학

제 목	저 자	연구대상	주제어	내 용	직위/분야
중국조선족 사회의 형성과정	이규태	연변 지역의 조선족	중국조선족, 소수민족정책, 연변, 조선족, 교포, 이민	본고는 연변조선족자치주의 성립 과정을 중심으로 중국조선족 사회가 역사적으로 어떻게 형성되었는가를 규명한 것으로, 한중수교 및 남북관계의 급속한 전개라는 정세변화 속에서 생산적인 한중관계의 모색, 특히 중국의 소수민족으로서의 연변조선족의 역할 등을 전망해 보려는 의도에서 집필되었다.	교수/ 역사학
남미의 아시아 소수민족과 멕시코 초기 한인사회의 비교연구: 이주과정과 사회문화적 영향을 중심으로	이남섭	남미 사회의 외국인 한인 노동자	남미, 아시아 소수민족, 멕시코, 한인사회, 이주과정, 사회문화, 교포, 이민	이 연구의 목표는 소수민족으로서 멕시코 한인들이 20세기 초 다인종 사회인 남미사회에 외국인 노동자로 유입하는 과정에서 나타나는 노동력의 국제적 이동과정과 그 사회, 문화적 영향을 다른 아시아 소수민족의 경우와 비교, 검토하는 데 있다.	교수/ 사회학
우즈베키스탄 한인의 언어상황과 한국어의 지위	조윤희	우즈베키스탄에서의 한국어 지위	우즈베키스탄한인, 한인, 언어상황, 한국어, 지위, 교포, 이민, 한국어	이 논문에서는 우즈베키스탄 한인의 현대 언어상황 구조를 살피면서 언어사용자들의 한국어에 대한 상징적, 개념적 평가와 현실적, 실제적 평가 사이의 부조화가 언어상황 속에서 한국어의 지위에 어떤 영향을 미치는지를 알아보고자 한다. 또한 한국어의 지위에 대한 평가에서 개념과 실제 사이의 괴리가 세대별로 어떻게 표출되는 지도 살피려 한다.	박사/ 언어, 문학
한국의 IMF 체제 이후 우즈베키스탄 고려인의 위상고찰과 접근방법론	성동기	우즈베키스탄 고려인	IMF, 우즈베키스탄고려인, 위상, 우즈베키스탄, 교포, 이민	본 논문은 현재의 우즈베키스탄 상황과 고려인의 위상변화를 분석하고 이에 따른 한국측의 대응방향과 접근방법론을 고찰한다.	교수/ 노어노문학

〈2001년 제11호〉

제 목	저 자	연구대상	주제어	내 용	직위/분야
토론토지역 한인의 생활과 의식	윤인진	토론토에 거주하는 한인 이민자	민족정체성, 민족성, 캐나다한인사회, 생활만족도, 직무만족도, 이민, 토론토, 교포	본 연구의 목적은 1990년대 중반 이후 새로운 이민자들의 유입으로 제2의 중흥기를 맞이하고 있는 캐나다 한인사회의 구조와 변화를 조사하는 것이다. 캐나다 한인의 현지사회 통합방식을 이론화하고 캐나다와 같은 다문화 사회에서의 민족성의 역할을 재검토하였다.	교수/ 사회학
해외 이민의 명함: 호주 내 한인들의 이민동기와 실제 생활	설병수	호주 한인들	호주한인, 이민동기, 삶의 평가, 경제적 동기, 오스트레일리안 드림, 인간적 삶의 추구	본 연구는 양질의 삶을 원하는 한국인들에게 주요 이민 대상국 중의 하나로 인식되어 온 호주에 사는 한인들의 이민동기와 실제 생활에 대한 평가를 살펴보고자 하였다.	교수/ 인류학
우즈벡 다민족 정책과 민족주의: 현재의 시대적 상황에 따른 고려인의 위상 재조명	성동기	우즈베키스탄 한인	고려인, 우즈베키스탄, 다민족 정책, 민족주의, 소수민족, 이민, 교포	본 연구에서는 우즈벡 정부가 시행하고 있는 다민족 정책과 민족주의를 분석하고 이것을 토대로 향후 우즈벡 사회를 전망하여 보았다. 그리고 이러한 상황에 맞추어 고려인들이 우즈베키스탄의 소수민족으로서 가지는 위상을 재조명하였으며, 특히 그들이 우즈벡이라는 사회에 제대로 적응하기 위한 방향을 제시하였다.	교수/ 노어노문학
재미한인 2세의 학업성취에 대한 이해	조혜영	재미한인 2세들의 학업성취과정	고려인, 우즈베키스탄, 다민족 정책, 민족주의, 소수민족, 이민, 교포	이 글은 재미한인 2세들의 학업성취과정에 대한 이해를 시도한다. 성공적으로 대학에 진학한 재미한인 학생들의 이야기를 통하여 이들이 겪은 학업수행과 관련된 경험을 드러내고자 한다.	한국청소년개발원

제 목	저 자	연구대상	주제어	내 용	직위/분야
재중동포정책과 재외동포법의 개선 방향	이종훈	중국 거주 재중동포 정책	Overseas Koreans 재외동포법, 한민족공동체, 한민족네트워크, 이민, 재중동포정책, 교포	재외동포법의 개정 또는 재외동포기본법의 제정이 궁극적으로 지향하는 바는 바로 이러한 한민족공동체 또는 한민족 네트워크의 형성에 두어야 한다. 다시 말해 이해관계 접점 증가를 촉진하는 내용을 담아야 한다는 것이다. 물론 이 모든 것은 기본적으로는 한민족공동체 성원의 평등한 관계를 전제로 하여야 하며 재외동포 개념정의 수정은 그 출발점이라고 할 수 있다.	박사/ 정치학
동아시아에서의 한인계 이민자에 대한 연구: 그 쟁점과 전망	이진영	동아시아 중심 한인계 이민자	조선족, 재러 한인, 한인계 이민자, 이민, 탈북자, 재중한인, 동아시아, 교포	이 글은 동아시아를 중심으로 벌어지고 있는 한인계 이민자에 대한 연구의 쟁점을 비교, 분석하고 하나의 새로운 관점을 제시한다. 여기서 주장하는 것은 한인계에 대한 연구에 있어서 기존의 재외한인에 대한 연구를 지역적, 범주적, 학문적으로 확대하자고 하는 것이다.	교수/ 중국지역학
남북관계와 중국조선족	최우길	남북 관계에서 재외 동포의 역할 (조선족)	조선족, 남북관계, 한민족 네트워크, 이민, 재외동포, 중국, 교포	이 글은 중국조선족이 한반도의 통일과정에서 어떠한 역할을 할 것인가라는 물음에 답하기 위해서 쓰여졌다. 이 글은 한국과 조선족의 관계는 어떠한 것이었나, 조선족은 지금 스스로를 어떻게 생각하는가, 조선족은 남북관계에서 어떤 역할을 해 왔으며 어떤 역할을 모색하고 있는가 등을 살펴볼 것이다.	교수/ 국제유엔학

〈2002년 제12호〉

제 목	저 자	연구대상	주제어	내 용	직위/분야
세계 한민족의 이주 및 정착의 역사와 한민족 정체성의 비교연구	윤인진	한민족의 이주와 정착의 역사, 정체성 비교	재외한인, 국제이주, 적응, 정체성	재외 한인들의 거주국에서의 적응양식과 민족정체성은 지역과 시기에 따라 차이가 있음에도 불구하고 다음과 같은 공통점을 지닌다. 이주 초기에는 다수집단의 사회적 차별과 배제로 인해 어려움을 겪지만 진입장벽이 높지 않은 자영업을 통해서 중산층에 진입한다. 이민 1세대의 물적자본을 통한 교육으로 2, 3세대들은 전문직에 종사하며 주류사회로 진출하는 교두보를 마련한다. 한인들은 강한 민족정체성을 가지고 있지만 거주국에서의 집단적 경험이 함께 강조되는 이중정체성의 성격을 띤다.	교수/ 사회학
해외동포 모국수학생에 대한 연구: 중국동포 학생들의 모국관 및 민족관을 중심으로	조혜영	한국에서 유학하고 있는 중국동포 학생들의 모국관과 민족관의 형성 및 변화과정	중국동포 모국수학생, 모국관, 민족관	한반도는 해외에 거주하는 재외동포 인적자원을 적절히 활용하는 길을 시급히 모색하여야 한다. 이 글은 한국에서 유학하고 있는 중국동포 학생들을 대상으로 그들에 대한 이해를 시도한다. 특히 중국동포 학생들이 갖고 있는 모국관과 민족관의 형성 및 변화과정, 이들이 한국에서 유학하면서 부딪히게 되는 어려움 등에 대해서 살펴본다.	한국 청소년 개발원
연변지역에서의 한국위성방송 수용의 특성	한경구	연변지역의 한국 위성방송 실태와 전망	연변조선족, 위성방송, 문화변동	이 글은 한국 위성 TV가 연변사회의 문화에 어떤 영향을 미쳤는가라는 공동연구의 일부로서, 연변조선족의 한국방송 수용이 연변사회에 어떠한 사회문화적 영향을 미쳤는지를 살펴본다.	교수/ 일본학

제 목	저 자	연구대상	주제어	내 용	직위/분야
중국조선족 집거구 해체 위기와 대응	김재기	중국 내의 조선족 자치	한민족공동체, 과계민족, 촌민자치, 민족구역자치, 집중촌	본 논문에서는 조선족 집거구가 정치경제적으로 어떠한 의미가 있는가를 고찰해본다. 중국의 개혁개방 정책 이후 나타난 조선족의 분산의 원인과 이주 경로를 중국내 도시와 한국으로 구분하여 추적해 본다. 이러한 집거구 해체 위기의 실상과 문제점을 분석해 보고 이를 극복하기 위한 대응방안을 모색해 본다.	교수/ 정치학
중앙아시아 5개국의 자국 해외동포 관련 법 조문 분석: 재외동포법 개정과 관련하여	성동기	국가별 특징에 따른 재외동포법의 적용문제	재외동포법, 중앙아시아 국적법, 고려인	본 연구에서는 재외동포법의 개정에 맞춰서 고려인이 거주하고 있는 각국의 국적과 관련된 법 조항들을 분석하였다. 이러한 법에 따라 살고 있는 고려인은 각각의 처지가 다르다. 보다 구체적으로 이 지역의 현실을 파악한다면 법을 개정하는 데 따르는 어려움은 줄어들 것이다.	교수/ 노어노문학
Korean Women in the U.S.: A ualitative Study of Psychosocial Well-being Determinants	양장애, 신경호	Korean-American women	Korean-American women, psychological well-being	본 논문은 캔자스 시티 도심부에 살고 있는 재미한인 여성의 심리적 웰빙에 영향을 미치는 사회경제적 요인들을 탐구한다. 여기에는 불안정한 저수익, 결혼 불만족, 부모자녀관계, 네트워크 부족 등이 있다.	교수/ 심리학

〈2002년 제13호〉

제 목	저 자	연구대상	주제어	내 용	직위/분야
한민족공동체 형성과제와 민족정체성 문제	정영훈	한민족공동체	한민족 공동체, 한국민족주의, 민족정체성, 한민족네트워크, 민족통합	이 연구는 한민족공동체를 형성하는 과제와 관련하여 제기되는 민족정체성 문제를 검토해본 것이다. 한민족공동체의 아이디어가 추구하는 이상과 과제에 대해 개략적으로 설명한 뒤, 민족정체성의 개념과 의의 및 그것의 유지, 소멸에 관여하는 요인들에 대해 살피고, 한민족공동체 구성원으로서의 정체성은 지금 어떤 상황에 놓여 있는지의 문제와, 한민족공동체의 민족정체성 형성을 위해서는 어떤 방향 설정과 노력이 필요한가라는 문제를 살핀다.	정신문화연구원
한민족공동체와 남북통일 문제	강광식	한민족네트워크공동체	한민족 공동체, 한민족네트워크 공동체, 민족정체성, 통일한국의 미래상	이 연구는 한민족공동체의 형성이라는 큰 틀 속에서 남북통일 문제가 지니는 의의에 주안점을 두고 통일한국의 미래상을 탐색하는 것이다. 영토국가 중심적인 공동체의 한계에 관한 논의를 먼저 살펴보고, 이와 관련해 미래지향적 공동체상으로서 새로이 부각되고 있는 복합적 공동체 개념의 현실적 함의를 살핀다.	정신문화연구원
한민족공동체와 한국 정부의 역할	이종훈	한민족공동체	한민족공동체, 재외동포정책	본 논문은 한민족공동체 형성의 이상과 현실에 관해 살펴본다. 한민족공동체 형성 주장과 정부, 곧 외교통상부의 재외동포정책을 이질성과 상호연관성에 주목하여 분석하기로 한다. 그 다음으로는 재외동포정책의 현황과 문제점, 향후 방향을 제시한다.	박사/정치학

제 목	저 자	연구대상	주제어	내 용	직위/분야
지구촌 한민족경제공동체의 이상과 현실	전택수	한민족 경제 공동체	한민족경제 공동체, 해외 교포, 경제협력	본 논문은 지구촌 한민족경제공동체의 구축이 필연적임을 밝히고, 지구촌 경제의 특성상 한민족 경제공동체의 이념은 재외한민족 각자가 세계로부터 존경받는 사람이 되도록 하는 것임을 밝혔다. 경제공동체는 각국의 한인 후예들이 현지의 주류사회에서 자신의 경제적 이득을 제고하면서 모국의 경제적 발전에 이바지하는 방안을 모색하도록 지원할 것을 주요 목적으로 삼아야 한다.	정신문화연구원
한민족 인터넷 문화공동체의 형성 방안	김병선	한민족 문화공동체	한민족, 인터넷, 문화공동체, 가상공동체	이 글에서는 21세기의 정보통신 사회에서 한민족의 공동체를 가상공간에 건설하는 것을 목표로, 그와 관계되는 여러 장애요인과 극복방안, 가상적 민족공동체를 이루기 위한 구체적인 방안과 정책적인 지원방안을 살펴보았다.	정신문화연구원
재미동포의 뷰티 서플라이 산업	이광규	뷰티 서플라이 산업	재미동포, 뷰티서플라이 산업, 민족사업, 교포, 이민	흑인 뷰티 서플라이 사업은 무엇이며, 왜 한인들이 흑인 뷰티 서플라이 사업을 독점하고 있는가, 흑인 뷰티 서플라이 상점은 어떤 물건을 어떻게 판매하고 있으며 상품의 유통과정은 어떠한가. 본 연구의 목적은 뷰티 서플라이 업계를 통하여 재미 한인들의 한 면을 파악하는 것이다.	교수/인류학

〈2003년 제14호〉

제 목	저 자	연구대상	주제어	내 용	직위/분야
중국조선족공동체에 대한 이론적 접근	허명철	조선족 공동체	중국조선족공동체, 교포, 이민	본 논문은 조선족공동체의 형성과 발전과정에 대한 역사적인 고찰과 시대발전추세에 대한 분석을 토대로 미래지향적인 시각에서 조선족공동체의 진로를 진지하게 탐구하였다.	교수/민족학

제 목	저 자	연구대상	주제어	내 용	직위/분야
경계 안팎의 여성 조선족: 삶의 특성과 사회의식	김귀옥	연변 조선족 여성	조선족여성, 조선족공동체, 사회의식, 자영업, 저출산, 교포, 이민	이 글에서는 급변하는 연변조선족 사회와 한국 사회에서 조선족 여성들의 사회적 진출상, 직업관, 결혼 및 이혼관, 자녀 양육과 교육관, 사회관과 현실을 살펴보면서 조선족 여성의 특성을 발견하고자 한다.	교수/ 사회학
한·중 관계와 조선족 문제: 최근 중국에서의 논의와 한국 정부의 선택을 중심으로	최우길	중국의 조선족	국제관계, 한국, 중국, 조선족, 조선족 문제, 중국조선족, 재중동포, 국제관계, 한국	이 글은 한중관계와 조선족문제라는 제목으로 조선족문제의 내용은 무엇이며, 한중관계에서 어떤 의미를 갖는가를 고찰하였다. 조선족 문제를 추적하면서 지난 10여 년 동안 조선족으 어떻게 한국과 관계를 맺게 되었는지, 조선족의 자기인식은 어떻게 변하였는지 논의하였다.	교수/ 국제 유엔학
1990년대 이후 국민국가 독일의 재러 독일계 동포이주자에 대한 정책 고찰: 한국내 조선족 이주자에 대한 새로운 이론적, 정책적 접근의 모색을 위하여	김명희	조선족 이주자	조선족 이주자, 전자구화, 경제적 동포이주자, 독일 아우-스지들러, 동일민족 이주 유입 현상	이 글은 2000년도를 기점으로 지난 3년간 꾸준한 변화, 개선을 추구해온 독일 사민당 정부의 이주, 이민 정책 속에서 독일의 아우스지들러라 불리는 재동유럽, 특별히 지난 십년간 재러 독일계인 이주 집단이 겪은 경험에 대한 연구노트이다. 독일의 아우스지들러 정책에 대한 엿보기를 통해 국내의 재외동포법을 포함한 두 국가가 취하고 있는 실질적인 접근 방식과 개념적 문제점들을 고려해보고자 한다.	박사/ 지리, 환경학

제 목	저 자	연구대상	주제어	내 용	직위/분야
캐나다 한인의 이주와 사회적응	윤인진	캐나다 거주 재외 한인의 사회적응	캐나다, 재외 한인, 이민, 사회적응	캐나다로의 한인 이민은 조선시대 말엽 한국에 파송된 캐나다 선교사들과 인연을 맺은 신학생들이 유학을 가게 되면서 시작되었다. 이들은 한국에서의 높은 교육수준과 중산층 배경에도 불구하고 캐나다에서 자신들의 학력과 직업경험에 상응하는 직업을 갖지 못하기 때문에 자영업으로 전환하는 경우가 많다. 이런 경제적 문제는 이민 1세들의 초기 정착과정에서 두드러지지만 이들의 중산층 배경과 높은 신분상승 욕구로 인해 곧 캐나다 주류사회에서 중산층 지위를 회복할 것으로 기대된다.	교수/ 사회학

〈2003년 제15호〉

제 목	저 자	연구대상	주제어	내 용	직위/분야
중국조선족의 언론현황과 언론관에 관한 조사 연구	김원태	조선족 언론	조선족 언론, 신문방송, 우리말, 공산주의 언론	조선족이 그들 지식과 정보를 얻고 생활의 반려자로 삼으며 여론을 형성하는 것이 바로 조선족 언론이다. 본 논문은 중국조선족 언론의 이념과 특성을 살펴보고 조선족 언론의 현황을 알아본 다음 조선족을 대상으로 설문조사한 내용을 분석하여 조선족 언론이 처한 현실과 나아가야 할 방향을 알아본다.	교수/ 신문 방송학
중국조선족의 도시이주, 사회적응, 도시공동체: 청도 사례연구	윤인진	중국거주 재외동포 이주 사회적응	조선족, 중국동포 이주 사회적응, 도시 공동체	본 연구는 1980년대 이후 증가하기 시작한 중국조선족의 도시로의 인구이동, 도시 내에서의 사회적응, 그리고 조선족 도시공동체의 특성에 대해서 청도지역의 사례연구를 통해 조사하려고 한다. 인구이동이 시작한 역사적, 사회경제적 원인, 인구이동의 패턴과 특성, 도시 이주자의 인구학적, 사회경제적 특성 및 사회적응 양식, 조선족 도시공동체의 특성에 대해서 조사한다.	교수/ 사회학

제 목	저 자	연구대상	주제어	내 용	직위/분야
중국의 화교, 화인정책 및 특징	정신철, 주경홍	중국 재외화교, 화인사회	화교, 화인 정책변화, 역할	본 논문은 중화인민공화국 건립 이래 중국의 화교, 화인정책의 흐름을 정리하고 그 득과 실을 지적하면서 명확하고 정확한 중국의 해외동포정책은 재외화교, 화인들의 모국에 대한 애정을 더욱 돈독하게 다지게 되었고 모국건설에 더욱 힘을 기울이게 되었다는 것을 실증하였다. 나아가 정확한 해외동포 정책의 중요성을 다시 한 번 강조하였다.	교수/ 민족학, 인류학
CIS 및 발트 지역 고려인 사회의 민간 네트워크	임영상, 황영삼	고려인 민간 네트워크	고려인사회 민간네트워크, 전러고려인연합회, 민족문화자치회	본 연구의 목표는 독립국가연합과 발트지역의 고려인 민간네트워크 구축에 대한 실태와 문제점을 규명하고 본질적 대안을 제시하는 데 있다. 현 시점에서 고려인 사회를 객관적이고도 현실적인 방법으로 이해하고 나아가 한국과 이들 사회의 공동의 이익을 증대시키기 위하여 우선적으로 네트워크 구축 방안이 마련되어야 한다.	교수/ 역사학
한국인 여성의 국제이동 성격에 관한 일 고 찰 : 1980년도 이후 일본에 이동한 케이스를 중심으로	유연숙	뉴커머 한국인 여성	뉴커머 한국인 여성, 국제이동, 경제외적 이동요인, 네트워크, 정주	본 연구는 일본의 수도권에 재주하고 있는 뉴커머 한국인 여성을 대상으로 일본에 노동력으로서 유입하게 된 과정에 주목한다. 한국인 여성들의 이동 프로세스를 통해서 경제외적 이동요인의 가능성에 착목할 수 있었다. 이런 경제외적 이동요인의 가능성은 일본에서의 취로상황과 생활과정, 장래전망에 대한 전반적인 과정을 통해서도 나타난다.	박사/ 교육학

제 목	저 자	연구대상	주제어	내 용	직위/분야
프랑스에 입양한 한국 고아의 사회적 적응과 정체성의 형성	임봉길	프랑스 입양된 한국 고아	프 랑 스 , Adopted Koreans, 사회적응, 정체성	본 연구는 파리 근교에 거주하고 있는 입양아들을 대상으로 하고, 각 지방 현청의 입양담당 부서를 찾아 입양에 관한 자료와 이들을 인터뷰하는 작업이다. 현지 입양과 더불어 접하게 된 타문화(프랑스의 삶의 방식)을 어떻게 내면화하고 있는지를 그들의 부모와 당사자를 대상으로 알아보며, 그들의 적응과 적응양태를 분석한다. 나아가 그들의 부모와의 일체감의 문제, 종족적인 차이가 어떻게 그들에게 이해되고 받아들여지는지에 대한 연구도 수행한다.	교수/ 인류학

〈2004년 제16호〉

제 목	저 자	연구대상	주제어	내 용	직위/분야
사회조사방법을 통한 재외한인연구	윤인진	재외한인	재외한인, 재외한인연구, 사회조사방법, 서베이조사	재외한인연구는 학문 특성상 종합적이고 다학문적 접근을 필요로 하고 방법론적으로 현지연구와 비교연구의 특성을 갖는다. 이런 이유로 재외한인연구를 위한 연구방법은 특정연구방법에 편중하기보다는 다양한 연구방법들을 상호보완적으로 활용하는 열린 자세가 필요하다. 본 논문에서는 사회조사방법, 특히 서베이조사를 통한 재외한인연구 방법론에 대해서 논의하였다.	교수/ 사회학
시베리아철도와 고려인들의 이주과정: 스탈린 시대의 강제이주를 중심으로	이철우	스탈린 강제이주 한인	스탈린, 강제이주, 중앙아시아, 연해주, 시베리아 횡단열차, 정체성	본 논문은 스탈린의 일국사회주의건설과 대러시아주의, 소수민족분산정책에 의해 중앙아시아 지역으로 집단이주된 한인들의 강제이주동기와 과정에 대한 것이다.	평화연구소

제 목	저 자	연구대상	주제어	내 용	직위/분야
탈북자 고문 피해 실태	변주나, 정남옥, 김윤태, 유강경	탈북 북한 동포	북한동포, 탈북자, 고문, 망명자	본 연구는 북한민주화운동본부에 등록되어있는 서울, 경기지역에 거주하는 재한 탈북 새터민을 대상으로 이들이 난민이었는지를 밝히기 위하여 실시한 서술적 조사연구이다. 연구결과 응답자들은 중국에서 북송된 후 수용시설에 구금되어 고강도의 다양한 고문을 장기적으로 경험한 후 이를 피해서 2차 이상 탈북을 시도한 정치적 난민임을 확인할 수 있었다. 이에 대한 해결책으로는 탈북자 지정병원 설립 등의 전문적인 의료지원대책을 제안하였다	교수/ 간호학
세계화와 중국조선족사회가 직면한 새로운 도전	박광성	조선족	세계화, 지위 지향적 세계화대응전략, 경쟁력 지향적 세계화 대응전략, 과경민족, 주변화	세계화 속에서 동아시아지역과 같은 특정한 환경 속에서 생활하고 있는 중국조선족과 같은 이 지역의 과경민족에게 이와 같은 보편적 추세와 특수한 지역적 맥락의 교차는 무엇을 의미하는 것인가. 본 논문에서는 세계화라는 큰 배경하에서 중국과 한국의 대응전략을 살펴보고, 이 틀에서 민족 범주가 어떤 의미를 가지는 가를 분석하며, 이를 바탕으로 조선족 사회의 현실과 결부하여 과경민족으로서 조선족이 직면하고 있는 새로운 생존환경을 검토한다.	교수/ 민족학
한민족 네트워크와 재 아르헨티나 동포	박채순	아르헨티나 동포	아르헨티나 동포, 농업이민, 디아스포라, 한민족 네트워크	본 논문은 이민 40년의 아르헨티나 동포사회를 그들의 이주, 재이주, 의류업으로의 정착과정, 아르헨티나 현지의 제반 역경 등 현지에서의 동포들이 겪었던 상황 등을 개관한다. 아르헨티나 동포를 한민족 네트워크의 일원으로서의 현 상황을 알아본다. 나아가 세계의 동포사회에 대한 관심과 법적인 제도 마련이 필요하다는 것을 강조한다.	극동문제 연구소

제 목	저 자	연구대상	주제어	내 용	직위/분야
미주한인기업 실태 조사	장선미	재미한인기업	재미한인기업, 경영실태, 경제센서스, 설문조사	본 논문은 미주한인기업의 경영실태에 관한 연구이다. 미국 상무성 인구센서국의 한인기업관련 경제센서스자료와 미주한인기업 설문조사 자료를 분석하여 미주한인기업의 현황과 실태를 파악하고자 시도하였다.	사회과학연구소

⟨2005~2006년 제17호⟩

제 목	저 자	연구대상	주제어	내 용	직위/분야
외국국적 동포의 노동시장 분석	설동훈	외국국적동포	외국국적 동포, 재외동포, 외국인노동자, 이주노동자, 국제노동력이동, 노동시장효과, 이민정책	본 연구는 외국국적 동포의 국내 노동시장의 위치를 파악하는 데 일차적 목적이 있다. 아울러 그들에 대한 자유취업을 허용할 경우, 그것이 한국의 노동시장에 미칠 효과를 파악하여, 적절한 대응방안을 마련하기로 한다.	교수/사회학
미국LA 한인단체와 다민족 관계	이정덕, 전봉수	다국적 미국한인	디아스포라, 로스앤젤레스, 다국적, 미국한인, 동일성, 시민조직, 정부	한인들이 미국사회의 일원으로 편입되면서 점차 한국과의 관계나 한국으로의 귀소의식보다 미국사회집단의 일원으로 스스로를 확인하는 것으로 한국으로부터의 이산집단이라는 의식과 한국으로의 회귀의식이 크게 약화되고 있다. 이 글은 LA 한인들을 중심으로 미국사회로 편입되어 현지화되는 과정을 다룬다.	교수/인류학
재일코리안 기업가의 네트워크 현황 및 활성화 방안	임영언	재일코리안 기업가	재일코리안 기업가, 네트워크, 이민기업, 강한연대, 약한연대	이 연구는 이민 역사 중에 재일코리안에 초점을 맞추어 재일코리안 기업가의 현지 네트워크 현황을 파악하고 네트워크 활성화 방안을 모색하고자 한다. 향후 재일코리안 기업 및 기업가의 네트워크 활성화를 위해서는 해외동포와의 약한 연대의 강화, 즉 광범위한 세계적인 한상네트워크 구축이 필요하다.	교수/역사학

제 목	저 자	연구대상	주제어	내 용	직위/분야
호주한인동포: 그 역사와 정체성	양명득	호주 거주 한국인	호주 이민자, 호주 거주 한국인, 호주 거주 한국 국적인	이 글은 포괄적인 의미에서의 호주 한인사를 염두에 두고 호주한 인사회의 주요한 연도와 사건을 간략하게 기술하고, 그 정착과정을 통해 한인들의 정체성이 어떻게 유지되거나 형성되어 왔는가를 다루는 데 그 목적이 있다.	교수/ 신학
재러한인의 현황과 주요 과제: 연해주 고려인 농업정착지원 현황과 과제를 중심으로	신상문	남북러 삼각농업 협력	농업협력, 정착사업, 동북아평화연대, 남북러 삼각 농업협력	지금까지의 한국의 시민단체 중심의 고려인 농업정착 지원사업은 러시아–연해주정부나 전체 연해주 고려인의 입장에서는 대단히 작은 규모의 사업에 불과하다. 연해주에서 농업에 종사하는 고려인은 3,000여 가구로, 1만 명 이상일 것으로 추정된다. 여기에 중앙아시아에서 새로 이주해 올 고려인까지 합치면 지금까지의 한국의 시민사회가 진행해오던 사업의 규모로는 그 수요를 충족할 수 없는 것은 분명하다.	동북아 평화연대

〈2007년 제18호〉

제 목	저 자	연구대상	주제어	내 용	직위/분야
일본 정부의 재일외국인 정책과 재일한인청소년의 민족적 정체성의 변화에 관한 고찰: 1990년대 이후의 변화를 중심으로	김태기	재일한인	재일한인, 정체성	이 연구는 우선 재일한인이 거주하고 있는 일본 국가의 사회가 1990년대 이후 어떻게 변화해 왔는지를 재일한국인과의 관계를 중심으로 살펴본다. 재일한인 청소년의 정체성이 어떻게 변화해 왔으며 그 비전에 대하여 고찰해 보며, 한국 정부와 사회의 과제에 대하여 생각해 본다.	교수/ 일본어학

제 목	저 자	연구대상	주제어	내 용	직위/분야
재미동포 사회의 현안과 정책적 과제: 북미 한인 청소년을 중심으로	윤인진	북미한인 청소년	재미한인, 재외한인, 북미한인 청소년, 차세대, 민족 정체성, 사회경제적 지위	북미한인 차세대를 구성하는 중심 집단인 청소년들의 인구학적, 사회경제적 특성을 조사하고, 주류사회 진출현황을 파악하고 이들이 한민족 정체성과 모국과의 연대성을 유지하면서 거주국의 모범적 사회구성원으로 성장할 수 있는 방안을 모색한다.	교수/ 사회학
재외국민 참정권 도입 이후의 재외동포 사회를 위한 정책 과제	진희관	재외국민 참정권	재외국민, 재외동포, 참정권, 선거, 헌법불합치	이 글에서는 재외국민 참정권의 의미와 아울러 향후 보완해야 할 문제점들이 무엇인지를 짚어보도록 한다.	교수/ 통일학
17대 국회 재외동포 관련법안 처리에 관한 분석	이승원	재외동포 관련법안	재외동포의 정의, 재외동포 참정권, 재외동포법, 원정출산, 국적이탈	이 글은 지난 17대 국회에서 다뤄진 재외동포 관련 법안의 처리현황을 분석하면서 제도정치권 내에서 재외동포의 현실이 제대로 다뤄지지 않는 이유에 대한 평가 및 반성을 목표로 하고 있다. 나아가 재외동포법 개정안과 국적법 개정안의 개정과정을 분석하면서 제도정치권의 재외동포에 대한 인식의 수준을 재평가해보고자 한다.	사회과학 연구소
중국조선족의 초국적 인구이동과 경제생활의 변화	박광성	조선족	조선족, 초국적 인구이동, 경제생활	본 논문은 조선족이 거주하고 있는 성격이 다양한 지역에 대한 현지조사 자료에 기초하여 이러한 초국적 이동이 조선족의 경제생활에 어떤 변화를 가져다주며, 그것이 의미하는 바는 무엇인가에 대하여 분석을 하고 있다.	교수/ 민족학
체제전환기 고려인의 시대적 인식문제 분석을 통한 정책 과제의 고찰: 우즈베키스탄 고려인의 설문조사를 중심으로	성동기	우즈베키스탄 고려인, 우즈벡인, 러시아인	고려인, 구소련, 우즈베키스탄, 민족주의, 설문조사	고려인 연구의 새로운 방향이 제시되어야 하며, 고려인이 처한 현실의 상황을 이해하고 문제를 해결할 수 있는 실질적인 연구가 필요하다. 본 논문은 고려인이 현재 가지고 있는 시대적인 의식과, 이것을 바탕으로 고려인이 미래는 어떻게 전개될 것인가에 초점을 맞추어 보았다.	교수/ 노어 노문학

〈2008년 제19호〉

제 목	저 자	연구대상	주제어	내 용	직위/분야
이중국적법 개정논의의 담론 분석	윤인진	이중국적법 담론 분석	이중국적법, 이중국적, 국적 제도, 담론 분석, 병역 기피	담론 분석을 사용하여 이중국적법 개정 논의를 둘러싼 정부와 시민사회, 그리고 찬성 측과 반대 측의 주장들을 분석하고 주장들의 기저에 있는 인식체계와 이념들을 파악하였다. 국적법 개정시안이 찬성측과 반대 측의 논리들을 통합적으로 수용하여 이중국적 문제를 해결하는 데 기여하는지를 평가했다.	교수/ 사회학
세계 화상 네트워크와 중국 지역경제 발전	정신철	화인	화인, 화교, 네트워크, 중국 경제성장 공헌	해외 화인, 화교사회의 역사와 화인 네트워크의 발전과정 및 역할을 알아보고 해외 화인, 화교사회의 중국경제발전, 특히 해외 한인, 화교의 원적지발전에 대한 공헌 및 해외동포가 한국에 주는 시사점을 지적했다.	중국 사회과학원
CIS지역 동포(고려인)의 정계진출 실태와 자원외교 협력실태	성동기	중앙 아시아 차세대 고려인	독립국가연합, 중앙아시아, 고려인, 고려인 정치인, 고려인 차세대	정부의 에너지·자원외교에 대상 지역인 CIS 회원국 중에서 고려인이 주로 거주하는 러시아,카자흐스탄, 그리고 우즈베키스탄을 중심으로 해당국의 소수민족 정책을 분석하여 고려인의 위상을 파악했다. 정부의 에너지·자원외교에 효율성을 제공할 고려인 정치인들에 대한 소개 및 역할을 분석했다. 장기적으로 고려인 차세대 정치인의 필요성과 양성에 나타나는 문제점 및 정부의 대찬 에너지·자원외교 전략에 필요한 고려인 차세대 정치인 양성 프로그램을 제안했다.	교수/ 노어노문학

제목	저자	연구대상	주제어	내용	직위/분야
니치산업의 종단적 교차 비교를 통해 본 재미 한인 경제의 변화 추이(1990~2000)	김욱진	재미 한인 기업	재미 한인경제, 교차 비교, 니치분석, 동화	미국 인구조사국에서 제공하는 산업분류체계를 이용하여 한인들이 많이 몰려있는 산업들에 대한 니치분석을 실시했다. 기존 한인들이 많이 집중 된 소규모 노동집약적 자영업니치들은 한인경제의 성숙에 따라 약화, 소멸되기보다 오히려 강화되는 추세이며, 새롭게 등장한 자영업니치들은 적은 수이지만 대규모 자본집약적 고위시장에서 한인경제 발전의 견인차 역할을 하고 있는 것으로 나타났다.	박사/ 사회복지학
공생을 만드는 주체로서의 조선족: '제3의 정체성' 형성에 대한 논의: 재한조선족의 현실과 전망	예동근	재한 조선족, 안산시 원곡동 및 구로구의 가리봉동 사례	재한조선족, 징체성, 커뮤니티, 외국인 노동력정책, 재외동포정책	외국인 노동력정책과 재외동포정책에 대한 분석을 통하여 단일민족국가인 한국 사회의 민족주의와 시민주의의 맥락 속에서 형성된 사회적 배제와 포섭의 메커니즘이 조선족동포들에게 어떻게 작동하고 있는지에 대하여 논의했다. 세계시민주의에 기반한 '공생관계'를 형성하기 위해 조선족동포들이 국가와 민족을 넘는 '제3의 정체성'을 만들어 가는 것이 이념적이면서도 현실적이고 실천적 지향임을 강조했다.	박사/ 사회학
재한 중국 유학생의 이주현황과 특성에 관한 연구: 한족, 조선족 유학생 비교를 중심으로	박우	한족, 조선족 유학생	중국유학생, 재한 한족 유학생, 재한 조선족 유학생, 국제이주	재한 한족 유학생과 조선족 유학생의 한국유학 원인, 졸업 후 계획, 한국에서의 경제·사회생활 및 한국에 대한 인식을 비교하여 두 집단의 공통점과 차이점에 대해 논의했다.	박사/ 사회학

제 목	저 자	연구대상	주제어	내 용	직위/분야
우즈베키스탄 고려인의 전통명절과 문화콘텐츠	임영상	우즈베키스탄고려인 사회의 '단오'축제	우즈베키스탄, 고려인, 전통명절, 단오, 문화콘텐츠	한국의 대중문화에 바탕을 둔 일방적인 '한류'가 아니라, 우즈베키스탄과 아시아 사람들이 공유할 수 있는 '신한류'를 창출해야 한다. 이를 위해 우즈베키스탄 페르가나 고려인 사회가 지역민과 함께 축하해온 '단오'를 바탕으로 한민족의 다양한 단오명절 콘텐츠로 발전시키기 위한 한국 사회의 협력이 필요하다.	교수/ 역사학
러시아 아무르주의 한인사회와 정교회 선교활동 (1872~1916): 블라고슬로벤노예 마을을 중심으로	이병조	러시아 아무르주의 한인사회	무르주, 블라고슬로벤노예(사만리), 프리아무르, 러시아 정교회, 한인선교, 프르줴발스키	본 연구는 프리아무르 지방정부와 정교회 지도부의 한인선교 활동을 통해 아무르주 블라고슬로벤노예 마을의 한인공동체의 기독교화와 럿아화 상황을 살펴본다. 이를 통해 블라고슬로벤노예 마을에 대한 러시아 세속당국 미정교회의 노력과 그 결과 속에서 프리아무르 전체 한인사회에서의 러시아 정교회의 한인선교의 본질과 한계를 가늠해볼 수 있다	교수/ 역사학
한·일간 문화콘텐츠 영화교류와 재일코리안	손미경	한일 간 문화콘텐츠 영화교류에 있어서 재일코리안의 역할 조망	한·일, 문화콘텐츠, 재일코리안, 영화산업, 대중문화, 한류	한일 간 문화콘텐츠 영화교류가 활성화되는 상황에서 재일코리안이 어떤 위치에 있으며 중개자로서 어떤 역할을 해왔는지 조망해보는 것은 대단히 의미 있는 일이다.	석사/ 문화콘텐츠학
이주 1번지 두만강 기슭의 조선족 선배들: 구술채록과 사진을 중심으로	리광평	연변지역 조선족 선배들의 삶을 현지답사	중국조선족, 이주1번지, 현지답사, 이주사, 개척사, 투쟁사, 문화사업	이 글은 1990년대 초반부터 연변지역 조선족 선배들의 삶을 좇아 현지답사한 결과물을 토대로 이루어졌다. 이 글의 목적은 연변지역 조선족 선배들의 구술자료 및 삶의 내력을 담은 사진을 중심으로 한이 서린 이주사, 피땀으로 얼룩진 개척사, 청사에 길이 빛날 투쟁사 등을 조명하는 데 있다.	용정시 문화관

제 목	저 자	연구대상	주제어	내 용	직위/분야
중국조선족 문화자원과 관광문화산 업 기획 연변 조선족자치 주를 사례로	정희숙	연변 조선족 자치주 문화 자원과 관광문화 산업 가능성	연변조선족 자치주, 조선 족문화, 문화 자원, 관광문 화산업	현재 연변조선족자치주는 관광 경쟁의 잠재력을 구비하고 있다. 연변조선족자치주의 자연관광자 원과 문화관광자원을 유기적으로 결합하여 독자적인 관광상품을 개발하고, 연변조선족자치주만의 브랜드를 창출하기 위한 전 방위 적인 문화기획이 매우 중요하다.	한국문화 연구소
A comparison of korean immigrant protestant catholic and buddhist institutions in New York	민평갑	뉴욕의 개신교, 천주교 및 불교 교당	미국의 한국 이민자, 뉴욕 의 한국이민 자, 교당과 참여	뉴욕의 한인들의 종교분포, 교당 참여율 및 교당수의 증가에 대한 개관을 제공하고, 친교, 복지제공 및 한국 문화전통의 유지에 있어 서의 세 가지 기능의 측면에서 뉴 욕의 개신교회, 천주교회 및 불교 사찰을 비교한다.	교수/ 사회학

〈2010년 제21호〉

제 목	저 자	연구대상	주제어	내 용	직위/분야
A Four-Decade Literature on Korean Americans: A Review and a Comprehensive Bibliography	민평갑	지난 40년간의 재미 동포에 관한 문헌	코리안 아메 리칸 연구, 코리안 아메 리칸 문헌검 토, 코리안 아메리칸 참 고문헌	이 논문은 지난 40년간의 재미동 포에 관한 문헌을 자세히 검토한 것으로, 문헌검토와 포괄적 서지 목록을 제시하고 있다. 문헌 검토 는 재미동포를 연구하는 주요학 자와 그들의 연구서 및 논문을 연 대순으로 검토하였고, 또한 재미 동포에 대한 문헌을 주요 주제별 로 개관하고 있다. 포괄적 서지목 록은 재미동포의 생활경험에 초 점을 맞추었거나 그와 관련된 모 든 중요 저서 및 편집된 저서를 포함하고, 입수가능한 학술지 논 문과 저서 내의 챕터를 주제별로 열거하고 있다.	교수/ 사회학

제 목	저 자	연구대상	주제어	내 용	직위/분야
Acculturation and the Family: Core vs. Peripheral Changes among Korean Americans	최윤선, 김유승	미국 한인가정	코리안 아메리칸, 문화변용, 문화적응, 가족, 양육, 민족정체성, 민족사회화	미국계 한인가정 부모와 청소년 자녀를 연구하여 문화변화과정을 살펴보았다. 미국 내 한인가정은 서구문화권보다는 대체로 한국문화권의 특징을 보이고 있다. 이민 1세대인 부모들은 문화변화에 소극적이고, 이민 2세대인 청소년 자녀들은 부모들의 염려와는 달리 자기정체에 대한 혼란함을 많이 겪지 않으며, 한인계 미국인으로서의 긍정적이고 강한 정체감을 지니고 있다. 이는 성공적인 가족 내 민족사회화의 증거라 할 수 있겠다.	교수/ 사회복지학
"Uhmma Mak Dae Gi": arenting Styles and Intergenerational Sexual Socialization Among Second-Generation Korean Americans	김효정, 준 선	재미 한인 사회의 자녀 양육과 성 사회화	코리안 아메리칸, 제2세대, 육아방식, 성교육의 사회화, 성교육의 대화, 세대 간 의사소통 방식, 세대 간 가치전달	미국에서 나날이 증가하는 청소년 임신 사례에도 불구하고 재미 한인 제1세대는 자녀들과 이야기하는 데 많은 어려움을 직면하고 있다. 이에 본 논문은 재미 한인 제1세대의 자녀양육방식이 제2세대의 성사회화에 미치는 영향을 분석한다. 분석 결과 성의식 및 행동은 대화의 내용뿐만 아니라 대화 방식에 상당한 영향을 받고 있으며, 혼전 성관계의 유형에 따라 다른 형태의 대화 방식이 더 효율적일 수 있음을 볼 수 있다.	교수/ 사회학
Bridging the Community Divide in Koreatown Politics	앤지 정	미국의 한인 지역사회	미국의 한인 이민, 코리아타운, 민족단체, 초국가정치	1992년 LA폭동 이후 재미한인들이 코리아타운 밖으로 이주했음에도 불구하고 어떻게 1.5, 2세대 한인 기관들을 정치권력으로 키울 수 있었는가를 탐구하고 있다. 5년간의 인종학적 관찰과 코리아타운의 단체장 및 그 회원들의 심층 인터뷰에 근거하여 이민 1.5, 2세대 코리아타운 지역단체들의 정치적인 출현에 기여해 온 요소들을 다루고 있다.	교수/ 사회학

제 목	저 자	연구대상	주제어	내 용	직위/분야
Religious Participation and Cultural Practices of Resistance among Korean Immigrant Women Intermarried to U.S. Military Personnel	양계정, 김치곤	미군과 결혼한 한인이주 여성	한국의 이민여성, 종교, 종교적 정체성, 저항, 힘을 주는 굿	미군과 결혼하여 미국에 이주한 한인여성들의 일상적이고 실존적인 삶의 경험을 기술하고, 그들이 미국의 주류사회와 한인공동체 안에서 겪는 편견이나 차별에 대항하는 대안적 문화양식을 고찰하고 있다. 한인교회의 예배와 구역모임에 참여하는 것은 여성들이 적극적으로 집중하고 파워를 키울 수 있는 기회를 제공할 뿐만 아니라 차별과 편견에 대항할 수 있는 문화 양식을 배양할 수 있다고 주장한다.	교수/ 사회학
재외한인연구의 동향과 과제	윤인진	재외한인 관련 문헌	재외한인, 재외동포, 재외한인연구, 문헌분석, 다문화 연구	국내에서 출판되었거나 간행되던 재외한인 관련 문헌들을 검색하고 분석하여 재외한인연구의 동향을 파악하고, 기존 연구의 문제점 또는 한계점을 진단하며, 앞으로의 발전 방향을 모색하고 있다.	교수/ 사회학
초국적인 인구이동과 중국조선족의 글로벌 네트워크	박광성	조선족의 초국적 인구이동	초국적 인구이동, 조선족, 글로벌네트워크	현지 조사자료에 기초하여 조선족의 초국적 인구이동과 이를 통한 글로벌 네트워크 형성을 살펴본다. 초국적 인구이동을 통해 조선족 글로벌 네트워크 형성이 이루어지고, 이동지에서 형성된 조선족 타운이 결심점의 역할을 하고 있으며, 혈연과 지연이 연결요인으로 작용하고 있다. 글로벌 네트워크 형성으로 조선족은 지역적 농민집단에서 초국적 시민집단으로 변신하였으며, 이에 따라 많은 새로운 연구쟁점들이 부각되고 있다.	교수/ 민족학

〈2010년 제22호〉

제 목	저 자	연구대상	주제어	내 용	직위/분야
사마르칸트에서 살아온 소비에트 고려인의 다문화적인 삶의 이야기	엄안토니나 이병조	사마르칸트 고려인	사마르칸트, 다문화, 콜호즈, 고려인, 우즈벡, 혼인, 명절	소비에트 붕괴를 전후하여 우즈베키스탄 사마르칸트를 중심으로 고려인들과 타민족 간의 다문화적인 생활모습을 살펴보았다. 생활방식의 변화는 있었으나 민족 간 다문화적인 생활모습은 중단되지 않았다.	교수/ 한국어 문학과

제 목	저 자	연구대상	주제어	내 용	직위/분야
일본의 다문화주의와 재일코리안: '공생(共生)'과 '동포(同胞)'의 사이	라경수	재일코리안	재일코리안, 자이니치, 다문화주의, 공생, 동포	본고는 '자이니치(在日)'라 불리는 재일코리안들을 '다문화주의(Multiculturalism)'라고 하는 관점에서 재조명한 것이다. 공생(일본 문화가 다문화 사회 실현을 위해 내세우는 의식), 동포(재일코리안을 강하게 규정하는 의식)를 대비시켜, 두 개념이 어떻게 충돌할 수 있는지, 상호 공존의 가능성은 없는지 고찰했다.	교수/국제관계학
호주 다문화 사회화 재호 한인동포	양명득	호주 다민족 재호 한인동포	호주, 백호주의, 다문화주의, 재호 한인동포	이 글은 호주 백호주의의 등장과 철폐, 다문화주의의 논쟁과 발전, 그리고 그 사회에서 뿌리를 내린 한인동포들의 삶을 조명하고자 한다.	교수/신학
고학력 조선족 국제결혼 여성들의 한국생활에 관한 질적 연구	최금해	고학력 조선족 국제결혼 여성	고학력, 조선족, 국제결혼, 질적 연구	본 연구는 현상학적 연구방법을 사용하여 고학력 조선족 국제결혼 여성들의 한국생활 적응의 의미는 무엇인지, 이들의 한국생활에서의 욕구와 문제는 무엇인지 파악하고자 한다. 연구결과 고학력 조선족 국제결혼 여성들의 한국생활 적응의 의미는 "참여", "노력", "변화"로 나타났다.	교수/정치학
한류를 통한 한국·일본·재일코리안의 새로운 관계 구출을 위한 제언	김경희	일본, 재일코리안	한류, 문화소비, 타자인식, 재일코리안, 인적교류	일본에서 한류 현상과 재일코리안과의 관계에 주목하여 한류를 통한 한국과 일본, 재일코리안의 새로운 관계 구축에 대해 고찰했다.	교수/일본학
용정이야기와 문화총서 '일송정'	임영상	문화총서, '일송정'	문화총서, 일송정, 용정이야기, 용정문화콘텐츠	2000년 5월부터 2005년 5월까지 간행한 문화총서 '일송정'의 차례 분석과 평가를 시도했다. 이어서 일송정에 실린 용정의 이야기들이 이야기산업 시대에 독특하면서도 보편적인 용정문화콘텐츠의 소재가 될 수 있음을 소개했다.	교수/역사학

제3장

국내 중국조선족 연구의
경향추이 분석과 향후 과제

최 우 길

1. 들어가는 글

현재 한국의 학계에서 '중국조선족 연구'는 아주 중요한 영역으로 자리
잡고 있다. 정치학을 비롯해 문학, 언어학, 심리학, 사회학, 문화인류학, 경
제학, 교육학, 의상·의류학, 지리학, 역사학, 가정학, 아동학, 건축학, 예
술(특히 음악), 행정학, 경제학, 법학 등에서 조선족 연구가 이루어지고 있기
때문이다.

국내의 학계에서 중국조선족 연구가 시작된 것은 구체적으로 조선족의
개념 규정과 그 연구의 기준에 대한 논의가 좀 더 필요하겠으나[1], 사실상
1980년대 초부터라고 볼 수 있다. 필자의 조사에 따르면, 국내에서 조선족

---

[1]   단행본으로서는 현규환, 『한국류이민사』(서울: 어문각, 1967); 고승제, 『한국이민연구』(서
     울: 장문각, 1973)과 이구홍, 『한국이민사: 중앙신서 53』(서울: 중앙일보사, 1979)이 출판되
     었으나 이는 한국이민사 차원에서 간헐적으로 나온 것임. 특히 월간지에서는 1966년 『신동
     아』 5월호에 차영환의 "중공속의 한국인"이란 기고문이 실린 것은 이례적임.

에 관한 최초의 체계적인 소개는 이영희에 의하여 이루어졌는데, 그는 1980년 한길사 간행의 『우상과 이성』이라는 자신의 평론집에 "중국의 소수민족정책과 한민족"이라는 글을 실었다. 최초의 학술적 논문은 1982년 서울대학교 사회과학연구소에서 출판한 『사회과학과정책연구』(제4권 2호)지2에 발표된 김광억(金光億)의 "中國大陸의 韓人社會"이고, 최초의 석사 학위논문은 1982년 연세대학교 신문학과 석사학위논문인 최명국의 "중공 거류교포에 대한 선교방송 효과에 관한 연구: 교포편지의 분석을 中心으로" 이었다.

1982년 김광억과 최명국의 논문발표를 시발점으로 하여 1980년대는 국내 학계에서 중국조선족 연구가 본격적으로 태동하는 시기였다. 이 시기에 주요 논저들은 김광억, "중공 속의 한인," 『한국인』 1월호(1983); 김광억, "중국의 한인사회와 문화," 한국국제문화협회 편, 『재외한인의 사회와 문화』(1984); 박한식, "중공 속의 한인사회연구," 『해외동포』 추계호(1983); 김일평, "중공한인 사회의 실태와 전망," 『해외동포』 추계호(1984); 박한식, "중공속의 한인사회현황," 『해외동포』 추계호(1984); 박준수, "재중공 동포들의 어제와 오늘," 『해외동포』 하계호(1984); 유관지, "중공속의 한인사회," 『해외동포』 춘·하(1983), 하·송년호(1984) 등이 있다.

그 후 1990년대부터 중국조선족 연구는 1992년 한중수교의 체결로 인해 폭발적인 연구 관심의 주제로 부각됨과 동시에 정치, 경제, 사회, 문화 등 다양한 분야의 학자들에 의한 연구대상으로 시도되는 등 비약적인 발전을 이루기 시작하였다. 특히 1988년 10월 27일 창립된 '재외한인연구회'(현 재외한인학회)가 1990년 『재외한인연구』의 학술지를 창간한 이후 조선족 연구는 학문적으로 크게 발전하는 계기를 맞이하였다. 이 점에서 본 연구는 『재외한인연구』에 게재된 중국조선족 연구의 경향을 주요한 분석대상으로 삼았다.

---

2 한편 『사회과학과정책연구』(제4권 2호)지에서는 중국의 국가민위 민족문제 5종 총서 편집위원회 편인 『중국소수민족』(북경: 인민출판사)의 "조선족"(김광억 번역)이 번역·소개되었음.

2000년대에 들어와 중국조선족 연구는 학자들의 수뿐만 아니라 주제, 연구방법 등 연구영역에서, 특히 석·박사 학위논문을 비롯해 단행본, 학술등재지, 전국학술지 등을 통해서도 양과 질적으로 크게 증가해 명실상부하게 개화기, 성숙기에 들어서게 되었다.

이와 같은 기본적 시각에서 이 글의 연구목적은 한국 내 중국조선족에 관한 연구의 경향 추이를 분석하고 향후 과제를 제시하는 데에 두고 있다. 다만 기존 연구의 경향을 평가하여 문제점이나 한계점을 지적하는 일은 그다지 쉬운 작업이 아니다. 본 연구에서 한국 내 중국조선족에 관한 연구의 경향과 관련하여 단행본, 학위논문, 전국학술지(특히『재외한인연구』) 게재논문의 분석을 시도한 것은 그 자체로 학문적 의의가 크다고 볼 수 있다. 왜냐하면 그 연구자체는 향후 국내 중국조선족에 관한 연구의 방향을 제시하고 새로운 연구과제를 모색할 수 있을 것으로 기대하기 때문이다.

이런 목적하에 이 글의 분석대상은 국내의 중국조선족 연구에 대한 국내 간행의 단행본, 학위논문(박사 및 석사), 학술논문, 특히『재외한인연구』 게재논문 등으로 제한하였다. 중국의 저술과 일본의 저서, 박사학위논문 및 대표적인 논문에 대하여, 그 목록을 논문의 말미에 부록으로 첨부하였다.

이 글의 연구방법은 국회도서관이 소장하고 있는 단행본, 학위논문, 학술논문 등을 비롯해『재외한인연구』 게재논문과 국회도서관 및 학술연구정보서비스(www.riss4u.net)의 학술논문 등에 대한 시대별(연도별), 제목별(주제별), 저자별(필자별), 발행처별(발간기관별)로 연구현황을 분석하는 자료분석법을 활용하였다.

이런 목적과 연구방법에 따라 이 글의 전개내용은 국내의 중국조선족 연구현황과 관련하여『재외한인연구』 게재논문, 단행본, 학위논문, 전국학술지 게재논문을 통해 연구경향을 심층적으로 분석하고, 이에 기초하여 결론에서 앞으로 국내의 중국조선족 연구에 대한 과제로서 바람직한 연구의 방향에 대해 생각해보는 순서로 구성하였다.

2. 『재외한인연구』 학술지의 분석

1988년 10월 이광규, 이구홍, 정인섭 등이 창립한 재외한인학회는 1990
년 12월 창간호를 시작으로 2010년 8월까지 총 22호의 『재외한인연구』를
발간하였다. 그 동안 총 22호(통권)로 발간된 『재외한인연구』 중에서 모두
17 차례의 간행 호수에는 1편 내지 5편의 중국조선족 관련 논문이 게재되
어 있지만 나머지 5차례의 간행 호수(창간호, 5호, 7호, 13호, 17호)에는 관련 논
문이 전혀 실려 있지 않는 것으로 분석된다.

〈표 3.1〉에서 보는 바와 같이 그동안 이 학술지를 통해 발표된 조선족
연구논문은 총 40편에 달한다.

〈표 3.1〉에 근거하여 총 40편의 조선족 연구논문을 주제별로 분석해
보면 총론(4편), 역사(5), 민속(4), 민족정책(2), 교육(2), 인구이동 및 사회변동
(7), 한국과 조선족(6), 재외동포법(1), 정체성(3), 여성(2), 문화콘텐츠(2), 언론
(1), 구술사(1), 인물(1) 부문으로 나눌 수 있다.

총론은 이광규(1993), 허명철(2003), 윤인진(2010)의 논문을 들 수 있다. 이
광규는 1992년 11월 해외한인연구회 주최로 서울대학교에서 "세계 속의
재외한인" 국제회의를 주재하면서, 같은 제목으로 재외한인의 전체적인 관
점에서 중국조선족의 현황을 소개하였다. 이진영(2001)은 조선족을 포함한
동아시아의 한인계 이민자에 대한 연구의 쟁점을 비교, 분석하고, 이 문제
를 민족적 관점이 아니라, 동아시아의 지역적 관점, 나아가 세계적 관점에
서 접근할 것을 제안하였다. 허명철(2003)은 중국조선족공동체의 형성과 발
전과정, 진로에 관하여 탐구하면서, 조선족공동체가 민족성과 국민성의 조
화를 이룰 수 있는 문화공동체에 대한 방향으로 나아갈 것을 제시하고 있
다. 윤인진(2010)은 이제까지 국내에서 출판·간행된 재외한인 관련 문헌들
을 검색·분석하여 재외한인연구의 동향을 파악하고, 기존 연구의 문제점
을 진단하면서, 앞으로의 발전방향을 모색하고 있다.

〈표 3.1〉『재외한인연구』의 중국조선족 관련 논문(1992년 2호∼2010년 22호)

연도(통권)	필자명	제 목	비고(필자)
1992(2)	이장희·조수향	산재지구 조선민족 언어교육에 대한 몇 가지 견해	재중조선족학자
	권영조	조선민족의 이주와 중국동부일대 근대 벼농사의 개척	재중조선족학자
	천수산	중국조선족의 민간신앙에 대한 개관	재중조선족학자
	이광인	시베리아주 조선민족과 중국 동부에로의 재이주	재중조선족학자
1993(3)	이광규	세계 속의 재외한인	
	황유복	재중한인의 이민사	재중조선족학자
	임요화	중국의 한인과 동북부 중국에서의 다른 소수민족집단에 대한 비교 연구	중국인학자(중국 중앙민족대학)
	마계성	중국의 한인의 역사적 유산	위와 같음
1994(4) 재중 조선족 특집호	김병호	중국조선족 인구유동과 사회문제	재중조선족학자
	고금숙	중국의 조선어문교육에 대한 역사적 고찰	재중조선족학자
	천수산	중국조선족 생육풍속에 대한 탐구	재중조선족학자
	김형직	중국 조선민족의 민속실태	재중조선족학자
	권영조	중국조선족 기업가 최수진, 석산린에 대해	재중조선족학자
1996(6)	이광규	한국에서의 재중교포의 제문제	
	김소정	중국조선족 노동자들의 생활만족도에 관한 연구	
1999(8)	최우길	중국조선족 정체성에 관한 소고	
	방수옥	중국의 소수민족정책과 연변조선족사회	재한조선족학자
2000(9)	유병호	중국조선족의 인구위기에 대한 연구	재중조선족학자
	이진영	중국 공산당의 조선족 정책의 기원에 대하여(1927∼1949)	
2001(10)	이규태	중국조선족 사회의 형성과정	
2001(11)	이종훈	재중동포정책과 재외동포법의 개선 방향	
	이진영	동아시아에서의 한인계 이민자에 대한 연구	
	최우길	남북관계와 조선족	

연도(통권)	필자명	제 목	비고(필자)
2002(12)	조혜영	해외동포 모국수학생에 대한 연구: 중국 동포 학생들의 모국관, 민족관을 중심으로	
	김재기	중국조선족 집거구 해체 위기와 대응	
2003(14)	허명철	중국조선족공동체에 대한 이론적 접근	재중조선족학자
	김귀옥	경계 안팎의 여성 조선족: 삶의 특성과 사회의식	
	최우길	한중관계와 조선족문제: 최근 중국에서 의 논의와 한국 정부의 선택을 중심으로	
2003(15)	김원태	중국조선족의 언론현황과 언론관에 대 한 조사연구	
	윤인진	중국조선족의 도시이주, 사회적응, 도시 공동체: 청도사례연구	
2004(16)	박광성	세계화와 중국조선족사회가 직면한 새 로운 도전	재한조선족학자
2007(18)	박광성	중국조선족의 초국적 인구이동과 경제 생활의 변화	재한조선족학자
2009(19)	예동근	공생을 만드는 주체로서의 조선족: '제3 의 정체성' 형성에 대한 논의	재한조선족학자
	박우	재한 중국 유학생의 이주현황과 특성에 관한 연구	재한조선족학자
2009(20)	리광평	이주 1번지 두만강 기슭의 조선족 선배들	재중조선족학자
	정희숙	중국조선족문화자원과 관광문화산업 기획	재중조선족학자
2010(21)	윤인진	재외한인연구의 동향과 과제	
	박광성	초국적인 인구이동과 중국조선족의 글 로벌 네트워크	재중조선족학자
2010(22)	최금해	고학력 조선족 국제결혼 여성들의 한국 생활에 관한 질적연구	재중조선족학자
	임영상	용정이야기와 문화총서 『일송정』	

역사와 민속 분야의 논문을 간략히 정리하면 다음과 같다. 권영조(1992)는 구한말 조선인들이 중국으로 이주한 배경에 대하여 서술하고, 중국 동북에서 벼농사를 개척한 사람들이 조선인이었음을 역사문헌을 통해 입증하고 있다. 다른 논문에서, 권영조(1994)는 중국 개혁 · 개방기 조선족의 대표적인 기업가인 최수진과 석산린의 삶에 대하여 소개하였다. 이광인(1992)은 19세기말 러시아의 연해주로 이주하였던 조선사람들이 중국의 흑룡강 지역으로 다시 이주한 역사에 대하여 서술하고 있다. 황유복(1993)은 "재중 한인의 이민사"를 개괄적으로 정리하였다. 마계성(1993)은 조선족이 항일투쟁과 중화인민공화국 건국과정에서 큰 공을 세우고, 건국 이후에는 문화, 예술, 교육 부문에서 탁월한 능력을 발휘하여, "조선족의 역사는 중국역사의 일부분"이 되었음을 분명히 하고 있다. 이규태(2001)는 연변조선족자치주의 설립과정을 중심으로 중국조선족 사회가 역사적으로 어떻게 형성되었는가 규명하였다. 천수산(1992, 1994)은 조선족의 민간신앙과 생육풍속에 대하여, 김형직(1994)은 조선족의 통과의례, 민속놀이 및 세시풍속에 대하여 소개하였다. 임요화(1993)는 조선족이 중국 동북지방에 사는 다른 5개의 소수민족 집단과는 어떻게 다른지 설명하면서, 조선족이 사회발전, 교육 및 문화적 측면에서 "성공적인 민족집단임"을 밝히고 있다.

중국의 소수민족정책 및 교육과 관련된 논문은 방수옥(1999)과 이진영(2000)의 논문을 들 수 있다. 방수옥은 중국의 소수민족정책과 연변조선족자치주의 설립과 운영과정을 통해 민족구역자치제의 역사적 진전을 서술하였다. 이진영은 중국정부의 對조선족 정책은 공산정권 성립 전에 시작되었으며, 그 성격은 국가민족주의인 중화민족주의의 한 표현이라고 규명하였다. 이장희 · 조수향(1992)은 길림성 장춘지구 조선족 아동들에 대한 언어교육의 현황을 서술하면서, 산재지구 언어교육의 어려움을 밝히고 있다. 고금숙(1994)은 중국의 조선어문교육에 대한 역사적 고찰을 하면서, 조선어문 교육이 조선족 민족적 정체성과 문화적 자부심의 기초라고 강조하였다.

1990년대 이후 중국조선족 사회의 주요 관심은 인구이동과 사회변동의 문제이다. 인구이동에 관하여는 김병호(1994), 유병호(2000), 박광성(2007, 2010)이 연구하였다. 김병호는 20세기 초반 조선인의 인구이동과 1949년 이후 조선족 인구분포의 통계를 제시하고, 개혁·개방기 인구유동의 특징과 그로 야기된 사회문제를 소개하였다. 유병호는 조선족의 인구위기의 원인을 출생률 저하, 인구이동, 해외결혼, 노총각문제 등으로 지적하면서, 교육투자의 증대, 집거지역의 유지, 연변에 대한 한국 기업의 투자, 조선족 이중정체성에 대한 이해 등을 위기극복 방안으로 제시하였다. 세계화에 직면하여 조선족이 주변집단으로 떨어질 가능성에 대하여 우려를 표시하였던 박광성(2004)은 2007년 논문에서 1990년대 이후 국외진출로 인하여 전형적인 초국적 이민집단으로 변한 조선족 집단의 경제생활이 어떻게 변하였으며, 그 의미는 무엇인가에 대하여 분석하는 한편, 2010년에는 현지조사자료에 기초하여 조선족의 초국적 인구이동과 이를 통한 글로벌 네트워크 형성에 주목하였다. 김재기(2002)는 중국 동북 조선족 집거지역의 해체 위기론을 민족자치권의 위기, 민족정체성의 위기, 교육 및 인재유출의 위기, 농촌경제의 위기로 정리하고, 이러한 위기를 극복하는 방법으로 집중촌 건설, 외자 유치사업, 생태환경농업, 관광업의 개발 등을 제시하고 있다. 윤인진(2003)은 산동성 청도지역을 사례로 하여 조선족의 도시이주, 도시 내에서의 사회적응, 조선족 도시공동체의 특성에 관하여 연구하였다.

중국조선족 사회의 변화를 촉발한 주요 원인 중 하나는 '한국과의 만남'이다. 이광규(1996)는 조선족이 여러 방식을 통해 한국에 입국해 생활하면서 발생하는 사회문제와 이를 해결하려는 시민단체들을 정리·소개하면서, 재중동포에 대한 올바른 이해와 정책을 촉구하였다. 김소정(1996)은 간호사회학 전공자로서 재한 중국조선족 노동자들의 생활 만족도에 대하여 연구하였다. 이종훈(2001)은 재중동포정책의 문제점을 잘못된 인식, 정책추진체제의 문제, 재외동포법의 문제 등으로 분석하고, 재외동포법의 개정을 촉구하였다. 최우길(2001)은 통일과정에서 조선족의 역할을 논하면서, 조선족의 긍정적인 이중정체성이 남북관계, 나아가 새로운 동아시아 질서의 형성에 좋은 시사가 될 수 있음을 강조하였다. 최우길(2003)은 2000년대 초반 중국조선족 사회에서의 논의와 중국정부의 對 조선족 정책 등을 정리하면서, 한국 정부 및 민간의 조선족문제에 대한 올바른 이해를 요청하였다.

재외동포 연구의 주요 주제 중 하나는 정체성 문제이다. 이에 관해 논문을 쓴 학자로는 최우길(1999), 조혜영(2002), 예동근(2009)이 있다. 최우길이 '한국과의 만남'을 통해 조선족이 "중국공민으로서의 조선족"이라고 하는 이중정체성을 보다 공고히 갖게 되었음을 지적하였다면, 조혜영은 해외동포 모국수학생에 대한 연구를 통해 이를 입증하였고, 예동근은 안산시 원곡동과 영등포구 가리봉동의 '재한(在韓)조선족'을 사례연구하여 "공생을 만드는 주체로서의 조선족"이 국가와 민족을 넘어서는 '제3의 정체성'을 지향해야 함을 역설하였다. 박우(2009)는 재한 중국 유학생의 이주현황과 특성에 관하여 연구하면서, 한족 유학생과 조선족 유학생을 비교하고 있다. 김귀옥(2003)은 급변하는 연변조선족 사회와 한국 사회에서 조선족 여성들의 사회적 진출상, 직업관, 결혼 및 이혼관, 자녀 양육과 교육관, 사회관과 현실을 살펴보면서 조선족 여성의 특성을 찾고 있다. 여성 문제에 관해서는 김귀옥의 연구 외에 최금해(2010)의 연구가 있다. 최금해는 고학력 조선족 국제결혼 여성들의 한국생활 적응의 의미와, 그들의 한국생활에서의 욕구와 문제가 무엇인지 파악하여 사회복지 서비스의 제공을 위한 방안을 찾고 있다.

중국조선족 연구의 새로운 분야로 구술사와 문화콘텐츠를 들 수 있다. 이에 관한 연구로는 리광평(2009), 정희숙(2009), 임영상(2010)이 있다. 리광평은 연변지역 조선족 노인들의 구술자료 및 삶의 내력을 담은 사진을 중심으로 '한이 서린 이주사', '피땀으로 얼룩진 개척사', '청사에 길이 빛날 투쟁사'를 조명하고 있다. 정희숙은 조선족 문화자원을 잘 개발하여 관광문화사업을 기획할 것을 제안하고, 임영상은 용정지역에서 발간되는 문화총서 『일송정』에 실린 이야기들이 이야기산업 시대에 문화콘텐츠의 소재가 될 수 있음을 소개하였다. 김원태(2003)는 조선족의 언론현황과 언론관에 대한 조사연구를 하였다.

『재외한인연구』는 1990년부터 20년 동안 재외한인연구를 개척하고 주도하였다. 특히 중국조선족 연구에서는 초기부터 조선족 연구에 있어서 입문단계, 발전단계, 성숙단계를 거쳤다고 평가된다. 1990~1996년까지의 논문을 조선족문제에 대한 소개 및 입문단계라고 한다면, 1999~2004년까지를 발전단계, 2007년 이후의 논문을 성숙단계라고 할 수 있다.

『재외한인연구』에 실린 조선족 연구의 필자를 세 부류로 나눌 수 있는데, 중국조선족 및 중국인 학자, 한국인 학자, 한국에서 박사학위를 딴 젊은 조선족 학자가 그것이다. 1992~1994년에는 이광규를 제외하고 모든 논문이 중국조선족 학자에 의해 게재되었다. 1993년의 필자 중 중국 중앙민족대학 소속, 임요화와 마계성은 한족 학자이다. 유병호와 허명철은 연변대학의 조선족 학자이다. 방수옥, 최금해, 박광성, 예동근, 박우 등은 한국에서 박사학위를 마쳤거나, 진행 중인 젊은 학자들이다. 이들 중 몇은 중국 대학에서 교편을 잡고 있고, 한국대학에 자리를 잡은 경우도 있다. 한국학자(또는 한국에서 박사학위를 한 조선족 학자)의 경우, 조심스럽게 논란의 여지를 무릅쓰고 분류한다면, 이광규를 제1세대(개척기)로 보면, 이진영, 최우길, 김재기 등은 제2세대(발전기)로, 박광성, 예동근 등을 제3세대(성숙기)로 분류할 수 있다.

3. 단행본의 분석

국내의 학계에서 중국조선족 연구에 대한 최초의 단행본은 1982년 현웅·현봉학의 『中共의 韓人들』(범양사)이라고 볼 수 있다. 이 저서는 1982년에 유일하게 출간된 것이다. 그 후 〈표 3.2〉에서 보는 바와 같이 2010년 11월 현재까지 출산된 단행본은 총 220권에 달하고 있다.

〈표 3.2〉를 통해 중국조선족 연구에 대한 단행본의 경향을 분석해보면

다음과 같다.

첫째, 연도별로 출간된 단행본은 1982년 1권, 1988년 3권, 1989년 6권, 1990년 2권, 1991년 5권, 1992년 7권, 1993년 6권, 1994년 8권, 1995년 3권, 1996년 7권, 1997년 9권, 1998년 6권, 1999년 7권, 2000년 7권, 2001년 7권, 2002년 16권, 2003년 9권, 2004년 15권, 2005년 22권, 2006년 23권, 2007년 23권, 2008년 16권, 2009년 4권, 2010년 11월 현재 8권이 출간되었다. 따라서 1982~2001년 동안에는 해마다 10권 미만대에 이르던 단행본이 2002~2004년 동안에 10권대로 증가하고, 2005~2007년 동안에 20권대로 급증하였다. 그 후 2008년에는 10권대로 감소하다가 2009년부터 다시 10권 미만대로 급감한 추이를 보이고 있다.

둘째, 주제별로 보면 1984~1991년 동안에는 중국의 조선족과 거주지 현황, 조선족 역사가 주류를 이루고 있다. 이 기간 동안 이채진의 『中國안의 朝鮮族: 교육제도를 중심으로』(1988), 디자인하우스 간행의 『1원짜리 송금 통지서: 연변조선족 짧은글 모음집』(1990), 외무부 외교안보연구원 간행의 『中國僑胞社會와의 交流 및 支援方案』(1990), 고려대학교 한국학연구소 편의 『한국학연구, 제3집: 기획연구: 연변조선족 문학』(1991), 조성일·권철 편의 『중국조선족문학사』(중문출판사, 1991)는 새로운 주제의 시도로서 그 의미가 크다고 볼 수 있다. 특히 1992년부터 소재영 외의 『연변지역 조선족 문학연구』, 김영모 편의 『중국조선족 사회 연구』, 박경휘의 『조선민족혼인사연구』, 정재호 외의 『中國僑胞社會와의 交流 및 支援方案』 등이 출간됨으로써 중국조선족에 대한 문학, 사회, 혼인, 교류지원 등과 같이 다양한 주제의 시도가 나타나기 시작하였다.

그 이후 1993~1994년부터 중국조선족의 사회학, 경제학, 지리학, 문화인류학, 언어학, 인구학, 사회정신의학, 설화와 생활풍습 및 민속학 등과 관련된 단행본이 본격적으로 발간되기 시작하였다. 그중에 한상복·권태환의 『중국 연변의 조선족: 사회의 구조와 변화』(1993), 대한무역진흥공사의 『중국의 조선족 기업총람』(1993)과 대외경제정책연구원의 『韓中 經濟協力

과 在中國 同胞의 役割』(1994), 이이화의 『중국역사기행: 조선족의 삶을 찾아서』(1993), 리성권의 『중국땅에 꽃피운 흰두루마기의 넋: 조선족 기업인 석산린의 파란만장한 인생 여정』(1993), 효성여자대학교 한국전통문화연구소의 『중국조선족 언어 연구』(1994), 이호영·신승철·이동근의 『연변조선족 사회정신의학 연구』(1994), 박연옥 편의 『중국의 소수민족 설화』와 연변조선족민속학회·조선족민속연구소 편의 『조선족민속연구, 제1권』(서울대학교 출판부, 1994), 이광규의 『在中韓人: 人類學的 接近』(1994), 박경휘의 『중국조선족의 의식주 생활풍습』(1994) 등은 다양한 학문적 영역에서 중국조선족 연구의 영역을 확대하는 단행본으로서 그 의미가 아주 크다고 볼 수 있다.

1995년 이후 1999년까지 중국조선족 연구와 관련하여 새로운 주제를 담고 있는 단행본으로는 연변대학 〈21세기로 달리는 중국조선족〉 총서편찬위원회 편의 『중국조선족우열성연구』(집문당, 1995), 전인영·김왕식의 『中國朝鮮族의 政治社會化 過程과 同化的 國民統合의 方向』(1996), 국회 21세기 동북아연구회의 『在外同胞政策의 方向과 課題: 在中동포정책을 中心으로』(1996), 김성호 외의 『서울에서 못다한 이야기: 중국조선족 한국 체류기』(1997), 채백·이재현의 『중국조선족의 언론과 문화』(1998), 황규선 외의 『延邊朝鮮族自治州의 産業經濟』(1998), 한국형사정책연구원의 『재중동포에 대한 범죄와 대책』(1998)과 전병철의 『20세기 중국조선족 10대 사건』(1998) 등은 국내 조선족 연구에서 새로운 지평을 연 단행본이다. 이 중에 특히 정치학 분야에서 최초는 전인영·김왕식(1996)의 단행본이고, 행정학(정책학) 분야에서 최초는 국회 21세기동북아연구회(1996)의 단행본이고, 법학 분야에서 최초는 한국형사정책연구원(1998)과 전병철(1998)의 단행본이다.

특히 2002~2004년의 10권대, 2005~2007년 20권대에 달한 중국조선족 연구의 단행본 출간에서 보듯이 2000년대에 들어와서 중국조선족 연구는 그야말로 정치, 경제, 사회, 문화 등 모든 학문영역에서 접근되는 전성기에 들어서고 있는 것으로 평가될 수 있다.

이 때 출간된 단행본 중에서, 조규회·김미정·이종미의 『통일을 대비한 연변조선족 가정생활 기초조사: 연길시 여대생과 주부의 의·식·주생활을 중심으로』(2000), 오상순의 『개혁개방과 중국조선족 소설문학』(2001), 강위원의 『조선족의 오늘: 조선족 문화에 대한 영상인류학적 기록』(2002), 이광규의 『격동기의 중국조선족』(2002), 민족화해협력범국민협의회 조선족사업단의 『조선족 공동체의 성장과 발전』(2002), 정영록의 『중국전문가 양성 및 재중동포 교육 강화 방안 정책연구』(2002), 정일영·박춘호 편의 『中國國籍 朝鮮族과 脫北難民 問題: 韓·中 修交 十年』(2003), 황송문의 『중국조선족 시문학의 변화양상 연구』(2003), 김원웅 엮음의 『간도백서: 간도 영유권에 관한 역사적·국제법적 논거를 중심으로』(2004), 임동철·이창식 편의 『중국조선족의 문화와 청주아리랑』(2004), 최우길의 『중국조선족 연구』(2005), 정근재의 『그 많던 조선족은 어디로 갔을까?: 중국 속의 경상도마을 기행』(2005), 권태환 편의 『중국조선족 사회의 변화: 1990년 이후를 중심으로』(2005), 김준봉의 『중국속 한국 전통민가: 민족 정체성을 간직하고 있는 조선족 마을 중심으로』(2005), 강순화의 『중국조선족 문화와 여성문제 연구』(2005), 한민족평화선교연구소 엮음의 『조선족 선교의 현실과 미래』(2005), 최웅용 외의 『중국조선족 사회의 경제환경』(2005), 차한필의 『중국 속에 일떠서는 한민족: 한겨레신문 차한필 기자의 중국 동포사회 리포트』(2006), 정현수 외 『중국조선족 증언으로 본 한국전쟁』(2006), 김예풍의 『조선족 민요연구: 전승과 변용의 음악적 특성을 중심으로』(2006), 김선호 외의 『중국속의 작은 나라들: 중국소수민족들의 금기와 생활예절』(2006), 이장섭 외의 『중국조선족 기업의 경영활동』(2006), 김운일의 『중국조선족 연극사』(2006), 임채완 외의 『중국조선족 기업의 네트워크』(2007), 김익기·이동훈의 『중국의 한민족청소년 현황 및 생활실태 연구』(2007), 임향란의 『조선족 문학에 나타난 삶의 현장과 의식 변화』(2008), 박광성의 『(세계화시대)중국조선족의 초국적 이동과 사회변화』(2008), 강위원의 『조선족의 문화를 찾아서: 중국 동북삼성 조선족 민족향의 영상인류학적 기록』(2008), 곽승지의 『동북아시아 시대의 연변과 조선족: 현실 진단과 미래가치 평가』(2008), 구자억 외,

『재외동포 교육실태 및 인재육성 방안 연구, 1: 중국 조선민족교육의 실태 및 발전방안을 중심으로』(2008), 이상규의 『연변, 조선족 그리고 대한민국: 아름다운 동행을 위한 희망에세이』, 주성화 엮음의 『중국조선인 이주 사진첩, 1』(2009), 박창근 편의 『끝없는 탐구 빛나는 20년: 중국조선족과학기술자협회 20년 발자취』(2009), 박태걸의 『중국에서 본 한국: 중국 주류 사회에 진출한 조선족의 시선으로 바라본 중국인과 조선족 그리고 한국인 이야기』(아름다운사람들, 2010), 정향란의 『연변 방언의 곡용과 활용』(2010), 장익선의 『연변민요의 음악적 특성과 전승양상에 대한 연구』(2010) 등이 다양한 연구영역을 확대시킨 대표작이라고 할 수 있다.

셋째, 단행본의 저자별로 볼 때 1980년대 주로 활동한 저자는 현웅, 현봉학, 홍승직, 이채진, 현룡순, 리정문, 허룡구 등이라고 볼 수 있다. 1990년대의 주요 저자는 권철, 권태환, 김동화, 김동훈, 김성호, 김승찬, 김승철, 김영모, 김왕식, 김종국, 김현동, 리성권, 박경휘, 박문일, 박연옥, 박진환, 박창묵, 서일권, 소재영, 손진기, 신승철, 심혜숙, 유충걸, 이광규, 이동근, 이용수, 이이화, 이재현, 이호영, 전경수, 전병칠, 전성호, 전인영, 정재호, 조성일, 조현준, 주인영, 채백, 최상철, 한상복, 황규선, 황송문 등을 들 수 있다. 그중에 김동화, 박경휘, 심혜숙, 조성일 등이 단행본의 저자로서 유명하다. 2000년대 대표적인 저자는 강위원, 권태환, 김강일, 김경식, 김재기, 김종회, 김종희, 리광인, 림선옥, 오상순, 임채완, 임채완, 임향란, 정신철, 천수산, 최우길 등을 들 수 있다. 특히 1990년대~2000년대에 활동한 대표적 저자는 권철, 권태환, 김성호, 이광규, 정신철, 황송문 등을 들 수 있다.

넷째, 단행본의 발행처별로 보면 1980년대에는 거름 출판사가 유명하며, 1990년대에는 국립민속박물관, 대외경제정책연구원, 부산대학교출판부, 서울대학교 출판부, 숭실대학교 출판부, 외교안보연구원, 이회문화사, 김문당, 한국정신문화연구원 등이 대표적이나, 2000년대에는 동북아역사재단(고구려연구재단), 교육과학기술부(교육인적자원부), 국학자료원, 모시는사람들, 문음사, 민족화해협력범국민협의회, 박이정, 백산서당, 백산자료원, 보고사, 북코리아, 신성출판사, 아이필드, 중소기업협동조합중앙회, 집문당, 푸른사상사, 한국정신문화연구원, 한국학술정보 등이 관련서적을 출간하였다.

〈표 3.2〉단행본 발간 추이(1984~2010)

연도	저자명	제 목	출판사
1984	현웅·현봉학	『中共의 韓人들』	범양사 출판부
1988	홍승직 편	『延邊朝鮮族自治州硏究』	高麗大學校 出版部
	이채진	『中國 안의 朝鮮族: 교육제도를 중심으로』	청계연구소
	「연변조선족자치주개황」 집필소조	『중국의 우리민족: 연변조선족자치주개황』	한울
1989	조선조략사편찬조	『조선족약사』	백산서당
	현룡순·리정문·허룡구 편	『조선족 백년사화, 1, 2, 3』	거름
	현룡순·리정문·허룡구 편	『조선족 백년사화, 4』	거름
	연변조선족략사 편찬조 연변인민출판사	『조선족략사』	논장
1990	–	『1원짜리 송금 통지서: 연변조선족 짧은글 모음집』	디자인하우스
	외무부 외교안보연구원	『中國僑胞社會와의 交流 및 支援方案』	외무부 외교안보연구원
1991	이용수	『白頭山 대탐사』(한국과학기술클럽 편)	한국교육문화원
	김동화	『中國 朝鮮族 獨立運動史』	느티나무
	국토개발연구원	『中國 東北3省의 現況 및 開發動向』	국토개발연구원
	고려대학교 한국학연구소 편	『한국학연구, 제3집: 기획연구: 연변조선족 문학』	고려대학교한국학연구소
	조성일·권철 편	『중국조선족문학사』	중문출판사

연도	저자명	제 목	출판사
1992	소재영 외	『연변지역 조선족 문학연구』	숭실대학교 출판부
	김영모 편	『중국조선족 사회 연구』	한국복지정책연구소
	서일권 외편	『중국조선족 문학논저·작품목록집』	숭실대학교 출판부
	박경휘	『조선민족혼인사연구』	한남대 충청문화연구소
	정재호 외	『中國僑胞社會와의 交流 및 支援 方案』	고대민주문화연구소
	한국정신문화연구원	『세계한민족학술회의 논문집, 제1회』	한국정신문화연구원
	손진기 저, 임동석 역	『東北民族源流』	동문선
1993	한상복·권태환	『중국 연변의 조선족: 사회의 구조와 변화』	서울대학교출판부
	대한무역진흥공사	『중국의 조선족 기업총람』	대한무역진흥공사
	유충걸·심혜숙	『白頭山과 延邊朝鮮族: 地理學的 研究』	백산출판사
	경희대학교 아시아·태평양지역연구소	『中國의 朝鮮族 硏究』	경희대학교
	이이화	『중국역사기행: 조선족의 삶을 찾아서』	웅진출판
	리성권	『중국땅에 꽃피운 흰두루마기의 넋: 조선족 기업인 석산린의 파란만장한 인생 여정』	종로서적
1994	효성여자대학교 한국전통문화연구소	『중국조선족 언어 연구』	효성여자대학교
	심혜숙	『중국조선족 취락지명과 인구분포』	서울대학교 출판부
	대외경제정책연구원	『韓中 經濟協力과 在中國 同胞의 役割』	대외경제정책연구원
	이호영·신승철·이동근	『연변조선족 사회정신의학 연구』	토담
	박연옥 편	『중국의 소수민족 설화』	학민사
	연변대학 출판사 저, 연변조선족민속학회·조선족민속연구소 편	『조선족민속연구, 제1권』	서울대학교 출판부
	이광규	『在中韓人: 人類學的 接近』	일조각
	박경휘	『중국조선족의 의식주 생활풍습』	집문당

연도	저자명	제 목	출판사
1995	연변대학 〈21세기 로달리는 중국조선족〉 총서편찬위원회 편	『중국조선족우열성연구』	집문당
	김동화·김승철 편	『당대 중국조선족 연구』	집문당
	전경수	『한국문화론, 해외편』	일지사
1996	김종국 외	『中國 朝鮮族史 硏究, Ⅰ』	서울대학교 출판부
	박문일 외	『中國 朝鮮族史 硏究, Ⅱ』	서울대학교 출판부
	국립민속박물관	『중국 길림성 한인동포의 생활문화』	국립민속박물관
	전인영·김왕식	『中國朝鮮族의 政治社會化 過程과 同化的 國民統合의 方向』	집문당
	박창묵 편	『중국조선족 구전설화』	백송
	최상철	『중국조선족 언론사』	경남대학교 출판부
	국회 21세기동북아연구회	『在外同胞政策의 方向과 課題: 在中동포정책을 中心으로』	국회21세기동북아연구회
1997	전성호	『중국조선족 문학 예술사 연구』	이회문화사
	김성호 외	『서울에서 못다한 이야기: 중국조선족 한국 체류기』	말과창조사
	조성일	『중국조선족 문학 통사』	이회문화사
	외교안보연구원	『中國 朝鮮族 社會와 韓國』	외교안보연구원
	새정치국민회의 정책위원회·	『중국조선족문제 해결을 위한 공청회』	재중동포문제해결을 위한 특별위원회 편
	김승찬 외	『중국조선족 문학의 전통과 변혁』	부산대학교출판부
	조현준	『中國內 外資企業의 勞務管理 實態와 改善方案』	대외경제정책연구원
	국립민속박물관	『중국 요녕성 한인동포의 생활문화』	국립민속박물관
	황송문 편	『朝鮮族同胞詩人 代表作選集』	국학자료원
1998	채백·이재현	『중국조선족의 언론과 문화』	부산대학교출판부
	황규선 외	『延邊朝鮮族自治州의 産業經濟』	부산대학교출판부
	국정신문화연구원·국민생활체육협의회 편	『21세기 재외한인의 역할』	한국정신문화연구원

연도	저자명	제 목	출판사
1998	농림부	『통일대비 동북아 농업기술협력 및 지역개발방안에 관한 연구, I - II』	농림부
	법무부	『海外同胞 法的支援 總覽, 1997』	법무부
	박진환	『극동러시아의 벼농사, 국영농장, 그리고 조선족-러시아인들』	농협대학 농촌개발연구소
1999	김동훈	『중국조선족 구전설화 연구』	한국문화사
	김현동 · 주인영	『재중동포사회 기초자료집, I-III』	재외동포재단
	해외교포문제연구소 · L.A 한인회 · 뉴욕 한인회 편	『교포정책포럼, 1999: 해외동포 법적 지위와 교포사회의 미래상』	해외교포문제연구소
	한국형사정책연구원	『재중동포에 대한 범죄와 대책』	한국형사정책연구원
	전병칠	『20세기 중국조선족 10대사건』	환경공업출판사
2000	김윤휘 · 김강일 · 허명철 저, 통일부 편	『민간차원의 이산가족교류 활성화 방안: 중국 경내 이산가족교류 활성화 가능성에 대한 연구』	통일부
	조규화 · 김미경 · 이종미	『통일을 대비한 연변조선족 가정생활 기초조사: 연길시 여대생과 주부의 의 · 식 · 주생활을 중심으로』	대한발전전략연구원
	정신철	『중국조선족: 그들의 미래는…』	신인간사
	대구문화예술회관 편	『(오늘의)조선족』	대구문화예술회관
	오상순	『중국조선족 소설사』	료녕민족출판사
	네쯔까 나오끼 저, 조신옥 역	『중국의 연변조선족』	학민사
	전원쉐	『코리안 드림: 기회의 땅, 모험의 왕국』	우석출판사
2001	교육인적자원부 편	『러시아 및 중국 지역 한국어교육 실태 조사 및 지원방안 연구』	교육인적자원부
	민족화해협력범국민협의회 조선족사업단 편	『조선족 사회발전 연구』	민족화해협력범국민협의회
	중소기업협동조합중앙회 · 중소기업연구원 편	『외국인 산업연수제도 발전방안』	중소기업협동조합중앙회
	한국정신문화연구원 편	『새천년 한국인의 정체성』	한국정신문화연구원

연도	저자명	제 목	출판사
2001	오상순	『개혁개방과 중국조선족 소설문학』	월인
	김영식 · 천수산 · 최봉용	『朝鮮族生活史』	문음사
	홍성찬 그림	『재미네골: 중국조선족설화』	재미마주
2002	강위원	『조선족의 오늘: 조선족 문화에 대한 영상인류학적 기록』	신유
	이광규	『격동기의 중국조선족』	백산서당
	재외동포재단 교육부 편	『중국조선족 학교 현황』	재외동포재단 교육부
	민족화해협력범국민협의회 조선족사업단	『조선족 공동체의 성장과 발전』	민족화해협력범국민협의회 조선족사업단
	심여추 · 심극추	『20세기 중국조선족력사자료전집: 연변조사실록 · 나의 회고』	중국조선민족문화예술출판사
	김정옥	『20세기 중국조선족 문학사료전집, 제23집: 김용식 문학편』	중국조선민족문화예술출판사
	고영일	『中國 朝鮮民族史 研究』	학연문화사
	리 욱	『20세기 중국조선족 문학사료전집, 제2집: 리욱 문학편』	중국조선민족문화예술출판사
	우상열	『中國 朝鮮族說話의 綜合적 研究』	
	카세타니 토모오	『한국인 조센징 조선족: 일본인이 본 한민족 문화』	
	한국과학기술기획평가원	『한 · 중 과학기술협력증진을 위한 조사분석 · 지원연구』	한국과학기술기획평가원
	류연산 저, 리옥화 역	『불멸의 지사 심여추 평전』	중국조선민족문화예술출판사
	정영록 저, 교육인적자원부 편	『중국전문가 양성 및 재중동포 교육 강화 방안 정책연구』	교육인적자원부
	국회통일외교통상위원회 편	『중국조선족 동포사회의 발전방안과 한국 정부의 정책』	국회통일외교통상위원회
	차종환 · 조응규 · 강득휘	『재외동포법개정을 위해』	재외동포법개정추진위원회: 한국인권문제연구소
	이춘근 · 배영자 공저 · 과학기술정책연구원 편	『동북아 한민족 과학기술자를 활용한 남북한 과학기술협력 방안 연구』	과학기술정책연구원

연도	저자명	제 목	출판사
2003	중국조선민족문화예술출판사	『20세기 중국조선족 문학사료전집, 제3-4집』	중국조선민족문화예술출판사
	리혜선	『코리안 드림, 그 방황과 희망의 보고서』	아이필드
	정일영·박춘호 편	『中國國籍 朝鮮族과 脫北難民 問題: 韓·中 修交 十年』	한국문원
	임계순	『(우리에게 다가온)조선족은 누구인가』	현암사
	김상철·장재혁	『연변과 조선족: 역사와 현황』	백산서당
	김선풍 외저, 국립문화재연구소 편	『재중교포의 무형문화재: 연변조선족 자치주 조사보고서』	국립문화재연구소
	황송문	『중국조선족 시문학의 변화양상 연구』	국학자료원
	국회산업자원위원회	『재외교포 상공인 네트워크화 방안에 관한 연구』	국회산업자원위원회
	김종회 편	『한민족문화권의 문학: 미국·일본·중국·러시아의 해외 동포문학』	국학자료원
2004	심연수	『20세기 중국조선족 문학사료전집, 제1집: 심연수 문학편』	중국조선민족문화예술출판사
	고구려연구재단 편	『중국의 東北邊疆 연구 동향 분석』	고구려연구재단
	최삼용 엮음	『20세기 중국조선족 문학사료전집, 제6집: 〈마음의 금선〉 등』	중국조선민족문화예술출판사
	방송위원회	『해외 한국어 방송 실태 조사 보고서: 독립국가연합, 중국, 오세아니아를 중심으로』	방송위원회
	리광일 저, 민족문제연구소 편	『해방 후 조선족 소설문학 연구』	경인문화사
	중소기업협동조합중앙회·중소기업연구원 편	『외국인 연수취업제의 정책적 효율성에 관한 연구』	중소기업협동조합중앙회
	김영식(金瓔植)	『在中韓民族 敎育展開史, 上, 下』	문음사
	정신철	『한반도와 중국 그리고 조선족: 한민족의 21세기 지도를 찾아서』	모시는사람들
	최협 외 엮음	『한국의 소수자, 실태와 전망: 한국사회학회·문화인류학회 공동연구』	한울

연도	저자명	제목	출판사
2004	김원웅 엮음	『간도백서: 간도 영유권에 관한 역사적·국제법적 논거를 중심으로』	김원웅 의원실
	산업연구원	『우리 기업의 중국 동북3성 노후 공업지역 재건계획 참여 및 중장기 협력방안 연구』	산업연구원
	류연산	『고구려 가는 길: 옹근 8년에 걸친 고구려 문화유산 답사 기록』	아이필드
	설용수	『(재중동포)조선족 이야기』	미래문화사
	이재달	『조선족 사회와의 만남』	모시는사람들
	임동철·이창식 편	『중국조선족의 문화와 청주아리랑』	집문당
2005	최우길	『중국조선족 연구』	선문대 중한번역문헌연구소
	이헌홍	『동북아시아 한민족서사문학 연구』	박이정
	로주철 주편	『조선민족문화연구, 상, 하』	신성출판사
	배정호 외저, 경제·인문사회연구회 편	『동북아 한민족 공동체 형성을 위한 인프라 구축방안』	경제·인문사회연구회
	이윤기	『잊혀진 땅 간도(間島)와 연해주(沿海州): 간도와 연해주는 우리에게 어떤 곳인가』	화산문화
	김호림	『코리안차이니즈 신화를 창조하는 사람들』	평화문제연구소
	리광인·림선옥	『인물조선족항일투쟁사, 4: 소년아동편』	한국학술정보
	정근재	『그 많던 조선족은 어디로 갔을까?: 중국 속의 경상도마을 기행』	북인
	이종순	『중국조선족 문학과 문학교육』	신성출판사
	권태환 편	『중국조선족 사회의 변화: 1990년 이후를 중심으로』	서울대학교 출판부
	김준봉	『중국속 한국 전통민가: 민족 정체성을 간직하고 있는 조선족 마을 중심으로』	청홍
	천주산 주편	『조선족 역사의 새 탐구, 상, 하』	신성출판사
	강순화	『중국조선족 문화와 여성문제 연구』	한국학술정보

연도	저자명	제 목	출판사
2005	림선옥 · 리광인	『인물조선족항일투쟁사, 3』	한국학술정보
	리광인	『인물조선족항일투쟁사, 2』	한국학술정보
	윤병석	『해외동포의 원류: 한인 고려인 조선족의 민족운동』	집문당
	리광인	『인물조선족항일투쟁사, 1』	한국학술정보
	설동훈 외저, 보건복지부 편	『국제결혼 이주여성 실태조사 및 보건 · 복지 지원 정책방안』	보건복지부
	왕한석 · 한건수 · 양명희 저, 국립국어원 편	『국제결혼 이주여성의 언어 및 문화 적응 실태 연구: 전라북도 임실군(및 순창군 · 남원시)일원 사례보고서』	국립국어원
	강위원	『흑룡강성의 조선족: 중국 속 우리 역사 이야기 하나』	고함커뮤니케이션
	한민족평화선교연구소 엮음	『조선족 선교의 현실과 미래』	평화와 선교
	최웅용 외	『중국조선족 사회의 경제환경』	집문당
2006	이선미 외	『재외한인 여성의 사회경제활동』	북코리아
	민형배 외	『재외한인의 언론수용구조와 한국어 매체의 내용: 미국 LA와 중국 연변지역을 중심으로』	북코리아
	김철 저, 연변동서방문화연구회 편	『청노새 우는 언덕: 피눈물로 얼룩진 민족의 발자취』	한국학술정보
	백산학회 편	『間島領土의 관한 研究』	백산자료원
	인천광역시 역사자료관 역사문화연구실	『동북아 한인 공동체와 삶』	인천광역시 역사자료관 역사문화연구실
	권철 저, 연변동서방문화연구회 편찬	『중국조선민족문학: 근 · 현대 편』	한국학술정보
	장윤수 외	『재외 한인의 문화생활』	북코리아
	차한필	『중국 속에 일떠서는 한민족: 한겨레신문 차한필 기자의 중국 동포사회 리포트』	예문서원
	류원무	『우리는 누구인가?: 중국조선족』 (연변동서방문화연구회 펴착)	한국학술정보

연도	저자명	제목	출판사
2006	김만석	『중국조선족 아동문학사: 1920년대-1990년대』(연변동서방문화연구회 편찬)	한국학술정보
	임채완·김재기 편	『중국진출 한국 기업 활용 국내 일자리 창출 방안』	전남대학교세계한상문화연구단
	김종회 엮음	『한민족문화권의 문학: 미국·일본·중국·중앙아시아의 해외동포문학, 2』	새미
	리광인 저, 월수외국어대문화연구소 편	『조선족 역사문학연구문집, 1-2』	한국학술정보
	정현수 외	『중국조선족 증언으로 본 한국전쟁』	선인
	김경훈	『중국조선족 시문학 연구』	한국학술정보
	김예풍	『조선족 민요연구: 전승과 변용의 음악적 특성을 중심으로』	박이정
	김선호 외	『중국속의 작은 나라들: 중국소수민족들의 금기와 생활예절』	부산외국어대학교출판부
	이장섭 외	『중국조선족 기업의 경영활동』	북코리아
	채영국 외	『연변조선족 사회의 과거와 현재』	고구려연구재단
	이해영	『중국조선족 사회사와 장편소설』	역락
	김운일	『중국조선족 연극사』	신성출판사
	정덕준 외	『중국조선족 문학의 어제와 오늘』	푸른사상사
2007	이승률	『동북아시대와 조선족』	박영사
	정상화 외	『중국조선족의 중간 집단적 성격과 한중 관계』	백산자료원
	류연산 저, 연변동서방문화연구회 편찬	『심여추 평전: 중국조선족 정초자-심여추: 장편역사실화』	한국학술정보
	임채완 외	『중국조선족 기업의 네트워크』	북코리아
	국사편찬위원회	『중국·대만 소재 한국사 자료 조사보고 II』	국사편찬위원회
	김동훈·허경진·허휘훈 주편	『신채호·주요섭·최상덕·김산의 소설』	보고사
	김동훈·허경진·허휘훈 주편	『황구연 민담집』	보고사
	김동훈·허경진·허휘훈 주편	『정길운·김례삼·채록 민담집』	보고사

연도	저자명	제 목	출판사
2007	김동훈 · 허경진 · 허휘훈 주편	『항일가요 및 기타』	보고사
	김동훈 · 허경진 · 허휘훈 주편	『류린석 · 신규식 외』	보고사
	김동훈 · 허경진 · 허휘훈 주편	『이주초기 문헌설화집』	보고사
	조혜영 외저, 한국청소년정책연구원 편	『한민족청소년 인적자원 활용을 위한 글로벌 네트워크 구축방안 연구: 국내체류 해외 한민족청소년 실태조사를 중심으로, 2』	한국청소년정책연구원
	강일규 외저, 한국청소년정책연구원 · 직업능력개발원 편	『해외 한민족청소년 인적자원 활용 중장기 대책방안 연구』	한국청소년정책연구원
	조혜영 · 문경숙 저, 한국청소년정책연구원 편	『한민족청소년 인적자원 활용을 위한 글로벌 네트워크 구축방안 연구: 총괄보고서, 1』	한국청소년정책연구원
	오정화 · 변해정	『아시아 여성 이주 정책에 대한 여성주의적 접근: 한국여성학 30년의 경험을 중심으로』	여성가족부
	윤병석 외	『한국독립운동과 서전서숙』	보재이상설선생기념사업회
	김익기 · 이동훈 저, 한국청소년정책연구원 편	『중국의 한민족청소년 현황 및 생활실태 연구』	한국청소년정책연구원
	김동훈 · 허경진 · 허휘훈 주편	『지명전설집』	보고사
	김동훈 · 허경진 · 허휘훈 주편	『김학철 · 김광주 외』	보고사
	신용철 외	『한중관계사: 한반도와 중국 환발해 지역과의 교류역사』	경희대학교출판국
	계명대학교여성학연구소 편	『여성들의 삶의 관점에서 본 한 · 중지역 여성정책』	계명대학교출판부
	김준봉	『다시 중국이다: 중국은 더 이상 무식하고 더럽고 못사는 나라가 아니다』	지상사

연도	저자명	제 목	출판사
2007	문화관광부	『이주민 공동체의 문화다양성에 대한 조사연구: 다문화 지도 제작』	문화관광부
2008	박성혁 외저, 교과부 편	『다문화 교육정책 국제 비교연구』	교육과학기술부
	임향란	『조선족 문학에 나타난 삶의 현장과 의식 변화』	한국학술정보
	박광성	『(세계화시대)중국조선족의 초국적 이동과 사회변화』	한국학술정보
	강위원	『조선족의 문화를 찾아서: 중국 동북삼성 조선족 민족향의 영상인류학적 기록』	역사공간
	김진우 외	『중국의 '지역문명 만들기'와 역사·고고학자료 이용 사례 분석』	동북아역사재단
	오정혜	『중국조선족 시문학 연구』	인터북스
	곽승지	『동북아시아 시대의 연변과 조선족: 현실 진단과 미래가치 평가』	아이필드
	양계민·정진경	『사회통합을 위한 청소년 다문화 교육 활성화방안 연구』	한국청소년정책연구원
	소재영	『한국문화의 동아시아적 탐색』	태학사
	한석정·노기식 편	『만주, 동아시아 융합의 공간』	소명출판
	임채완 외	『재외한인 문화예술 네트워크』	북코리아
	김경신 외	『재외한인 여성공동체 네트워크』	북코리아
	구자억 외저, 한국교육개발원 편	『재외동포 교육실태 및 인재육성방안 연구, 1: 중국 조선민족교육의 실태 및 발전방안을 중심으로』	한국교육개발원
	이상규	『연변, 조선족 그리고 대한민국: 아름다운 동행을 위한 희망에세이』	토담미디어
	송현호 외	『중국조선족 문학의 탈식민주의 연구, 1, 2』	국학자료원
2009	주성화 엮음	『중국조선인 이주 사진첩, 1』	한국학술정보
	박창근 편	『끝없는 탐구 빛나는 20년: 중국 조선족과학기술자협회 20년 발자취』	씨엔씨
	임향란 외	『韓流·漢風 연구: 중국 서부지역을 중심으로』	북코리아

연도	저자명	제 목	출판사
2009	정연수·정환구 엮음, 서정순·조민홍 옮김	『시의 소통, 경계를 넘어선 만남 = 用詩文流, 超越國界的相遇: 한국-중국, 중국-대만, 한족-조선족: 한중대역시집』	북코리아
2010	이민	『내 어린 시절: 만주의 조선족 항일 여전사 회상기』	지식산업사
	김동훈·허경진·허휘훈 주편	『김택영』	보고사
	박태걸	『중국에서 본 한국: 중국 주류 사회에 진출한 조선족의 시선으로 바라본 중국인과 조선족 그리고 한국인 이야기』	아름다운사람들
	류은규	『연변문화대혁명: 10년의 약속』	토향
	정향란	『연변 방언의 곡용과 활용』	한국학술정보
	남정휴	『중국의 민족주의 이론과 실체』	조은글터
	장익선	『연변민요의 음악적 특성과 전승 양상에 대한 연구』	민속원

4. 학위논문의 분석

〈표 3.3〉에서 보듯이, 중국조선족에 관한 국내대학의 박사학위논문은 1990년 1건을 시작으로 2010년까지 총 58건이었다. 〈표 3.3〉에 근거하여 박사학위논문의 경향을 분석해 보면 다음과 같다.

첫째, 연도별 분포에서는 2010(3), 2009(4), 2008(8), 2007(5), 2006(7), 2005(6), 2004(4), 2003(5), 2002(3), 2001(2), 2000(3), 1999(3), 1998(2), 1994(1), 1991(1), 1990년(1) 등이 나타나고 있다. 이 때 최초의 박사학위논문으로는 1990년 조점환(曺點煥)의 "중국 연변조선족 자치주의 교육정책 변천과 그 특성에 관한 연구"가 있다. 그리고 1991년 이일걸(李日杰)의 "間島協約에 관한 연구: 韓·中 領有權紛爭을 둘러싼 日·淸 交涉過程을 중심으로"가 뒤를

잇고 있다. 그 이후 1990년대에 6편의 박사학위논문이 나왔으나, 2000년대에 들어와 매년 2~3건씩 박사논문이 나오기 시작함으로써 중국조선족에 관한 국내의 학자들도 급증하고 있음을 알 수 있다.

둘째, 대학별 분포에서는 서울대(10), 한양대(8), 연세대(5), 성균관대(3), 이화여대(3), 계명대(2), 원광대(2), 청주대(2), 한국교원대(2), 정신문화연구원 한국학대학원(2) 등의 순서이고 강원대, 경북대, 경상대, 경희대, 고려대, 관동대, 광운대, 동아대, 동의대, 명지대, 부산대, 숭실대, 전남대, 중앙대, 충남대, 충북대, 한국외국어대, 한남대, 홍익대가 각각 1건의 학위논문을 배출하였다.

셋째, 학문 분야는 국어국문학(5), 교육학(4), 국어교육(2), 체육교육(3), 음악교육(1), 유아교육(1), 교육사회행정(1), 의학(3), 보건학(2), 건축학(3), 사회학(2), 의류학(2), 신경정신과학(2), 경제학(2), 국제통상(2), 신문방송학(2), 인문지리(1), 조형미술(1), 예술(1), 서예학(1), 음악학(2), 문화콘텐츠학(1), 사회복지학(1), 생활환경복지(1), 경영학(1), 의류학(1), 정치학(1), 행정학(1), 지리학(1), 심리학(1), 도시공학(1), 조형미술(1), 간호학(1), 체육학(1), 동양사(1), 식품영양(1)이다. 이 때 교육학, 국어교육, 체육교육, 음악교육, 유아교육, 교육사회행정을 포함한 교육 분야의 박사학위논문은 총 12건으로 학문 분야에서 가장 많은 것으로 나타난다.

그러나 1990년대 박사학위논문의 전공 분야가 교육학, 정치외교학, 의류학, 경제학, 의학 등에 불과했으나 2000년대부터는 의학(간호·보건학), 건축학, 경영학, 경제·무역학, 교육학, 국어국문학(어문·고전), 도시공학, 동양사, 문화콘텐츠학, 사회학, 사회복지학, 서예학, 식품영양, 신경정신·예방의학, 신문방송학, 심리학, 음악학, 의류학, 지리학, 미술학, 체육학, 행정학 등으로 다양한 전공 분야가 나타나고 있다.

특히 2000~2001년 의학 및 보건학 분야의 비교연구(한국인, 조선족 및 중국한족)가 나왔다. 건축학의 경우, 조선족이 우리의 전통건축양식을 지키고 있다는 점, 한반도와 같은 난방방식을 쓰고 있다는 점 등이 관심이 초점이

되었다. 또한 교육, 문학과 예술 및 체육활동을 통한 민족정체성의 유지에도 학문적 관심이 집중되었다. 31건의 박사논문 중 10건이 교육과 관련된 내용이었고 문학은 5건이었다. 사회과학 분야에서 한국과의 만남 및 지구화 과정 속에서 중국조선족 사회가 겪고 있는 변화와 발전에 대하여 관심을 두고 있는 연구들이 2006년 여러 편이 나왔다. 이런 연구경향은 1990년대 초반 이후 겪은 내용들이 이제 경험적으로 축적되고 학문적으로 정리할 수 있는 단계에 도달한 것에서 비롯된다고 할 수 있다.

〈표 3.3〉박사학위논문 현황(1990~2010)

연도	학위자	논문 제목	수여대학원	전 공
1990	曺點煥	中國 延邊 朝鮮族 自治州의 敎育政策 變遷과 그 特性에 관한 연구	成均館大	교육학
1991	李日杰	間島協約에 관한 연구: 韓·中 領有權紛爭을 둘러싼 日·淸 交涉過程을 중심으로	成均館大	정치외교학
1994	金順心	中國 延邊 朝鮮族의 복식 연구	漢陽大	의류학
1998	朴光植	東北아시아地域 經濟發展을 위한 韓·日 兩國의 役割: 環東海經濟圈 形成과 繁營의 摸索	東義大	경제학
	金洪植	중국의 조선어문교육과 그 정책의 변천에 관한 연구	成均館大	교육사회행정
1999	방금녀	한국인, 중국 연변지역의 조선족 및 한족간의 B형 간염바이러스 감염률에 대한 비교 연구	漢陽大	의학
	黃亨奎	한민족 초등학교 정치교육 비교연구: 남한, 북한, 중국, 일본을 중심으로	延世大	교육학
	허춘영	재한 중국유학생의 문화적응과 정신건강 실태: 한족, 조선족 유학생간의 비교연구	한양대	의학
2000	조우균	연변조선족과 한·중 대학생의 식습관 및 영양소 섭취상태 비교	이화여대	식품영양
2000	조우균	연변조선족과 한·중 대학생의 식습관 및 영양소 섭취상태 비교	이화여대	식품영양

연도	학위자	논문 제목	수여대학원	전 공
2000	문 용	한국인, 중국조선족 및 한족의 상병양상과 심혈관계 질병의 위험요인에 관한 비교연구	서울대	보건학
	곽인호	한국과 중국조선족 및 한족 청소년 혈정지질 수준과 관련요인에 관한 연구	한양대	의학
2001	임민경	한국인, 중국조선족과 한국의 B형 간염 감염 및 관련 간질환의 역학적 특성 및 위험요인에 대한 비교연구	서울대	보건학
	조윤덕	중국조선족의 정체성 형성과 교육	강원대	교육학
2002	우상렬	중국조선족 설화 연구	한국정신문화연구원 한국학대학원	어문 · 고전
	이종순	중국조선족 문학교육 연구: 중 · 고등학교 조선어문과목을 중심으로	서울대	국어교육
	김정식	중학교 기술교과 교육과정의 국제비교	충남대	기술교육
2003	윤철준	난방방식 중심으로 본 중국조선족 집합주택 공간구성의 변천 연구	계명대	건축공학
	이광철	한국인, 중국조선족, 중국 한족의 정신분열병 환자에서 PRODH*1945(T/C) 유전자 다형성에 관한 연구	경희대	신경정신과학
	장순애	중국 흑룡강성 조선족의 복식에 관한 연구	한양대	의류학
	윤철준	난방방식 중심으로 본 중국조선족 집합주택 공간구성의 변천 연구	계명대	건축공학
	조영아	남한 내 북한 이탈 주민의 자아방어기제 연구: 남한 주민 및 재한 조선족과의 비교	연세대	심리학
	주지혁	초국적 수용자의 미디어 이용과 효과: 연변조선족 대학생의 한국 위성방송 이용을 중심으로	한양대	신문방송
2004	오정혜	1950년대 중국조선족 시 연구	동아대	국어국문학
	최미선	연변조선족무용의 변천과정과 기본동작 구조연구: 상체동작을 중심으로	명지대	체육학
	김석주	연변조선족자치주의 세계체제론적 지역지리	경북대	인문지리
	김예풍	조선족 민요의 전승과 변용에 대한 음악적 연구	한국정신문화연구원 한국학대학원	예술

연도	학위자	논문 제목	수여대학원	전 공
2005	김영웅	중국조선족 민족전통체육의 형성과 발전 과정	서울대	체육교육
	이훈	중국조선족 공연단체에 관한 음악사회사적 연구: 공연단체의 활동과 작품을 중심으로	서울대	한국음악학
	하정호	한국인과 중국 연변지역의 조선족 및 한족에서 hOGG1과 L-myc 그리고 대사효소 등의 다형성과 환경성 발암물질이 폐암발생에 미치는 영향에 대한 비교연구	충북대	예방의학
	장익선	연변민요의 음악적 특성과 전승양상에 대한 연구	한양대	음악학
	이해영	중국조선족 소설 교육 내용 연구	서울대	국어교육
	함승창	중국 동북지역 진출 한국 기업의 현지화에 관한 연구	광운대	국제통상학
2006	박광성	세계화시대 중국조선족의 노동력이동과 사회변화	서울대	사회학
	이승룡	석희만의 생애와 작품세계에 관한 연구	원광대	조형미술
	이옥희	중국 연변조선족 경제의 인력수출주도 성장에 관한 연구	중앙대	경제학
	김정길	중국조선족 신문의 민족문화 전승에 관한 연구: 연변일보 문화기사를 중심으로	계명대	신문방송학
	최잔희	중국 연변조선족자치주 노무수출 활성화 방안에 관한 연구	관동대	무역학
	서영빈	남북한 및 중국조선족 역사소설 비교연구: 『북간도』, 『두만강』, 『눈물 젖은 두만강』을 중심으로	한남대	국어국문학
	최금해	한국남성과 결혼한 중국조선족 여성들의 한국생활 적응에 관한 연구	서울대	사회복지학
2007	박세영	연길시 지역특성을 고려한 민족적 건축 디자인에 관한 연구	청주대 대학원	건축공학
	최양규	중국 종보와 조선 족보의 비교 연구	홍익대	동양사
	김선희	연변 지역어의 친척어 연구	경상대	국어국문학
	윤갑정	중국 연변조선족 유아의 가족생활 연구: 벌기 및 돌기가족 사례를 중심으로	부산대	유아교육학
	김숭희	중국 연변지역 주민의 출혈성 뇌졸중 위험요인 관리 프로토콜 개발	연세대	간호학

연도	학위자	논문 제목	수여대학원	전공
2008	서영근	중국 조선민족 서풍형성에 관한 연구	원광대	서예학
	양승민	한국적 다문화 상담의 모색을 위한 농촌 지역 결혼이민여성들의 스트레스 요인과 반응에 관한 연구	연세대	교육학
	김성희	중국조선족 음악교육의 변천 과정 및 발전 방안 연구: 초·중학교를 중심으로	한국교원대	음악교육
	林金花	두만강 북안 조선족 농촌마을 공간구조 및 주거형태의 변천	청주대	건축공학
	李秀喜	조선족과 한족 노동자들의 한국에서의 직업/문화 적응에 관한 연구: ERG이론을 중심으로	이화여대	경영학
	元相哲	중국 개혁개방시기의 지역발전 거버넌스모형: 연변조선족자치주의 경우를 중심으로	숭실대	행정학
2008	安花善	한국과 중국 기혼취업여성의 주관적 삶의 질에 관한 비교연구	전남대 대학원	생활환경복지
	방창주	대학교 캠퍼스 시설배치계획 수립방법: 중국 연변대학교 사례를 중심으로	연세대	도시공학
2009	김성수	중국조선족 아동의 건강행태와 체력 실태 및 비만관련 요인 분석 연구	서울대	체육교육
	예동근	글로벌 시대 중국의 체제 전환 과정하의 종족 공동체의 형성: 북경 왕징(望京) 코리아타운을 중심으로	고려대	사회학
	김청운	중국조선족 여가스포츠 참가자의 참여동기와 행복의 관계	서울대	체육교육
	안상경	연변조선족자치주 정암촌 '청주아리랑'의 문화관광콘텐츠 개발 연구	한국외국어대	문화콘텐츠학
2010	이정화	연변조선족자치주 체육교육과정 변천 및 교사 인식 분석	한국교원대 대학원	체육교육
	김화선	중국 비농화 과정에서 나타난 조선족 마을의 이민모촌화와 여성의 이주	이화여대	지리
	金日學	중국조선족 농촌거주공간의 특성과 변천에 관한 연구: 동북 3성의 조선족 마을과 주거를 대상으로	한양대	건축학

한편, 국내의 중국조선족 연구와 관련된 석사 학위논문은 〈표 3.4〉와 같이 학문 분야별 간행건수로 나타나고 있다. 이 때 석사 학위논문은 1982 년 연세대학교 신문학과 석사학위논문인 최명국의 "중공 거류교포에 대한 선교방송 효과에 관한 연구: 교포편지의 분석을 中心으로"가 처음으로 나타났다.

〈표 3.4〉에 근거해 보면, 학문 분야별 석사학위논문의 경향은 다음과 같이 분석된다. 즉 학문 분야에서는 예술 52편(15.8%), 정치·외교 32편 (9.7%), 교육 26편(7.9%), 사회복지 24편(7.3%), 종교 20편(6.1%), 의학 17편 (5.1%), 어학 16편(4.8%), 경제 14편(4.2%), 문학 9편(2.7%), 순수과학 8편(2.4%), 행정 8편(2.4%), 역사 8편(2.4%) 등의 순서로 나타나고 있다. 이 때 석사학위 논문의 분야는 예술, 정치·외교, 교육, 사회복지, 종교, 의학, 어학, 경제, 문학 등에 집중되고 있음을 알 수 있다.

〈표 3.4〉 학문 분야별 석사학위논문 간행건수(1982~2010)

학문 분야	건 수	백분율	학문 분야	건 수	백분율
예 술	52	15.8	역 사	8	2.4
정치·외교	32	9.7	총 류	7	2.1
교 육	26	7.9	가정학	7	2.1
사회복지	24	7.3	상 업	6	1.8
의 학	17	5.1	철 학	6	1.8
어 학	16	4.8	경영학·경영방법	4	1.2
경 제	14	4.2	풍 속	3	0.9
문 학	9	2.7	건 축	2	0.6
순수과학	8	2.4	종 교	20	6.1
행 정	8	2.4	기 타	60	18.2
			합 계	329	100.0

5. 전국학술지 논문의 분석

〈표 3.5〉는 연도별 국내학술지에 등장한 중국조선족 관련 논문의 수를 나타내고 있다. 논문의 수로 보면, 『한국문학논총』(32편), 『재외한인연구』(29), 『한중인문과학연구』(26), 『북한』(25), 『한국동북아논총』(18), 『대한가정학회지』(17), 『이중언어학』(17), 『아동학회지』(15) 등의 학술지가 조선족 관련 논문을 많이 발표하였다. 어문학, 언어학, 가정학, 아동학 등의 논문이 많았으며, 사회과학지로는, 『재외한인연구』와 『한국동북아논총』이 재외한인연구의 중요한 학술지로 판단된다. 중국조선족에 대한 학술논문은 1980년대 간헐적으로 등장하기 시작하였다. 최초의 학술적 논문으로 파악되는 것은 1982년 서울대학교 사회과학연구소의 학술지인 『사회과학과정책연구』(4권 2호)에 게재된 김광억의 논문, "중국대륙의 한인사회"이다. 1980년대 논문들은 중국조선족 사회 및 역사에 대한 소개 수준의 논문들이다. 1987년 효성여자대학교에서 간행되는 학술지 『한국전통문화연구』(3호)에는 "중국조선족 간행물 목록"이 소개되었다. 중국조선족의 대표적인 문인인 조성일은 1989년 『현대문학』(411호)에 "중국조선족 당대문학개관: 1949-87년"이라는 글을 발표하였으며, 역시 연변의 대표적인 역사학자인 고영일은 인하대학교 한국학연구소에서 발행하는 『한국학연구』(1호)에 "중국연변조선족의 역사와 사회 교육"에 대해 소개하였다.

〈표 3.6〉은 1987년 이후 연도별 국내학술지에 출간된 조선족 관련 논문수의 분포를 나타낸다. 이 표에 따르면, 중국조선족 관련 논문 수는 1980년대 말 이후 꾸준히 증가하다가, 2000년(40편), 2002년(51편), 2004년(49편), 2006년(53편) 등 한 해에 50편 가량의 급격한 증가를 이루게 된다. 조선족에 대한 관심은 재외동포법, 조선족과 관련된 사회문제의 증가 등 현안과 관련이 있는 것으로 보인다. 2006년 이후 조선족 관련 논문의 수는 매년 20편 정도로 감소하였다. 이런 추세는 〈그림 3.1〉이 잘 보여주고 있다.

〈표 3.8〉은 학술연구정보서비스(www.riss4u.net)에 의한 학자별 조선족 관

〈표 3.5〉 주요 학술지별 조선족 관련 논문건수(RISS에 의함)

학술지명	건 수	학술지명	건 수
한국문학논총	32	한국전통음악학	6
재외한인연구	29	현대문학의연구	6
한중인문과학연구	26	아시아문화연구	6
북한	25	여성학논집	6
한국동북아논총	18	한국연구학	6
대한가정학회지	17	아세아문화연구동아	5
이중언어학	17	동아연구	5
아동학회지	15	학술발표대회논문집-계획계/	5
국제학술대회	11	구조계	
신경정신의학	11	한국지역사회생활과 학회지	5
중국조선어문	10	강원민속학	5
한국학연구	10	사회과학연구	5
대학건축학회논문집-계획계	9	현대소설연구	5
한중인문학연구	9	현대문학이론연구	5
국제지역연구	9	동북아시아문화학회 국제학술	5
한국민요학	9	대회발표자료집	
사회언어학	8	민주시민교육논총	4
한국식생활문화학회지	7	동포논총	4
교민논총	7	생활과학연구논집	4
동양예술	7	한민족문화연구	4
한국전통문화연구	7	한국음악사학보	4
민족과문화	7	동북아 문화연구	4
어문연구	7	농촌건축 한국농촌건축학회논	4
동북아연구	7	문집	
민족21	6	한국사회학	4
연차학술발표대회 논문집	6	아시아여성연구	4
민족발전연구	6	정신문화연구	4
동양의학	6	세계지역연구논총	4

년 논문 통합검색 현황을 나타낸다. 이 표에 따르면, 문학 연구부문에서 조태흠, 빈현기, 윤의섭, 한명환, 이헌홍, 최병우, 오상순 등이 5편 이상의

〈표 3.6〉 연도별 국내학술지 조선족 관련 논문 출판건수(1987~2010)

출판 연도	국내학술지		합 계	출판 연도	국내학술지		합 계
	등재학술지 및 등재후보학술지	일반 학술지			등재학술지 및 등재후보학술지	일반 학술지	
1987	—	1	1	1999	2	26	28
1988	—	4	4	2000	7	33	40
1989	—	10	10	2001	3	26	29
1990	—	13	13	2002	10	41	51
1991	—	17	17	2003	10	23	33
1992	—	26	26	2004	18	31	49
1993	—	14	14	2005	24	19	43
1994	—	21	21	2006	36	17	53
1995	—	21	21	2007	16	23	39
1996	—	26	26	2008	13	10	23
1997	—	26	26	2009	9	15	24
1998	1	26	27	2010	10	8	18
				합 계	159	479	638

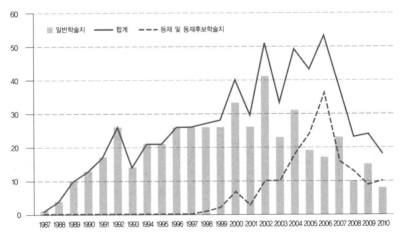

〈그림 3.1〉 연도별 국내학술지 조선족 관련 논문 출판건수(1987~2010)

논문을 발표하였다. 박혜원은 발달심리학 부문에서, 박영선은 식생활학 부문에서, 정현욱은 행정학 부문에서 조선족과 관련된 논문을 다수 발표하였다. 조선족 학자들은 역사학, 민속학, 정치학 등의 부문에서 국내 학술지에 다수의 논문을 게재하였다. 〈표 3.7〉에서 조선족 학자들을 지적한다면, 박창욱, 황유복, 류연산, 박금해, 김성호, 손춘일 등 역사학자, 최홍빈, 김강일 등 정치학자, 민족이론의 김병호, 종교학의 최봉룡, 지리학의 심혜숙, 민속학자인 천수산 등을 들 수 있다. 국내의 정치학자로서 조선족 관련 논문을 낸 학자로는 임채완, 최우길, 이진영, 김재기, 김예경을 들 수 있다. 윤인진, 박광성은 사회학자로서 조선족 사회의 변화를, 언론학자인 김원태는 중국조선족의 언론에 대하여, 최진근은 방송언어에 대하여 연구하였다. 국내의 조선족 문학에 대한 연구자로는 김중하, 이종순, 정수자, 김은영, 정덕준, 송현호, 이해영, 김재석 등을 들 수 있다. 이 밖에 중국조선족 사회는 이중언어 문제, 아동의 발달심리학적 측면, 한국과 중국조선족 사이의 전통계승 또는 차이의 문제가 주된 연구주제였다. 이중언어문제 등 언어학 연구자는 김동소, 윤혜경, 이장송, 이귀옥 등이 있고, 김성희과 김성준은 음악교육의 비교 및 조선족 전통음악에 관하여 연구하였고, 조복희와 박민정은 가정과 아동의 문제에 관한 논문을 발표하였다.

6. 나오는 글

이 글은 국내 중국조선족 연구문헌을 단행본, 박사학위논문, 학술지 논문의 순으로 분석하였다. 조선족에 관한 문헌은 1980년대 초부터 시작하여 1990년대에는 꾸준히 증가하다가, 2000년대 급격히 증가하는 양상을 보인다. 이와 같은 추세는 한국과 중국조선족과의 만남과 밀접한 관계가 있다. 중국조선족의 존재는 문헌을 통해 1980년대 초 한국에 간접적으로 알려지다가, 1980년대 중국의 동북지방을 방문한 재미한인학자들, 현웅ㆍ

현봉학(1984), 이채진(1988, 영문원본은 1986년 출간), 김은국(1989) 등의 단행본을 통해서 구체적으로 우리에게 알려졌다. 1988년 서울 올림픽과 1990년 베이징 아시안게임 등을 계기로 한국인의 중국 방문과 제한적으로 조선족의 한국 친척방문이 가능해지면서, 한국과 중국조선족이 직접 만나게 되었다. 박경리(1990)의 중국 기행은 한국 대표적인 문인이 중국을 방문하고 만난 조선족 사회에 대한 첫 인상을 기록하고 있다. 한국을 방문한 중국 지식인들의 회고담 등도 발간되었다. 연변대학교 부총장을 지낸 정판룡(1994)의 책이 대표적이다.

1992년 10월 한중수교 이후 한국과 조선족의 교류는 급격히 증가하게 되었고, 중국조선족에 대한 연구도 꾸준히 증가하게 된다. 연구의 영역도 중국조선족의 역사 및 현황에 대한 개괄적인 소개의 수준을 넘어, 문학, 언어, 정치, 경제, 교육, 예술, 체육 등 각론에 대한 논의로 확대되었다. 1990년대에는 두만강지역 개발계획이 UNDP에 의해 진행되면서 연변지역을 중심으로 한 동북아시아의 경제협력에 대한 논의도 이루어졌다. 1990년대 초 조선족에 대한 의미 있는 단행본들이 나오기 시작하였다. 대표적으로 한상복·권태환(1992), 이광규(1994), 김광억 외(1996)의 저술을 들 수 있다. 2000년대 들어서면서 재외동포법에 대한 논의, 국내 조선족 인구의 증가로 인한 사회문제의 발생, 재외동포문제를 다루는 시민단체의 등장 등으로 조선족과 재외동포에 대한 연구와 관심이 증가하였다.

〈표 3.7〉과 〈그림 3.2〉는 1984년 이후 지금까지 중국조선족 관련 연구의 수를 석사논문, 박사논문, 단행본의 순으로 열거하고 합을 기록하고 있다. 이 표와 그림에 따르면, 국내의 조선족 연구는 1980년대 시작되어, 1990년대 꾸준히 증가하다가, 2000년대 들어 급격히 늘고 2006년 이후 완만히 감소하는 추세이다. 연구의 질적 측면을 평가한다면, 1980년대 총론적인 소개, 1990년대 각론적인 소개를 넘어, 2000년대 들어서면서 훌륭한 학문적인 업적들이 등장하였다. 이 글의 주제와 관련, 논의가 충분하기 위해서는 국내의 연구물과 함께, 중국과 일본에서의 연구에 관한 분석이 필

〈표 3.7〉 연도별 석·박사 학위논문 및 단행본 출판건수

출판연도	석사논문	박사논문	단행본	합 계
1984	1	—	1	2
1988	2	—	1	3
1989	—	—	4	4
1990	2	1	2	5
1991	—	1	5	6
1992	3	—	6	9
1993	4	—	7	11
1994	7	1	11	19
1995	3	—	5	8
1996	6	—	6	12
1997	15	—	7	22
1998	16	2	3	21
1999	13	3	6	22
2000	23	3	8	34
2001	20	2	7	29
2002	25	3	9	37
2003	25	5	9	39
2004	23	4	12	39
2005	35	6	21	62
2006	21	7	22	50
2007	26	5	19	50
2008	26	8	21	55
2009	17	4	6	27
2010	15	3	7	25
합 계	328	58	205	591

요할 것이다. 이 글에서는 일본의 경우는 〈부록 1, 2〉에서 주요 단행본과 논문 목록을 제시하고, 중국의 경우는 〈부록 3〉에서 주요 단행본을 나열 히였다. 연구에 대한 구체적인 분석은 다음으로 미룬다. 현 단계에서 지적 할 수 있는 것은 중국에서의 연구가 '중화민족'으로서의 조선족의 역사, 항

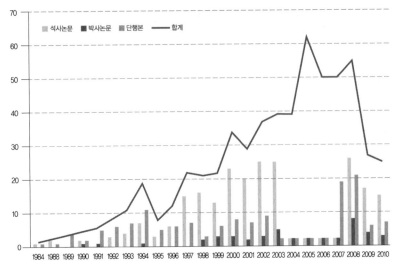

〈그림 3.2〉 연도별 석·박사 학위논문 및 단행본 출판건수(1984~2010)

일투쟁사 등에 집중하고 있다면,3 일본에서의 연구는 국경을 넘어서는 '동아시아의 조선족'에 대한 연구가 등장하고 있다.4

　결론적으로 앞으로의 연구과제를 지적한다면, 한국, 일본 등 외국으로 이주하여 국경을 넘어서는 네트워크를 맺고 살아가는 조선족들이 어떤 정체성과 어떤 모습으로 띠고 각 지역에서 구체적으로 살아가는가, '동아시아의 조선족', '세계의 조선족'이 가능한 것인가에 대한 연구가 진행되어야 할 것이다.

3　達力扎布(主編), 『中國民族史研究 60年』(中央民族大學出版社, 2010), pp. 164-170.
4　權香淑, 『移動する朝鮮族: エスニック・マイノリティの自己統治』(彩流社, 2011); 中國朝鮮族研究會(編), 『朝鮮族のグローバルな移動と國際ネットワーク』(アジア經濟文化研究所, 2006).

〈표 3.8〉 학자별 조선족 관련 논문의 RISS 통합검색 현황(1990~2010)

필자 (검색논문수)	전공 분야	논문발표연도	주요논문, 학술지 권호(연도)
박혜원(7)	발달심리학 이중언어학	2003~2007	연변 지역의 조선족과 한족 및 한국 아동의 기질 비교, 대한가정학회지 43-3(2005)
조태흠(6)	한국문학	1995~2002	중국조선족 아리랑의 전승 양상과 의미, 한국문학논총 31(2002)
박영선(6)	식생활문화	1997~2007	중국 연변조선족의 고향별 한국 전통 명절 음식과 일상 음식의 선호도와 섭취 빈도 중국 연변조선족의 고향별 한국 전통 명절 음식과 일상 음식의 선호도와 섭취 빈도, 동아시아식생활학회지 17-2(2007)
민현기(6)	한국문학	2002~2004	중국조선족 여성작가의 소설에 나타난 '사랑', 한국학논집 29(2002)
정현욱(5)	행정학	1999, 2006	조선족 귀화여성들에 관한 연구: 유입배경 , 수용환경 및 부적응에 관한 고찰, 정치정보연구 2-3(1999)
윤의섭(5)	문학	2006~2009	1950~60년대 중국조선족 시에 대한 탈식민주의적 고찰, 현대문학이론연구 27(2006)
최우길(5)	정치학	1999-2008	한·중관계와 조선족 문제, 재외한인연구 13-1(2003)
류연산(5)	역사 (연변대)	1993, 2009	중국조선족은 어떻게 세계에로 진출할 것인가, 인문과학연구 2(1993)
한명환(5)	문학	2006~2010	중국조선족 소설의 재인식과 역사체험, 국제어문 44(2008)
이헌홍(5)	고전문학	1995~2004	중국조선족 문헌정착설화의 개작·정리 양상과 의미, 한국문학논총 38(2004)
최병우(5)	문학	2006~2010	조선족 소설에 나타난 민족의 문제, 현대소설연구 1-42(2009)
김동소(5)	언어학	1994	중국조선족 언어 연구, 한국전통문화연구 9(1994)
오상순(5)	문학	1993~2006	개혁개방과 중국조선족 소설문학, 한국전통문화연구 12(1997)
심혜숙(5)	지리학 (연변대)	1991~1992	조선족의 연변 이주와 그 분포특성에 관한 소고, 문화역사지리 4(1992)

필자 (검색논문수)	전공 분야	논문발표연도	주요논문, 학술지 권호(연도)
최진근(5)	어문학	1996~1999	한국과 중국 연변조선족 방송언어의 비교 연구, 우리말글 15(1997)
박금해(4)	교육사 (연변대)	2000~2006	중국에서의 조선족 역사와 현실문제의 최근 연구동향, 평화학연구 5(2005)
조복희(4)	가정관리학	1993, 2004~2009	중국조선족 가정의 문화접변 실태: 연변지역과 심양, 할빈지역 비교 연구 43-8 (2005)
김승찬(4)	한국문학	1995, 1997	중국조선족의 우리 고전문학사 기술태도와 그 비판, 한국문학논총 16(1995)
윤혜경(4)	아동학, 언어학	2005~2009	이중언어능력의 조선족 아동과 대학생의 한자와 한글 단어, 문장 음독에 관한 연구, 이중언어학 33(2007)
김중하(4)	문학	1995, 1997	중국 사회주의 문화정책이 조선족 소설 창작 방법에 미친 영향, 한국문학논총 20(1997)
김성희(4)	음악교육	2002~2009	중국의 교육제도와 조선족 초등음악교육 현황, 교육논총 19(2002)
박민정(4)	아동학, 가정학	2005~2008	한국 및 중국조선족 청소년의 글에 나타난 언어학적, 심리학적 특성 비교, 아동학회지 29-3(2008)
최봉룡(4)	종교학	2003~2005	중국의 종교정책과 조선족의 종교문화, 한국종교, 28(2004)
김순심(4)	의상학	1994~98, 2004~2005	중국조선족의 한복착용에 관한 연구, 응용과학연구 4-1(1995)
김승제(4)	건축학	1997, 2002	중국조선족 하동향의 마을구성에 관한 조사연구, 대한건축학회 논문집-계획계, 17-2(2001).
이종순(4)	문학	1999~2001	중국조선족 문학교재의 분석적 고찰, 한중인문과학연구 6(2001)
김종영(4)	건축학, 주거학	1996, 2002	중국 동북지방 조선족 도시집합주택의 평면구성형태와 그 변천과정에 관한 연구, 대한건축학회 논문집-계획계, 16-6(2000)
임채완(4)	정치학	2001~2002	지구화시대 디아스포라의 초국가적 활동과 모국, 국제정치논총 48-1 (2008)

필자 (검색논문수)	전공 분야	논문발표연도	주요논문, 학술지 권호(연도)
정수자(3)	문학	2006~2007	중국조선족 시의 '변강'적 특성과 양가성, 한중인문과학연구 19-1(2006)
김은영(3)	문학	2006~2007	중국조선족 시에 나타난 '고향'의 의미, 한중인문과학연구 18(2006)
이장송(3)	언어학	2004	중국조선족의 언어전환에 관한 연구, 사회언어학 12-1(2004)
정덕준(3)	문학	2003	개혁개방 시기 재중조선족 소설 연구, 한국언어문학 51(2003)
송현호(3)	문학	2006~2007	일제 강점기 만주 이주의 세 가지 풍경: 『고향 떠나 50년』을 중심으로, 한중인문학연구 28(2009)
김성준(3)	음악	1990, 2002	중국조선족 전통음악의 현황과 전망, 한국음악사학보 29(2002)
김강일(3)	정치학 (연변대)	1994, 2010	한국통일과 해외한인, 민족공동체 형성과 해외한인, 변혁기 중국의 민족정책과 통일과정에서 조선족의 역할, 남북통일에 있어서 중국조선족의 역할, 통일문제 국제학술회의 논문집(1998)
윤인진(3)	사회학	2002~2008	중국조선족의 도시이주, 사회적응, 도시공동체, 재외한인연구 13-2(2003)
김원태(3)	언론학	1992, 2002~2003	중국조선족의 언론현황과 언론관에 관한 조사 연구, 재외한인연구 13-2(2003)
윤혜경(3)	인간발달, 언어학	2005~2009	이중언어능력의 조선족 아동과 대학생의 한자와 한글 단어, 문장 음독에 관한 연구, 이중언어학 33(2007)
박창욱(3)	역사 (연변대)	1996~1997	조선족의 중국이주사 연구, 역사비평 17(1991)
김남석(3)	희곡	2006~2010	조선족 극작가 한원국의 초기 희곡 연구, 한국극예술연구 30(2009)
이귀옥(3)	이중언어	2003~2006	중국조선족 아동의 한국어-중국어 이중언어 발달과 영향요인에 관한 이론적 고찰과 연구모형, 사회과학연구 19-2(2003)
이해영(3)	문학	2003, 2010	1950~1960년대 중국조선족 장편소설의 두 양상, 한중인문과학연구 13(2004)

필자 (검색논문수)	전공 분야	논문발표연도	주요논문, 학술지 권호(연도)
김석배(3)	정치문화	1996~1998	중국조선족 고유문화의 성격과 현황, 한국동북아논총 9-1(1998)
김재석(3)	문학	1998~2000	연변조선족 극문학의 극적 특성과 공연기법 연구, 비평문학 13(1999)
박광성(3)	사회학 (중앙민족대)	2004, 2007	초국적인 인구이동과 중국조선족의 글로벌 네트워크, 재외한인연구 21(2010).
천수산(3)	민속학 (연변대)	1992, 2000	중국조선족 상례풍속 현황, 동양예학 7(2002)
최홍빈(3)	정치학 (연변대)	1997	중국조선족의 어제와 오늘, 한국민족문화 10(1997)
박선영(2)	역사	2007, 2008	중화인민공화국 동북지역에 거주하는 조선족의 역사적 정체성, 고구려발해연구 29(2007).
이진영(2)	정치학	2000	중국 공산당의 조선족 정책의 기원에 대하여(1927~1949), 재외한인연구 9-1
김재기(2)	정치학	2003, 2006	중국 동북3성 조선족 집거구의 현황과 특성에 관한 연구, 한국동북아논총 28(2003)
김예경(2)	정치학	2002, 2006	중국조선족 연구의 한·중 비교: 연구기관, 연구자 및 연구경향을 중심으로, 동아연구 50(2000)
황유복(2)	역사 (중앙민족대)	1997	한·중수교와 조선족의 미래, 아시아문화연구 2
김병호(2)	민족이론 (중앙민족대)	2000	중국의 민족이론정책과 법률에 있어서의 연변조선족의 지위, 평화연구 8-1
김성호(1)	역사(연변대)	1993	중국 연변대학의 조선족 연구단체 및 학자들, 근현대사강좌 2
손춘일(1)	역사(연변대)	1993	중국조선족 역사의 상한과 요녕·하북의 박씨인들, 이화사학연구 20-21
조동걸(1)	역사	1994	중국조선족 민족해방운동사 논저목록, 한국학논총 16

〈표 3.9〉 중국조선족에 대한 주요 논문(1982~2010)

발표 연도	필자명	제 목	출처, 호수(발행처)	비고
1982	金光億	中國大陸의 韓人社會	사회과학과정책연구 4-2(서울大學校社會科學研究所)	
1987	金東昭 · Fondling, Dirk	中國 朝鮮族 刊行物 目錄	韓國傳統文化研究 3(효성여대 한국전통문화연구소)	
1988		연변조선족 문학 40년사 (1949~1987)	東洋文學 5(東洋文學社)	
	강재언	중국조선족 방문기(上)	사회와사상(한길사)	
1989	조성일	중국조선족 당대문학개관; 1949~87년	現代文學 411(현대문학) 411	*
	전경수	중국 동북의 조선족:민족지적 개황	사회과학과정책연구 11-2	
	申一澈	中國의 "朝鮮族抗日烈士傳" 연구 ; 東北抗日聯軍에서의 韓人들을 중심으로 1	共産圈研究 121(極東問題研究所)	
	高永一	中國 延邊"朝鮮族"의 歷史와 社會 · 敎育	韓國學研究 1(仁荷大學校韓國學研究所)	*
	최인학	중국조선족설화의 연구, 1	比較民俗學 4(비교민속학회)	
1990	申一澈	延邊朝鮮族自治州의 成立過程 2	共産圈研究 140	
	申一澈	연변조선족 자치주의 민족교육	亞細亞研究 83(高麗大學校亞細亞問題研究所)	
	社亞雄 · 金成俊 譯	中國 朝鮮族 民歌의 音樂特色	韓國音樂史學報 5	
	朴漢植	中國의 少數民族政策과 朝鮮族	國史館論叢 19	재미
	이호영 外	중국 연변자치주조선족의 정신과 역학연구 I ;주요 정신 질환의 평생유병율	대한의학협회지 367	
	고려대 아연(편)	연변조선족자치주 조선어문사입소례	亞細亞研究 83	

발표연도	필자명	제 목	출처, 호수(발행처)	비고
1991	申一澈	延邊朝鮮族自治州의 民族教育 1	共産圈硏究 143	
	박창욱	조선족의 중국이주사 연구	역사비평 15	*
	강영덕	中國朝鮮族敎育의 어제와 오늘	교육진흥 13(중앙교육진흥연구소)	*
	金淳浩	海陸風에 실린 朝鮮族의 눈물;중국 韓人社會를 뒤흔든 訪韓 열풍 취재기	世界와나 18(世界日報)	
	蘇在英	中國朝鮮族 說話의 硏究	論文集 21(崇實大學校人文科學硏究所)	
	김병호	중국조선족 인구와 분포문제에 대한 연구	東亞硏究 22(西江大學校東亞硏究所)	*
	강룡범	중국 료녕성 개현 진툰향 박가구촌 조선족에 대한 역사적 고찰	韓國學硏究 3(仁荷大學校韓國學硏究所)	*
1992	張保雄	中國東北地方 朝鮮族의 民家硏究;延邊地方을 중심으로	地理學 47	중국학자
	김원태·최상철	중국조선족 동포의 우리말 신문방송에 관한 연구	韓國言論學報 28	
	최삼룡	중국조선족 백두산 설화의 의미	海外同胞 49	*
	최상록	중국조선민족교육의 특점 및 전망	海外同胞 54	*
	全海宗 外	延邊의 韓族에 대한 基礎硏究	東亞硏究 24	
	심혜숙	조선족의 연변 이주와 그 분포특성에 관한 소고	문화역사지리 4	*
1993	한상복	중국 연변조선족의 생활상: 과거와 현재	東아시아硏究論叢 3(제주대)	
	오석근	연변조선족 언어의 특수성에 관한 고찰; 연변조선족의 이중언어생활	정신문화연구 51	
	林今淑	改革開放과 더불어 나타나고 있는 女性就業問題;中國朝鮮族 女性을 中心으로	여성학논집 10(梨大 韓國女性硏究所)	*

발표연도	필자명	제 목	출처, 호수(발행처)	비고
1993	金光億	中國 東北地方 朝鮮族의 現況과 역할	中國硏究 4(大陸硏究所)	
	김웅렬(외)	중국조선족 사회구조의 사회학적 연구	省谷論叢. 24	
	박창욱·강만길	중국연변, 민족해방운동사 연구의 고민과 과제 〈대담〉	역사비평 25	*
1994	김종국	中國同胞와 海外僑胞와의 공통점과 상이점	海外同胞 66	*
	박혜란	구술사를 통해 본 중국조선족 여성의 삶	여성학논집 11(梨花女子大學校韓國女性硏究院)	
	權寧朝	중국조선족 기업가: 崔秀鎭 및 石山麟에 대하여	在外韓人硏究 4	*
	강보유	중국조선족들의 이중언어 생활과 이중언어교육	語文論叢 14, 15(전남대학교 국어국문학연구회)	
	김동소 外	중국조선족 언어 연구	韓國傳統文化硏究 9(효성여대 한국전통문화연구소)	
	金炳鎬	중국조선족 인구유동과 사회문제	在外韓人硏究 4	*
	양오진	남북 통일과 재중동포의 역할	僑胞政策資料 48	
	허반옥·김동수	조선족 성인 300명에 대한 사상의학적 체질 측정	사상의학회지 6-1(대한한의학회사상의학회)	*
	고금숙	중국의 조선어문교육에 대한 역사적 고찰	在外韓人硏究 4	
	千壽山	중국조선족 生育風俗에 대한 탐구	在外韓人硏究 4	*
	金奉烈	中國 延邊地區 朝鮮族의 마을과 주거	건축역사연구 5	
	姜榮煥	中國 延邊地區 朝鮮族의 住居空間 및 生活方式: 龍井市 智新鄕 長財村을 대상으로	건축역사연구 5(韓國建築歷史學會)	
1995	姜永德	中國 朝鮮族 敎育 文字 體制에 關한 小考;中國朝鮮族 敎育文字體制芻議	語文硏究 87(韓國語文敎育硏究會)	*
	李日杰	間島領有權과 中國朝鮮族 問題	國際政治論叢 35-2	

발표연도	필자명	제 목	출처, 호수(발행처)	비고
1995	이장호·魯錫煉·朴泰洙	중국 연변조선족의 의식구조에 관한 조사 연구	心理科學 4-2(서울大 心理科學硏究所)	
1996	鄭判龍	中國 朝鮮族과 南北關係	東北亞硏究 13(朝鮮大學校 東北亞問題硏究所)	*
	김소정	재한 중국조선족 노동자들의 생활만족도에 관한 연구	在外韓人硏究 6	
	박창욱	중국 '조선족' 어디로 가고 있는가	역사비평 35	*
1997	정판룡	재중동포의 가치관 변화와 민족정체성 문제	僑胞政策資料 55	*
	朴斗福	中國 朝鮮族에 대한 門戶開放: 現狀과 問題點	新亞細亞 11	
	崔三龍	中國 朝鮮族 說話에서의 定着意識	語文硏究 95	*
	朴昌昱	재만조선족 민족해방운동사에서의 몇 개 문제	大東文化硏究 32(성균관대)	*
1998	徐京錫	조선족 사기피해의 실태와 대책	被害者學硏究 6	
	강위원	오늘의 조선족	AURA 5(한국사진학회)	
	이규태	韓·中 關係에서 朝鮮族問題에 대한 연구	世界地域硏究論叢 12	
	薛東勳	중국조선족 사기피해의 원인과 대책	被害者學硏究 6	
	김 삼	민족 동질성 확보의 시각에서 본 조선족의 미래상	僑胞政策資料 57	*
	김강일	남북통일에 있어서 중국조선족의 역할	僑胞政策資料 57	*
	방수옥	남북한관계의 전개와 재중동포의 역할	동북아연구 4(경남대학교 극동문제연구소)	*
1999	鄭仁甲	한민족공동체(KC)와 재중동포	한민족공영체 7(海外韓民族硏究所)	*
	金貫雄	중국조선족 문학의 력사적 사명과 당면한 문제 및 그 해결책	批評文學 13	*

발표 연도	필자명	제 목	출처, 호수(발행처)	비고
1999	金强一	연변조선족의 대 남북한관에 관한 실증적 조사: 한중수교 이후의 변화를 중심으로	평화연구 8(고대 평화연구소)	*
	崔佑吉	중국조선족 사회와 교육의 변화	現代中國硏究 2	
2000	유병호	중국조선족의 인구위기에 대한 연구	在外韓人硏究 9	*
	이진영	중국 공산당의 조선족 정책의 기원에 대하여, 1927~1949	在外韓人硏究 9	
	박금해	중국조선족교육 그 현황과 과제	아시아태평양지역연구 3-1(전남대 아시아태평양지역연구소)	*
2001	최 호	중국연변자치주 언론 현황과 조선족사회 발전방안	OK times 96	*
	이현정	조선족의 종족 정체성 형성 과정에 관한 연구	비교문화연구 7-2	
	김강일	한민족공동체 형성을 위한 중국조선족의 역할	地方行政硏究 50	*
	최우길	남북관계와 중국조선족	在外韓人硏究 11	
	김문학	중국조선족 대개조론	시민시대 206(목요학술회)	*
	이진영	동아시아에서의 한인계 이민자에 대한 연구: 쟁점과 전망	在外韓人硏究 11	
	김강일	한민족공동체 형성을 위한 중국조선족의 역할	地方行政硏究 50	*
2002	유명기	민족과 국민 사이에서: 한국 체류 조선족들의 정체성 인식에 관하여	한국문화인류학 35-1(한국문화인류학회)	
	임채완 · 김경학	중국 연변조선족의 민족정체성 조사 연구	대한정치학회보 10-1	
	김종회	중국조선족 문학의 어제와 오늘, 한민족 문화권의 새로운 영역	국어국문학 130(국어국문학회)	

발표 연도	필자명	제 목	출처, 호수(발행처)	비고
2002	김원태	중국조선족 언론의 발전과정과 대 한국관에 관한 연구	한국동북아논총 23	
	임채완	연변조선족의 북한·통일관 조사연구	한국과국제정치 39	
	조남철	연변조선족 소설 연구	論文集 34(韓國放送通信大學校)	
2003	최우길	한·중관계와 조선족 문제: 최근 중국에서의 논의와 한국 정부의 선택을 중심으로	在外韓人硏究 14	
	허명철	중국조선족공동체에 대한 이론적 접근	在外韓人硏究 14	*
	김원태	중국조선족의 언론현황과 언론관에 관한 조사 연구	在外韓人硏究 15	
	윤인진	중국조선족 도시이주, 사회적응, 도시공동체: 청도사례연구	在外韓人硏究 15	
	박혜원· 원영미· 이귀옥	이중언어 사용이 선택적 주의에 미치는 영향: 연변조선족과 한족아동의 선택적 주의수행 비교	이중언어학 23(二重言語學會)	
	김명희	1990년대 이후 국민국가 독일의 재러 독일계 동포이주자에 대한 정책 고찰: 한국 내 조선족 이주자에 대한 새로운 이론적, 정책적 접근의 모색을 위하여	在外韓人硏究 14	
	김귀옥	경계 안팎의 여성 조선족: 삶의 특성과 사회의식	在外韓人硏究 14	
	李周行	중국에서의 한국어 교육의 문제: 中國 中央民族大學 少數民族語言文學學院 朝鮮語言文學系를 중심으로	국어교육 112 (한국국어교육연구학회)	
2004	金春善	광복후 중국 동북지역 한인들의 정착과 국내귀환	한국근현대사연구 28	*

발표 연도	필자명	제 목	출처, 호수(발행처)	비고
2004	최동현	연변 지역 판소리의 전승 현황	판소리研究 17	
	정현수	중국조선족의 한국전쟁 참전연구	國民倫理研究 57	
	전형권	중국 한인사회단체의 현황과 특성	한국동북아논총 30	
	金鼎鎬	南韓과 北韓에 대한 中國朝鮮族의 認識	新亞細亞 38	
	권태환 · 박광성	중국조선족 대이동과 공동체의 변화: 현지조사 자료를 중심으로	한국인구학 27-2 (韓國人口學會)	
	홍정선	중국조선족 문학에 미친 중국문학과 북한문학의 영향 연구	한국문학평론 26	
	황규수	리욱(李旭)시의 문학사적 고찰: '만주 조선인문학'에서 '중국조선족 문학'으로의 이행	韓國學研究 13(仁荷大韓國學研究所)	
	이장송 · 신경식	중국조선족의 언어전환에 관한 연구: 흑룡강성 하얼빈시 성고자진의 조선족 공동체를 중심으로	사회언어학 12-1(한국사회언어학회)	
	김종회	한민족 문화권의 새 범주와 방향성	국제한인문학연구 1	
2005	소재영	21세기 동북아시아와 한민족 문화공동체	崇實語文 21(숭실어문학회)	
	조복희 · 이귀옥 · 박혜원 · 이주연	중국조선족 가정의 문화접변 실태: 연변지역과 심양 · 할빈지역 비교 연구	대한가정학회지 210	
	이사라 · 박혜원	중국조선족 아동의 어머니와의 애착이 자아개념, 또래관계 및 학교생활 적응에 미치는 영향	대한가정학회지 211	
	이진영	1990년대 중국의 민족 및 소수민족 연구경향에 대한 연구	북방사논총 6(고구려연구재단)	

발표 연도	필자명	제 목	출처, 호수(발행처)	비고
2005	崔佑吉	'한국 조선족'에 관한 연구: '코리안 드림', 불법 체류에의 적응, 새로운 정체성의 모색	역사문화연구 특별호(韓國外大 歷史文化硏究所)	
	김진	중국 연변지역 수용자의 한국 텔레비전 드라마 이용: 한족과 조선족의 차이를 중심으로	커뮤니케이션科學 24(高麗大學校附設言論放送硏究所)	
	김재기	중국조선족 농촌 집거구 해체위기와 '집중촌' 건설	統一問題硏究 44(平和問題硏究所)	
2006	김우준 · 정갑영	조선족에 대한 한국과 중국의 역사적 인식 비교	白山學報 74	
	임경숙	국내 체류 조선족의 식생활 평가	대한임상건강증진학회지 6-1	
	박치영	연변조선족자치주 노무수출에 관한 연구	經營論集 24(關東大)	
	정신철	중국조선족 문화와 교육발전의 현황 및 대책	白山學報 74	
	권오성	중국 연변지역 조선족 민요에 대하여	韓國民謠學 18	
	박금해	중국조선족 농촌사회의 현실과 당면 과제: 연변 변경지역 조선족 농촌마을을 중심으로	평화학연구 7-1(세계평화통일학회)	
	이두원	한중경제교류가 조선족 경제에 미친 역할	東北亞經濟硏究 18-1	
	전형권	모국의 신화, 노동력의 이동, 그리고 이탈: 조선족의 경험에 대한 디아스포라적 해석	한국동북아논총 38	
	김재기	중국조선족의 과계민족적 특성과 북한 및 통일관	한국동북아논총 38	
	김예경	중국조선족 연구의 한·중 비교: 연구기관, 연구자 및 연구경향을 중심으로	東亞硏究 50	
	최동익	중국 투자기업의 조선족 직무 몰입도 비교	국제지역연구 15-2(서울대)	

발표연도	필자명	제 목	출처, 호수(발행처)	비고
2007	리상우	개혁기 중국조선족사회의 정체성에 대한 고찰: 구심력과 원심력을 중심으로	東亞研究 53	
	최금해	조선족 여성들의 한국결혼 생활 적응유형에 관한 질적 연구	여성연구 72(한국여성정책연구원)	*
	박선영	중화인민공화국 동북지역에 거주하는 조선족의 역사적 정체성: 중화인민공화국에서의 연구를 중심으로	高句麗研究 29	
	이명규 · 리옥금	재중조선인의 조선문(한글) 잡지 발간 상황과 발전에 관한 연구	한국도서관 · 정보학회지 38-1	
2008	임채완	지구화시대 디아스포라의 초국가적 활동과 모국: 동남아 화인과 중국조선족에 대한 비교연구	國際政治論叢 48-1	
	윤갑정 · 고은경 · 정계숙	중국 연변조선족 유아 양육 실제에 나타난 시대성과 민족성 이슈	兒童學會誌 29-5	
	문형진	한국 내 조선족 노동자들의 갈등사례에 관한 연구	국제지역연구 44(한국외대)	
	손춘일	해방 전후 재만조선인사회의 동향	만주연구 8(만주학회)	*
	윤승현	중국 두만강지역 경제 변화 분석: 연변지역을 중심으로	국제금융위험관리 9-2(한국수출보험학회)	
	강택구 · 박재영	중국조선족 역사교과서에 나타난 한국 관련 내용분석, 1: 중국조선족의 정체성과 중국의 역사 만들기	白山學報 81	
	염인호	중국 연변조선족의 민족정체성에 대한 일고찰(1945.8~1950. 말)	한국사연구 140(韓國史研究會)	

발표 연도	필자명	제 목	출처, 호수(발행처)	비고
2008	윤태순	중-한 국제결혼의 증가에 따른 가족법의 문제: 연변 조선족의 한-중 "가장혼인"을 중심으로	家族法研究 31(韓國家族法學會)	
	김왕배 · 이수철	1930년대 만주의 조선족 마을 공동체: 흑룡강성 오상현 조선족 마을 형성과정을 중심으로	東方學志 144(연세대)	
	임동철 · 안상경	연변조선족자치주 정암촌, 청주아리랑, 문화관광콘텐츠개발	韓民族共同體 16	
2009	강돈구	현대 중국의 한국종교: 동북 삼성을 중심으로	宗教研究 54	
	안상경	연변조선족 전통문화의 브랜드화 추진과 '정암촌'의 장소자산 활용	역사문화연구 32(韓國外大 歷史文化研究所)	
	조귀화	세계화 시대의 소수민족교육의 변화: 중국조선족 학교의 이중 언어교육을 중심으로	교육인류학연구 12-2(한국 교육인류학회)	
	김예경	중국의 조선족 인식: 용의 옆구리의 가시	한국과 국제정치 25-2	
	박정수	『동북조선인민보』를 통해서 본 연변조선족과 6 · 25 전쟁	韓國史學報 37(고려사학회)	
	허휘훈	중국 동북민요와 그 문화역사적 특성에 대한 연구	韓國民謠學 27	*
	이진영 · 박우	재한 중국조선족 노동자집단의 형성과정에 관한 연구	한국동북아논총 51	
	안병삼	초국가적 이동현상에 따른 중국조선족의 가족해체 연구	한국동북아논총 52	

발표 연도	필자명	제 목	출처, 호수(발행처)	비고
2010	강옥	한중수교와 중국조선족 문학	批評文學 36(韓國批評文學會)	
	정신철	중국의 민족정책과 조선족 사회의 변화발전	白山學報 86	
	이정은	국가와 종족의 상호작용을 통해 본 조선족의 종족정체성: 대련시 조선족학교의 사례를 중심으로	비교문화연구 16-2(서울대 비교문화연구소)	
	최병우	중국조선족 소설에 나타난 한국의 이미지 연구	한중인문학연구 30	
	홍형옥	생애구술을 통해 본 중국 할빈 지역 조선족의 주거의 의미: 주거유형 경험과 경로접근을 중심으로	한국가정관리학회지 28-5	
	朴明熙	"중화민족다원일체"로 보는 중국조선족의 정체성 문제	新亞細亞 64	
	양성은	한국 내 조선족 여성의 분거가족 관계에 대한 탐색적 연구/이율이	한국가정관리학회지 106	
	임영상	중국조선족과 문화산업: 연변조선족자치주의 발전전략	白山學報 86	
	양은경	민족의 역이주와 위계적 민족성의 담론 구성: 『조선일보』의 조선족 담론 분석	한국방송학보 24-5	
	김호웅	중국조선족과 디아스포라	한중인문학연구 29	*

주 : 조선족 학자는 비고란에 * 표시

참고문헌 _____

권태환 편저(2004). 『중국조선족사회의 변화: 1990년 이후를 중심으로』. 서울대학교.

국립민속박물관(1996). 『중국 길림성 한인동포의 생활문화』. 국립민속박물관.

_____(1997). 『중국 요녕성 한인동포의 생활문화』. 국립민속박물관.

_____(1998). 『중국 흑룡강성 한인동포의 생활문화』. 국립민속박물관.

김광억(1987). 『中共 韓國僑民 연구자료집』. 유네스코한국위원회.

김예경(2006). "중국조선족 연구의 한 · 중 비교". 『東亞硏究』 50집.

김은국(1989). 『소련과 중국, 그리고 잃어버린 동족들: 작가 김은국의 포토 에세이』. 을 유문화사.

김현동 · 주인영(1999). 『재중동포사회 기초자료집 I, II, III』. 재외동포재단.

박광성(2008). 『세계화시대 중국조선족의 초국적 이동과 사회변화』. 한국학술정보.

박경리(1990). 『만리장성의 나라』. 동광출판사.

윤인진(2010). "재외한인연구의 동향과 과제". 『재외한인연구』 21.

이광규(2006). "재외동포학". 『못다 이룬 꿈』. 집문당, pp. 195-304.

_____(1994). 『재중한인: 인류학적 접근』. 일조각.

이구홍 · 안영진(2000). 『재외동포관련 문헌자료 목록』. 재외동포재단.

이채진(1988). 『中國안의 朝鮮族』. 청계연구소(원저는 Chae-Jin Lee. 1986. China's Korean Minority: The Politics of Ethnic Education. Westview Press.)

전경수(1989). "중국 종북의 조선족: 민족지적 개황". 『사회과학과 정책연구』 11-2.

정신철(2004). 『한반도와 중국 그리고 조선족: 한민족의 21세기 지도를 찾아서』. 모시는 사람들.

정판룡(1994). 『내가 살아온 중화인민공화국』. 웅진출판.

최우길(2005). 『중국조선족 연구』. 선문대 중한번역문헌연구소.

한상복 · 권태환(1992). 『중국 연변의 조선족: 사회의 구조와 변화』. 유네스코한국위원회.

현웅 · 현봉학(1984). 『中共의 韓人들』. 범양사.

■ **최우길** 선문대학교 국제관계학과 교수(1999~현재). 스위스 제네바대학(국제관계고등연구소) 정치학박사. 서울대학교 외교학과 및 동대학원 졸업. 연구 분야는 중국과 동아시아, 중국의 민족문제 및 민족정책, 조선족문제, 한국 정부의 재외동포정책 등. 저서로『중국조선족 연구』(선문대학교 출판부, 2005). 주요논문으로 "중국 동북진흥과 창지투 선도구 개발계획: 그 내용과 국제정치적 함의"(2010), "중국의 동아시아 전략과 한반도의 미래: 북핵문제와 대북정책을 중심으로"(2010), "한·중관계와 조선족문제: 최근 중국에서의 논의와 한국 정부의 선택을 중심으로"(2003), "The Korean Minority in China: The Change of Its Identity"(2001), "중국조선족의 정체성 변화, 위치와 역할"(2000) 등이 있음. 현재 재외한인학회 부회장(2011), 한국평화연구학회 편집위원장(2011~2012). 이메일 주소: woogill@hanmail.net, woogill@sunmoon.ac.kr

일본에서 간행된 중국조선족 관련 주요 출판물(단행본 및 박사학위논문)

연 도	저 자	제 목	발행처
1992	加々美光行	知られざる祈り 中国の民族問題	新評論
1996	高崎宗司	中国朝鮮族 歴史・生活・文化・民族教育	明石書店
	鶴嶋雪嶺	中国朝鮮族の研究	関西大学出版部
1998	毛利和子	周縁からの中国: 民族問題と国家	東京大学出版会
	中国朝鮮族青年学会編	舘野晳・竹村みやこ・中西晴代・蜂須賀光彦 訳『聞き書き「中国朝鮮族」生活誌	社会評論社
1999	松本ますみ	中国民族政策の研究: 清末から1945年までの「民族論」を中心に	多賀出版
	中国東北部朝鮮族民族文化調査団	中国東北部朝鮮族の民族文化	第一書房
	金俊華	「エスニック・アイデンティティの形成に関する教育人類学的 研究: 中国朝鮮族及び在日韓国人・朝鮮人の事例から」	九州大学大学院 博士論文(甲第4898号)
2000	鄭雅英	中国朝鮮族の民族関係	アジア政経学会
	鶴嶋雪嶺	豆満江地域開発	関西大学出版部
2001	韓景旭	韓国・朝鮮系中国人＝朝鮮族	中国書店
	佐々木衛・方鎮珠編	中国朝鮮族の移住・家族・エスニシティ	東方書店
2002	申奎燮	帝国日本の民族政策と在満朝鮮人	東京都立大学博士論文 (乙第1069号)
2003	大村益夫	中国朝鮮族文学の歴史と展開	緑蔭書房
	権寧俊	近現代中国の朝鮮民族における民族教育と言語文化	一橋大学大学院 言語社会研究科博士学位論文
2004	桜井龍彦編	東北アジア朝鮮民族の多核的研究	株式会社ユニテ
2006	中國朝鮮族研究會(編)	朝鮮族のグローバ ルな移動と國際ネットワーク	アジア経済文化研究所
	金永基	クロスボーダー移動と地域社会の再構築: 中国朝鮮族の移住・適応・エスニック・アイデンティティの再形成	富士ゼロックス小林節太郎記念基金編
	方明豪	中国朝鮮族のアイデンティティについての一考察: 北京での若い世代に対するインタビュー調査を通して	中央大学文学研究科 社会学専攻博士学位論文

연 도	저 자	제 목	발행처
2007	金美花	中国東北農村社会と朝鮮人の教育: 吉林省延吉県楊城村の事例として 1930ー49年)	御茶の水書房
	田中隆一	満州国と日本の帝国支配	有志舎
2008	瀧澤秀樹	朝鮮民族の近代国家形成史序説: 中国東北と南北朝鮮	御茶の水書房
2011	権香淑	移動する朝鮮族ーエスニック・マイノリティの自己統治	彩流社

부록 2 일본에서 간행된 중국조선족 관련 주요 논문(1993~2007)

연 도	저 자	논문명, 학술지 권호
1993	藤井幸之助	「中国朝鮮族の二言語仕様および民族意識に関する予備調査: 延辺朝鮮族自治州の朝鮮族学生の場合」 徐龍達先生還暦記念委員会編『アジア市民と韓朝鮮人』 日本評論社
1995	韓景旭	「中国〈内地朝鮮族〉のエスニシティ: 若者三世の事例を中心として」『民俗学研究』 第60巻3号
1996	田中隆一	「対立と統合の〈鮮満〉関係:〈内鮮一体〉〈五族協和〉〈鮮満一如〉の諸相」『ヒストリア』 第152号
1998	宮島美花	「東アジアのエスニック・トランスナショナル・アクター: 華人と朝鮮民族のトランスナショナルな活動に注目して」 日本国際政治学会編『国際政治』 第119号
2001	権香淑	「中国における〈朝鮮族〉の研究所説: 方法的アプローチ の一考察」
	玄武岩	「越境する周辺: 中国延辺朝鮮族自治州におけるエスニック空間の再編」『現代思想(2001.3)』青土社
2002	白榮勛	「満州朝鮮人の〈国籍〉問題と法的地位」明治大学大学院文学研究科編『文学研究論集』 第16号, 明治大学大学院
	李相哲・船橋和夫・新田光子	「〈民族と秩序〉に関する研究序説: 中国朝鮮族社会の形成と変遷過程におけるアイデンティティ問題を中心に」『龍谷大学国際社会文化研究所紀要』 第3号
2002a	李海燕	「第二次世界大戦後における中国東北地区居住朝鮮人の引揚げの実態について」『一橋研究』 第27巻2号

연 도	저 자	논문명, 학술지 권호
2002b	李海燕	「中国国共内戦期における東北地区居住朝鮮人の国籍問題について: 中国共産党の製作を中心に」『朝鮮史研究会論文集』第40集
2003	鄭明子	「中国朝鮮族の雇用問題と人口移動: 延辺朝鮮族自治州を中心に」『中国朝鮮族の雇用問題と人口移動』大阪商業大学比較地域研究所
	金俊華	「朝鮮族の経験と言説」片山隆裕編『民族共生への道: アジア太平洋地域のエスニシティ』九州大学出版会
	宮島美花	「延辺朝鮮族自治州における民族区域自治の制度と実情」(上)(下)『アジア・アフリカ研究』第3, 4号(Vol.43 No3,4)
2004	金明姫	「日本における中国朝鮮族の生活と意識: 在日中国朝鮮族就 学生, 留学生, 社会人を事例として」『人間科学研究』第11巻2号
	朴明鮮	「延辺朝鮮族の離婚と国際結婚: 女性の資源の保有と婚姻行動」桜井龍彦編『東北アジア朝鮮民族の多角的研究』株式会社ユニテ
2004	劉京宰	「東北アジアの構図からみた朝鮮民族の流動と拡散」桜井龍彦編『東北アジア朝鮮民族の多角的研究』株式会社ユニテ
2005	権寧俊	「朝鮮人の〈民族教育〉から朝鮮族の〈少数民族教育〉へ」『文教大学国際学部紀要(第15巻2)』
2006	金明姫	「地域社会変動と移動者留守家族の生活: 中国延辺朝鮮族自治州を事例として」地域社会学会編『不平等, 格差, 階層と地域社会』(地域社会学会年報第18集)ハーベスト社
	安成浩	「中国朝鮮族の国民化への道: 朝鮮族形成の歴史的背景に関する考察」『世界のコリアン(アジア遊学92)』勉誠出版
	原尻英樹	「在日中国朝鮮族起業家に関する調査報告」中国朝鮮族研究会編『朝鮮族のグローバルな移動と国際ネットワーク』アジア経済文化研究所
	権香淑・宮島美花・谷川雄一郎・李東哲	「在日本中国朝鮮族実態調査に関する報告」中国朝鮮族研究会編『朝鮮族のグローバルな移動と国際ネットワーク』アジア経済文化研究所
	李愛俐娥	「ロシア沿海州地域における中国朝鮮族の現状」中国朝鮮族研究会編『朝鮮族のグローバルな移動と国際ネットワーク』アジア経済文化研究所
	蕌莉莉	「中国朝鮮族の民族的ネットワークと連帯感」『東アジアのグローバル化』(アジア遊学81)勉誠出版
	李海燕	「中国共産党の国家統合とエスノナショナリズムー延辺朝鮮 族自治州の場合」『中国研究月報』第696号
	李鋼哲	“グローバル化時代 朝鮮族社會構圖ー重層的アプローチー,” 中國朝鮮族研究會(編),『朝鮮族のグローバルな移動と国際ネットワーク』(アジア經濟文化研究所)

연 도	저 자	논문명, 학술지 권호
2006	朴鮮花	「海外移住先における社会ネットワーク形成とその問題点に関する一考察: 〈在日中国朝鮮族の事例から」中国朝鮮族研究会編『朝鮮族のグローバルな移動と国際ネットワーク』アジア経済文化研究所
	白銀洙	「ニューヨークの朝鮮族」中国朝鮮族研究会編『朝鮮族のグローバルな移動と国際ネットワーク』アジア経済文化研究所
	鶴嶋雪嶺	「北東アジア経済開発の要・図們江地域開発」中国朝鮮族研究会編『朝鮮族のグローバルな移動と国際ネットワーク』 アジア経済文化研究所
	和田春樹	「東北アジア共同の家と朝鮮族ネットワーク」『朝鮮族のグローバルな移動と国際ネットワーク』アジア経済文化研究所
	権香淑	「東北アジアにおける〈朝鮮族〉: 移動・呼称・同一化の動態」
2006	権香淑	「越境する〈朝鮮族〉の生活実態と エスニック・ネットワーク: 日本の居住者を中心に」 社会安全研究財団内「外国人問題研究会」(代表: 田畠淳子)編『韓国系ニューカマーズからみた日本社会の諸問題』社会安全研究財団
2007	金永基	「国境を越える移動によるエスニック・アイデンティティの 変化―韓国ソウル市中国朝鮮族の事例から」, 佐々木衛編『越境する移動とコミュニティの再構成』東方書店
	具知瑛	「韓・中間の国境を越える移動とコミュニティ: 中国・青島の韓国人サービス自営業者の事例を手がかりとして」佐々木衛編『越境する移動とコミュニティの再構成』東方書店
	権寧俊	「国共内戦期における朝鮮民族の自治と公民権問題」『愛知大学国際問題研究所紀要』
	宮島美花	「エスニック・トランスナショナル・アクター再考(1): 朝鮮族の新たな跨境生活圏」『香川大学経済論叢』第80巻第2号

연 도	저 자	제 목	발행처
1957	呂光天	十九世紀末朝鮮遷入延邊自治州的歷史背景	中國民族問題研究集刊 (第6集)
1982	高永一	朝鮮族歷史研究	遼寧人民出版社(朝文)
1986	朝鮮族簡史 編寫小組	朝鮮族簡史	
	金昌國	南滿人民抗日鬪爭史	延邊人民出版社
1987	延邊大學教育學心理學研究室·延邊民族教育研究所教育史研究室編	延邊朝鮮族教育史	延邊人民出版社(朝文)
	朴京洙	延邊農業經濟史	延邊人民出版社
1988	金東和	延邊靑年運動史	延邊人民出版社
	黃龍國(外)	朝鮮族革命鬪爭史	遼寧民族出版社
1989	黃有福	中國朝鮮民族研究	遼寧民族出版社
1990	趙成日(外)	中國朝鮮族文學史	延邊人民出版社
	金東勛·金昌浩	朝鮮族文化	吉林教育出版社
1992	東北朝鮮族教育史編寫組	中國朝鮮族教育史	東北朝鮮民族教育出版社
1995	朴昌昱	中國朝鮮族歷史研究	延邊大學出版社
1996	千壽山·金鍾國	中國朝鮮族風俗	遼寧民族出版社
1997	崔經春主編	延邊人民抗日鬪爭史	延邊人民出版社
1989 ~99	中國朝鮮民族足跡叢書編纂委員會	中國朝鮮民族足跡1-8冊	民族出版社
2000	姜龍范	近代中朝日三國對間道朝鮮人的政策研究	黑龍江朝鮮民族出版社
2001	金春善	延邊地區朝鮮族社會的形成研究	吉林人民出版社
	孫春日	解放前東北朝鮮族土地政策研究	吉林人民出版社
2002	金哲洙	延邊抗日史迹地研究	延邊人民出版社
2006	金成鎬	東滿抗日鬪爭特殊性研究	黑龍江朝鮮民族出版社
2007	楊昭全·金春善等	中國朝鮮族革命鬪爭史	吉林人民出版社
	金泰國	東北地區朝鮮人民會研究	黑龍江朝鮮民族出版社
	金穎	近代東北地區水田農業發展史研究	中國社會科學出版社
2008	朴今海	日本對東北朝鮮族的植民主義教育政策研究	延邊大學出版社
	李洪錫	日本駐中國東北地區領事館警察機構研究	延邊大學出版社

제4장

고려인 연구사 정리와
향후 과제에 대한 고찰

성동기 · 심헌용

1. 서론

1991년 소련이 붕괴되면서 우리는 현실적으로 재소동포였던 '고려인'에게 접근할 수 있었으며, 그들에 대한 연구를 본격적으로 시작할 수 있었다. 그로부터 올해 2011년에 접어들면서 고려인 연구는 벌써 20년을 맞이하게 되었다. 실제로 이러한 수치는 소련이 붕괴되기 이전인 1990년 9월 30일에 체결된 한국과 소련의 역사적인 수교와도 같은 의미를 가진다. 물론 설정할 수 있는 기준은 다양하지만 우리에게 열렸던 고려인 연구가 대략 20년이라는 세월을 맞이한 것에 대해서는 대부분 동의할 것으로 판단된다.[1]

---

1 불모지였던 국내의 고려인 연구에 초석을 다진 연구자는 현규환이다. 그는 현장 및 자료접근이 불가능했던 냉전 시기에 제3국 자료를 활용해 1967년『한국유이민사』를 정리했다. 그러나 소련 고려인을 직접 만나서 현지 조사를 실시하고 해당 지역의 자료 수집을 바탕으로 고려인을 연구한 자는 1984년『쏘련 중앙아시아의 한인들』, 1987년『Koreans in Soviet Union』을 발간한 고송무이다.

20년이라는 시간을 사람에게 적용하면 청년기를 지나 성인으로 들어가는 길목에 서 있는 시기이다. 주지하는 바와 같이 이 시점은 본격적으로 사회에 진입하기 위해 개인적인 역량을 보다 키워야 하는 중요한 때이다. 마찬가지로 우리의 고려인 연구도 시간으로 보면 이제 과거의 발자취를 뒤돌아보면서 그 동안에 축적된 연구 성과들을 정리하고 이를 바탕으로 그것을 한층 더 발전시켜야 할 재도약의 시기라고 여겨진다.

고려인 연구사는 소련의 붕괴 전후라는 역사 시기의 변화에 따라 크게 좌우되지만, 대략 다음과 같은 세 분류로 진행될 수 있다.

첫째, 고려인이 거주하는 지역·시기별 분류이다.

고려인은 제정러시아의 연해주지방으로 이주하기 시작해, 소련 전역으로 분산 거주하였다. 그리고 소련이 붕괴한 이후에는 독립한 연방공화국 내에서 그리고 한국이나 미국, 캐나다, 유럽 등으로 거주 지역을 확대시키고 있다. 이는 세계적으로 일고 있는 노동이민의 국제화 흐름과도 무관하지 않다. '고려인 디아스포라'의 세계적 분산은 소련 붕괴를 전후하여 소련과 소련 이외의 지역으로 구분되는 정도의 차이일 뿐, 결과적으로 지역·시기별 분석에 있어서 공통적 맥락을 같이 한다는 점에서 유용성을 가질 것이다.

둘째, 고려인의 역사와 관련 주제별 분류이다.

이것은 분과학문적 분류와 같은 맥락을 가진다. 예를 들면, 역사학의 주제는 연해주에서의 독립운동, 1937년에 스탈린에 의해 자행된 강제이주, 이후 중앙아시아에서 전개된 정착, 소련 붕괴 이후 나타난 연해주로의 재이주, 그리고 한국으로의 재정착 과정 등이며, 인류학의 주제는 고려인의 생활, 민속, 전통, 정체성 등이며, 사회학의 주제는 거주한 국가들의 사회 문제와 고려인, 고려인 사회 자체가 가지는 문제점 등이며, 법학의 주제로는 고려인의 명예회복, 이중국적문제, 그리고 무국적 등 법적 지위 문제 등이다. 이 외에도 고본질, 문학, 언어, 음악 등 다양한 분과학문적 연구가 전개되었다.

셋째, 연구주체자의 연구 분류이다.

이것은 실제로 위의 연구사 분류를 모두 아우르면서도 각 지역에 거주하며 분석 정리한 연구주체자의 연구사 정리를 의미한다.

본 연구는 고려인의 거주 지역별 분류와 연구주제별 분류를 전체적으로 정리하는 데 바탕이 될 수 있는 연구주체자의 연구분류를 중심으로 고려인 연구사를 정리하고 분석할 것이다. 연구내용은 다음과 같다.

첫째, 러시아 연구자에 의한 고려인 연구사 정리 및 분석이다.[2]

고려인 연구가 처음 시작된 곳은 연구 대상자인 고려인이 거주하였던 소련지역이다. 고려인 연구자를 포함한 현지 연구자들은 이미 학술적, 정책적 필요에 따라 자국 소수민족에 대한 연구를 체계적이고 심도 깊게 추진해 왔다.

둘째, 미국, 일본 등 외국에서 전개된 고려인 연구 및 분석이다.

한국을 제외한 외국은 냉전시기 미국, 일본 등 자본주의 체제의 서방국 중심으로 이루어졌다. 냉전체제의 이분법적 논리가 횡행하던 시기에 류쉬코프(Liushkov G. S., 1939)의 강제이주 고발과 꼴라즈(Kolarz W., 1954)의 소련의 민족문제 연구에서 고려인에 대한 강제이주가 소개되었다. 그러나 외국에서 고려인 문제에 관한 관심이 일기 시작한 시기는 1950년대 후반부터 전개되기 시작한 흐루시초프의 해빙기 때이며, 고르바초프의 페레스트로이카 이후 외국인의 고려인에 대한 관심이 현지조사로 연결되면서 연구가 본격화되었다.

셋째, 국내 연구자들의 연구 성과물 정리 및 분석이다.

국내 연구자로서 고려인 연구는 자료의 한계로 인해 간접적인 내용정리에 한정되어 사실상 불모지나 다름없었다. 그런 와중에도 현규환(1967)의 연구성과는 일본에서 전개된 연구성과를 최대한 반영하면서 문제가 되는 이민사의 주요 사항을 대부분 정리해 놓았다. 그의 시기구분에 따른 이민

---

2   여기서 러시아는 제정러시아, 소비에트 러시아(소련), 현대 러시아(러시아연방)를 망라하는 통칭으로 사용한다.

사 정리 역시 학계에 연구모델을 제시한 공헌이 크다. 소련 붕괴 이후 현지조사가 가능해지자 국내 연구자들이 대거 현지를 방문하면서 조사연구를 본격 시행하였다. 여기서는 20년에 걸친 국내의 고려인 연구를 단행본, 연구논문, 그리고 학위논문 등과 같은 연구 성과물들을 연대순으로 정리하여 그 연구 동향과 특징을 분석할 것이다.

넷째, 앞으로의 고려인 연구 방향과 과제가 제시될 것이다.

고려인 연구는 이미 러시아나 한국의 민족적 관심을 넘어 세계화되고 있음을 연구성과 측면에서 알 수 있었다. 한인디아스포라의 전개가 이미 초국가적(transnational) 성격을 띠는 이민과 정착 그리고 민족관계 문제로 등장하기 때문이다. 따라서 고려인 연구 또한 한인(사회)의 변화와 깊게 연동되어 발전할 것이다. 그에 따라 전개될 고려인 연구 방향과 과제를 제시해 보고자 한다.

2. 러시아의 고려인 연구사 정리 및 분석

러시아에서 수행되었던 고려인 연구는 다음과 같은 특징을 가진다.

첫째, 민족통합 정책의 결과를 분석하기 위해 수행된 고려인 연구.

러시아에서 한인에 대한 연구는 연해주지역의 소비에트화 과정에서 한인이 끼친 역할이 주요 관심사였다. 특히 볼셰비키 혁명 이후 항일 독립운동의 일환으로 전개한 민족주의운동은 소비에트 사회주의 운동과 결합되었고 토지집산화나 부농퇴치운동에서 한인이 수행한 나름의 역할이 조명되었다. 이를 반영하면서 소련한인 이민사를 종합한 연구성과는 1965년 김승화(Ким Сын Хва)의 『소련한인이주사개론(Очерки по истории советских к орейцев)』와 1979년 박 보리스(Пак Борис)의 『러시아와 한국』을 들 수 있다. 다만 이곳에서도 1937년 강제이주와 관련된 내용은 금기시되었다.

그리고 영구혁명 이전에 소련 일국에서 사회주의를 건설할 수 있다는 소비에트 정부에게 민족적 차이는 허용할 수 없었다. 소수민족 차별의 소지가 다분한 국경지역 주민에 대한 소거(강제이주)가 언급될 순 없었다. 결국 항일운동과 사회주의 건설과정에서 중요한 정치경제적 역할을 수행한 소수민족 한인들의 업적은 '소비에트화' 과정에서 묻혀 버렸다.[3] 일제 치하 조국의 독립을 위한 사회주의 혁명에의 참여나 소비에트 건설 과정에서 보여준 공헌은 고사하고 소련 내 민족자치주 수립 등 소수민족의 권리를 보장받을 기회가 거의 없었다. 심헌용(2005: 71)의 분석에 의하면 소련에서 최초로 발표된 고려인에 관한 연구성과는 1946년 레빈(Левин М. Г.)에 의해 수행된 현장 학술조사 결과 이루어졌다.

둘째, 인류학적인 연구 방법론.

레빈(Левин М. Г.) 이후 1960년대에 좌릴가시노바(Джарылгасинова Р. Ш.)와 이오노바(Ионова Ю. В.) 등이 후속연구를 통해 계승하였다. 이들의 연구는 고려인이 소비에트 민족통합 정책하에서 자신의 민족적 특질을 유지하고 있는지 아니면 상실하였는지를 분석하는 것이었기 때문에 인류학적 방법론이 바탕을 이루었다. 연구 내용은 주로 고려인이 자신의 언어, 전통, 그리고 풍습 등을 실생활에서 얼마나 유지하고 있느냐에 집중되었다. 소비에트정부의 민족통합 정책의 결과를 분석하기 위해 고려인을 상대로 수행했던 당대 레빈, 좌릴가시노바, 이오노바 등의 연구 결과물은 〈표 4.1〉과 같다.[4]

---

3 Аносов, С. Корейцы в Уссурийском крае, Владивосток, 1928; Петров А. Корейцы и их значение в экономике Дальне-восточного края // Северная Азия, N. 1(29), М., 1929.

4 좌릴가시노바와 이오나바는 1970년 이후에도 고려인의 신화, 신앙, 전통, 풍습 등에 대한 연구결과물을 출간하였다.

〈표 4.1〉 소련 초기에 발간된 주요 고려인 연구

레빈(Левин М. Г.)
① Антропологический тип корейцев// Краткие сообщения Института этнографии. Т. VIII . М. Л., 1949.
② Этническая антропология и проблема этногенеза народов Дальнего Востока. М., 1958 (Труды института этнографии. Новая серия. Т. 36).

좌릴가시노바(Джарылгасинова Р. Ш.)
① Когурёсцы и их роль в сложении корейской народности// СЭ. 1960, No.5.
② Корейская национальная одежда в коллекциях МАЭ// Сб. МАЭ. 1969. Т.25.

이오노바(Ионова Ю. В.)
① Корейская деревня в конце XIX - XX вв. Историко-этнографический очерк// Труды Института этнографии. Нов. Сер. Т.60. М., 1960.
② Ценное поступление Музея антропологии и этнографии[ширма корейская]// Сборник МАЭ. 1964. Т.22.
③ К вопросу о культе медведя, пещер и гор у корейцев// Страны и народы Востока. Вып.6. М., 1968.
④ Религиозные воззрения корейцев// Сборник МАЭ. 1969. Т.25.

소련 정부는 스탈린의 러시아화(russification)를 목표로 한 민족통합 정책이 소련 거주 소수민족들에게 어떠한 결과로 나타났는지를 분석하고자 하였다. 특히 1937년 강제이주된 한인들이 중앙아시아에서 어떻게 현지에 적응했는지를 통해 민족통합성을 살펴보려는 시도가 소비에트정부 차원에서 고려인 연구를 본격적으로 실시하게 된 계기가 되었다.[5] 소련 정부는 '발달된 사회주의' 사회 내에서 한민족이라는 민족집단이 타민족과 다른 자신들만의 고유한 생활습관을 유지하며 살고 있는가를 조사하였다. 만일 연구결과가 소수민족의 민족적 특질이 소멸되었다고 나오면 정부의 민족통합정책은 성공했다고 볼 수 있는 것이다(심헌용, 2005: 70). 소비에트정부는

---

5 이 시기에 고려인은 소련 전체를 이주할 수 있는 자유가 없었기 때문에 당시에 고려인 연구는 강제이주 이후 고려인이 정착하였던 중앙아시아가 중심이 되었다.

자신의 정책이 추진된 성과여부를 알아보기 위해서 고려인 연구가 필요하였다. 물론 이들의 연구결과는 고려인들이 한민족의 특성을 그대로 간직하고 있다는 것이었다. 민족통합정책이 민족적 차별을 넘어 민족적 차이조차 완전히 지운 것은 아니며 그 근간은 공동체 사회에 있었다.

여기서 의미 있는 사실은 현지 연구자들에 의해 수행된 고려인의 인류학적 연구는 소련에 한국학을 심는 계기가 되었다는 것이다. 물론 당시의 상황에서 소련이 북한과 학문적 교류를 할 수밖에 없는 상황이었지만, 고려인의 존재 자체가 소련에서 한국학 연구를 발전시키는 계기가 되었다는 것은 자명하다고 여겨진다.

1986년 소련의 당시 서기장이었던 고르바초프는 '개혁과 개방'정책을 표방하면서 새로운 시대를 만들어 나갔다. 대외적으로는 미국을 비롯한 서방과 화해무드를 조성하였으며, 대내적으로는 소련으로 강제이주를 당한 소수민족들에게 과거와 다른 자유를 제공하고자 하였다. 이러한 격변과정은 소련의 고려인에게 민족적 정체성을 찾을 수 있는 계기를 주었다. 심헌용(2005: 72)은 고르바초프가 고려인에 관심을 가지게 된 것은 소련의 1988년 서울올림픽 참가와 이후 한국과의 외교적 접촉 때문이라고 주장하였으며, 특히 한국과의 외교수립에 대한 논의가 소련공산당 중앙위원회 주도로 본격화되면서 고려인 강제이주 등과 관련된 기밀문서 분석이 본격화되었다고 한다. 이는 고려인 명예회복에 관한 법안과 직결되었다.[6]

이것을 수행하기 위해 문서보관소에 방치되어 있었던 고려인의 강제이주 등과 관련된 1차 사료들이 외부에 알려지기 시작하였다. 이것은 고려인

6　고르바초프 집권기에 논의된 고려인 명예회복 법안은 당대에 이루어지지 못하고 소련 붕괴 이후 1993년 3월에 러시아에서 통과되었다. 재러시아 고려인 명예회복에 관한 법안의 주요 내용은 다음과 같다. ① 강제이주와 그 이후의 탄압을 불법적 범죄적인 조치로 인정, 고려인의 명예를 회복시킨다. ② 강제이주 전 원래 거주지로 귀환할 권리를 부여한다. ③ 러시아의 독립국가연합 각국에 거주하는 고려인이 원할 경우 러시아 국적 취득권을 준다. ④ 원거주지로 귀환하는 고려인에게 납세 특전 등 제반 생계대책을 마련해 준다. ⑤ 소련 내 고려인의 법적 지위를 확고히 히는 독립국가연합 차원의 방안을 마련한다(전영섭, 1998: 113-14; 심헌용, 1999).

연구에 새로운 초석이 되는 획기적인 사건이었고, 나아가 소련 붕괴 이후 국내에 고려인 연구가 가능하도록 만든 토대가 되었다. 소비에트정부는 문서보관소에 존재하는 고려인과 관련된 1차 사료들을 당대에 한국학 대가들인 프리마코프(Примаков Е.), 김 게오르기(Ким Георгий.) 트카첸코(Ткаченко В.), 바닌(Ванин Ю.), 부가이(Бугай Н. Ф.), 이 블라지미르(Ли Владимир, 한국명 우효), 등과 같은 연구자들에게 열람을 허용하였다(심헌용, 2005: 72).

부가이(Бугай . Н. Ф.)는 이들 문서를 조사 분석하여 1989년 최초로 연구논문을 발간하여 고려인 강제이주에 대한 역사적 진실을 공개하였으며, 이 블라지미르는 김영웅과 함께 1992년 『백서: 30년대 러시아에 있어서 고려

⟨표 4.2⟩ 부가이(Бугай Н. Ф.) 교수의 주요 연구성과

부가이(Бугай Н. Ф.) 교수의 연구성과
① К вопросу о депортации народов в 30-40-е годы// История СССР. 1989г. No. 6.
② Погружены эшелоны и отправлены к местам поселения// История СССР. 1991г. No. 1.
③ Из истории депортаций и трудоустрой ства корей цев в Казахстане и Узбекистане// Информационный вестник Евразий ской Ассоциац ии корей цев «Корен». Вып. 2. М., 1992г.
④ «Корей ский вопрос» на Дальнем Востоке и депортации 1937г.// П роблемы Дальнего Востока. 1992г. No. 4.
⑤ Корей цы в СССР: из истории вопроса о национальной государствен ности// Восток. 1993. No. 2.
⑥ Выселение советских корей цев с Дальнего Востока// Вопросы исто рии. 1994г. No. 5.
⑦ Социальная натурализация и этническая мобилизация(опыт корей цев России), 1998.
⑧ Россий ские корей цы и политика ⟨солнечного тепла⟩, 2002
⑨ ⟨По решению правительства Сюза ССР …⟩, 2003
⑩ Корей цы в Союзе ССР - России: XX-й век, 2004
⑪ 140 лет в России(러시아에서의 140년), 2004(박 보리스 공저)
⑫ Корей цы стран СНГ: общественно-⟨географический синтез⟩(начал а XXI века), 2007.

인 강제이주에 관한 비밀문서집(해제)』를 발간하여 소비에트 사회에 소수민족 문제를 근본적으로 부각시켰다.

문서보관소의 1차 사료들이 공개되고 그 내용이 출판되면서 고려인 사회에서는 1937년 강제이주와 관련된 증언, 수기, 회고록, 자료집 등을 쏟아내기 시작하였다. 특히 러시아뿐만 아니라 중앙아시아에 거주하는 고려인 학자, 연구자들은 소련이 붕괴된 이후 자신의 연구성과를 거주국에서 출간하였으며 이후 한국에서 국내연구자들과 공동으로 번역하여 출간함으로서 고려인의 강제이주에 대한 실상을 알리는 데 큰 역할을 하였다.

〈표 4.3〉 국내에 발표한 고려인 학자들의 주요 연구성과

- 권희영 · 한 발레리. 2004. 중앙아시아 초원의 유랑농업: 우즈베키스탄 고려사람의 고본지 연구
- 권희영 · Valery Han · 반병률. 2001. 우즈베키스탄 한인의 정체성 연구
- 김 게르만. 2005. 한인이주의 역사
- 김 블라지미르 · 김현택 역. 2000. 러시아 한인 강제 이주사: 문서로 본 반세기 후의 진실
- 한 세르게이 · 한 발레리 · 김태항 역. 1999. 고려사람, 우리는 누구인가?

고려인 연구와 관련된 의미 있는 사건은 강제이주 60주년 및 70주년을 맞이하여 모스크바, 알마티 등에서 개최된 학술대회일 것이다. 러시아 모스크바에서는 1997년 한인강제이주 60주년이 되는 해에 한국학 보급에 힘쓴 삼일문화원이 러시아고려인협회와 함께 공동으로 러시아민족부 대강당에서 개최하여 역사적 사실에 대한 진실을 학술적으로 규명하였다. 러시아연방 민족부에서 개최한 것은 강제이주 당한 한인들의 명예를 회복시켜 주겠다는 정책적 지원의 의미를 가졌다. 2007년에는 70주년 행사를 고르바초프재단에서 실시하여, 역사적, 경제적, 인구사회학적 의미가 큰 내용의 논문들을 다수 발표하였다. 카자흐스탄의 알마티에서도 70주년 행사를 개최했는데, 이때는 한인의 중앙아시아 이주가 강제이주의 의미보다는 정

주의 의미가 더 크다며 70주년을 맞는 의미를 새롭게 하였다.[7]

심헌용(2005: 73)은 이 시기에 수행된 고려인 연구의 특징을 다음과 같이 정리하였다.

- 고려인에 대한 역사학적 연구가 한 단계 끌어 올려졌다.
- 그 동안 묻혀있거나 잊혀져버린 고려인 이주정착사와 관련한 여러 쟁점들, 즉 러시아 당국의 민족정책, 이민 및 강제이주의 성격과 분류, 민족자치주 구성 부여 등이 역사적 사실에 근거하여 재정립되었다.

이러한 연구 동향과 관련된 연구 결과물은 〈표 4.4〉와 같다.

〈표 4.4〉 러시아에서 발간된 주요 고려인 연구

---

① Кузин А.Т. Дальневосточные корейцы: жизнь и трагедия судьбы (документально-исторический очерк). Южно-Сахалинск// Дальневост. кн. изд-во, Сахалин. отдние, 1993г.

② Рыбаковский Л. Л. Население Дальнего Востока(монография)// - М.: Наука, 1990г.

③ Нам С. Г. Корейский национальный район. Пути поиска исследователя// - М.: Вост. лит., 1991г.

④ Сим Хон Ёнг, Историография проблемы депортации 〈советских〉 корейцев в 30-40-е годы в СССР//Народы России: Депортации и реабилитации, Майкоп, 1997.

⑤ Сим Хон Ёнг, К истории корейских общественных организации в России в первой четверти XX века//Отечественная история, N. 4, 1998.

⑥ Сим Хон Ёнг, Бугай Н. Ф., Общественные объединения корейцев России. Конститутивность, эволюция, признание, Москва-Сеул, Новый хронограф, 2004.

---

7 1937 год. Российский корейцы. Приморье-Центральная Азия-Сталинград. Депортация, М., 2004 ; Известия корееведения в Центральной Азии, Алматы, 2006.

3. 외국 연구자들의 연구성과물 정리 및 분석

냉전시기에 고려인과 관련된 서방의 연구는 조지 진스버그(George Ginsburgs, 1976)와 존 스테판(John J. Stephan, 1978, 1992, 1994)에 의해 알려졌다. 전자는 국제법 연구자이기 때문에 소련 치하 고려인의 국적문제를 분석하였으며, 후자는 역사연구자로서 한인 강제이주의 원인을 지역 정치세력의 역관계로 분석하여 새로운 접근 방법을 제시하였다.

냉전시기 소련의 민족정책에 대한 비판과 실상 소개를 넘어 학술적 연구성과를 도출하고자 시도한 것은 1983년 일본 동경과 1984년 한국 서울에서 개최된 소련 한인의 역사, 문화발전에 관한 세미나일 것이다. 세미나를 주도한 서대숙 교수 등은 당시 발표물을 1987년 하와이와 헬싱키에서 각각 『Koreans in the Soviet Union(소비에트 한인백년사, 서울 역간, 1989)』로 출간하여 학계 연구를 선도하였다. 여기에 수록된 논문들은 일본의 역사연구자 와다 하루키(Wada, Haruki., 1987)와 하라 테루유키(Hara, Teruyuki., 1987)같이 소련의 모스크바나 중앙아시아를 방문하여 현지답사와 문서보관소 1차 사료를 수집하여 한인이주사 및 관련 주제를 심층 연구한 결과들로 구성되었다.

이 외에도 역사연구자인 후텐바흐(Henry R. Huttenbach, 1993)는 소련과 일본의 동북아시아 충돌 상황에서 당시에 연해주 고려인의 독립운동과 상황을 분석하였으며, 언어연구자인 로스 킹(Ross King, 2001a, 2001b)은 고려인의 언어를 통해 육진방언(六鎭方言)을 연구한다는 방향을 제시하고 직접 연해주의 고려인 마을을 방문하여 언어학적 조사를 실시하였다. 이후 그는 카자흐스탄의 고려인 연구자인 김 게르만(Kim German)과 중앙아시아 한인의 문화, 정체성, 역사를 아우른 종합연구서(Koryo Saram: Koreans in the Former USSR, 2001)를 발간하였다.

일본 연구자들의 고려인 연구도 주목해야 한다. 앞에서 언급한 것처럼, 일본은 20세기 초에 연해주를 중심으로 소련과 대치하고 있었기 때문에 당시의 이 지역 연구와 관련된 결과물들이 상당하다. 여기서 일부가 연해주 한인 그리고 중앙아시아로의 한인 강제이주에 대한 연구가 나타나고 있다. 일본의 고려인 연구 1세대가 와다 하루키(和田春樹)라고 한다면, 오카 나츠코(岡奈津子, 1998, 2000)는 2세대 연구자라고 할 수 있는데 기존에 전개된 연해주 한인 강제이주사를 넘어서 중앙아시아와 카자흐스탄 고려인의 실태에 대한 연구를 발표하였기 때문이다. 특히 일본에서 활동하며 중앙아시아 고려인 연구를 거주국에 소개하고 있는 이 애리아(1999, 2002)의 결과물도 의미를 가진다.

서방과 일본에서 전개되었던 고려인 연구의 특징은 다음과 같다.

첫째, 주(主)가 아닌 종(從)의 연구.

연구자들이 연해주의 한인과 중앙아시아 고려인을 연구의 주 대상으로 고려한 것이 아니라 해당 지역의 연구과정에서 한인과 고려인을 연구 대상으로 포함시킨 것이다. 그러나 2세대인 로스 킹과 오카 나츠코(岡奈津子)의 경우에는 고려인을 주 연구대상으로 분석하고 있다.

둘째, 소련 붕괴 이후 관심이 부족해지는 현상.

서방과 일본의 고려인 연구는 오히려 지금보다 냉전시기가 더 활발했다. 이것은 연해주 한인의 연구를 넘어서 러시아와 중앙아시아의 고려인에 대한 연구가 실제로 나타나지 않고 있는 데서 알 수 있다.

4. 국내 연구자들의 연구성과물 정리 및 분석[8]

소련 당시에 현지 연구자들을 중심으로 전개되었던 고려인 연구와 고르바초프 이후 고려인 연구자들 중심으로 수행되었던 고려인 연구는 크게 인류학적 접근과 역사학적 접근으로 나누어서 정리할 수 있다. 이러한 현

---

8 연구 성과물들을 분석하기 위해서 일차적으로 양적으로 풍부한 DB를 구축한 국회도서관 소장 자료를 활용하였다.

지의 연구 성과는 소련이 붕괴되면서 점차적으로 국내에 알려졌으며 국내 연구자들의 고려인 연구가 본격적으로 이루어지는 데 바탕이 되었다. 먼저 국내의 고려인 연구와 관련된 성과물을 정리하면 다음과 같다.[9]

1) 단행본 분석

1990년부터 현재까지 발간된 단행본이 가지는 연구 동향과 특징은 크게 2000년도를 기준으로 나누어서 분석되어야 한다.

먼저 1990년부터 1999년까지의 연구 동향과 특징은 다음과 같다.

첫째, 지역의 한계성.

실질적으로 고송무(1990)의 저서에서 출발된 고려인 연구는 소련, 카자흐스탄, 우즈베키스탄 등 고려인이 집중적으로 거주하는 지역을 중심으로 연구가 진행되었다. 물론 독립국가연합(CIS)이라는 공간을 대상으로 고려인 연구가 진행되었지만 결국에는 러시아, 카자흐스탄, 우즈베키스탄이 중심이 되어서 논의가 되었다.

둘째, 소수 연구자 중심의 연구.

이 시기에는 소련의 고려인 연구가 본격적으로 진행되지 않았기 때문에 단행본을 저술한 연구가 부족하였다. 그러나 우즈베키스탄의 고려인 연구자인 한 발레리(1999)의 저서가 소개되어 국내에 고려인의 과거사가 본격적으로 알려지기 시작하였다는 점이다. 여기서 주목할 점은 이 시기가 국내 연구자들에게는 체계적인 연구를 할 시간이었다는 것이다. 일차적으로 연구논문을 통해 그 성과를 발표하고 게재하면서 축적된 연구는 2000년 이후에 봇물처럼 나오게 된다. 따라서 이러한 현상은 자연스럽게 받아들여지는 대목이다.

다음으로 2000년 이후부터 현재까지 발간된 단행본의 연구 동향과 특

---

9 연구 성과물이 없는 시기는 국회도서관에 소장되고 있지 않다는 것을 의미하는 것이다. 문헌의 제목은 국회도서관 자료를 그대로 반영하였다.

징은 다음과 같다.

첫째, 연구의 세부화와 다양화가 진행.

앞에서 언급한 것처럼, 1990년부터 1999년까지 지난 10년의 시간은 국내의 연구자들이 고려인 연구에 관심을 가지고 연구에 매진하여 연구논문 중심의 성과를 내었다면, 2000년 이후부터는 단행본 중심의 성과물이 양산되기 시작한 시점이다. 연구 동향 역시 세분화되고 다양화되어서 생활문화, 정체성, 고본질, 사회, 예술, 실태조사 등이 주제를 이루었다.

둘째, 연구자들의 분과학문 및 연구방법론상 특징.

비록 위와 같이 연구 동향이 세분화되고 다양화되었지만 이를 수행하는 연구자들은 인류학, 역사학, 사회학 등 기존의 분과학문을 바탕으로 고려인을 분석하였기 때문에 지역연구(area study)차원에서 어려운 점이 발견되었다. 그것은 러시아어 문제이다. 연구 대상인 고려인이 한국어보다는 러시아어를 대부분 구사하기 때문에 현지를 방문하더라도 통역을 통해서 자료를 수집할 수 있었으며, 구입한 문헌 역시도 러시아어가 대부분이기 때문에 해석과 분석하는 데 시간이 많이 필요로 하였다. 이러한 문제가 단행본의 질적인 문제를 야기한 것은 아니지만, 2000년 이후 성과물이 나오게 된 기본적인 원인으로 작용한 것은 분명하였다. 그러나 러시아, 카자흐스탄, 우즈베키스탄 등에서 수학한 연구자들이 배출되면서 공동 저술로 단행본이 발간되어 그 시간이 단축되기 시작하였으며, 이는 결국 단기간에 다양하고 풍부한 연구 성과가 나오는 계기로 작용하였다. 따라서 연구자들은 고려인 연구에 있어서는 학제 간 연구가 효율성을 높여준다는 점을 인식하게 되었다. 예를 들면, 지금도 국내연구자＋고려인 연구자, 분과학문＋소련 지역학 등과 같은 공동연구가 많이 진행되고 있는 것은 이를 반영하고 있다.

〈표 4.5〉국내에서 발간된 주요 고려인 연구: 단행본

1990년대	
1990	• 『쏘련의 한인들: 고려사람』/ 고송무
1991~1994: 연구 성과물이 없음	
1995	• 『까레이스끼, 또 하나의 민족사』/ 정동주
1996~1997: 연구 성과물이 없음	
1998	• 『그래도 고려인은 살아있다: 시베리아 횡단-러시아 역사기행』/ 강인철 • 『유라시아의 고려사람들』/ 이창주
1999	• 『회상의 열차를 타고: 고려인 강제이주 그 통한의 길을 가다: 강만길 역사기행』/ 강만길 • 『우즈벡스탄 한인동포의 생활문화』/ 국립민속박물관 • 『고려사람, 우리는 누구인가?』/ 한 세르게이 · 한 발레리, 김태항 역
2000년대	
2000	• 『까자흐스딴 한인동포의 생활문화』/ 국립민속박물관 • 『러시아 한인 강제 이주사: 문서로 본 반세기 후의 진실』/ 블라지미르 김, 김현택 역
2001	• 『우즈베키스탄 한인의 정체성 연구』/ 권희영 · Valery Han · 반병률 공저 • 『고려인이 사는 나라, 까자흐스딴: 한국인 최초의 현지 생활 체험기』/ 권영훈 • 『러시아 사할린 · 연해주 한인동포의 생활문화』/ 국립민속박물관 편
2002	• 『독립국가연합 고려인의 생활과 의식』/ 윤인진 • 『까자흐스딴의 고려인』/ 전경수 • 『소련지역의 한글문학: 국외 고려인 문단 조사』/ 이명재
2003	• 『독립국가연합(CIS) 고려인 사회연구』/ 한국외국어대학교 역사문화연구소 • 『독립국가연합 지역의 신흥 고려인사회 네트워크』/ 임영상
2004	• 『중앙아시아 초원의 유랑농업: 우즈베키스탄 고려사람의 고본지 연구』/ 권희영 · 한 발레리 • 『소비에트 중앙아시아 고려인 문학사: 1937~1991』/ 김필영 • 『러시아 한인 이주 140주년 기념관 건립 자료집』/ 동북아평화연대 연해주물결운동
2005	• 『소비에트시대 고려인의 노래: 정추 교수 채록, 1-3』/ 정추 • 『내 눈물에 당신이 흐릅니다: 대지의 슬픈 유랑자들, 연해주 고려인 리포트』/ 김재영 • 『고려인 디아스포라 문학연구』/ 장사선 · 우정권 • 『해외동포의 원류: 한인 고려인 조선족의 민족운동』/ 윤병석 • 『(소련 해체 이후) 고려인 사회의 변화와 한민족』/ 임영상 외 • 『러시아의 한인들: 뿌리 깊은 인연이여, 그 이름은 고려인: 김지연 사진집』/ 김지연

2005	• 『고려인 인구 이동과 경제환경』 / 남혜경 외 • 『조명희와 「선봉」: 망명 작가 조명희가 연해주에서 부른 조선의 노래』 ／우정권
2006	• 『고려인 기업 및 자영업 실태』 / 강명구 외 • 『김병화: 우즈베키스탄 불멸의 고려인 영웅』 / 성동기 • 『한민족 문화권의 문학: 미국 · 일본 · 중국 · 중앙아시아의 해외 동포문학, 2』 / 김종회 • 『재외 한인의 문화생활』 / 장윤수 외 • 『재외한인 여성의 사회경제활동』 / 이선미 외
2007	• 『동토의 디아스포라: 러시아 연해주지역과 한인들에 관한 사회학적 연구』 / 이채문 • 『독립국가연합의 한민족청소년 현황 및 생활실태 연구』 / 임영상 외 • 『러시아 · 중앙아시아 한상네트워크』 / 임채완 외 • 『재소고려인의 노래를 찾아서(Korean folk song in CIS), 1-2』 / 김병학 • 『한러 군사관계사』 / 심헌용
2008	• 『러시아 · 중앙아시아 한인의 역사, 상 · 하』, 국사편찬위원회 • 『(2008년도) 국외 집단 이주 한민족의 지역어 조사 보고서』 / 국립국어원 • 『소비에트 고려민족의 노래』 / 김보희 • 『무국적 고려인 문제에 대한 고찰과 정책 제언: 우크라이나 무국적 고려인을 중심으로』 / 이범관 • 『중앙아시아 고려인의 구전설화』 / 이복규
2009	• 『러시아 고려인 아리랑 연구』 / 진용선 • 『무국적 고려인 국적 취득 사업을 위한 현지조사 보고서: 러시아와 우크라이나를 중심으로』 / 이범관 • 『러시아 · 중앙아시아 한인의 역사: 자료집』 / 국사편찬위원회 • 『카자흐스탄의 고려인들 사이에서: 김병학 디아스포라 에세이』 / 김병학 • 『소비에트 시대 고려인 소인예술단의 음악 활동』 / 김보희
2010	• 『러시아 한반도 한민족통사: 한민족 유라시아 디아스포라 그리고 북한 정권 창출 전후 비사』 / 이창주 • 『(아무다리야의) 아리랑: 중앙아시아 고려인 시문학의 탈식민주의 연구』 ／강회진

2) 연구논문 분석

연구논문의 연구 동향과 특징은 1998년을 기점으로 나누어서 설명해야 한다.

먼저 1990년부터 1997년까지 국내에서 발표되고 게재된 연구논문을 분석하면 다음과 같다.

첫째, 초기 고려인 연구자들의 활약.

단행본을 분석할 때 언급한 것처럼, 국내 연구자들은 1990년 초기부터 연구 성과물을 발표하거나 게재하는 데 시기적으로 어려움을 가지고 있었다. 따라서 고려인 연구의 초기 단계에는 현지의 고려인 연구자들의 연구 성과가 주요한 역할을 하였다. 이들이 국내에 소개하는 자신들의 생생한 이주사는 국내 연구자들에게 참고문헌으로 역할을 하였으며, 이후 연구 동향에도 영향을 주었다.

둘째, 소수의 국내 연구자들의 활동.

이 시기에 선도적으로 고려인 연구를 소개한 국내 연구자들이 존재하였으며, 이들 역시 기존의 분과학문을 바탕으로 연구를 진행했다는 특징을 가진다.

다음으로 1998년부터 현재까지의 연구 동향과 특징을 살펴보면 다음과 같다.

첫째, 연구주제의 세분화와 다양화.

단행본의 경우와 마찬가지로 연구논문들의 주제가 세분화되고 다양화되기 시작하였다. 이것은 결국 지난 7~8년에 걸쳐 연구한 성과들로 인식해야 한다. 과거사, 정체성, 생활문화, 한글교육 등이 주가 되었는데, 특히 주목할 것은 현지 중심의 설문조사 결과가 연구논문으로 나타나기 시작한 점이다. 앞에서 언급한 것처럼, 기존의 분과학문 전공자와 현지의 지역 연구자들이 공동으로 설문조사를 실시하여 보다 실증적이고 현실적인 고려인 연구가 본격적으로 이루어졌다.

둘째, 연구 성과의 양적인 롤러코스트 현상.

표에서 나타나는 것처럼, 1998년부터 2002년까지 연구논문이 다양하게 양산되다가 이후부터 현재까지 성과물들이 급격하게 적어지는 롤러코스트석인 현상을 보인다. 물론 2005년에도 결과물이 나타나지만 이는 한국외대 임영상 교수를 중심으로 특정 연구소가 중심이 되어 배출한 성과물이 대부분이기 때문에 실제로 2003년부터 현재까지 고려인 연구는 진전을 보이지 못하고 있다고 해도 과언이 아니다. 이러한 점은 꾸준히 단행본이 나오는 것과 차이를 보이는 것인데, 그 원인은 국내 연구자들이 단기간에 고려인 연구를 집중적으로 조명하여 새로운 연구 동향을 찾고 있는 과도기적인 상황이라는 점, 이는 다시 말하면 10여 년에 걸쳐 수행된 고려인의 기본적인 연구가 이제 어느 정도의 수준에 올랐기 때문에 연구주제가 고갈되었다는 점과 일맥상통한다고 판단된다. 또 다른 원인은 국내에서 고려인 연구에 집중하기에는 연구 환경과 인적인 인프라가 여전히 부족하기 때문이다. 이러한 조건에도 불구하고 임영상(2005) 교수가 고려인＋문화콘텐츠를 접목시키는 새로운 시도를 제시하여 새로운 연구 방향을 소개하고 있는 것은 주목할 만한 점이다.

〈표 4.6〉 국내에서 발간된 주요 고려인 연구: 연구논문

1990년대	
1990	연구 성과물이 없음
1991	• "재쏘 고려인 교육의 력사적 과정" / 명월봉 / 『교육한글』 4, pp. 275-294 / 한글학회
1992	• "러시아內 '고려사람'의 역사 · 문화 · 언어: 러시아 한인연구 문헌사료 분석" / 金基晩 / 『전망』 72, pp. 63-72 / 대륙연구소 • "재소 고려인의 언어실태" / 명 드미트리 / 『통일한국』 106, pp. 88-92 / 평화문제연구소
1993	• "Anthroponymy of the Koryo Saram" / 김 게르만 / 『한국민족학연구』 1, pp. 133-144 / 단국대학교 한국민족학연구소 • "1920년대 초 연해주에서의 고려인의 민족운동; 김승빈과 남만춘의 자료를 중심으로" / 전 뷔또르 / 『韓國學研究』 5, pp. 187-197 / 仁荷大學校韓國學研究所
1994	• "소련한인과 강제이주에 관한 연구" / 심헌용 / 『소련의 한국학』 / 부산대 민족문제연구소
1995	• "경제체제 전환과정과 중앙아시아 고려인의 현황과 역할" / 沈義燮 / 『러시아研究』 3, pp. 134-151 / 大陸研究所

1996	• "中央아시아 韓人(高麗人)의 移住過程 및 生活相" / 金昌洙 / 『한민족공영체』 4, pp. 13-32 / 海外韓民族研究所 • "在蘇 高麗人의 思想意識의 變化" / 許眞 / 『한민족공영체』 4, pp. 33-43 / 海外韓民族研究所 • "러시아 '고려인'의 방황 어디서 끝나는가" / Yugai, G. A. / 『역사비평』 계간33호 통권35호, pp. 112-125 / 역사문제연구소
1997	• "한국과 터키의 대중앙아시아 국제협력전략: 특히 고려인 사회와 관련하여" / 심의섭 / 『韓國中東學會論叢』 17, pp. 457-461 / 韓國中東學會 • "재러시아 동포의 민족 간 결혼에 관한 고찰" / 김 게르만 / 『僑胞政策資料』 55, pp. 85-99 / 海外僑胞問題研究所 • "在 러시아 高麗人 教育實態에 관한 研究: 教育課程을 중심으로" / 최용학 / 『논문집』 9(1), pp. 303-325 / 평택대학교 • "러시아의 강제이주된 민족들 명예회복 정책" / 심헌용 / 『재외한인연구』 / 제8호 • "극동연해주에서의 러시아한인 민족자치주: 역사적 사실 및 전망" / 심헌용 / 『한국시베리아학보』 창간호 • "강제이주의 발생 메카니즘과 민족관계의 특성연구" / 심헌용 / 제39집 3호, 197-218.
1998	• "중앙아시아 高麗人의 民族的 獨創性" / I. G. 유가이 / 『在外韓人研究』 7(1998. 12), pp. 37-44 / 在外韓人學會 • "타지키스탄의 민족분쟁과 고려인" / 이애리아 / 『僑胞政策資料』 57, pp. 140-161 / 海外僑胞問題研究所 • "소련 지역 고려인 언론과 민족 정체성" / 김영기 / 『현대사회과학연구』 9, pp. 437-461 / 전남대학교사회과학연구소 • "韓人 强制移住의 歷史的 意義" / 한 막스 / 『在外韓人研究』 7, pp. 17-22 / 在外韓人學會 • "중앙아시아 韓人의 言語와 民族正體性" / 윤인진 / 『在外韓人研究』 7, pp. 63-120 / 在外韓人學會 • "카자흐스탄 高麗人의 民族關係 意識調査 보고서" / 명 드미트리; 박성정 譯 / 『在外韓人研究』 7, pp. 223-232 / 在外韓人學會 • "중앙아시아 고려인들의 남북한 통일에 대한 인식성향" / 임채완 / 『한국동북아논총』 9, pp. 145-166 / 한국동북아학회 • "중앙아시아 高麗人의 沿海州 再移住가 갖는 政治經濟的 意味" / 이종훈 / 『在外韓人研究』 7, pp. 121-130 / 在外韓人學會 • "중앙아시아 카자흐스탄 高麗人들의 社會問題" / 양원식 / 『在外韓人研究』 7, pp. 45-56 / 在外韓人學會 • "소련 고려인 강제이주와 연해주 귀환문제" / 전영섭 / 『시민과 변호사』 53, pp. 104-123 / 서울지방변호사회

1999	• "중앙아시아 카자흐스탄 고려인 사회의 어제와 오늘" / 梁元植 / 『한민족공영체』 7, pp. 277-284 / 海外韓民族研究所 • "카자흐스탄 국적법에 있어서의 '고려인'의 의미: 소련 국적법과의 비교의 관점에서" / 李雄賢 / 『평화연구』 8, pp. 109-122 / 고려대학교 평화연구소 • "우즈베키스탄 독립에 따른 고려인의 직업변화와 앞으로의 전망: 이빠드롬 앙케트 분석에 따라" / 성동기 / 『在外韓人研究』 8, pp. 87-110 / 在外韓人學會 • "한민족공동체(KC)와 독립국가연합(CIS) 고려인사회" / 柳學龜 / 『한민족공영체』 7, pp. 179-211 / 海外韓民族研究所 • "소련 · 러시아 민족주의와 연해주로의 고려인 재이주: 고려인, 남 · 북 · 러시아 공동발전방향" / 김종일 / 『民族問題研究』 7, pp. 57-75 / 京畿大學校附設民族問題研究所 • "우즈베키스탄 고려인들의 현황과 과제" / 김문욱 / 『정신문화연구』 74, pp. 163-191 / 韓國精神文化研究院 • "중앙아시아 고려인의 언어적 정체성과 민족의식" / 임채완 / 『국제정치논총』 39(2), pp. 317-338 / 韓國國際政治學會 • "극동연해주에서의 러시아한인 민족자치주: 역사적 사실 및 전망" / 심헌용 / 『한국시베리아학보』 창간호 • "강제이주의 발생 메카니즘과 민족관계의 특성연구" / 심헌용 / 『국제정치논총』 39(3), 197-218 / 한국국제정치학회 • "러시아의 강제이주된 민족들 명예회복 정책" / 심헌용 / 『재외한인연구』 제8호

2000년대	
2000	• "소련 사회주의체제 해체 후 카자흐스탄 종족민족주의(ethno-nationalism)의 부활과 고려인의 정체성" / 윤형숙 外 / 『비교문화연구』 6(1), pp. 3-62 / 서울대학교 사회과학연구원 비교문화연구소 • "중앙아시아 3, 4세대 고려인의 의식과 생활문화 변화" / 임영상 · 김상철 / 『국제지역연구』 4(4), pp. 187-222 / 한국외국어대학교 외국학종합연구센터 • "동북아 '접경지대' 연해주연해주와 한민족 다이아스포라(Diaspora)" / 심헌용 / 『한국시베리아연구』 4, pp. 111-147 / 배재대학교한국-시베리아센터 • "모스크바 고려인 3~4세대의 의식과 생활문화" / 황영삼 / 『外大史學』 13, pp. 53-83 / 韓國外國語大學校外國學綜合研究센터 歷史文化研究所 • "중앙아시아 민족주의 운동과 고려인 집단 정체성 문제" / 최한우 / 『아시아 태평양지역연구』 3(1), pp. 182-220 / 전남대학교 아시아태평양지역연구소 • "카자흐스탄 한인사회의 당면 과제 및 전망" / 김 게르만 / 『外大史學』 13, pp. 1-29 / 韓國外國語大學校外國學綜合研究센터 歷史文化研究所

2000	• "중앙아시아 고려인의 고본질" / 백태현·이애리아 /『비교문화연구』 6(1), pp. 63-131 / 서울대학교 사회과학연구원 비교문화연구소 • "중앙아시아 한인들의 한국어 연구" / 이기갑 外 /『한글』 247, pp. 5-72 / 한글학회 • "1937년 고려인 강제이주와 그 결과" / 韓 막스 /『한민족공영체』 8, pp. 262-272 / 海外韓民族研究所 • "고려인 집단의 정체성 문제" / 최한우 /『OK times』 88, pp. 18-26 / 해외교포문제연구소 • "상트-페테르부르그 고려인 3~4세대의 의식과 생활문화" / 방일권 /『外大史學』 13, pp. 85-133 / 韓國外國語大學校外國學綜合研究센터 歷史文化研究所 • "中央아시아 한인사회의 統合問題: 사회단체 활동을 중심으로" / 심헌용·최태강
2001	• "남부 우크라이나 고려인사회의 네트워크 형성 방안" / 임영상·방일권 /『역사문화연구』 15, pp. 27-74 / 韓國外國語大學校歷史文化研究所 • "재소련 고려인 문학의 정체성" / 정상진 外 /『民族發展研究』 6, pp. 289-317 / 中央大學校 民族發展研究院 • "카자흐스탄 '고려인' 농촌사회의 변화와 그 정체성 문제: 우쉬토베 지역 (까라탈 라이온)을 중심으로" / 白泰鉉 /『韓民族共同體』 9, pp. 94-130 / 海外韓民族研究所 • "한국의 IMF체제 이후 우즈베키스탄 고려인의 위상고찰과 접근방법론" / 성동기 /『在外韓人研究』 10, pp. 313-348 / 在外韓人學會 • "러시아 북까프까즈 고려인사회의 형성과정과 문화적 특성" / 김상철 /『역사문화연구』 15, pp. 75-100 / 韓國外國語大學校歷史文化研究所 • "소련의 해체와 중앙아시아 고려인" / 이준규 /『민족연구』 7, pp. 139-152 / 한국민족연구원 • "우즈벡 다민족 정책과 민족주의: 현재의 시대적 상황에 따른 고려인의 위상 재조명" / 성동기 /『在外韓人研究』 11, pp. 99-129 / 在外韓人學會 • "카자흐스탄 고려인의 농업관행에 관한 민족지적 고찰" / 김양주 /『社會科學研究』 20, pp. 7-18 / 培材大學校社會科學研究所 • "카자흐스탄의 체제 전환에 따른 민족의 정체성과 고려인의 역할" / 김중관 /『외교』 56, pp. 75-88 / 한국외교협회 • "CIS체제 이후 중앙아시아 지역 고려인의 생활 문화와 민족정체성: 현지 설문조사의 분석을 중심으로" / 강재식 /『亞太研究』 8(1), pp. 105-131 / 경희대학교아태지역연구원 • "연해주 농업개발과 고려인" / 이정식 /『韓民族共同體』 9, pp. 182-213 / 海外韓民族研究所 • "볼고그라드 한인 사회와 한국의 지원방안" / 유이정·안승헌 /『역사문화연구』 15, pp. 1-25 / 韓國外國語大學校 歷史文化研究所

2001	• "중앙아시아에 대한 선교적 접근" / 고무송 / 『선교와 신학』 7, pp. 211-232 / 장로회신학대학교출판부 • "알마티시 고려인들의 민족간 결혼 문제" / Kim, German / 『역사문화연구』 14, pp. 111-142 / 韓國外國語大學校 歷史文化研究所 • "중앙아시아 고려인 강제이주에 관한 연구" / 이원봉 / 『亞太研究』 8(1), pp. 75-104 / 경희대학교아태지역연구원 • "조선인의 러시아 이민사: 이민 초기의 쟁점과 현대적 의미" / 심헌용 / 『한국과 러시아 관계: 평가와 쟁점』 / 경남대 극동문제연구소 • "독립국가연합의 정치경제적 상황과 고려인의 당면과제" / 윤인진 外 / 『亞細亞研究』 44(2), 통권 106호, pp. 145-173 / 高麗大學校 亞細亞問題研究所 • "독립국가연합지역 한국학 진흥 방안 연구" / 임영상 / 『슬라브학보』 16(2)
2002	• "러시아 연해주 고려인 민족교육의 실태와 지원방향" / 최영표 / 『OK times』 109, pp. 42-53 / 해외교포문제연구소 • "국외 한글문학의 실체 연구: 소련의 고려인 문단을 중심으로" / 이명재 / 『人文學研究』 33, pp. 23-40 / 中央大學校 人文科學研究所 • "러시아 연해주 고려인의 민족정체성 조사연구" / 임채완 / 『統一問題研究』 14(2), 통권 38호, pp. 175-210 / 平和問題研究所 • "시베리아, 그 곳에 사는 사람들, 고려인들의 한이 서려 있는 삶의 현장" / 이길주 / 『한국시베리아연구』 5, pp. 203-207 / 배재대학교한국-시베리아센터 • "중앙아시아 고려인의 역사적 의미" / 윤이흠 / *Journal of korean studies* vol. 3, pp. 177-187 / Central Asian Association for Korean Studies • "러시아 지역의 한글문학 현황" / 이명재 / 『통일문학』 1(1), pp. 166-182 / 통일문학사
2003	• "CIS 및 발트지역 고려인 사회의 민간네트워크" / 임영상 / 『재외한인연구』 13(2)
2004	• "고려인연구와 영상물, 영상아카이브" / 임영상 / 『인문콘텐츠』 4 • "러시아 모스크바 지역의 한국학 연구" / 임영상 / 『역사문화연구』 20
2005	• "모스크바 고려인 사회의 현황과 한민족공동체" / 고가영 / 『역사문화연구』 특별호, pp. 927-962 / 韓國外國語大學校 歷史文化研究所. • "카작스탄 고려인 관련 영상물에서 나타난 고려인 주요인사 및 민족문화 관련 기관의 활동" / 김상철 / 『정신문화연구』 28(2), 통권 99호, pp. 57-85 / 한국학중앙연구원 • "변화하는 우랄-볼가지역 고려인 사회: 확장과 새로운 도전들" / 송준서 外 / 『역사문화연구』 특별호, pp. 891-926 / 韓國外國語大學校 歷史文化研究所.

2005	• "시베리아의 고려인 사회와 한민족" / 임영상 외 / 『역사문화연구』 특별호, pp. 805-852 / 韓國外國語大學校 歷史文化研究所. • "고려인 연구와 '문화원형 디지털콘텐츠화'" / 임영상 / 『러시아연구』 15(2), pp. 265-292. / 서울대학교 러시아연구소. • "시베리아의 고려인과 연구자: 크라스노야르스크의 물리연구자 김 표트르" / 임영상 / 『국제지역연구』 9(1), 통권 32호, pp. 289-330 / 한국외국어대학교 외국학종합연구센터
2006	• "민족문화자치제(National Cultural Autonomy)의 사상적 기원과 실제" / 심헌용 / 『한국과 국제정치』 22(4), pp. 185-219 / 경남대 극동문제연구소
2007	• "1930년대 소련 국가권력의 위기와 한인 강제이주" / 심헌용 / 『군사』 64 • "독립국가연합 고려인 연구와 영상콘텐츠의 활용" / 임영상 / 『인문콘텐츠』 10 • "타쉬켄트 주 고려사람 콜호즈의 변화: 상 치르치크 구 스베르들로프 콜호즈" / 임영상 / 『역사문화연구』 27 • "우즈베키스탄 타쉬켄트 주의 고려인 콜호즈들: 『레닌기치』(1938~53) 기사 분석" / 임영상 / 『역사문화연구』 26 • "고려인의 신이주와 NGO의 역할: 연해주와 볼고그라드" / 심헌용 / 『한국시베리아연구』 11(07-1)
2008	• "독립국가연합 고려인 청소년의 현황과 분석" / 임영상 / 『역사문화연구』 29
2009	• "우즈베키스탄 고려인의 전통명절과 문화콘텐츠" / 임영상 / 『재외한인연구』 20 • "우크라이나 고려인과 한-우크라이나 문화산업" / 임영상 / 『역사문화연구』 32
2010	• "우즈베키스탄 한민족박물관과 디지털콘텐츠화" / 임영상 / 『중앙아시아: 정치·문화』 / 대외경제정책연구원 • "타슈켄트의 신코리아타운 시온고 〈고려인마을〉과 한국문화" / 임영상 / 『글로벌문화콘텐츠』 5 • "타슈켄트 주 〈북쪽등대〉 콜호즈의 김 게오르기: 문화일꾼에서 한국어 교사로" / 임영상 / 『역사문화연구』 37 • "우즈베키스탄 고려인사회와 단오명절" / 임영상 / 『한민족공동체』 17 • "러시아·우즈베키스탄·북한, 그리고 다시 우즈베키스탄" / 임영상 / 『역사문화연구』 35
2011	• "재외한인사회와 디지털콘텐츠" / 임영상 / 『재외한인연구』 23 • "The Trans-National Ties of Koryeoins in Russia to Korea" / 임영상 / 『역사문화연구』 38

3) 학위논문 분석

학위논문이 가지는 연구 동향과 특징은 다음과 같다.

첫째, 현지 유학생 중심의 연구.

표에서 나타나는 것처럼, 국내에서 발표된 고려인 관련 학위논문은 현지에서 한국으로 유학 온 학생들의 것이 대부분이다. 비록 국내 후학들의 학위논문들이 있지만 다른 분과학문과 비교하면 그 수가 너무나 적다는 것을 부인하기 어렵다. 이러한 원인은 결국 후학들이 고려인 연구를 회피하는 것을 의미하는데, 학위 이후에 고려인 전문가로 활동하기에는 국내의 여건이 너무나 열악하다는 것을 인식하고 있기 때문이라고 판단된다.

둘째, 2004년 이후부터 본격적으로 학위논문이 나타나기 시작함.

비록 다른 분과학문과 비교하면 수적으로 적고 이후의 진로가 열악하지만 2004년부터 지속적으로 고려인 연구와 관련된 학위논문이 발표되고 있는 것은 주목할 점이다. 2004년은 국내의 고려인 연구가 어느 정도 단계에 올라있던 시점이고 교육기관에서 학생들을 지도하고 논문을 서술하기에 충분한 학문적 인프라가 갖추어진 시기이다. 그럼에도 불구하고 후학들에게는 여전히 고려인 연구가 관심을 받지 못하고 있다는 것은 분명하다.

〈표 4.7〉 국내에서 발간된 주요 고려인 연구: 학위논문

1990년대
1990~1992: 연구 성과물이 없음
1993 ● "한국의 북방정책에 관한 연구: 한인공동체 형성을 중심으로" / 이호창 / 고려대 정책과학대학원 / 석사
1994~1996: 연구 성과물이 없음
1997 ● "우즈베키스탄의 고려인 선교" / 송의광 / 長老會神學大 神學大學院 / 석사
1998~1999: 연구 성과물이 없음

2000년대	
2000~2003: 연구 성과물이 없음	
2004	• "러시아 블라디보스토크의 한인 이주 과정과 거주 특성" / 장은영 / 서울대 대학원 / 석사 • "카자흐스탄 고려인의 정체성 연구: 고려인 3·4세를 중심으로" / 김 빅토리아 / 한국외국어대 국제지역대학원 / 석사 • "우즈베키스탄 고려인의 음식문화와 정체성" / 정재윤 / 한국정신문화연구원 한국학대학원 / 석사 • "연해주 지역의 고려인 디아스포라 사회 특성에 관한 연구: 독일인 디아스포라와의 비교적 관점에서" / 김 나탈리아 / 서울대 국제대학원 / 석사
2005	• "중앙아시아 고려인의 재이주와 민족NGO의 활동" / 최이윤 / 이화여대 대학원 / 석사 • "한국의 재외동포 정책분석" / 황신용 / 고려대 정책대학원 /석사 • "우즈베키스탄 고려인들 위한 선교전략 연구" / 서정열 / 총신대 선교대학원 / 석사
2006	• "중앙아시아 고려인 사회 연구, 1938~1953: 「레닌기치」의 기사를 중심으로" / 이지은 / 한국외국어대 대학원 / 석사 • "중앙아시아 고려인 콜호즈의 구조와 운영(1924~1950): 카자흐스탄 알마-아타 주 카라탈 구를 중심으로" / 권주영 / 한국외국어대 대학원 /석사 • "소비에트 시대 고려인 소인예술단의 음악활동" / 김보희 / 한양대 대학원 / 박사 • "국가정책이 민족정체성에 미치는 영향에 관한 연구: 소련의 중앙아시아 고려인에 대한 정책을 중심으로" / 김지연 / 동국대 대학원 / 석사 • "1863~1910년까지 연해주로의 한인 이주와 그들에 대한 러시아의 정책: 러시아 국립 역사기록보관소 연해주지부 소장 문서를 중심으로" / 플로트니코바 마리나 / 한국학중앙연구원 한국학대학원 / 석사
2007	• "우즈베키스탄 민족정책과 고려인 민족정체성에 대한 연구: 고려인 설문조사 분석을 중심으로" / 임 율리아 / 전남대 대학원 / 석사
2008	• "우즈베키스탄 고려인의 건강증진행위와 건강관련 삶의 질" / 남승희 / 계명대 대학원 / 석사
2009	• "중앙아시아 고려인의 정체성 연구" / 문중호 / 서울교육대 교육대학원 / 석사 • "동반자 선교의 관점에서 디아스포라 교회개척 선교 연구: 카자흐스탄 고려인 디아스포라를 중심으로" / 박유석 / 장로회신학대 세계선교대학원 / 석사

| 2010 | • "중앙아시아 고려인 시문학 연구: 탈식민주의적 의식 양상을 중심으로" / 강회진 / 단국대 대학원 / 박사
• " CIS지역 고려인과의 문화예술교류 활성화 방안 연구: 카자흐스탄, 우즈베키스탄을 중심으로" / 엄혜진 / 상명대 문화예술대학원 / 석사 |

5. 고려인 연구의 방향과 향후 과제

1991년 소련 붕괴 이후 15개의 독립국에 이 지역에 존재하는 중앙아시아 5개국이 독립을 맞이한 지 20년이 되었다. 이 기간 동안 국내의 고려인 연구는 활발히 진행되었으며 그 성과 역시 상당한 수준에 도달하였다. 그 동안 국내의 고려인 연구는 크게 2단계로 나누어서 진행되었는데, 1단계는 과거지향적인 연구였으며, 2단계는 현재진행형 연구였다.

먼저 1단계는 세 부분으로 나누어 연구되었다.

● 고려인의 연해주 이주와 중앙아시아로의 강제이주와 관련된 역사적 분석이 연구되었다(고송무, 1990; 이창주, 1998; 심헌용, 1999; 김 블라지미르, 2000; 전경수, 2002).

● 고려인이 이주한 이후 발생한 전통문화의 변화를 분석하였던 문화사적 연구가 전개되었다(국립민속박물관, 1999, 2000; 김필영, 2004; 장사선·우정권, 2005).

● 사회학적 접근 방법을 통해 이들의 정체성이 분석되었다(권희영·한 발레리·반병률, 2001; 윤인진, 2002; 한국외국어대학교 역사문화연구소, 2003).

전체적으로 고려인 연구의 1단계는 철의 장막이 사라진 이후 국내에서 본격화된 고려인 연구였기 때문에 과거 지향적인 방법론이 대세를 이루었다고 평가할 수 있다. 이러한 작업들은 다양한 연구자들의 연구논문과 단행본으로 그 성과를 나타냈으며, 특히 2008년 국사편찬위원회에서 발간한 『러시아·중앙아시아 한인의 역사(상, 하)』를 통해 지난 기간의 연구 성과가 정리되었다고 판단된다.

고려인 연구의 2단계는 소련 붕괴 이후 체제전환기에 직면한 고려인 사회의 새로운 문제 이해와 그 해결책을 제시하는 시사적인 연구들도 나타났다. 예를 들면, 거주국의 민족주의 문제, 연해주 재이주 문제, 무국적 고려인 문제 등이 그것이다(권희영·한 발레리, 2004; 임영상 외, 2005; 이범관, 2008). 그리고 이와 연계되어 제시되었던 문제가 한국 정부의 지원 방안이었다. 그런데 이러한 문제들을 분석하기 위해서는 기존의 역사학, 문학, 사회학 등과 같은 분과학문과 달리 거주국의 특성과 관련된 지역학적 방법론이 바탕이 되어야 하기 때문에 연구에 어려움이 수반하였다.

지역학적 분석이란 거주국의 정치, 경제, 법, 그리고 언어 구사 등과 같은 다양한 지식을 통해 가능하다. 따라서 위와 같은 문제제기와 연구는 주로 고려인의 거주국에 다년간 체류하여 그 지역의 사정에 밝은 소수의 연구자들에 의해 이루어졌다. 비록 1단계의 연구자들보다 그 수가 적지만 2단계 연구의 성과 역시 국가의 정책에 반영되고 있기 때문에 그 가치가 높다고 할 수 있다.

그러나 고려인 연구가 20년을 넘어서는 지금에 또 다른 연구과제가 나타나고 있음을 주목해야 한다. 단기간에 걸쳐 1, 2단계로 상당한 연구 성과를 거두었지만, 고려인 사회가 신속하게 변화되는 것만큼 연구방향과 문제제기 역시 그와 보조를 맞추어 한다.

고려인 연구의 3단계라고 정의할 수 있는 새로운 연구 방향은 다음과 같이 나타나고 있다.

- **거주국의 지위 변화와 고려인 사회의 변화** : 국내의 고려인 연구에서 간과하고 있는 것 중에 하나는 거주국의 지위 변화를 받아들이지 못하는 데 있다. 여전히 소련 붕괴 이후 체제전환기의 혼란스러움에

고려인을 두고서 연구하고 있다. 특히 카자흐스탄의 경우는 이미 체제전환기를 지나 적응기에 접어들고 있으며, 비록 작년에 세계 금융위기로 어려움을 겪고 있지만 포스트 BRICs로 평가받을 만큼 경제성장을 달성하였다. 이처럼 거주국의 경제가 발전하면서 고려인 역시 새로운 변화를 맞이하고 있다. 과거와 같은 체제전환기의 시행착오에서 벗어나 자본주의 사회에서 성장하고 있다. 따라서 현재의 카자흐스탄 고려인이 가지는 의식과 정체성은 다르게 나타나고 있다. 이러한 사실을 주목하고 새롭게 이들을 조명해야 할 필요가 있다.

- 고려인 사회의 새로운 변화 : 거주국의 민족주의 정책으로 인해 연해주로 재이주하고 무국적자들이 나타나는 과거와 달리 현재의 고려인들은 이러한 과정을 겪어보고 들어왔기 때문에 새로운 선택을 하고 있다. 특히 이주의 유형이 달라지고 있다. 지난 몇 년 동안 러시아와 카자흐스탄이 급속도로 발전하였기 때문에 경제적 혜택과 거리감을 두고 있는 연해주가 아닌 위 국가를 중심으로 이주하고 있다. 게다가 고본질 중심의 농촌이 아닌 도시로의 이주가 대세를 이루고 있다.

- 고려인의 국제화 : 소련 붕괴 이후 고려인 연구는 러시아, 카자흐스탄, 우즈베키스탄 등 고려인이 집중적으로 거주하고 있는 국가를 중심으로 이루어졌다. 그러나 비록 소수이기는 하지만 위 3국 이외에도 발트 3국과 우크라이나 등 CIS지역에 고려인이 거주하고 있다. 이들에 대한 연구는 여전히 부족한 실정이다. 특히 거주국의 민족주의로 인해서 고려인이 자주 거주하는 러시아, 카자흐스탄, 우즈베키스탄으로 이주하는 현상이 나타나고 있으며, 특히 CIS를 떠나 유럽, 미국, 캐나다 등으로 이민을 가는 고려인이 나타나고 있다. 이러한 현상은 3단계의 고려인 연구에 필요한 연구주제라고 판단된다.

- 차세대에 대한 연구의 필요성 : 소련 붕괴 전후로 태어난 고려인을 '독립세대' 혹은 고르바초프의 '개혁·개방세대'라고 정의한다. 이들

은 소비에트체제를 경험하지 않은 민주주의와 자본주의 세대이다. 따라서 기존의 기성세대인 소비에트세대와는 다른 의식과 정체성을 가진다. 문제는 이들이 앞으로 고려인 사회의 주역으로 성장한다는 것이다. 결과적으로 현재 고려인 차세대 연구의 필요성은 상당히 중요하다고 여겨진다.

위와 같이 국내의 고려인 연구는 3단계로 접어들어야 한다(임채완, 2007; 임영상, 2007). 과거지향적인 기존의 연구를 바탕으로 현재 새롭게 변화되고 있는 고려인과 그 사회를 재조명할 시기가 이제는 되었다고 판단된다.

6. 결론

2011년에 국내의 고려인 연구는 20년이라는 세월에 접어들었다. 물론 앞에서 언급한 것처럼 소련 시기에 현지에서 연구한 것을 합치면 70여 년의 기간이 흘러갔다. 그러나 최근에 고려인 연구는 과거의 관심과 의무감에서 벗어나 정체된 현상을 보여주고 있다. 이것은 소련 붕괴 이전까지 접근하지 못했던 고려인 연구가 붕괴 이후 너무나 단기간에 숨을 고를 틈도 없이 상당한 성과를 이루었기 때문에 약간의 휴식기라고 치부할 수도 있다. 따라서 이러한 기간에 지난 우리의 고려인 연구를 정리하고 다시 한번 재도약기를 준비할 필요성이 있다고 판단된다.

고려인 연구는 시기적으로 다음과 같이 나뉠 수 있다.

- 1937년도 연해주 한인의 중앙아시아 강제이주 이후 스탈린 시기에 수행된 소련 연구자들 중심의 연구 단계
- 고르바초프의 '개혁과 개방'정책 이후 소련 고려인 연구자들을 중심으로 전개된 연구 단계. 이와 함께 서방과 일본에서 나타난 연해주

한인 연구

● 위의 연구 성과물들을 바탕으로 소련 붕괴 이후 진행된 국내외 연구자들의 연구 단계
● 고려인에 대한 새로운 연구 동향과 과제를 찾는 지금의 탐색 단계

고려인 연구는 위 시기에 맞추어 지역적 대상이 다르게 나타났다.

● 연해주 및 중앙아시아 중심
● 연해주 중심
● 러시아, 우크라이나, 중앙아시아, 카자흐스탄, 우즈베키스탄, 키르기스스탄 중심
● 전체 유라시아와 세계를 대상으로 하는 지구촌 중심

고려인 연구는 위 시기와 연구 대상 지역에 맞추어 분과학문별로 다음과 같은 연구 방법론을 가졌다.

● 소련 연구자들 중심의 인류학적 접근
● 고려인 연구자들 중심의 역사학적 접근 그리고 서방과 일본에서 나타난 역사학적, 법학적 접근
● 국내외 연구자들 중심의 다양한 분과학문적(인류학, 역사학, 사회학, 법학, 문학, 언어학, 해당 지역학 등) 접근
● 국내연구자의 IT를 활용하는 콘텐츠 중심의 접근

위와 같은 고려인 연구의 특징을 표로 정리하면 〈표 4.8〉과 같다.

국내외적으로 고려인 연구는 현재 정체된 상황에 직면해 있다. 그러나 이것은 앞에서 언급한 것처럼 새로운 연구를 찾기 위한 탐색기라고 할 수도 있다. 지금까지 고려인 연구가 과거와 현재를 찾고 분석하는 데 집중하였다

〈표 4.8〉 고려인 연구의 단계적 특성

단 계	1단계	2단계	3단계	4단계
연구단계	연구의 여명기	연구의 토대기	연구의 활성기	새로운 연구의 탐색기
연구주체	소련의 현지 연구자	소련의 고려인 연구자＋서방과 일본 연구자	현지 연구자＋고려인 연구자＋국내 연구자＋서방과 일본 연구자	국내 연구자
연구대상 지역	중앙아시아, 러시아(연해주)		중앙아시아 및 해당 국가들, 러시아, 우크라이나	중앙아시아 및 해당 국가들, 러시아
주요 분과학문	인류학	역사학	인류학, 역사학, 사회학, 법학, 문학, 언어학, 해당 지역의 지역학, 학제 간 연구	IT를 활용하는 콘텐츠학

면, 앞으로 고려인 연구는 잊혀지고 잃어버린 과거를 IT기술로 복원하고 콘텐츠화하는 새로운 방법으로 그리고 현재의 고려인 상황이 미래에 어떻게 변화될 것인지를 예상하고 현실적인 지원을 하는 데 집중되어야 할 것이다.

여기서 중요한 것은 고려인을 이제 연구자들만의 단순한 연구 대상이 아니라 변화하는 한국 사회로 끌어들이는 미래의 파트너로서 인식해야 한다는 점이다. 우리 사회는 다민족·다문화 사회로 들어가고 있으며, 저출산에 따른 노동력의 부족 현상으로 고민하고 있으며, 남북통일이라는 민족적 과제를 가지고 있다. 이렇게 급변하고 예측 불가능한 한국 사회를 이제는 우리와 고려인이 동시에 짊어지고 갈 시대가 되었다고 판단된다. 이를 위해서는 고려인 연구자들이 자신들의 과거와 현재를 연구하는데서 벗어나 한국이라는 모국을 연구해야 할 시기가 된 것이다. 따라서 고려인에 대한 새로운 우리의 연구과제와 함께 한국을 연구하는 고려인 연구자들도 증가해야 할 것이다.

참고문헌 _____

고송무(1984). 『쏘련 중앙아시아의 한인들』. 서울: 한국국제문화협회.

_____(1990). 『쏘련의 한인: 고려사람』. 서울: 이론과 실천.

국립민속박물관(1999). 『우즈벡스탄 한인동포의 생활문화』. 서울: 국립민속박물관.

_____(2000). 『카자흐스탄 한인동포의 생활문화』. 서울: 국립민속박물관.

권희영 · 한 발레리(2004). 『중앙아시아 초원의 유랑농업: 우즈베키스탄 고려사람의 고본지 연구』. 성남: 한국정신문화연구원.

권희영 · 한 발레리 · 반병률(2001). 『우즈베키스탄 한인의 정체성 연구』. 성남: 한국 정신문화연구원.

김필영(2004). 『소비에트 중앙아시아 고려인 문학사: 1937~1991』. 용인: 강남대학교 출판부.

김 블라지미르 저, 김현택 역(2000). 『러시아 한인 강제 이주사: 문서로 본 반세기 후의 진실』. 서울: 경당.

심헌용(1999). "강제이주의 발생 메카니즘과 민족관계의 특성연구". 『국제정치논총』 제39집 3호.

_____(2005). "러시아/CIS한인(고려인) 이주정착사 연구경향". 『재외동포사회의 역 사적 고찰과 연구방법론 모색』. 과천: 국사편찬위원회.

윤인진(2002). 『독립국가연합 고려인의 생활과 의식』. 서울: 고려대학교 출판부.

이범관(2008). "무국적 고려인 문제에 대한 고찰과 정책 제언: 우크라이나 무국적 고 려인을 중심으로". 이범관 의원실.

이창주(1998). 『유라시아의 고려사람들』. 서울: 명지대학교 출판부.

임영상 외(2005). 『(소련 해체 이후)고려인 사회의 변화와 한민족』. 서울: 한국외국 어대학교 출판부.

_____(2007). 『독립국가연합의 한민족청소년 현황 및 생활실태 연구』. 서울: 한국청 소년정책연구원.

임채완 외(2007). 『러시아 · 중앙아시아 한상네트워크』. 서울: 북코리아.

장사선 · 우정권(2005). 『고려인 디아스포라 문학연구』. 서울: 월인.

전경수(2002). 『까자흐스딴의 고려인』. 서울: 서울대학교 출판부.

한국외국어대학교 역사문화연구소(2003). 『독립국가연합(CIS) 고려인 사회연구』. 재 외동포재단.

한 세르게이 미하일로비치 · 한 발레리 쎄르게이비치 저, 김태항 역(1999). 『고려사 람, 우리는 누구인가?』. 서울: 高談社.

岡奈津子(1998). 「ソ連における朝鮮人強制移住：ロシア極東から中央アジアへ」. 『岩

波講座世界歴史第24巻 解放の光と影 1930年代－40年代』. 岩波書店.

李愛俐娥(2002).「中央アジア少数民族社会の変貌－カザフスタンの朝鮮人を中心に」. 昭和堂.

李愛俐娥(1999).「カザフスタンの独立と朝鮮人社会の変化」.『中央アジア乾燥地における大規模灌漑農. 業の生態環境と社会経済に与える影響－1998年調査報告書』. JRAK調査報告書 No.7. 日本カザフ研究会(12月) 57-92.

Ginsburgs, George. (1976). "The Citizenship Status of Koreans in the U.S.S.R.: Post-World War II Developments". *Journal of Korean Affairs* 6(1): 1-16.

Hara, Teruyuki. (1987). "The Korean Movement in the Russian Maritime Province, 1905-1922". In Dae-Sook Suh(ed) *Koreans in the Soviet Union*. Honolulu: Center for Korean Studies, University of Hawaii, 1987.

Huttenbach, Henry R. (1993). "The Soviet Koreans: Products of Russo-Japanese Imperial Rivalry". *Central Asian Survey* 12(1): 59-69.

Kho, Songmu. (1987). *Koreans in Soviet Central Asia*. Helsinki: Finnish Oriental Society.

Kim German · King, Ross(ed). (2001). "Koryo Saram: Koreans in the former USSR". *Korean and Korean American Studies Bulletin* 12(2/3): 19-45.

King, Ross. (2001). "Blagoslovennoe: Korean Village on the Amur, 1871-1937". *The Review of Korean Studies* 4(2): 133-176.

Kolarz W. (1954). *Peoples in the Far East*. New York: Praeger.

Liushkov G. S. (1939a). "I criticize Soviet Socialism". *Gekkan Roshia* 5.

_____. (1939b). "The Army of the Far East". *Kazio* 9.

Oka, Natsuko. (2000). "Deportation of Koreans from the Russian Far East to Central Asia". In Komatsu Hideo, Obiya Chika, and John S. Schoeberlein(ed). *Migration in Central Asia: Its History and Current Problems*. Osaka: The Japan Center for Area Studies, National Museum of Ethnology.

Stephan J. J. (1978). *The Russian Fascists: Tragedy and Farce in Exile, 1925-1945*. London: Hamish Hamilton.

Stephan J. J. (1992). "Cleansing the Soviet Far East, 1937-1938". *Acta Slavika Iaponica* 10: 43-64.

_____. (1994). The Russian Far East: A History. Stanford: Stanford University Press.

Wada, Haruki. (1987). "Koreans in the Soviet Far East, 1917-1937". In Dae-Sook

Suh(ed) *Koreans in the Soviet Union*. Honolulu: Center for Korean Studies, University of Hawaii.

Бугай Н. Ф., Пак Борис Н. (2004). *140 лет в России*(러시아에서의 140년), М., Сеул.

Бугай Н. Ф., Сим Хон Ёнг (2004). *Общественные объединения коре йцев России. Конститутивность, эволюция, признание*, Москва-Сеул, Новый хронограф.

Ким Сын Хва. (1965). *Очерки по истории советских корей цев*. Алма -Ата: Наука.

Левин М. Г. (1949). Антропологический тип корей цев// *Краткие со общения Института этнографии*. Т. VIII . М; Л.

■ **성동기** 인하대학교 국제관계연구소 연구교수. 우즈베키스탄 과학아카데미 역사연구소에서 역사학 박사 취득. 부산외국어대학교 중앙아시아어과 겸임교수, 한국외국어대학교 중앙아시아연구소 초빙연구원. 주요 연구물은 『우즈베키스탄 불멸의 고려인 영웅 김병화』(재외동포재단, 2007), "한반도 통일을 위한 우즈베키스탄과 해당국 고려인들의 역할 가능성 제고: 현황과 과제를 중심으로"(2010), "중앙아시아 고려인 이주의 새로운 유형 고찰: 우즈베키스탄과 카자흐스탄을 중심으로"(2010) 등. 이메일 주소: tassdk@hanmail.net

■ **심헌용** 군사편찬연구소 선임연구원, 러시아연방 과학아카데미 러시아역사연구소에서 정치학 박사 학위 취득. 우즈베키스탄 국립타쉬켄트대 사회학센터 초빙연구원, 서강대학교 사회과학연구소 상임연구원, 국사편찬위원회 편찬자문위원. 주요 연구산물은 "Динамика демографических изминений расселения корей цев на Дальнем Востоке России (вторая половина XIX-XX в.)"(모스크바, 1995), "К истории общественных корей ских организаций в России в первой четверти XX века"(모스크바, 1998), "강제이주의 발생 메카니즘과 민족관계의 특성연구"(1999), Обществе нные объединения корей цев России(공저, 2004),1937 год. Россий ские корей цы. Примо рье - Центральная Азия - Сталинград. Депортация(공저, 20040, "민족문화자치제(National Cultural Autonomy)의 사상적 기원과 실제"(2006), 『한러군사관계사』(2007), "К истории корей ских общественных организаций в России в первой четверти XX века(알마티), 『동북아의 이주와 초국가적 공간』(공저, 2010) 등 다수. 이메일 주소: simeurasia@sogang.ac.kr

제5장
재일코리안 연구

임영언 · 김인덕

1. 연구목적

최근 일본에서 글로벌 시대의 도래와 한류의 열풍이 거세지면서 재일코리안에 대한 관심도 지속적으로 증가해왔다. 이러한 시대적인 흐름에 영향을 받아 재일코리안 분야의 연구도 괄목할만한 성장을 거두었으며 특히 젊은 연구자들의 활약도 두드러지고 있다. 이 연구의 목적은 1945년 해방 전후부터 2010년 현재에 이르기까지 재일코리안 연구의 추세와 동향을 정리하는 데 있다.[1]

그동안 재일코리안 연구 분야는 재일코리안 출신의 학자들이 주로 연구하는 마이너리티 학문으로서 제대로 평가받지 못한 학문 분야이기도 하고 아직까지도 실질적인 제자리를 잡고 있지 못한 측면도 없지 않다. 그러나

---

1   이 연구에서 '재일코리안'이란 용어는 재일교포, 재일동포, 재일한인, 재일조선인, 재일한국인, 재일한국 · 조선인, 재일한조선인, 재일(자이니치) 등을 포함하는 포괄적인 의미로 사용하고자 한다.

최근 세계 글로벌화의 일련의 시대적 흐름과 학문적 필요성에 따라 각 대학과 학회들이 관심을 갖기 시작하면서 재일코리안 연구는 양적으로나 질적으로 급속한 발전을 거듭해오고 있다.

재일코리안 연구는 1970~80년대를 지나면서 주로 일본어학이나 교육, 문학, 역사 등에 편중되어온 측면이 없지 않다. 하지만 80년대 이후 재일코리안 연구 분야에서 괄목할 만한 연구업적을 남긴 연구자도 점차 증가하고 있다. 특히 1990년 이후 일본의 글로벌화와 더불어 재일코리안 연구도 다양하게 전개되었다.[2] 일본에서의 재일코리안 연구의 영향에 힘입어 한국에서도 90년대 중반 이후 역사는 물론이고 사회, 정치, 경제, 문화, 교육, 인권 및 법적지위, 이민정책 등 다양한 학문 분야로 확대되어 왔다.

특히 1980년대 이후 재일코리안 연구는 인류학적 관점에서 전통 및 생활문화, 구술사적 관점에서 인물사상, 정치경제, 사회문화적 관점에서 축제와 복지제도, 재일코리안의 이민사 등 다양한 분야에서 활발히 진행되어 왔다. 하지만 1980년대 이전까지만 해도 재일코리안 연구는 소수의 일본인 연구자와 재일코리안 연구자에 의해서 명맥을 유지해왔다고 볼 수 있다. 재일코리안 연구자들 중 연구자 1세대들을 꼽으면 역사학적인 관점에서 재일코리안을 연구해 온 학자로서 박재일, 박경식, 강덕상, 강재언, 하타다다카시(旗田巍), 카지무라히데키(梶村秀樹), 이누마지로(飯沼二郎) 등을 들수 있다. 그러나 최근에는 일본의 다문화 시대 도래와 한류의 영향 등에 힘입어 사회문화적 관점에서 재일코리안 2세와 뉴커머 한국인 연구자들이 가세하여 재일코리안 사회에 대한 관심을 가지기 시작하면서 연구의 범위를 확대시켜 왔다.

해방이후 재일코리안의 역사가 65년이 경과되면서 일본 현지에서 재일코리안들이 생산한 문화자원, 즉 문헌이나 자료들이 상당히 축적되어 왔다.[3] 재일코리안 관련 문화자원의 대부분은 일본 관동이나 관서지방을 중

---

2 福岡安則・金明秀, 『在日韓国人青年の生活と意識』(東京大学出版会, 1997), pp. 2-3.
3 여기에서 재일코리안 디아스포라 문화자원이란 재일코리안이 1945년 해방 이후 일본 현지

심으로 집중적으로 보존되어 있다. 관동지역에서는 도쿄조선장학회도서관, 도쿄사이타마현 아리랑문화센터, 가와사키 후레아이관, 민단역사자료관이나, 재일조선인역사연구소 등에 약 4만권, 관서지역에서는 시가대학 도서관 박경식 문고에 약 10만권쯤 소장되어 있는 것으로 나타났다. 이들 자료는 해방이전 조선총독부의 식민지 조사자료, 해방이후 한국이나 북한에서 출판된 자료들을 대거 포함하고 있다. 이 중에서 해방이후 일본인이나 한국인에 의해 집필된 재일코리안 관련 단행본은 약 4,000권으로 파악되고 있다.[4] 재일코리안 연구는 아직 관련 자료의 정확한 통계적 수치나 내용 등이 명확히 정리되어 있지 않은 상황에서 재일코리안 1세~2세들의 고령화와 재일 3세~4세의 귀화가 급속도로 진행 중에 있다.

재일코리안 사회의 이러한 급격한 변화와 추세에 따라 재일코리안의 귀중한 문화자원인 생생한 역사기록물과 가치 있는 연구 자료들이 망실되고 사라지기 전에 재일코리안 연구자들의 지속적인 관심과 역사자료 보존을 위한 체계적인 정리가 어느 때보다도 절실히 필요한 시기이다.

따라서 이 연구에서는 재일코리안들이 100년 동안 현지에서 생산한 방대한 문화자원의 극히 일부분에 지나지 않겠지만 재일코리안 연구사의 정리를 처음으로 시도한다는 점에서 상당히 의미 깊은 연구가 될 것이다. 여기 한정된 지면에서 재일코리안들이 1945년 해방 전후부터 현재까지 축적한 연구성과를 모두 언급하기는 힘들지만 한일 양국에서 발행된 재일코리안 관련 연구 자료들 중에서 사회과학 분야의 주요 연구논문과 저서를 중심으로 내용을 개괄하고 분석하는 데 초점을 두고자 한다.

에서 생산한 출판물이나 기록물에 한정하고 있다. 그러나 연구의 분석내용에 있어서는 일본인이나 한국 학자들이 생산한 출판물들도 일부 포함하고 있다. 디아스포라는 1990년대 초국적 글로벌 시대 이후 이주노동자, 무국적자, 다문화 가족, 언어의 혼종성 등이 일반화되면서 현재 국제이주, 망명, 난민, 이주노동자, 민족공동체, 문화적 차이, 정체성 등을 아우르는 포괄적인 개념으로 사용되고 있음.

4   2008년 8월에 실시한 현지조사에서 재일한인역사자료관 연구원 인터뷰 내용의 일부임.

2. 연구의 이론적 배경 및 선행연구 검토

이 연구는 재일코리안들이 1945년 해방 전후 현지에서 생산한 문화자원인 연구사를 중심으로 국내에서 생산된 연구사와 비교를 통하여 65여 년에 달하는 재일코리안 연구사를 조망하는 데 있다. 일제강점기 조선인들이 본격적으로 일본으로 도일하기 시작한 것은 1910년 한일합방 이후의 일이지만 실제적으로 일본의 패망과 해방이후 재일코리안 단체나 공동체의 설립, 한반도와의 관계설정에 의해 연구들이 진행되어 왔다. 특히 이 연구에서 다루고자 하는 문제의식은 1945년 이후 시기별로 재일코리안 연구사 정리를 시도한다는 점에서 한일관계사의 굴곡도 중요한 부분을 차지하겠지만 연구내용이 일본 내의 재일코리안의 사회적 지위나 법적지위에 의해 특징 지워진다는 점을 염두 해 둘 필요가 있다.

그러나 글로벌 시대 이후 재일코리안 사회의 민족차별이 완전히 소멸되지 않은 상황에서 신세대의 귀화 등에 의한 '탈민족화'의 가속과 함께 현지사회의 귀속의식을 부정하고 디아스포라적 관점을 강조하는 '재민족화'의 움직임도 여전히 존재한다는 점을 간과해서는 안 될 것이다. 과거 재일코리안 연구는 그 내용이 강제추방, 차별, 피해자의식 등 부정적인 이미지가 강했지만 최근 연구에서는 문화적 혹은 정치적으로 긍정적인 의미를 부여하려는 움직임이 강조되기 시작했다는 점이다.[5] 따라서 과거의 민족차별이라는 부정적인 재일코리안의 의미가 최근에는 교통수단과 정보통신의 발달로 초국적인(Transnational) 문화교류나 그들 고유의 자문화유지에 중점을 두고 있다는 점에서 문화적 측면에서 연구접근은 향후 중요한 연구의 제로 등장될 가능성을 쉽게 짐작할 수 있다. 왜냐하면 글로벌 시대 재일코리안들이 이전에 비해 정보통신의 발달로 현지에서 문화적 차별이 완화되기는 했지만 여전히 차별이 존재하거나 부활될 가능성이 충분히 잠재되어

---

5   이상봉, 「디아스포라와 로컬리티 연구(硏究): 재일(在日)코리안을 보는 새로운 시각(視角)」, 『韓日民族問題研究』(2010), p. 110.

있기 때문이다. 이러한 연구관점에서 재일코리안 역사와 재일코리안에 대한 존재론적 시각에서 디아스포라적 관점을 강조하는 대표적인 연구로는 소냐량(ソニア·リャン, 2005), 김우자(金友子, 2007), 김성제(金性濟, 2007) 등을 들 수 있을 것이다.[6]

그러나 초국적인 글로벌 시대 재일코리안 연구는 디아스포라 집단의 국경을 초월한 이동의 경험과 정체성의 변화라는 의미론이나 존재론적 관점에서 탈피하여 실질적으로 그들이 현지에서 생산한 문화나 문화 활동에 주목하여 과연 디아스포라 문화가 어떤 의미를 지니고 있는가? 라는 새로운 시각에서 접근할 필요성이 대두되고 있다. 디아스포라 문화에 대한 이러한 인식은 사프란(Safran, 1991)의 이론을 한층 발전시킨 퇴뢰리안(Tölölian, 1996)으로 디아스포라집단 속에 내재된 가치관이나 행동양식에서 배양된 특정한 민족의식을 구성요소로 하는 집단으로 정의한 것으로부터 이들 집단의 특성이 배어있는 생산된 모든 문화자원으로 간주할 수 있는 것들로서 이후 계속해서 정초되어 왔다.[7]

재일코리안의 존재는 긴 역사를 지니고 있지만 문화자원으로서 디아스포라 문학이나 문화담론이 중요한 화두로 등장한 것은 최근의 일이며 이들 연구는 크게 세 가지로 구분 가능하다. 첫째는, 이러한 연구의 연장선상에서 재일코리안 디아스포라의 문학연구[8]가 최근 활발하게 전개되어 온 것도 같은 맥락에서 생각할 수 있을 것이다.[9] 가령 재일코리안 디아스포라의 문학에 대한 연구[10]는 2000년대 들어 손지원(2003), 하상일(2006), 윤의섭

---

6   최영호, 「재일교포사회의 형성과 민족 정체성 변화의 역사」, 『한국사연구』 140(2008), p. 95.
7   임채완·전형권, 『재외한인과 글로벌네트워크』(한울아카데미, 2006), pp. 28-32.
8   허명숙, 「특집: 제32회 정기 학술대회(2008.11.22, 서울대학교): 다문화주의와 한국 소설; 민족 정체성 서사로서 재일동포 한국어 소설」, 『현대소설연구』 40(2009), p. 105.
9   전북대학교 재일동포연구소 편. 『재일동포문학과 디아스포라』 1~3권(제이앤씨, 2008).
10 고봉준, 「재일조선인 문학에서 "기억"과 "망각"의 문제: 재일 2세대와 3세대 문학을 중심으로」, 『우리어문연구』 30집(2008), pp. 12-13. 이 연구에서 고봉준은 재일코리안 디아스포라 문학 세대를 1세대~3세대로 구분하고 있다. 제1세대(김달수, 김석범, 허남기, 김시종, 김태생), 제2세대(이회성, 김학영, 고사명), 제3세대(이양지, 유미리, 원수일, 시기사와 메구무, 이기승).

(2007), 김웅교(2008), 하상일(2009) 등에 의해 연구가 본격화되기 시작하면서 비교적 활발하게 진행되어 왔다.[11] 둘째는, 디아스포라의 생활문화의 세계인데 재일코리안 100년 역사가운데 이들이 생산한 문화자원은 워낙 범위가 넓고 방대하기 때문에 제3장에서 자세히 다루기로 하고 재일코리안 디아스포라 문학연구는 전술한 연구자들에 의해 현재 산발적으로 진행되고 있기 때문에 향후 과제에서 따로 다루기로 한다. 셋째는, 1945년 전후 일제시대 재일조선인(사)에 대한 연구로 김인덕(1996)과 정혜경(1996) 등을 통해 연구 동향이나 성과를 파악할 수 있다. 여기에 대해서는 제4장에서 자세히 다루기로 한다. 본 연구는 연구범위를 지금까지 다루어지지 못한 재일코리안 연구를 가늠할 수 있는 재일코리안의 생활문화와 조선인사(운동사)에 관련된 연구에 한정하여 해방 전후 재일코리안 연구의 전반을 아우르는 총제적인 특징과 내용을 살펴보고자 한다.[12]

3. 재일코리안 시대별 연구 분석

그러면 재일코리안 디아스포라의 가치관과 정서, 그리고 행동패턴을 대변하는 문화자원인 그들의 연구사에 대하여 시대별로 분석하고자 한다. 이에 대해서는 1945년부터 2000년 현재까지 진행되어 온 재일코리안 연구사의 변천 과정을 연구자 및 연구주제별로 정리하여 살펴볼 것이다. 해방

---

11 하상일, 「재일 디아스포라 시인 남시우 연구」, 『한민족문화연구』(2010), p. 292; 손지원·사에구사 도시카쓰외, 『한국 근대문학과 일본』(소명출판, 2003); 하상일, 「해방 직후 재일조선인 시문학 연구: 허남기의 시를 중심으로」, 『우리말글』 37집(2006); 김웅교, 「재일 디아스포라 시인 계보」, 『인문연구』 55호(2008); 하상일, 「재일디아스포라 시인 허남기 연구」, 『비평문학』 34호(2009); 윤의섭, 「재일동포 강순 시 연구: 『강순 시집』을 중심으로」, 『재일동포 한국어문학의 전개양상과 특징 연구』(국학자료원, 2007); 김학렬, 「재일 민족시인 강순: 시집 『강바람』, 애통과 사랑과 격정의 세계」, 『한흙(大地)』 여름호와 겨울호(2009).
12 김인덕, 「일본 지역 독립운동에 관한 연구의 회고와 전망」, 『한국사론』 26(1996); 정혜경, 「식민지시대 노동운동사연구의 현황과 과제」, 『한국근현대사연구』 4(1996) 참조.

전후 65년이 경과된 재일코리안 연구는 남북한, 일본 등의 정치 상황과 국제적 역학관계에 따라 상당한 변화를 경험하였다.[13] 따라서 이 연구에서 재일코리안 연구사를 시기별 10년 단위로 구분하여 분석하는 이유는 일본 현지에서 각 시대별 주요사건과 재일코리안의 삶이 밀접하게 연동되어 있기 때문이다.

먼저 1945년~1960년대는 한일회담과 이승만 라인문제가 한일간의 주요 이슈로 부상하였고 재일코리안 이주사에 관한 종합적인 실태연구나 법적지위도 쟁점화 되는 시기였다. 1960년대는 한일회담재개와 반대분위기, 재일코리안 자본과 기술의 국내도입, 1959년부터 시작된 북송사업들이 이 시대의 중요한 연구의제를 선점하였다. 1970년대는 한일회담성립 이후 나타난 문제, 재일코리안의 법적지위, 민단과 총련의 이데올로기 대립 격화 등이 주요문제로 대두되었다.

1980년대에는 재일코리안들에 의해 민족차별 반대운동이 본격화되면서 재일동포의 인권과 권리문제, 80년대 후반부터는 재일코리안 3~4세의 민족정체성의 약화가 주요 의제로 등장하였다. 1990년대에는 재일코리안에 대한 법적지위를 둘러싼 정치적 공방과 지방참정권 문제, 글로벌 시대 한상(한교) 차원에서 재일코리안 기업연구, 민족단체나 민족교육 연구 등 한국 내에서 재일코리안 연구가 본격적으로 시작된 시기이기도 하다. 2000년대 이후에는 초국적인 글로벌 시대 도래로 연구주제도 재일코리안 탈민족화 현상과 민족정체성, 디아스포라 관점에서 재일코리안 연구, 재일코리안과 민족공생, 재일코리안 글로벌네트워크, 한류현상 등으로 다양화되기 시작하였다. 그러면 재일코리안에 관한 각 시기별 주요 연구의제와 내용에 대하여 일본에서의 재일코리안의 연구내용을 중심으로 한국에서의 연

---

13 한승옥 외, 『재일동포 한국어문학의 민족문학적 성격 연구』(국학자료원, 2007), p. 377. 재일코리안 디아스포라 문학을 모니타노 1960~1970년대는 민속교육문제, 한일회담의 문제점 비판, 국적문제, 그리고 1980년대는 광주민중항쟁이나 주한미대사관 방화사건등이 집중적으로 나투어졌다. 1990년대는 이데올로기적 대립에서 벗어나 재일코리안의 일상문제에 시선이 집중되고 있음.

구사와 비교하면서 상세히 살펴보도록 하자.

1) 1945~1960년의 연구

이 시기의 재일코리안 연구는 한일회담 반대 분위기와 이승만 라인(평화
선 문제), 재산청구권, 재일교포 법적지위, 재일교포 북송문제 등을 분석하
거나 논의하는 저서와 논문들이 많이 생산되었다.

1945년 해방이후 재일교포들은 1946년 거류민단 창단이후, 1948년 한
신교육투쟁, 1952년 샌프란시스코 강화조약[14], 1955년 조총련 결성, 1957
년부터 시작된 북한의 교육원조금지원, 1959년 재일동포의 북송 등 재일
코리안 사회가 복잡하게 전개되고 있었다. 이러한 시대적 상황을 반영하
여 일본에서의 재일코리안 연구는 정철(1945), 일본 공안조사청의 조사자료
(1953), 박재일(1957), 권일(1959), 재일한국인 경제인연합회(1959), 민단(1959) 등
에서 해방이후 재일코리안의 실태와 현황, 재일코리안 상공업자의 실태 등
에 초점을 두었다. 대표적인 연구로는 박재일(1957)[15]의 '재일조선인에 관한
종합조사 연구', 이유환(1960)의 '재일한국인 50년사: 발생인의 역사적 배경
과 해방 후의 동향' 등이다[16]. 이들 연구에서는 한국으로부터 일본 이주동
기와 입국과정 및 정착구조, 재일한국인의 역사적배경과 인구학적 특성,
직업구성, 생활구조 및 교육에 대한 사회 환경적 조건문제와 재일한국인의
사회적 적응경향(분리적 경향과 동화·공존적 경향을 포함)에 대해 상세히 분석하고
있다. 또한 박재일(1957)의 연구는 재일코리안 초·중·고등학교 교육에 중
점을 두고 있다면 1960년대 박강래(1963)의 연구는 보다 구체적인 재일코리

---

14 1952년까지 재일코리안은 일본국적자이면서 실질적으로는 외국인 취급을 받았던 기간으로
    일본은 GHQ 점령군의 지배하에 샌프란시스코 강화조약이 발효될 때까지 일본국적 유지를
    인정하면서도 외국인등록령(1947)을 실시하여 조선인을 외국인으로 취급하여 참정권 권리
    의 발동이 사실상 정지되었음.
15 朴在一, 『在日朝鮮人に関する総合調査研究』(新紀元社, 1957).
16 李瑜煥, 『在日韓国人の五十年史: 発生因における歴史的背景と解放後における動向』(新樹物
    産, 1960).

안의 교육과정에 관한 자료를 제시하고 있으며 유치원, 양호학교, 각종 학교, 대학교 등에까지 확대하고 있다.

한국에서의 재일코리안 연구는 외무부의 재일코리안의 법적지위(1959), 이한기의 이승만 라인과 재산청구권문제(1953), 배재식의 평화선문제(1955), 이한기와 유진오(1959)의 재일교포 북송문제가 중심을 이루고 있다.[17] 이 시기의 가장 특징적인 연구로는 이한기(1959)의 재일교포의 국제법적 지위에 관한 연구로서 이 분야의 이론적 근거를 제시한 것으로 평가할 수 있다.

1950년대 재일코리안 연구에 주목할 만한 것은 같은 해 10월에 조선학회가 결성되고 1951년 하타다타카시(旗田巍)의 '조선사', 1957년에는 박경식·강재언의 '조선의 역사'가 출판되었다는 점이다.[18] 이것을 계기로 일본에서 조선근대사관계의 연구가 본격적으로 출현하기 시작하였다. 1960년대, 특히 65년 한일조약 체결전후부터 조선사연구는 양적으로나 질적으로 증가하였으며 1959년 '조선사연구회'가 결성되면서 재일코리안 사회에서 한일역사가들에 의한 조선사연구가 획기적인 발전을 이룩하게 되었다.[19] 1960년대 당시 일본에서 조선사 연구관련 잡지편집학회와 발행처를 정리하면 〈표 5.1〉과 같다.[20]

이 시기의 재일코리안 연구의 주요 의제는 1952년부터 시작된 한일회담이 제4차까지 진행되어 '재일교포의 법적지위(1958)'을 많이 다루고 있지만 한국 정부의 '해외교포분포현황(1954)', 재일교포의 실태(1961)조사에 대한 연구서들도 출간되었다.

---

17 김봉섭, 「특집: 각국의 재외동포정책; 한국 재외동포 정책 10년의 회고와 전망」, 『한국민족연구원』(2009), pp. 8-9.
18 朝鮮史硏究会編集, 「日本における朝鮮史硏究の軌跡と課題」, 『朝鮮史硏究会論文集文集』 No.17(龍渓書舍, 1980), p. 28.
19 朝鮮史硏究会編集, 「日本における朝鮮史硏究の軌跡と課題」, 『朝鮮史硏究会論文集文集』 No.17(龍渓書舍, 1980), pp. 26-27.
20 吉田光男, 『朝鮮史硏究のための文献·施設案内』(1960), pp. 451-469.

〈표 5.1〉 조선사 관련 잡지편집학회 및 발행처 일람표

잡지명	편집학회	발행처
한		동경한국연구원
계간삼천리		삼천리사
조선학술통보		재일본조선인과학자협회
조선학보		조선학회
조선연구	조선학회	일본조선연구소
조선사연구회논문집		용계서사
조선사총	조선사연구회	청구문고
조선자료		조선문제연구소
조선문제연구		조선문제연구소
통일평론		통일평론사

주 : 吉田光男(1960), p. 470.

2) 1960~1970년의 연구

1960년대 재일코리안 연구는 한일회담의 재개, 재일교포의 경제적 지원과 교포자본의 국내반입문제 등 정부차원에서 연구가 진행되었다. 이 시기는 1960년 5·16군사혁명성공과 1962년부터 시작된 제1차 5개년경제개발계획에 따라 막대한 자본과 기술이 필요했던 박정희정부가 재일동포들의 적극적인 모국투자와 협력을 적극 추진하기 시작했다. 한국 정부는 재일교포의 모국투자를 장려하기 위해 해외이주법제정(1962), 유공동포들의 모국초청사업실시, 재일동포의 모국방문 장려, 재일동포 민단간부의 육성 등 재일동포와 모국과의 유대를 한층 강화시켜 나갔다. 이러한 배경에는 1959년부터 시작된 재일동포의 북송사업이 큰 역할을 한 것으로 생각된다. 이 시기의 연구내용은 주로 한일국교정상화의 필요성, 재일교포재산보호방안, 국교정상화의 경제적 실리 등이 주를 이루고 있다.

일본에서의 재일코리안 연구는 박강래와 와타나베히로시(1963)[21]의 공저인 '재일한국인 사회의 종합조사 연구'와 강덕상의 '현대사자료조선2'가 주

목할 만하다.

한국에서는 한일회담 반대분위기와 정부의 강력한 5개년경제개발계획 추진 가운데 많은 연구성과물들이 나왔다. 재일코리안에 관한 대표적인 연구로는 임묘민(1961)의 '문이 열리는 재일교포의 모국투자', 외무부(1962)의 '재일한인의 법적지위문제 참고자료', 한치문(1962)의 '재일교포의 자본도입 문제', 이한기(1965)의 '한일회담의 문제점'과 '찬성론과 반대론: 한일조약에 대한 해외지식인의 대화' 등을 들 수 있다. 이상과 같이 당시 재일코리안 관련 연구주제들은 교포정책이 북한에 비해 절대적으로 열세였던 점도 작용하여 주로 재일동포의 실태, 북송문제, 법적지위, 교포교육문제, 교포경제 및 자본도입 등을 다루었다는 점이 특징이라 할 수 있다. 특히 이 시기 주목할 만한 것은 1964년에 '교포'를 전문으로 연구하는 '해외교포문제연구소'가 이구홍 사무국장을 중심으로 출범했다는 점이다. 해외교포문제연구소는 재일동포사회를 중심으로 동포들의 실태 및 현황조사를 통한 장기적인 교포정책 수립을 도모하고자 다각적인 연구를 시도하여 이후 국내에서의 교포문제 연구를 주도하기 시작하였다.

1965년 한일국교정상화[22] 이후 한국 정부는 재일교포들에 의한 경제개발원조와 자본유치에 힘을 쏟았고 교포와의 유대강화에 노력하였다. 이러한 정부 노력의 결과 재일대한민국민단과의 합동회의 개최 및 외무부내 영사국 설치 등이 실현되기도 하였다.[23]

3) 1970~1980년의 연구

해외교포문제연구소가 출범한 이후 1970년대에는 다양한 연구소에서

---

21 朴康来·渡邊博史, 『在日韓国人社会の総合調査研究』(民族文化研究会, 1963).

22 1965년 6월 22일 한일법적지위협정이 체결되었으며 1966년 1월 17일 발효되었음. 이때부터 1945년 이전부터 계속 거주해온 한국적 재일코리안에게 협정영주권, 조선국적자에게는 특별재류허가를 부여하였음.

23 徐龍達, 「法的地位の現状からみた21世紀への展望」, 『21世紀韓朝鮮人の共生ビジョン一中央アジア·ロシア·日本の韓朝鮮人問題一』(日本評論社, 2003), p. 270.

교포문제를 다루기 시작하였다. 그중에서도 서울대 재외국민교육연구소, 고려대 아세아문제연구소 등이 재일동포교육과 조총련연구의 선구자적인 역할을 담당하였다.

이 시기의 주요 연구의제들은 1965년 한일회담성립 이후 한일회담의 공과, 재일동포의 법적지위의 미비, 민단조직의 강화와 조총련과의 관계 등 정치적인 문제들을 다루는 경우가 많았다. 1975년도에는 재일코리안들에 의한 재일한국인본국투자협회가 설립되어 모국투자가 본격화되기 시작하면서 연구방향도 서서히 바뀌기 시작하였다.

일본 내 재일코리안 연구의 주요 내용은 두 가지로 구분되는데 하나는 남북한 체제의 상호대립이 첨예화되면서 동포사회의 정치적 이데올로기적 대립문제이고 또 하나는 재일코리안 기업관련 상공회 자료의 생산이다. 당시 대표적인 연구로는 이유환(1971)의 '재일한국인 60만: 민단·총련의 분열사와 동향', 이회성(1974)의 '북이든 남이든 나의 조국', 김찬정(1977)의 '조국을 모르는 세대: 재일조선인 2·3세의 현실', 그리고 기업 관련연구로는 오사카한국인 상공회(1973)의 '상공회 20년의 발자취', 통일일보사 재일한국인인명록편찬위원회(1975)의 '재일한국인인명록', 통일일보사(1976) '재일한국인기업명감' 등이 있다.

한국에서의 재일코리안 연구는 해외교포문제연구소(1971)의 '재일조총련의 공산교육의 내막과 우리의 대책', 전준(1972)의 '조총련연구1', 고승제(1973)의 '재일한국인노동자이민의 사회사적 분석' 등이 있다. 기타 재일코리안 교육 및 기업관련 연구로는 이영훈(1972)의 '재일한국인 교육정책 상·하', 안광호(1977)의 '재일국민 자녀교육의 개선방안에 관한 연구', 홍국표(1977)의 '재일교포 본국투자유치에 관한 연구' 등을 들 수 있을 것이다.

이 시기에 주목할 만한 것은 재일코리안을 중심으로 '계간삼천리(季刊三千里)'가 1975년 2월에 창간되어 1987년에 종간되기까지 50호를 연재한 것이다. 당시 계간삼천리는 한일 양국의 사회상황, 한일 관계사, 한일 문화사, 일본 역사, 재일조선인 역사, 재일조선인 문학 등 다양한 성격을 담은 종합지의 성격을 띠고 있었다.[24] 70년대 재일코리안 사회는 72년 7·4남북공동성명, 재일코리안 2세의 등장 등 정치적으로나 사회적으로 대단히 혼란기를 맞이하고 있었다. 당시 재일코리안의 민족정체성을 살펴보면 1945년 이후 주로 국적을 통해 발현되고 있었는데 그 이유는 1952년 샌프란시스코조약과 1965년 한일협정이 국적선택을 강요했기 때문이다. 그러나 70년대 접어들면서 재일코리안 구성원의 세대간 비율이 뒤바뀌면서 민족정체성의 근간도 국적에서 민족성으로 이동하기 시작한 것으로 풀이된다.[25] 60년대 재일코리안 사회는 격렬한 이데올로기 갈등과 70년대의 변화된 상황에 직면하여 새로운 민족정체성 확립이 절실히 필요했고 이러한 상황에서 '계간삼천리'는 상당히 중요한 역할을 담당해온 것으로 생각된다. 특히 '계간삼천리'가 재일코리안 사회의 중요한 이슈나 역사적인 주제를 다룬 내용을 보면 한일관계, 한국관련 주제, 재일조선인 관련 특집 등 당시 재일코리안 사회상을 그대로 반영하고 있는 것으로 평가된다.[26]

1970년대 재일코리안 연구는 남북이데올로기에 의한 민단과 총련의 정치적 대립 격화로 재일코리안과 모국과의 유대를 강화시키고 새마을 운동을 통해 모국과의 교류와 투자를 유도했던 시기였다.

4) 1980~1990년의 연구

1980년대 한국 정부는 제5공화국이 들어서면서 재일동포문제가 정부정책의 주요 대상으로 자리 잡으면서 재일코리안에 대한 연구의 지평도 확대되어 갔다. 일본에서는 1979년 '국제인권규약비준'에 이어 1982년에 '난민조약'이 발효되어 재일코리안에 대한 국적조항의 철폐(국민연금법, 아동수당

---

24 최범순, 「『계간삼천리』(季刊三千里)의 민족정체성과 이산적 상상력」, 『日本語文学第41輯』 (2006), p. 398.
25 최범순(2006), p. 412.
26 高全恵星監修・柏崎千佳子訳, 「想像上の祖国とディアスポラの認識」, 『ディアスポラとしてのコリアン―北米・東アジア・中央アジア―』(新幹社, 2007), pp. 137-158.

법), 1985년에는 일본국적법 개정으로 부계혈통주의에서 부모양계혈통주의로 변경되어 일본인 모(母)의 일본국적 재취득이 가능해졌고 호적법이 개정되어 일본국적자의 한국적 부(父)의 성을 선택할 수 있게 되었다.[27]

먼저 한국에서의 재일코리안 연구로는 김찬규(1983)의 '재일교포의 법적지위 재협상', 박병윤(1981)과 배재식(1980)의 '재일한인의 법적지위' 등 주로 '재일동포법적지위'에 관한 연구주제가 다루어졌으며 정책연구와 문화인류학자들에 의한 재일코리안 연구도 본격화되기 시작하였다. 문화인류학자로서 재일코리안 연구의 대표적인 학자로는 이광규(1981)의 '재일한국인 조사연구 1·2', 이광규(1983)의 '재일한국인: 생활실태를 중심으로' 이문웅(1988)의 '재일제주인의 의례생활과 사회조직' 등을 들 수 있다. 재일코리안에 대한 민족차별의 입장에서 민관식(1990)의 '재일본한국인: 왜 일본 이름을 쓰고 살아야 하나', 1952년 이전의 재일한국인의 직업구조와 사회이동에 관해 연구한 김응렬(1990)의 '재일한국인의 사회이동', 윤건차(1990)의 '현대 일본의 역사의식' 등이 있다. 기타 연구로는 해외교포문제연구소(1984)의 '재일교포사회를 중심으로', 서용달(1987)의 '재일한국인의 장래', 그리고 1988년 올림픽개최를 통해 본 김상현(1988)의 '재일한국인: 재일동포 100년사' 등이 있다.

일본에서의 재일코리안 연구로는 민족차별에 대한 연구가 본격적으로 시도된 시기이다. 당시의 재일코리안 연구로는 서용달(1981)의 '한국조선인 차별의 실태와 과제', 재일본민단중앙본부 '차별백서' 제7집, 서용달(1987)편저의 '한국조선인과 일본인의 현상과 장래: 인권선진국 일본에의 제언', 최창화(1988)의 '국적과 인권', 민족차별과 싸우는 연락 협의회 편(1989)의 '재일한국조선인의 보상과 인권법', 그리고 민족명을 되살리는 모임 편(1990)의 '민족명을 되살린 일본적조선인-우리 이름' 등을 들 수 있다.

한편 민단 산하조직인 재일한국청년회의소가 재일코리안 청년의 민족

---

27 徐龍達(2003), p. 270 참조.

정체성 약화에 따른 조직이탈 현상의 실태조사로 1986년, 1987년에 각각 2회 실시하였다. 이 연구는 '민족정체성(Ethnicity)이 일본의 민족차별과 불평등에 의해 수동적으로 규정된다.'는 기존의 연구결과에서 한 걸음 더 나아가 민족정체성의 '획득'과 '계승'이라는 자생적인 재생산과정을 거친다는 것을 새롭게 조명했다.[28]

특히 1980년대 이후 일본 사회의 글로벌화와 다문화 시대의 도래에 따른 재일코리안 사회의 변화에 대한 연구도 활발히 진행되었다. 이러한 연구로서는 서용달(1981)의 '한국조선인차별의 실태와 과제, 다민족 사회로의 전망', 동경한국청년상공회 편(1982)의 '청상: 다양한 동포사회를 향하여', 현광수(1983)의 '민족의 시점: 재일한국인의 사는 법과 생각하는 법', 김영달(1984)의 '재일외국인과 일본 사회' 양태호(1984)의 '부산항에 돌아갈 수 없다: 국제화 가운데 재일조선한국인', 서용달 편(1986)의 '재일한국조선인과 인권: 일본인과 정주외국인과의 공생을 향하여' 서용달(1989)의 '국제화시대에 있어서 정주외국인의 지방자치제참정권' 등 글로벌 시대 재일코리안과 일본인과의 공생이 재일코리안 연구의 주요 연구의제로 등장하였다.

5) 1990~2000년의 연구

1990년대는 재일코리안의 '91년 문제'[29]인 재일한국인3세의 법적지위협상을 둘러싼 재일동포의 '지문날인, 외국인등록증 상시휴대, 재입국허가, 강제퇴거 등' 4대악법의 철폐와 참정권부여가 적극적으로 검토되던 아주 혼란한 시기였다.[30] 한국 정부에서도 국회차원에서 1990년에 '재일한국인

---

28 福岡安則・金明秀, 『在日韓国人青年の生活と意識』(東京大学出版会, 1997), p. 158.
29 한국과 일본의 외무대신에 의한 '한일각서(재일한국인법적지위문제)', 한일법적지위협정에 따른 협의 결과에 관한 각서(1991.1.10). 입국관리법 관계, 외국인등록법 관계(재일1~3세), 교육문제, 공립학교교원채용문제, 지방공무원채용문제, 지방자치제선거권, 입국관리특례법(1991.11.1), 특별영주 등 구체적으로 재일한국인 법적지위 향상 및 처우개선에 대한 합의사항에서 재일교포 3세의 영주권 허가, 지문날인 제도 철폐, 국공립학교 교원 임용기회 획득, 지방자치단체 공무원 임용기회 확대 등에 합의하였음.

후손에 대한 법적지위보장촉구결의안' 등이 거론되었으나 입법화까지는 도달하지 못했다.

먼저 일본에서의 재일코리안 연구는 민관식(1991)의 '재일한국인의 실태' 연구, 후쿠오카(福岡, 1991)의 '재일한국조선인 문제를 둘러싼 사회학적 연구', 다니(谷, 1991)의 오사카 이쿠노쿠 재일코리안의 생활구조 조사, 재일본대한민국청년회(1993)가 실시한 재일한국인의식조사, '재일한국인 청년의식조사(1994)' 등을 들 수 있다.[31] 또한 김명수·후쿠오카야스노리(金明秀·福岡安則, 1997)가 공동으로 실시한 '재일코리안 청소년의 생활과 의식조사'는 일본에서 태어난 18세~30세까지의 한국적을 가진 재일코리안 청소년을 대상으로 1993년에 실시된 유일한 일본 전국 규모의 연구조사이기도 하다. 특히, 후쿠오카(1997)의 연구는 재일코리안 청소년의 민족정체성의 형성과정에 대하여 '성장과정상의 민족적 전통성'에 의한 계승과정에 의해 크게 좌우되며, 일부는 '민족단체나 조직에의 각종 참가경험'에 의해서 획득된다고 주장하였다. 민단(2000)이 자체적으로 실시한 '재일한국인 의식조사'는 재일동포의 조직이탈 현상을 염두에 두고 재일동포 사회의 정확한 실태와 의식조사를 통하여 민단이 21세기 글로벌 시대에 어울리는 재일동포사회의 비전과 조직을 갖추기 위한 방향성을 모색하기 위하여 실시되었다.

재일코리안 사회에서 1990년대는 91년 문제가 이슈화된 이후 시대상을 반영하여 박병윤(1992)의 '재일한국인의 법적지위', 윤건차(1992)의 '재일을 살아간다는 것', 서용달(1992)의 '정주외국인의 지방참정권'과 '공생사회로의 지방참정권(1995)', 그리고 '지방자치제와 외국인주민의 제문제(1998)', 이영화(1992)의 '재일한국조선인과 참정권', 정주외국인의 지방참정권을 지향하는 시민의 모임 편(1998)의 '정주외국인의 지방참정권: 공생사회를 위하여', 이인하(2000)의 '요구에서 참가로: 가와사키시 외국인 시민대표자 회의 경험

---

30   徐龍達, 「法的地位の現狀からみた21世紀への展望」, 『21世紀韓朝鮮人の共生ビジョン―中央アジア·ロシア·日本の韓朝鮮人問題―』(日本評論社, 2003), p. 271.

31   福岡安則·金明秀, 『在日韓国人青年の生活と意識』(東京大学出版会, 1997), pp. 4-5.

에서' 등 재일코리안의 법적지위와 참정권 문제가 가장 주요한 연구의제 중의 하나였다.

한편 일본에서 재일코리안 기업에 대한 연구도 이 시기에 활발히 진행되었는데 대표적인 연구자들을 살펴보면 다음과 같다. 특히 오규상(1992)의 '재일조선인기업활동형성사'는 총련계 기업가들을 중심으로 해방이후 상공인들의 활약에 대해서 상세히 연구한 저서로서 이후 재일코리안 기업가 연구에 상당한 영향을 끼친 것으로 평가된다. 이러한 연구로는 강성(1996)의 '5그램의 공방전: 파칭코30조엔 산업의 빛과 그림자', 오민학과 김철수(1996)의 '통계로 보는 재일조선상공인 수에 관한 연구', 하명생(1996)의 '일본에서의 마이너리티 기업가 활동: 재일1세 조선인의 사례분석', 재일한국상공회의소(1997)의 '재일한국인회사명감', 등을 들 수 있다.

1990년대 이후 한국 내 재일코리안 연구는 법적지위, 민족단체, 민족교육 등 크게 세 가지 이슈를 중심으로 진행되었다. 재일동포의 법적지위 문제를 다룬 이윤환(1993)의 '헌법상 외국인의 선거권에 관한 연구: 일본국 헌법상 재일한국인 문제를 중심으로', 정인섭(1996)의 '재일교포의 법적지위' 등이 있다. 재일코리안 민족단체 운동이나 조직에 관한 연구로는 최영호(1995)의 '재일한국인과 조국광복: 해방직후 본국귀환과 민족단체 활동', 김인덕(1996)의 '식민지시대 재일조선인운동연구', 정혜경(1999)의 '일제하 재일한국인 민족운동의 연구: 오사카지방을 중심으로', 진희관(1995)의 '북한과 조총련의 관계변화에 관한 연구' 와 1999년도 '조총련연구: 역사와 성격을 중심으로', 이문웅(1995)의 '세계의 한인: 일본 세계한민족 총서4', 정병호(1996)의 '재일한인 사회', 김태기(2000)의 '한국 정부와 민단의 협력과 갈등관계', 이종구외(2000)의 '재일동포의 사회운동과 아이덴티티' 등을 들 수 있다.

특히 90년대는 재일코리안 사회에서 민족교육에 대한 연구가 어느 때보다 집중된 시기이기도 하다. 당시 재일코리아 민족교육에 대한 대표적인 논저로는 김송이(1993)의 '재일 자녀를 위한 총련의 민족교육', 한국재외동포정책연구원(1995)의 '재일동포 민족교육현황', 김정규(1995)의 '재일동포

민족교육 현황', 김주희(1995)의 '재일한인의 민족교육실태', 김환(1996)의 '재일동포 민족교육의 어제, 오늘, 그리고 내일' 등이 해당된다.

또한 이 시기에는 한국문화인류학회를 중심으로 권숙인(2000)의 '재일한인의 아이덴티티: 제3의 길을 중심으로', 유철인(2000)의 '제주사람들의 생활세계와 일본', 이문웅(2000)의 '재일한인 사회의 문화접변: 재일광산김씨친족회의 사례연구를 중심으로' 등 문화인류학적 방법의 재일코리안 연구가 활발히 진행되었다.

특히 국내 학계에서는 2000년에 재일코리안 문제를 집중적으로 연구하는 한일민족문화학회가 출범했고 한국문화인류학회를 중심으로 일본에서 생활하고 있는 재일코리안에 대한 생활세계와 문화연구가 집중적으로 수행되는 시기이기도 했다.

6) 2000년 이후~현재까지 연구

2000년 이후에는 재일코리안 연구는 민족정체성, 재일동포법제, 재일동포의 역할과 네트워크 활용 등 다양한 연구주제로 확대되었다. 이 시기에는 일본에서의 재일코리안 연구가 조선인의 역사, 참정권, 귀화제도, 국적제도, 민족정체성에 국한되어 있는 반면에 한국에서의 재일코리안 연구는 초국적 글로벌 시대의 영향으로 2005년도 국적법개정 이후 이중국적, 민족정체성, 재외국민 참정권, 동포문화, 재일코리안 기업가, 재일제주인의 기업가 등 모국과의 연계나 네트워크 활용 등으로 연구주제가 확대된 것으로 나타났다.

1997년 재외동포재단이 공식적으로 출범하기 직전인 90년대 후반까지만 해도 국내에서 재일코리안 기업(韓橋 = 韓商)에 대한 관심이나 연구는 상당히 미진했다. 그러나 재외동포재단이 출범하고 2003년 제1차 세계한상대회가 열린 이후 재일코리안 기업에 대한 연구관심도 증대되었다고 볼 수 있다.

2000년 이후 재일코리안 연구의 대표적인 연구자와 연구내용을 구체적으로 살펴보면 다음과 같다. 먼저 일본에서의 연구를 보면 정대균(2001)의 '재일한국인의 종언', 박삼석(2002)의 '해외코리안: 파워의 원천을 찾아서', 지동욱(2002)의 '코리안 제패니스', 소냐량(2005)의 '코리안 디아스포라', 문경수(2007)의 '재일조선인 문제의 기원' 등을 들 수 있다.

한국에서의 재일코리안 연구는 한경구(2001)의 '일본 속의 한국인', 강상중(2003)의 '재일 강상중', 김태영(2005)의 '재일한국인 기업가의 네트워크 특성과 기업가 정신', 임영언외(2006)의 '재일코리안 기업의 경영활동', 김인덕(2007)의 '식민지시대 근대 공간 국립 박물관', 고광명(2009)의 '재일제주인 기업가의 경영활동 특성' 등이 대표적이라 할 수 있다.

4. 재일조선인(코리안) 민족운동 연구[32]

1) 재일코리안 민족운동사 정립의 필요성

재일조선인 우리 선조들의 투쟁의 역사는 우리 역사이다. 정확히는 우리 역사의 일부로 자리 잡아야 할 것이다. 그러나 한국의 현대사를 거론할 때는 대체로 소략하게 언급되거나, 삭제되고 있는 것이 사실이다. 과연 일제시대 전체 민족운동사에서 재일조선인의 운동이 우리 선조들의 보편적인 투쟁의 모습을 갖지 못했고 동시에 지역운동으로 일본의 사회운동에 기여한 바가 전혀 없는가? 이 물음에 대해 그 누구도 그렇다고 얘기하는 사람은 없다. 그러면 무엇이 문제인가?

일제시대 민족운동은 우리 민족이 사는 곳이면 어디에서든지 지속적으

---

32 이 글은 '싱교편내외교 동아시아학술원 심인닉 교수의 원고를 수정 가필한 것임을 밝혀둔다. 원저에는 재일조선인으로 표기되어 있으나 내용상 동일한 의미에서 재일코리안으로 표기하였으며 이후 역사적인 관점을 중요시 하는 저자의 의도를 존중하여 '재일조선인'으로 통일하였다.

로 전개되었다. 특히 일제의 가혹한 식민 통치 아래에서 조선의 노동자, 농민과 청년, 학생들은 민족의 독립과 계급 해방을 위해 어느 곳에서든지 투쟁이 계속되었다.

재일조선인의 민족운동도 마찬가지이다. 재일조선인 민족운동은 다소 시기, 지역별 특성이 상이할지 모르지만 노동운동과 청년·학생운동을 통해 일본 지역을 중심으로 지역단위에서 전개된 민족운동이었다.

이러한 재일조선인 민족운동의 목적은 식민지 조선을 일본제국주의의 지배하에서 해방시켜 민주독립국가를 수립하는 데 있었다. 따라서 부단히 국내 및 일본 내의 문제와 관련하여 무수한 민족적 계급투쟁이 전개되었다. 그런가 하면 일본인민들에게는 침략전쟁에 반대하고 반동적 권력을 타도해 민주정부를 수립하는 것이 주요 목표였다.

최근에 출간되어 한국의 중고등학교 학생들이 배우고 있는 국사교과서에는 재일조선인의 역사라고 할 만한 내용이 거의 언급되어 있지 않다.[33] 재일조선인 우리 민족과 관련된 내용으로는 관동대지진 때 죽은 조선인에 대한 이야기, 강제연행된 우리 선조의 이야기 정도라고 할 수 있다. 그럼에도 불구하고 일본의 교과서에서 우리 선조들의 활동에 대해 올바르게

---

33 중학교의 『국사』(하)(1997년 판)의 일본 지역 조선인 관련 내용을 정리해 보면 다음과 같다. "일본에서는 유학생들이 학우회 등의 이름으로 단체 활동을 하면서 독립운동의 기틀을 다지고 있었다."(128쪽) "미국 대통령 윌슨이 제창한 민족 자결주의는 그 동안 제국주의 침략을 받았던 약소민족에게는 독립을 달성할 수 있는 좋은 기회로 받아들여지게 되었다. 일본에 유학하고 있던 한국인 유학생들은 이러한 국제 정세를 독립 운동의 기회로 생각하여 도쿄에서 조선 청년 독립단을 조직하고 독립을 요구하는 독립 선언서와 결의문을 발표하였다. 이것이 2·8 독립선언서이다(1919)."(128쪽) "한인 애국단원 이봉창은 일본 도쿄에서 한국 침략의 원흉인 일본 국왕을 처단하기 위하여 국왕의 마차에 폭탄을 던졌다."(139쪽) "그리하여 많은 농민들이 살 길을 찾아 화전민이 되거나, 만주, 연해주, 일본 등지로 이주하게 되었다. 일본으로 건너간 우리 동포들은 1923년 관동 대지진이 발생하였을 때 '일본 당국이 조선인이 폭동을 일으켜 일본인을 죽이고 있다.' 라는 유언비어를 퍼뜨려 6,000여 명이 학살당하는 대참사를 겪었다."(143-144쪽) "일제는 이와 같은 물적인 약탈뿐만 아니라, 한국인을 강제 징용으로 끌고 가 광산이나 공장에서 고통스러운 노동을 강요하였으며, 강제 징병제와 학도 지원병 제도를 실시하였다. 이에 많은 한국의 청·장년들이 각지의 전선에서 희생되었다. 이때 여성까지도 정신대라는 이름으로 끌려가 일본군의 위안부로 희생되기도 하였다."(151쪽)

서술하기를 바라는 것은 언어도단이라고 생각한다. 당연히 그들은 일본의 근현대사를 일본인 중심으로 서술하고 있는 것이다.

왜 재일조선인의 역사를 연구해야 할까? 지금까지 재일조선인에 대한 연구는 일본에 사는 연구자들에게 일방적으로 맡겨져 왔다. 여기에는 여러 가지 이유가 있겠지만 무엇보다도 큰 이유는 일본이라는 지역성에 연유한 것이 크다고 하겠다.[34] 이에 따라 자료의 수집과 이에 따른 연구의 한계 등을 당연히 거론할 수 있는데, 과연 향후에도 이러한 내용이 재일조선인 연구를 소외시켜도 되는 당위성을 가지고 있는 것인가?

일제시대 재일조선인(史)에 대한 연구는 몇몇 글[35]을 통해 연구 동향을 확인할 수 있다. 그리고 자료집이 국내에서 복간[36]되거나 최근에는 새롭게 정리되어 간행되기도 하였다.[37] 특히 주요 자료들이 외무성 외교사료관(外務省 外交史料館), 와세다대학 도서관(早稻田大學 圖書館) 마이크로 필름실,[38] 호세

---

34 물론 중국이나 노령의 조선인들이 독자적인 생활권을 형성하며 활동했으나 일본 지역의 조선인은 일본 사회 속에서 존재했다.

35 김인덕, 「일본 지역 독립운동에 관한 연구의 회고와 전망」, 『한국사론』 26(1996); 정혜경, 「식민지시대 노동운동사연구의 현황과 과제」, 『한국근현대사연구』 4(1996); 外村大, 「在日朝鮮人史研究の現狀と課題についての一考察: 戰前期を對象とする硏究を中心に」, 『在日朝鮮人史研究』 25(1995. 9); 梶村秀樹 編, 『朝鮮現代史の手引』(勁草書房, 1982); 朴慶植, 『在日朝鮮人運動史研究L 8·15解放前』(三一書房, 1979); 朴慶植, 『天皇制國家と在日朝鮮人』(社會評論社, 1986); 朴慶植, 「最近 日本에서의 日帝植民地時期 韓國에 관한 研究動態에 대하여」, 『民族文化論叢』 7(영남대학교, 1986); 姜在彦, 「在日朝鮮人問題の文獻」, 『三千里』(1979. 여름).

36 주요한 것을 들면 다음과 같다. 明石博隆·松浦總三編, 『昭和特高彈壓史』 6, 7, 8(太平出版社, 1975-76); 金正明, 『朝鮮獨立運動』 3, 4(原書房, 1966-67); 朴慶植 編, 『在日朝鮮人關係資料集成』 1-5(三一書房, 1975-76); 朴慶植 編, 『朝鮮問題資料叢書』 1-15(アジア問題研究所, 1994); 世界革命研究會, 『資料在日朝鮮人共産主義運動』(『世界革命運動情報』特別號 2, 4號); 小澤有作 編, 『在日朝鮮人』(『近代民衆の記錄』 10)(新人物往來社, 1978).
한편 강제연행 및 협화회, 관동대지진 때 조선인 피해와 관련한 자료 모음집 등으로 다음과 같은 것이 한국에서 복각되었다. 林えいだい 編, 『戰時外國人强制連行關係資料集』 1-4(明石書店, 1991); 長澤秀 編, 『戰時下朝鮮人中國人聯合軍乕虜强制連行資料集』(綠蔭書店, 1991); 樋口雄一 編, 『協和會關係資料集』 1-5(綠蔭書店, 1993); 琴秉洞 編, 『關東大震災朝鮮人虐殺問題關係史料』 (I) (朝鮮人虐殺關聯兒童證言史料), (II) (朝鮮人虐殺關聯官廳史料) (III) (朝鮮人虐殺に關する知識人の反應) 1, 2(綠蔭書房, 1989, 1991, 1996).

37 일본 내 당사자의 글과 일본 내 주요 잡지의 재일조선인운동 관련 기록은 다음의 자료집으로 일부 공간되었다. 김인덕, 『植民地時代 民族運動史資料集: 일본 지역 편』 1-7(국학자료원, 1997).

대학 오하라사회문제연구소(法政大學 大原社會問題研究所), 일본 국회도서관(日本 國會圖書館) 내 헌정자료실(憲政資料室), 학습원대학 동양문고 등 일본 내 자료 보관 시설에 아직도 산재해 있다.

재일조선인사에 대한 주요 자료는 일본 내 조선인의 활동에 대한 기록 이기 때문에 일정하게는 일제의 목적대로 왜곡·기록되었다. 그럼에도 불구하고 당사자들의 관련 자료와 함께 경찰자료는 그 중요성이 절대 떨어지지 않는다. 이와 함께 수많은 관련자들의 기록이 일본 내에 널려있다. 국내에도 고려대학 아세아문제연구소, 독립기념관 등에 정리되지 않은 채로 보존되어 있다. 물론 관련 신문자료도 전혀 정리되지 않았다. 이러한 내용은 연구 자료가 없어 연구하지 못한다는 말을 할 수 없게 만드는 내용이다.

최근에는 박경식의 재일조선인사 연구에 대한 연구가 발표되는 등[39] 일본 내에서 새로운 연구 분위기가 조성되고 있다. 소외된 재일조선인의 역사는 향후 한국의 근현대사를 확인하는 자리가 필요하고 그 특성을 연구사 속에서 밝힘으로서 체계적으로 일제시대 재일조선인의 민족운동사가 정립되어야 할 것이다.

2) 재일조선인 연구동향(1945~1996)[40]

재일조선인 민족운동 및 재일조선인사에 대한 연구는 크게 일본과 국내로 나누어 살펴 볼 수 있다. 먼저 일본 쪽의 연구를 보면, 한마디로 말해 1945년 직후는 재일조선인 문제에 대한 종합적이고 체계적인 연구가 대단

38　여기에서는 Reel No. 12, 13, 14에 재일조선인에 관한 삐라, 팸플릿 등이 있다. 마이크로필름의 내용은 다음의 책을 참조. 須崎愼一 編, 『米國國立國會圖書館所藏美軍沒收資料マイクロフィルム目錄(一部)』(早稻田大學文學部, 1975); 小森惠, 『社會運動·思想關係資料案內』(三一書房, 1986).

39　外村大, 「朴慶植の在日朝鮮人史研究をめぐって」(미간행); 山田昭次, 「朴慶植先生の在日朝鮮人史研究について」, 『在日朝鮮人史研究』28(1998).

40　별도의 주가 없으면 필자의 연구사 정리의 글을 참조.

히 드물었다. 재일조선인 운동사에 대한 연구가 본격화되고, 그 첫 성과가 임광철(林光澈)[41]의 「在日朝鮮人問題」(『歷史學研究』(特輯 「朝鮮史の諸問題」, 1953)이다. 이후 재일조선인에 대한 연구가 본격적으로 일본 내에서 시작되었다.

본격적인 재일조선인에 대한 연구는 아니지만 해방 이후 일본에서 최초로 재일조선인에 대해 언급한 책은 김두용의 『近代朝鮮社會史話』이다. 여기에서 김두용은 일제의 조선지배정책을 다루면서 부분적으로 본인이 경험했던 조반(常磐)탄광의 조선인노동자에 대해 기술하고 있다.

김두용은 민족해방운동에 절대적이었던 친일단체인 상애회, 협화회, 일심회 등의 조직과 활동을 자신의 경험과 자료에 근거해 최초로 정리했다.[42] 물론 그의 성과는 정치적 의도가 없지는 않았으나 해방 이후 신국가 건설에 있어 청산해야 할 대상이었던 반민족세력인 친일단체에 대해 최초로 서술한 것은 그 의미가 작지 않다고 생각한다.[43] 특히 1947년에는 김병직(金秉稷)이 관동대진재와 관련해 조선인의 학살에 대해 정리하고 있다.[44]

이와 함께 이후 1950년대 들어서는 도항·생활사 그리고 운동사 영역에까지 연구성과가 나오기 시작하면서 지배와 저항의 재일조선인사가 학문적 영역으로 들어가기 시작했다.

1950년대에 들어서는 정리된 형태의 연구성과들이 임광철·강재언·박재일, 박경식 등에 의해 제출되었다.[45] 주로 도일과 조선인의 상태에 초점을 맞춘 이들 연구성과들은 조선인사의 연구기반을 다진 점에 유념해야

---

41 임광철은 일련의 한국사관련 글을 해방공간에 일본의 관련 잡지에 지속적으로 투고했다.
42 金斗鎔, 『日本における反朝鮮民族運動史』(鄕土書房, 1947).
43 여기에 대해서는 필자의 졸고를 참조.
44 金秉稷 編著, 『關東大震災白色テロルの眞相』(朝鮮民主文化團體總連盟, 1947).
45 林光澈, 「渡航史」, 『民主朝鮮』(1950. 7); 林光澈, 「朝鮮解放運動史」 1, 2, 『歷論評論』 28, 29(1951. 4, 5); 林光澈, 「在日朝鮮人問題」, 『歷史學研究』(特輯 「朝鮮史の諸問題」)(1953); 姜在彦, 「在日朝鮮人の渡航史」, 『朝鮮月報』(別冊)(朝鮮研究所, 1957) (이후 이 논문은 金達壽·姜在彦 編 『手記=在日朝鮮人』(龍溪書舍, 1981)에 실렸다.); 林光澈, 「朝鮮人學校廢校問題」, 『理論』(1954. 12); 姜在彦, 「朝鮮人運動」, 『社會主義講座』 8(河出書房, 1957); 朴在一, 『在日朝鮮人に關する綜合的研究』(新紀元社, 1957); 朴慶植, 「日本帝國主義下における在日朝鮮運動」, 『朝鮮月報』 4-8(1957).

할 것이다. 특히 1957년에 강재언의 「朝鮮人運動」, 박경식의 「日本帝國主義下における在日朝鮮運動」은 체계적인 재일조선인 운동에 대한 본격적인 논문이라고 할 수 있다.

1960년대에 들어서면 일본사 연구의 축적과 조선사에 대한 연구가 일본 내에서는 세대변화와 연동하여 선행연구의 한계를 부분적으로 극복하기 시작한다. 이전까지의 연구가 사료취급에 문제가 없지 않았던 점을 생각한다면 사료의 발굴과 자료수집에 애쓴 1960년대의 성과가 주목된다.[46]

일본에서의 1970년대 연구는 대상과 시기 그리고 연구자가 다양화된 시기였다. 그것은 일본사 연구에서 다양한 연구주제가 선정되는 분위기에 힘입어 재일조선인 문제에 일본인 연구자들이 관심을 갖기 시작한 점이 중요하게 작용했다. 이에 따라 연구대상도 강제연행과 생활실태에서 저항사에 대한 주제로 그 영역이 확대되어 갔다. 이 시기에 재일조선인 운동사 연구에 대한 대표적인 성과물이 출간되었다. 그것은 박경식(朴慶植)과 이와무라 토시오(岩村登志夫)의 성과이다.[47] 본격적인 연구가 진행된 연유에는 재일조선인 사회 내의 분립과 무관하지 않은데 1976년 在日朝鮮人運動史硏究會(기관지 『在日朝鮮人史硏究』[48] 발간)의 결성이 그것이다.

일본에서의 1970년대 이후 연구의 경향은 지역·시기·개별 단체에 대한 실증 연구가 본격화되어 효고겐(兵庫縣)·나라겐(奈良縣), 그리고 일본해(日本海)지역 연구가 단행본으로 간행된 사실을 들 수 있다.[49] 그리고 가나가

---

46 姜德相·琴重洞 編, 『現代史料』 6(關東大震災と朝鮮人)(みすず書房, 1963.)과 朴慶植의 『朝鮮人强制連行の記錄』(未來社, 1965.)을 주요 성과로 들 수 있다.

47 朴慶植, 『在日朝鮮人運動史: 8·15解放前』(三一書房, 1979); 岩村登志夫, 『在日朝鮮人と日本勞動者階級』(校倉書房, 1972).

48 이 잡지의 총 목차는 20호와 25호의 기간 호 목차를 통해 확인할 수 있다. 1995년 9월까지 발간된 잡지에 실린 주요 논문의 경향은 우선 식민지시대 운동사와 해방 이후 재일조선인운동에 대한 연구 그리고 새로운 자료의 소개였다. 대체로 1980년대 이후는 지역사연구와 사회사적인 연구가 한 경향성을 띠고 있다고 할 수 있다.

49 兵庫朝鮮關係硏究會, 『兵庫と朝鮮人』(ッッジ印刷, 1985); 『在日朝鮮人90年の軌跡: 續兵庫と朝鮮人』(神戶學生靑年センタ-出版部, 1993); 川瀨俊治, 『奈良·在日朝鮮人史』(奈良·在日朝鮮人の敎育を考える會, 1985); 內藤正中, 『日本海地域の在日朝鮮人: 在日朝鮮人の地域硏究』(多賀出版, 1989).

와(神奈川), 와카야마(和歌山), 야마나시(山梨), 나고야(名古屋), 교토(京都), 오사카(大阪), 니가타(新潟)지역에 대해서도 노동운동을 중심으로 한 지역 연구가 축적되었다.

1980년대 이후 일본에서의 연구는 일본사 영역에서의 사회사적 연구 풍토가 강화되면서 재일조선인운동사 연구에서도 사회사적인 접근이 시도된 논문들이 나왔다. 이것은 주로 일본인 연구자에 의해 시도되었다. 히구치 유이치(樋口雄一)의 경우 사회사영역을 확장해 지배정책과 관련해 『協和會: 戰時下在日朝鮮人統制組織の硏究』(社會評論社, 1989)를 내놓아 협화회 조직의 활동과 실태를 체계화시켰다. 1990년대에는 군대위안부, 강제연행, 관동대진재 문제 등 다양한 시각의 연구들이 나왔다.[50]

특히 관동대진재 70주년을 기해 일본 내 각지에서 조선인학살에 대한 재인식의 필요성이 재고되어 '관동대진재와 조선인학살사건'을 주제로 『歷史評論』 특집호가 나오기도 했다. 여기에서는 학살의 책임문제, 군대의 비인간적 행동, 관동대진재의 현재적 의미를 분석하고 이와 함께 관동대진재 연구에 있어서의 논쟁점을 정리했다. 특히 모치즈키 마사시(望月雅士)는 학살사건과 부흥론을 통해 관동대진재를 둘러싼 논점을 정리하여 학살 사건론적 시각에서 유언비어문제, 조선인학살사건, 다이쇼(大正)데모크라시에 대한 평가, 중국인 학살문제, 가메이도(龜戶)사건, 아마카스(甘粕)사건 등을 정리하고 있다.

이시자카 고이치(石坂浩一)은 1920년대까지 일본인 사회주의자들의 조선인에 대한 차별 의식, 편견, 민족독자성에 대한 몰이해를 분석하고 조·일 국제연대의 한계를 지적하고 있다.[51] 여기에서는 국제혁명운동에 대한 시각이 전제되지 못한 아쉬움이 있다. 최근에는 재일조선인의 참정권 획득 과정, 선거권, 피선거권의 행사, 전후 참정권의 박탈문제를 실증적으로 연구하고 있다. 이와 함께 일본 무산정당에 대한 지지태도를 밝히고 있다.[52]

---

50 상제연행 관련 연구는 별도의 필자의 연구사 정리의 글을 참조.
51 石坂浩一, 『近代日本の社會主義と朝鮮』(社會評論社, 1993).

타카야나기 토시오(高柳俊男)은 조선인 집단 거주지역의 형성사를 도쿄(東京)에다가와(枝川)지역에 대한 사례연구를 통해 정리했다.[53]

1990년대 전반기의 재일조선인(운동)사 연구에서 빼놓을 수 없는 글이 도노무라 마사루(外村大)의 논문이다.[54] 도노무라 마사루(外村大)는 일본 사회 사적인 시각에서 해방 후 50년 동안의 연구사를 정리했다. 기존 연구의 문제점으로 ① 총체적 시각의 부재, ② 사회 집단으로서의 재일조선인 사회 형성의 실체와 일본인과의 관계 파악의 문제, ③ 단절된 시기별 연구의 경향성 등을 제기하고 있다.

그런가 하면 국내에서는 1970년대 이후 이민사 내지는 재일조선인의 현재적 문제와 관련된 연구가 주로 진행되었다. 즉 국내에서의 재일조선인에 대한 연구는 1970년대 이후 이민사, 생활실태를 중심으로 일정하게 성과가 나오기 시작했다. 물론 김상현과 민관식에 의한 재일교포의 현재적 문제에서 출발한 연구와는 별도로 본격적인 연구는 김대상, 이광규 등과 고승제, 현규환이 수행했다.[55] 전준의 경우는 경찰자료를 원용한 조총련에 대한 편향된 연구를 수행했다.

1980년대 국내에서는 국내정세의 변화와 함께 식민지시대사의 지평이 넓어져서 70년대보다는 다양한 주제들이 연구되기 시작했다. 연구의 경향성을 크게 나누어 보면 70년대의 연장선상에선 이민사, 생활실태에 관한 연구를 우선 거론할 수 있고 여기에서 더 나아가 노동자의 실태에 대한

---

52 松田利彦, 『戰前期の在日朝鮮人と參政權』(明石書店, 1995).
53 高柳俊男, 「東京・枝川町の朝鮮人簡易住宅建設をめぐる一考察」, 『史苑』 56-1(1995).
54 外村大, 「在日朝鮮人史研究の現狀と課題についての一考察: 戰前期を對象とする研究を中心に」, 『在日朝鮮人史研究』 25(1995. 9).
55 단행본으로는 김상현, 『在日韓國人』(단곡학술연구원, 1969); 田駿, 『朝總聯研究』(고대아세아연구소, 1972); 민관식, 『재일조선인의 현상과 미래』(고대아세아문제연구소); 김대상, 『일제하 강제인력수탈사』(정음사, 1975); 이광규, 『在日韓國人』(일조각, 1983)이 있다. 연구논문은 다음과 같다. 신재홍, 「일제하 재일한국인의 민족유일당운동」, 『편사』 4(1972. 8); 고승제, 「재일한국노동자 이민의 사회적 분석」, 『학술원논문집 인문사회과학』(1973); 유시중, 「한국인의 도일상황과 日本에서의 생활실태」, 『동양문화연구』 1(1974); 이복숙, 「일인의 한민족에 대한 학대와 차별에 관한 조사연구」, 『건국대학술지』 21(1977).

연구가 수행되었다.[56] 그리고 도일유학생문제가 본격적으로 한국사 연구자들에 의해 연구[57]되기 시작하여 이후 김기주에 의해 단행본이 발간되었다.[58] 이와 함께 재일조선인운동사에 대한 개별 논문이 여환연, 정진성 등의 연구로 나왔다.[59]

1990년대 국내에서는 본격적인 식민지시대 재일조선인과 재일조선인운동에 대한 연구가 전개되었다. 여기에는 연구의 다양성이 사회적으로 요구되는 가운데 1980년대의 축적된 식민지시대사에 대한 연구가 주요 기반이 되었음은 물론이다. 중요한 연구의 흐름은 노동자상태에 관한 생활사적인 연구[60], 본격적인 운동사에 대한 연구[61] 그리고 강제연행기에 대한 연

---

56 박영석, 「日本帝國主義下의 한국인 日本이동에 대하여」, 『건국대 인문과학논총』 14(1982); 박정의, 「日本 식민지시대의 在日한국인여공」, 『원광대 논문집』 17(1983); 이광규, 「在日교포이주사」, 『김철준박사회갑기념논총』(1982); 신재홍, 「관동대지진과 한국인 대학살」, 『사학연구』 38(1984); 허수열, 「조선인노동력의 강제동원의 실태」, 『일제의 한국식민통치』(정음사, 1985); 정진성, 「계급으로서의 민족공동체: 일제시기의 재일조선인사회를 중심으로」 서울대학교 사회학연구회 엮음, 『현대자본주의와 공동체이론』(한길사, 1988, 1989); 김의환, 「일제하 在日동포사회의 분석연구」, 『국사관논총』 2(1989); 정진성, 「1920년대의 조선인광부 사용(使用) 상황 및 사용경비(經費): 일본 치쿠호지방의 미쓰비시탄광을 중심으로」, 주종환회갑기념논문집간행회 편, 『한국자본주의론』(한울, 1989).

57 김윤식, 「일진회의 派日유학생」, 『문학사상』(1981); 최덕수, 「한말 유학생 단체연구 1」, 『공주사대논문집』(1983); 최덕수, 「한말 일본유학생의 대외인식연구(1905-1910)」, 『공주사대논문집』(1984); 강대민, 「한말 일본유학생들의 애국계몽사상」, 『부산산업대논문집』(1986); 한시준, 「국권회복운동기 일본유학생의 민족운동」, 『한국독립운동사연구』 2(1988); 김기주, 「구한말 재일유학생의 사회계몽사상」, 『호남대사회교육』(1990).

58 金淇周, 『韓末 在日韓國留學生의 民族運動』(느티나무, 1993).

59 여환연, 「1920年代在日韓人의 民族運動: 협동전선을 중심으로」(이화여대석사논문, 1982); 정진성, 「일제하 在日朝鮮人勞動者들의 조직운동」, 『한국사회학연구』 8(서울대학교 사회학연구회, 1986).

60 서현주, 「1920년대 도일조선인 노동자계급의 형성」, 『한국학보』 63(1990); 김민영, 「일제의 조선인노동력 수탈에 관한 연구」, 전남대학교 경제학과 박사학위논문, 1991; 김민영, 『일제의 조선인노동력 수탈 연구』(한울아카데미, 1995)); 정혜경, 「식민지시대 在大阪 한인노동자의 생활상: 1920년대를 중심으로」(한국정신문화연구원 한국학대학원 석사학위논문, 1991); 정혜경, 「1920년대 大阪 한인노동자의 생활상」, 『청계사학』 8(1991); 김성례·강정숙, 「일제의 노동력수탈에 관한 연구」, 『청산하지 못한 일제시기의 문제』(광복50주년 기념학술대회 발표문, 1993).

61 정혜경, 「식민지시대 麻生 한인탄광노동쟁의」, 『한국정신문화연구원 한국학대학원 논문집』 7(1992); 정혜경, 「1910-1920년대 東京한인노동단체」, 『한국근현대사연구』 1(한울, 1994); 김인덕, 「1920년대 말 재일조선인 민족해방운동의 해체논의에 대한 검토」, 『부촌신연철교

구62로 나눌 수 있다.

노동자계급의 상태에 관한 서현주의 연구는 정치경제학적인 시각에 선 본격적인 연구로 1980년대 식민지시대 경제사연구의 경향성을 잘 반영하고 있다. 강제연행기에 대한 연구는 군대위안부에 초점이 맞추어져 있어 주제의 다양화가 요구되는데 1995년 한국정신문화연구원의 해외유해조사에 관한 보고서 중 재일조선인에 대한 문건은 국내에서의 첫 시도로 상징적인 의미가 있다.63 이와 함께 해방 이후재일조선인사에 대한 연구로 최영호의 도쿄대 박사학위논문이 단행본으로 나와 국내의 해방 이후 연구자와 재일조선인연구자들에게 인식의 지평을 넓히는 데 일조하고 있다.64

1980년대 이후 국내에서의 식민지시대 재일조선인운동사에 대한 연구는 아직도 일천하여 전면적인 언급은 곤란하나 일본 편향적 재일조선인 연구를 극복함이 자료의 한계를 돌파해 내는 것과 함께 일단 해결해야 할 과제이다.

　수정년퇴임기념사학논총』(일월서각, 1995); 김인덕, 「학우회의 조직과 활동」, 『국사관논총』 66(1995); 정혜경, 「大阪한인단체의 성격(1914~1922)」, 『한일관계사연구』 4(1995).

62　방선주, 「미국자료에 나타난 한인 '종군위안부'의 고찰」, 『국사관논총』 37(1992); 이효재, 「한일관계 정상화와 정신대 문제」, 『기독교 사상』(1992. 8월호); 윤정옥, 「일본군 '위안부'의 실태」, 『한일합동연구회 발표문』(1993); 이상화, 「군위안부경험에 관한 연구」(이화여자대학교 여성학과 석사학위청구논문, 1993); 정진성, 「일본군 '위안부'정책의 형성과 변화」, 『한일합동연구회 발표문』(1993); 여순주, 「일제말기 조선인 여자근로정신대에 관한 실태연구」(이화여자대학교 여성학과 석사논문, 1994); 정진성, 「일본군 '위안부' 정책의 본질」, 『한말 일제하의 사회사상과 사회운동』(한국사회사연구회논문집 42) (문학과 지성사, 1994); 신영숙, 「군위안부의 실태 및 특성에 관한 연구」, 『청산하지 못한 일제시기의 문제』(광복50주년 기념학술대회 발표문, 1995); 정진성 · 여순주, 「여자근로정신대의 실상」, 『청산하지 못한 일제시기의 문제』(광복50주년 기념학술대회 발표문, 1995).

63　『해외 희생자 유해 현황 조사사업 보고서: 일제 시기 해외 한인 희생자 연구』(한국정신문화연구원, 1995).

64　최영호, 『재일한국인과 조국광복』(글모인, 1995).

3) 최근 3년간의 재일조선인 연구 동향

① 국내의 동향

필자의 일련의 인물연구,[65] 정혜경의 오사카지역 지역연구[66] 그리고 단체연구[67]와 재일조선인 이민[68]에 대한 연구업적이 주목된다. 그리고 박경식 선생의 추도논문집의 간행이 예정되어 있다.

정혜경은 그의 박사학위논문에서 일제시대 오사카지역의 민족운동을 총체적으로 살펴보려고 했는데, 먼저 오사카지역 조선인 사회의 형성과 생활상을 규명하였고, 동시에 1920~30년대 오사카지역 조선인 민족운동을 분석했다. 특히 1920년대의 운동을 서술할 때는 오사카조선인 아나키즘운동과 다른 민족운동세력과의 연대의 축 속에서 살펴보았고, 1930년대의 운동은 소규모 지역단체나 노동조합, 소비조합 등을 중심으로 서술했다.[69] 그리

---

65 「1920년대 재일조선인운동과 金天海」, 『韓國民族運動史硏究』(于松趙東杰先生停年紀念論叢 II)(1997); 「재일조선인 운동과 김두용」, 『한국민족운동사연구』 18(1998); 「金斗鎔의 '친일파' 인식에 대한 시론」, 『고 박경식 선생 추모논문집』(1999); 「민족해방운동과 鄭南局」, 『성대사림』 12·13(1997); 「재일활동가 金容珪의 혁명론에 대한 시론」, 『성대경선생님퇴임기념논문집』(1999); 「1920년대 후반 재일제주인의 민족해방운동」, 1999, 역사문제연구소 외 편, 『제주4·3연구』(1999), 역사비평사.

66 정혜경, 「일제하 재일한국인 민족운동 연구: 오사카지방을 중심으로」(한국정신문화연구원 한국학대학원 박사학위논문, 1998).

67 표영수, 「대한제국 말기 재일본유학생의 애국계몽운동」, 『숭실사학』 11(1998); 정혜경, 「1920년대 일본 지역 조선인노동동맹회 연구」, 『한국민족운동사연구』 18(1998); 오장환, 「1920년대 재일한인 아나키즘운동 소고」, 『한국민족운동사연구』 17(1997); 김명섭, 「흑도회의 결성과 활동」, 『사학지』 31(1998); 이호룡, 「박열의 무정부주의사상과 독립국가 건설구상」, 『한국학보』 87(1997); 이호룡, 「재일본조선인 아나키스트들의 조직과 활동」, 『한국학보』 91·92(1999). 아울러 박열의 평전도 나왔다. 김삼웅, 『박열평전』(가람기획, 1997).

68 정진성·김인성, 「일본의 이민정책과 조선인의 일본 이민」, 『경제사학』 25(1998).

69 그는 오사카지역 조선인운동의 특징을 시대별로 대분하고 있는데, 1910년대는 '친목회'라는 이름의 조직이 결성되면서, 지역적 특수성이 마련되기 시작했다면서, 1920년대는 ① 노동자에 기반을 두고, ② 민족운동의 참가자들이 구조적인 모순을 자각하고 자발적으로 운동에 참가했으며, ③ 민족운동이 국내운동 및 일본 전 지역 운동의 흐름 속에서 전개되었다고 한다. 아울러 ④ 다양한 사조의 구분을 넘어선 운동이 전개되었고, ⑤ 조선인의 운동이 친일동화단체의 발호를 억제하는 데 기여했다고 한다. 그리고 1930년대는 ① 소규모의 단체나 조선인 마을 중심으로 운동이 전개되었고, ② 조선인 마을의 경제력 강화와 단결을 도모하는 운동이 중심적으로 진행되었으며, ③ 오사카지역의 독자적인 운동이 확립되었다고 한다. 그

고 정혜경은 일본 지역 조선인의 민족운동은 사회운동의 외피 속에서 전개된 점이 국내나 미주, 중국 관내, 만주지역의 경우와 다르다고 서술했다.[70]

② 일본에서의 동향

최근 3년간의 일본에서의 조선인 연구의 가장 큰 특징은 여러 권의 단행본이 간행되었고, 한국인 유학생들에 의한 연구성과가 생산되고 있는 점이다. 그리고 젊은 몇몇 연구자들에 의해 연구회가 새롭게 조직되어 기존의 재일조선인운동사연구회와 달리 방향을 잡아 가고 있다.

재일조선인사에 대한 일제시대의 주요 관련 연구의 흐름을 보면, 먼저 기관지의 경우 두 가지를 통해 확인할 수 있다. 재일조선인운동사연구회의 기관지인 『재일조선인사연구』 27, 28호가 나왔는데 목차는 다음과 같다. 27호: 큐슈광산으로의 조선인강제연행, 아시아·태평양전쟁말기의 재일조선인정책, 재일조선인활동가 박정현과 그 주변, 1920년대에 있어 재일조선인 민족협동전선운동, 교토부 협화회소사, 전전기 재일조선인의 정주과정, 28호: 박경식 선생의 재일조선인사 연구에 대해, 1920년대 후반의 재일조선인의 민족해방운동, 교토시대의 윤동주, 식민지지배 하의 조선인 강제연행·강제노동은 무엇인가, 사할린에 있어 조선인 병사동원, 해방 후 초기의 재일조선인조직과 조련의 교과서편찬사업 등이다.

재일조선인연구회의 기관지로 『코리안·마이너리티연구』(1)(2)가 나왔는데, 연구논문으로는 오구마 에이지(小熊英二)의 「조선에서 태어난 일본인: 조선인 중의원 의원·박춘금」이 실려 있다. 그리고 도노무라 마사루(外村大)의 박경식 선생의 연구에 대한 비판적 검토의 글이 실려 있다.

이밖에도 일본 쪽에서 나온 최근의 단행본을 들면 다음과 같다.

리고 ④ 양국 간의 대중운동의 차원에서 입장의 차이가 분명해졌다고 한다.

70 아울러 그는 향후의 과제로 ① 정치, 사회사 오사카지역 운동을 객관적으로 인식하고, ② 오사카지역 조선인들의 인식의 변천을 밝히며, ③ 다른 나라 민족운동과 비교가 필요하다고 했다.

『韓人日本移民社會經濟史 戰前編』(河明生, 明石書店, 1997.)

『在日朝鮮人の「世界」と「帝國」國家』(西成田豊, 東京大學出版會, 1997.)

『在日コリアン百年史』(金贊汀, 三吳館, 1997.)

『越境する民: 近代大阪の朝鮮人史研究』(杉原達, 新幹社, 1998.)

『20世紀を生きた朝鮮人』(林哲 外編, 大和書房, 1998.)

『兵庫朝鮮人勞動運動史 8・15解放前』(堀内稔, むくげの會, 1998.)

『不逞者』(宮崎學, 角川春樹事務所, 1998.)

『「韓國倂合」直後の在日朝鮮人・中國人』(木村健二 外, 明石書店, 1998.)

『戰時下朝鮮の農民生活誌 1939-1945』(통口雄一, 社會評論社, 1998.)

몇몇 연구업적을 중심으로 최근 일본의 일제시대 재일조선인사 관련 연구내용을 검토해 보면, 하명생(河明生)의 『韓人日本移民社會經濟史 戰前編』은 종래의 조선인노동자라는 표현 대신 '한인일본이민'이라는 용어를 쓴 신선함을 갖고 있는 책으로, 재일조선인 노동자의 저임금노동력으로서의 적응의 행동특성을 분명히 하고 있다.

특히 하명생(河明生)은 조선농민의 도일 원인과 과정을 거론할 때 조선의 노동시장에서 중국인노동자와의 경합 과정에서 취로의 기회가 줄어들었다고 주장한다. 그리고 취업의 경우 중소영세공장의 초기 도일 조선인의 선구적 취로 이후에 지연(地緣)에 기초한 개인소개로 본격적인 취로가 시작되었으며, 부락민의 사회운동의 고양에 따라 조선인의 취업의 기회가 확대되었다고 서술하고 있다. 물론 이때는 조선인 노동자의 일본 노동시장에서의 우수성을 지적하고 있다. 아울러 오사카지역의 조선인노동력의 수요창출 구조를 분석하여 메리야스, 자전거, 소자, 셀루로이드 공업에 있어서의 조선인 노동자의 존재형태를 언급하고 있다.

그러나 이 책은 책 제목과 달리 공장노동자의 경우만 한정한 분서을 시도했고, 오사카를 '전형적 이민지'로 상정하여 조선인 노동자의 상태를 서술한 아쉬움이 있다.

니시나리타 유타카(西成田豊)의 『在日朝鮮人の世界と帝國國家』는 최근 일본에서 나온 재일조선인 관련 연구 가운데 가장 주목 받은 책으로, 필자의 기존 다른 연구의 무게와 함께 일본 내 재일조선인사 관련 연구자들의 가장 많은 서평이 나와 있다. 그는 어릴 적 히다치광산(日立鑛山)에서의 경험과 한국인유학생들과의 만남에서 재일조선인에 대해 관심을 갖게 되었다고 하는데, 영국에서의 연구경험이 그의 재일조선인에 대한 체제를 갖게 했고 그것은 와이너의 두 권의 책이 결코 무시할 수 없는 시사점을 주지 않았을까 하는 추측을 하게 한다.

니시나리타 유타카(西成田豊)는 1910년대부터 일본 패전 후 시기를 중심으로 기존의 각종 자료와 개인적으로 수집한 자료를 통해 총체적인 분석을 시도하고 있는데, 한마디로 재일조선인의 문제를 동아시아지역 전체의 노동력 이동이라고 하는 보다 광범위한 구조 속에서 살펴보려고 했다.

그러나 아쉽게도 이 책은 새롭고 독창적인 내용보다는 기존의 연구를 일본제국주의 속의 재일조선인이라는 틀 속에서만 그리려고 한 한계가 노정되었다. 따라서 개별적인 큰 주제들을 한 번에 서술하려는 무모함을 나타내고 있다.

『「韓國併合」直後の在日朝鮮人・中國人』은 『「韓國併合」前の在日朝鮮人』의 자매편적인 성격의 책으로 1910년대의 재일조선인의 직업, 연령구성 등 1920년대와의 비교와 시사점을 제시하고 있는 것이 특징이다.

아울러 기무라 겐지(木村健二)의 연구는 개항장에서의 조선인의 도일이 많았고 주로 토건, 광업노동자로 20세 전후의 단신 남자였다고 주장한다. 특히 지역분석에 있어 큐슈와 야마구치현의 경우를 살펴보고 있는데, 큐슈는 경상도 출신으로 직업으로는 갱부와 어업종사자가 많은 점이 특징이었고, 야마구치현의 경우도 경상도와 전라도에서 도일한 사람이 많았으며 이 지역의 공업화와 관련된 노동과 재래어업, 상업에 취업했다고 한다. 그러나 이 책은 큐슈와 야마구치, 두 지역의 사례를 보편화시킨 한계와 함께 식민지지배의 본질적인 문제에 대해 주목하지 않은 부분이 아쉽다.

『越境する民: 近代大阪の朝鮮人史研究』은 수기하라 도오루(杉原達)의 기존의 논문을 모은 것이고, 김찬정(金贊汀)의 『在日コリアン百年史』는 재일조선인사 전체를 다룬 개설서이다. 아울러 호리우치 미노루(堀內稔)의 『兵庫朝鮮人勞動運動史 8・15解放前』는 효고지역의 재일조선인의 노동운동사로 주목되는 성과이다. 『20世紀を生きた朝鮮人』과 『不逞者』에서는 각각 김천해에 대해 언급하고 있는데, 『20世紀を生きた朝鮮人』 속의 박향구의 글은 주로 조련시기의 김천해에 주목한 논문이다. 그리고 도일 이전 조선농민의 실태에 주목한 『戰時下朝鮮の農民生活誌 1939-1945』가 있다. 여기에서 히구치 유이치(樋口雄一)는 도일 재일조선인의 조선내의 존재형태에 대해 현장 답사를 토대로 하여 서술하고 있다.

미간행 박사학위논문으로는 김광열(金廣烈)의 「戰間期日本における定住朝鮮人の形成過程」(一橋大學 박사학위논문, 1997) 박기환(朴己煥)의 「近代日韓文化交流史研究: 韓國人の日本留學」(大阪大學 박사학위논문, 1998) 등이 있다.

김광열은 그의 논문에서 선학의 연구에 기초하여 해방 전의 조선인 도일의 시기구분을 유치기(1910~1919), 억제기(1920~1938), 집단적 강제노무동원기(1939~1945)로 구분하고, 도일 원인을 조선 내의 열악한 취업환경에서 찾고 있다. 이와 함께 도일규제정책과 도일한 조선인의 상태에 대해 자세히 밝히고 있는데, 제1차 대전 후부터 시작된 도일규제는 기본적으로 여비 이외의 여유 돈이 있거나, 취직선이 확실하며, 신원이 분명해야 한다는 조건을 내걸고 이를 만족하는 자만 도항을 허가했다는 통설을 정리하였다. 그리고 도일규제는 몇 번에 걸쳐 추가, 강화되었으며, 1930년대 중반에는 일본 정부 방침으로 총력적인 도일억제체제가 확립되었다고 한다.

직업을 구하기 위해 도일한 조선인은 남부조선의 적어도 최하층이 아닌 사람들[71]로 친척이나 아는 사람을 통해 일본행을 선택했고, 일본에서는 토건노동자, 일용노동자, 각종 직공, 광부 등으로 위치 지워졌으며, 1930년대

---

71 이러한 관점은 梶村秀樹, 樋口雄一과 동일선상에 서 있다.

에 들어서는 영세상업과 잡업노동자가 가세했다. 아울러 도일한 조선인은 노동생활과 거주가 곤궁했는데, 주거, 구직, 생활부조 등은 지연(地緣)과 혈연(血緣)을 통해 해결되었다.[72]

한편 박기환은 1881년부터 1919년까지의 도일유학생의 모습을 정리하고 있는데, 1881년부터 1903년까지의 유학은 관비유학이 중심으로 주로 군사, 기술, 제도를 배우는 것이 주였다고 한다. 1904년부터의 유학은 사비유학이 중심이었고, 전체의 85%가 동경에 유학했으며 절반 이상이 정치, 법률, 경제, 실업 등의 전문교육을 받은 고학력자의 유학이었다고 한다. 특히 이 시기의 유학생은 민족의식이 강해 일본 관헌은 '민족독립운동의 저수지'라고 볼 정도였다고 한다.

한편 재일조선인사를 개설한 책들이 몇 권 출간되었는데, 와그너와 미첼과 더불어 최근에는 와이너가 두 권의 책을 통해 재일조선인사를 정리했다.[73]

와이너는 정한론으로부터 해방 전 때까지의 재일조선인사를 통사적으로 서술하고 있는데, 일본 중심의 재일조선인사적 시점에서 다음과 같은 문제점을 노정하고 있다. ① 조선인 노동자의 조직화가 일본인 노동운동가와의 연대 속에서 진전되었다고 강조했고, ② 재일본조선노동총동맹의 성립을 일본 노동운동 주류로부터 지원을 받을 수 없었던 사실에서 찾았으며, ③ 재일조선인의 낮은 정주성이 일본인과의 연대를 저해했다는 관점에 섰다.[74]

---

72 김광열은 연구과제로 재일조선인 공동체의 존재와 그들에 의해 전개된 사회운동의 특질을 상호 관련 속에서 파악하는 일, 지도자들이 갖고 있던 사상, 재일조선인의 사회운동의 특질에 대해서 독립운동의 한 형태로서만 위치지울 것이 아니라, 일본에서 일상생활을 함으로 발생한 특수한 배경도 감안해야 한다고 했다.

73 Michael Weiner, *The Origins of the Korean Community in Japan 1910-1923* (Manchester, Manchester University, 1989); *Race and Migration in Imperial Japan* (London: Routeledge, 1994).

74 용어와 인명을 잘못 읽거나, 동일한 단체, 사건에 대한 중복 설명이 되풀이 되고 있다.

4) 박경식 선생과 재일조선인 민족운동사

　재일조선인운동사 연구와 민족운동을 주도한 박경식 선생이 1998년 2월 13일 돌아가시자 그동안 잠재되어 있던 여러 가지 일본식 연구 분위기가 가시적으로 나타나고 있다. 관련 연구 단체의 모습이 바뀌고 연구자의 이탈과 내부 분화가 발생하였다. 추후 한국사영역에서의 연구가 보다 절실하다고 생각된다.

　박경식의 경우 일제시대 재일조선인사 연구의 토대를 닦았는데, 조선인 강제연행에 대한 조사 연구는 1960년대부터 시작되어 1990년 전후부터 급속히 고양되었으며 자료집, 저서의 간행과 연구 논문의 발표가 있었다. 여기에 조선인 강제연행진상조사단, 연구회 등의 조사 활동이 각지에서 계속되고 있다. 또한 조선인·중국인 강제연행·강제노동을 생각하는 전국교류집회 등이 매년 개최되고 있다.

　강제연행에 대한 연구는 박경식의 연구로 그 기초가 다져지기 시작하여 여러 연구자가 참여하여 성과를 내고 있다. 박경식은 『朝鮮人强制連行の記錄』(未來社, 1965)에서 일본제국주의 침략사와 관련하여 조선인 차별의 역사를 정리했다.

　박경식의 자료집으로 거론할 수 있는 대표적인 것이 『在日朝鮮人關係資料集成』, 『朝鮮問題資料叢書』(1-15)이다. 『在日朝鮮人關係資料集成』은 8·15 이전의 재일조선인에 관해 작성된 일본 정부, 관청자료를 정리해 놓았다. 이들 각 자료에는 재일조선인의 생활상황, 민족운동 상황과 데이터가 많이 수록되어 있다. 자료비판을 통하면 지배자 측의 입장을 알 수 있어 조선인 전시노무동원자에 대한 구체적 자료가 없는 상황에서는 매우 중요한 의의를 갖는다고 하겠다. 또한 『朝鮮問題研究叢書』에 있는 자료들도 기존에 빈약했거나 전무한 실정이었던 노동문제, 민족운동, 재일조선인 운동 등에 대한 관청이나 기업 측, 민간 측, 운동단체의 자료를 수집하였다. 따라서 전시노무동원된 재일조선인의 생활과 그들의 운동을 파악하는 데 귀중한

자료들이다.

박경식은 『在日朝鮮人運動史研究: 8·15解放前』(三一書房, 1979)[75]에서 재일조선인운동사를 통사적으로 서술하고 있다. 이 책에서 박경식의 연구는 재일조선인 민족해방운동사를 포괄적으로 다루고는 있으나 다음과 같은 한계가 있다. 첫째, 재일조선인 민족해방운동 각 조직의 구체적인 사실을 실사구시적으로 그려내지는 못했다. 둘째, 시기별 민족해방운동의 내용을 부문별로 나누어 바라봄으로 민족해방운동의 상을 총체적으로 파악하지 못하고 있다. 셋째, 조·일 사회운동 가운데 재일조선인운동을 부분적으로 파악하여 식민지시대 조선민족해방운동에서 지역 단위 운동으로 재일조선인 운동을 자리매김하지는 못했던 것이다.

5. 요약 및 결론

이 연구는 재일코리안 연구에 대하여 연대별로 1945년부터 2010년 현재에 이르기까지 연구자와 연구내용을 중심으로 분석하는 데 역점을 두었다. 재일코리안 연구를 전체적으로 정리한다는 것은 너무 방대한 일이고 지면상 무리이기 때문에 문학 분야는 향후 다루기로 하고 한일양국에서 재일코리안의 역사, 문화, 정치, 경제 등 사회과학적인 연구에 주목하여 수집 자료를 분석했다.

재일코리안 연구의 시대적 구분은 상당히 모호하지만 1945년 해방 전후, 그리고 일본에서 글로벌 시대가 본격적으로 진행된 1980년 전후, 90년대 후반 일본 사회의 다문화가 주창되어 다문화 공생이 본격화된 2000년대 이후 등으로 구분 가능할 것이다. 한일양국에서 1945년 전후 출현한 재일코리안 연구자와 연구내용별 정리한 자료를 토대로 재일코리안 연구

---

75 이 책은 「日本帝國主義下における在日朝鮮人運動」이라는 제목으로 『朝鮮月報』(4-8)에 연재되었던 글을 보완한 것이다.

의 특징과 시사점을 살펴보면 다음과 같이 정리할 수 있을 것이다.

첫째, 재일코리안 연구의 제1세대는 해방 전후 조선인의 역사적인 관점에서 분석한 연구들이 많았다는 점이다. 연구자들의 특징도 일본인 역사학자들에 의해서 주도되어 왔으며 나중에는 재일코리안의 실태와 현황에 대한 연구들이 재일코리안 사학자들을 중심으로 계승되어 왔다는 점을 지적할 수 있을 것이다. 또한 시대적으로 혼란기를 거쳐 1965년 한일국교정상화를 둘러싼 논쟁으로 재일코리안 스스로가 자기문제를 성찰할 수 있는 연구가 비교적 적은 시기였다고 할 수 있을 것이다.

둘째, 1980년대 이후 재일코리안 연구자 2세대는 재일코리안 사회의 민족차별, 취업차별, 법적지위, 참정권을 둘러싼 치열한 논쟁의 시기이기도 했다. 또한 이 시기는 일본에서 글로벌 시대가 주창됨에 따라 일본의 동화정책으로 재일코리안 2~3세의 세대교체기와 맞물려 귀화자 증가와 민족정체성의 약화가 재일코리안 사회의 중요한 이슈 중의 하나였다. 따라서 이 시기는 재일코리안 연구자에 의해 민족정체성 의식이나, 재일코리안 기업의 부상에 따른 민족기업연구, 재일코리안 사회에 대한 문화인류학적 연구가 한국인 학자들을 중심으로 이루어졌다. 특히 이 시기에는 1980년대 이전보다 재일코리안 연구에 대한 연구접근방법이나 주제가 다양화 되었으며 한국인 연구자들이 대거 재일코리안 연구에 합류하게 되었다는 점이 큰 특징일 것이다. 또한 이 시기의 연구자 분류에 있어서 재일코리안으로서는 연구자 2세대에 해당되겠지만 한국인 연구자에 의한 재일코리안 연구는 이때부터 본격적으로 시작되었다고 할 수 있기 때문에 제1세대 연구자에 속한다고 볼 수 있다.

셋째, 1990년대 후반부터 일본에서 다문화 사회가 주창되면서 2000년대 이후 다문화 공생이 강조되고 대중문화 개방과 한류의 영향으로 코리안 디아스포라가 새롭게 조명 받는 시기로서 이전보다 연구주제나 접근방식이 훨씬 다양하게 전개되었다. 특히 2000년대 이후 한국 정부의 재일코리안에 대한 관심이 고조되면서 연구자들의 중심이 일본인에서, 재일코리안, 한국인 학자들로 이동하는 추세를 보이고 있으며 기존의 재일코리안 실태나 민족차별연구가 문화, 축제, 다문화 공생, 네트워크 등 다양한 양상을 보이고 있다.

넷째, 최근 일본 내 해방 후 재일조선인 연구(운동)사를 정리한 결과, 기존 연구의 한계점으로 ① 총체적 시각의 부재, ② 사회 집단으로서의 재일조선인 사회 형성의 실체와 일본인과의 관계 파악의 문제, ③ 단절된 시기별 연구의 경향성, ④ 일정하게 진행된 국제관계학적, 역사사회학적 연구의 절실함 등을 제기할 수 있다.

일제시대 재일조선인(운동)사의 향후 과제는 ① 도일의 내용을 파악할 때 도일계층에 대한 총체적인 연구, ② 각 단체·조직 주체 사이의 상호관련성 파악, 전체 조선의 민족해방운동사 속의 위상 정립과 아울러 해방 공간에서의 운동의 계속성에 주목, ③ 일본 현지에서의 사료의 발굴과 함께 조선 및 미국의 대학도서관과 문서보관소에 산재해 있는 자료 발굴 등이다.[76] 그리고 ④ 재일 1세대 연구의 계승(연구, 자료), ⑤ 최근 일본 내 연구의 객관적 비판과 합리적인 대안적 연구, ⑥ 사상사적 연구가 필요할 것으로 생각된다.

이상과 같이 상기에 제시한 자료는 재일코리안 연구사 중에서도 생활문화와 민족운동사에 관련된 부분을 시대별로 중요한 연구사항을 연구자와 연구내용을 중심으로 분석했다. 이 연구에서 나타난 바와 같이 재일코리안 연구사를 정리한 결과, 디아스포라적 경험이 어떤 때는 그들의 민족의식 고취와 정체성, 차별에 대한 저항담론, 현지사회와의 공생 등 다양한 형태로 나타난다는 점이다.

이 연구가 시사하는 바는 글로벌 시대 민족과 국가의 경계를 넘나드는

---

76 특히 강제연행 연구와 관련해서는 ① 역사로의 일본 지역 '강제연행사'를 정립해야 할 시기가 되었고, ② 강제노동, 강제연행에 저항해서 스트라이크, 폭동을 일으키거나 도망친 사실 등을 발굴하여 반전운동, 민족운동의 일환으로 평가하는 일이 중요하며, ③ 진상조사와 함께 강제연행 된 조선인 노동자에 대한 보상요구가 오늘날까지 미해결인 상태로 남아있는 과정을 분명히 하며, 일본 정부가 보상요구를 거부해 온 사실을 추적해야 할 것이다.

디아스포라담론을 한층 더 발전시켜 탈국가적이고 탈민족적인 관점에서 그들이 생산한 문화자원을 학문적 차원으로 끌어올리고 연구의 영역과 지평을 확대하는 데 있다. 이러한 연구시도는 향후 재일코리안 연구사를 통해 재일의 실존적 상황을 다각적으로 이해하고 생산적으로 모색하는 다양한 연구방향성을 제공해 줄 수 있을 것이다.

향후 연구과제는 재일코리안 디아스포라의 역사가 100여 년이나 흘러간 만큼 그들이 생산한 문화자원은 너무 방대하기 때문에 좀 더 세분화된 연구가 이루어져야 할 것이다. 향후 지속적인 재일코리안 연구를 통하여 일본 각지에 산재되어 있는 자료들을 엮어냄으로서 디아스포라 문화유산을 계승하고 보존하며 교육 현장으로까지 연결되는 차원의 연구를 후속연구에서 기대해 본다.

참고문헌

강덕상 외(1999). 『근현대한일관계와 재일동포』. 서울대학교출판부.

고봉준(2008). "재일조선인 문학에서 "기억"과 "망각"의 문제: 재일 2세대와 3세대 문학을 중심으로". 『우리어문연구』 30집.

곽진웅(2000). "재일동포들의 참정권, 왜 문제인가". 『사람이 사람에게』 4-5.

김귀옥(2010). "분단과 전쟁의 디아스포라". 『역사비평』. 여름호.

김민영(1995). 『일제의 조선인노동력 수탈 연구』. 한울아카데미.

김봉섭(2009). "특집: 각국의 재외동포정책; 한국재외동포정책 10년의 회고와 전망". 『한국민족연구원』.

김인덕(1996). 『식민지시대 재일조선인운동 연구』. 국학자료원.

_____(1996). "일본 지역 독립운동에 관한 연구의 회고와 전망". 『한국사론』.

_____(2002). 『일제시대 민조해방운동가 연구』. 국학자료원.

김영나(2001). 『20세기의 한국미술』. 예경.

라경수(2010). "일본의 다문화주의와 재일코리안". 『재외한인연구』 22(가을호).

문경수(2009). "뉴커머와 올드커머: 지구화시대 일본 사회의 변화와 재일한인". 『일본 한인의 역사』(상). 국사편찬위원회.

서경식(1998). "재일조선인 나아갈 길". 『창작과 비평』 102(겨울호).

이상봉(2010). "디아스포라와 로컬리티 연구(研究): 재일(在日)코리안을 보는 새로운 시각(視角)". 『韓日民族問題研究』.

이주철(1999). "입북 재일동포의 북한 체제적응에 관한 연구". 『통일문제연구』 31권.

임채완·전형권(2006). 『재외한인과 글로벌네트워크』. 한울아카데미.

임영언(2010). "재일코리안의 연구사 정리". 『재외한인연구와 한국학: 연계와 통합의 모색』. 한국학중앙연구원발표자료집.

윤건차(1997). 『일본 그 국가·민족·국민』. 일월서각.

양왕용(1998). 『일제강점기 재일한국인의 문학 활동과 문학의식 연구』. 부산대학교출판부.

윤인진(2004). 『코리안 디아스포라』. 고려대출판부.

전북대학교 재일동포연구소 편(2008). 『재일동포 문학과 디아스포라』 1~3권, 제이앤씨.

정혜경(1996). "식민지시대 노동운동사연구의 현황과 과제". 『한국근현대사연구』 4.

_____(2001). 『日帝時代在日朝鮮人民族運動研究』. 国学資料院.

최범순(2006). "『계간삼천리』(季刊三千里)의 민족정체성과 이산적 상상력". 『日本語文学』 第41輯.

최영호(1995). 『재일한국인과 조국광복: 해방직후의 본국귀환과 민족단체 활동』. 글모인.

_____(2008). "재일교포사회의 형성과 민족 정체성 변화의 역사". 『한국사연구』 140.

하상일(2010). "재일 디아스포라 시인 남시우 연구". 『한민족문화연구』.

해외교포문제연구소 편(2008). 『교포정책개발과 재외동포재단 비전설정연구: 교포정책의 당면과제를 중심으로』.

허명숙(2009). "특집: 제32회 정기 학술대회(2008.11.22, 서울대학교): 다문화주의와 한국 소설; 민족 정체성 서사로서 재일동포 한국어 소설". 『현대소설연구』 40.

한승옥 외(2007). 『재일동포 한국어문학의 민족문학적 성격 연구』. 국학자료원.

金斗鎔(1947). 『日本における反朝鮮民族運動史』. 郷土書房.

金贊汀(1997). 『在日コリアン百年史』. 三五館.

李瑜煥(1960). 『在日韓国人の五十年史: 発生因における歴史的背景と解放後における動向』. 新樹物産.

任展慧(1994). 『日本における朝鮮人の文学の歴史: 1945年まで』. 法政大学出版局.

朴慶植(1972). 『朝鮮人強制連行の記録』. 未来社.

_____(1979). 『在日朝鮮人運動史: 8・15解放前』. 三一書房.

_____(1989). 『在日朝鮮人運動史: 8・15解放後』. 三一書房.

朴在一(1957). 『在日朝鮮人に関する総合調査研究』. 新紀元社.

朴康来・渡邊博史(1963). 『在日韓国人社会の総合調査研究』. 民族文化研究会.

徐龍達(2003). "法的地位の現状からみた21世紀への展望". 『21世紀韓朝鮮人の共生ビジョン―中央アジア・ロシア・日本の韓朝鮮人問題―』. 日本評論社.

朝鮮史研究会編集(1980). "日本における朝鮮史研究の軌跡と課" 『朝鮮史研究会論文集文集』. No.17. 龍渓書舎.

植田剛彦(우에다 타케히코)・이송희 옮김(1996). 『재일한국인의 저력』. 청산.

松田利彦(마쓰다 토시히코)(1995). 『戦前期の在日朝鮮人と参政権』. 明石書店.

喜多恵美子(키다 에미코)(2001). "韓・日プロレタリア美術運動の交流に関か여" 『美術史論壇』 12권 상반기 "特輯: 歴史の中の「在日」" 『環』 11(가을호).

久保井規夫(쿠보이 노리오)(2001). 『朝鮮と日本の歴史』. 明石書店.

高全恵星監修・柏崎千佳子訳(2007). "想像上の祖国とディアスポラの認識". 『ディアスポラとしてのコリアン―北米・東アジア・中央アジア―』. 新幹社.

樋口雄一(히구치 유이치)(2002). 『日本の朝鮮・韓国人』. 同成社.

福岡安則・金明秀(후쿠오카 야스노리)(1997). 『在日韓国人青年の生活と意識』. 東京大学出版会.

吉田光男(요시다 미츠오)(1960). "朝鮮史研究のための文献・施設案内". 『朝鮮史研究会論文集文集』.

■ **임영언** 전남대학교 세계한상문화연구단 연구교수, 2004년 일본 상지대학(上智大學)에서 '한국인 기업가: 뉴커머의 창업과정과 에스닉 자원'을 주제로 사회학박사, 2005년도 이후 재일한인디아스포라 관련 연구수행, 최근 일계인디아스포라에 대한 관심과 연구수행 중, 일본문화학회 평가이사, 재외한인 학회 대외협력이사, 국제지역학회 일본분과이사, 연구 분야: 재일코리안 디아스포라, 일본 문화, 일계 인(닛게이진)디아스포라. 이메일 주소: yimye@hanmail.net

■ **김인덕** 성균관대학교 동아시아학술원 연구교수. 성균관대학교 사학과에서 '재일조선인 민족해방운 동 연구'로 문학박사 취득, 주요 연구물은 『우리는 조센진이 아니다』(서해문집, 2004), 『재일조선인사 와 식민지문화』(경인문화사, 2005), 『식민지시대 근대 공간 국립박물관』(국학자료원, 2007), 『재일 본조선인연맹 전체대회 연구』(경인문화사, 2007), 『1920년대 이후 일본·동남아지역 민족운동』(공 저)(한국독립운동사연구소, 2008). 연구 분야: 재일조선인, 근대박물관 등. 이메일 주소: kid620827 @hanmail.net

〈1945~1960년 연구〉

연도	연구성과(일본)	연도	연구성과(한국)
1945	鄭徹 『在日韓国人の民族運動』	1950	외무부주일대표부편 「재일본 한국동포의 법적지위」 『외무월보』 제10호
1950	朴熙哲 『大韓民国居留民団論』	1951	외무부 『제1·2·3차 한일회담 재일한인법적지위문제위원회 회의록』
1951	Wagner, E. W.: "The Korean Minority in Japan: 1904~1945", 旗田巍 『朝鮮史』 岩波書店		
1953	公安調査庁 『在日朝鮮人概況』, 李達憲 「日本における朝鮮史研究についての所感」 『歴史学研究別冊朝鮮史の諸問題』l岩波書店)	1952	이한기 「이승만 라인과 국제법: 공해자유의 법리」 『자유세계』 1, 4(홍문사)
1956	公安調査庁 『在日朝鮮人総連合会の現状』, 日本赤十字社 『在日朝鮮人の生活と実態』	1953	이한기 「소위 재한재산청구권을 주장할 수 있나」 『신천지』 8, 7(서울신문사)
1957	朴在一 『在日朝鮮人に関する総合調査研究』 新紀元社出版部, 朴慶植·姜在彦 『朝鮮の歴史』(三一書房), 朴春日 「日本プロレタリア文学における朝鮮および朝鮮像」 [Ⅰ][Ⅱ] 『朝鮮月報』 7号·8·9合併号	1955	배재식 「평화선에 대한 소고」 『지방행정』 4, 9(55.9)
		1957	윤일상 「재일교포교육의 현황과 문제점」 『국회보』 15
1958	旗田巍 「日本における朝鮮史研究の伝統」 『コリア評論』 2巻8号, 朴春日 「近代日本文学における朝鮮像一三十五周年によせて一」 『歴史評論』 99号	1958	외무부 『재일한인법적지위문제에 관한 설명서』, 이활남 『혈혼의 전선: 재일교포학도의용군 수기』(백조사), 한현상 「온정에 굶주린 재일교포」 『신태양』 64
1959	権逸 『祖国への念願』, 在日韓国人経済人連合会 『在日僑胞商工業者総攬』 1(生産業者編), 在日本大韓民国居留民団 『在日僑胞実態概要』, 金達寿 「日本文学のなかの朝鮮人」 『文学』 27巻1号	1959	이한기 「외교적 승리의 논리적 배후: 국제법상의 따져본 재일교포북송문제」 『사상계』, 유진오 「재일교포북송음모는 실패로 본다」 『지방행정』 8, 5

연도	연구성과(일본)	연도	연구성과(한국)
1960	李瑜煥 『在日韓国人の五十年史』(新樹物産), 関野昭一『在日朝鮮人の北鮮帰還問題』(国立国会図書館), 高村「日本文学にあらわれた朝鮮人」『日本と朝鮮』81号	1960	민경천「그 실태 및 교포교육의 강화책: 재일교포교육 시찰을 마치고」『문교월보』 55, 박권숙「국제법상으로 본 재일교포북송문제」『법정』, 권일「재일교포의 실태와 그 대책」『새벽』 7, 김석후「자유중국의 화교정책: 재일한교문제를 재검토하기 위하여」『민족문제화』 5,4, 한국생산성 본부「판매고순으로 본 재일교포 생산기업체의 실태」『기업경영』 3

〈1960~1970년 연구〉

연도	연구성과(일본)	연도	연구성과(한국)
1961	小松隆二「反逆の女性・金子文子一『朴烈事件』はしがき一」『自由思想』6号, 金達寿「太平洋戦争下の朝鮮文学一金鐘漢の思い出を中心に一」『文学』29巻8号, 幼方直吉 「日本人の朝鮮観一柳宗悦を通して一」『思想』448号	1961	김규환「재일교포는 이방인인가?」『사상계』, 문회석「해외교포의 실태와 보호지도책: 특히 재일교포를 중심으로」『최고회의보』, 임묘민「문이 열리는 재일교포의 모국투자」『비지네스』 1, 1, 중앙교육연구소편「재일교포 교원재교육 강습회를 마치고」『소식(중앙연구)』 2, 3, 한숙「재일교포 계몽방문기행」『시사』 11, 정연규「재일교포와 일본의 야망」『신경제』 10, 5
1962	朴春日「福沢諭吉の朝鮮観一朝鮮人としての問題提起一」『日本読書新聞』, 朴慶植「福沢諭吉の朝鮮観について」『朝鮮史研究会会報』2号, 姜徳相「李氏朝鮮開港直後に於ける朝日貿易の展開」『歴史学研究』265号	1962	외무부『재일한인의 법적지위문제 참고자료』, 한치문「재일교포의 자본도입문제」『제주도』, 홍성기「재일교포의 실태: 모국의 적극적인 시책이 긴요하다」『신사조』 1, 4, 최준「교포신문과 일본의 침략정책」『법정논총』 15, 이찬형「재일거류민단의 모습」『최고회의보』 13, 신학빈「재일교포 경제인의 약언」『비지네스』 2, 2
1963	朴康来・渡邊博史『在日韓国人社会の総合調査研究』, 旗田巍「日韓会談の思想」『朝鮮研究月報』 18号, 姜徳相「関東大震災に於ける朝鮮人虐殺の実態一特に四十周年を記念して一」『歴史学研究』278号	1963	김행일『악몽 575일: 62차 북송교포의 탈출기』(보진재), 김영식「재일교포중소기업을 끌어오자」『비지네스』, 김진근「재일교포의 법적지위」『제주도』, 유완식「재일교포의 생활」『제주도』

연도	연구성과(일본)	연도	연구성과(한국)
1964	安藤彦太郎・寺尾五郎・宮田節子・吉岡吉典『日朝中三国人民連帯の歴史と理論』(日本朝鮮研究所), 櫻井義之『明治と朝鮮』(櫻井義之先生還曆記念会), 姜德相「松尾尊兌氏『関東大震災と朝鮮人』書評についての若干の感想」『むすず』59号, 梶村秀樹「日本人の朝鮮観の成立根拠について一「アジア主義」再評価論批判」『中国現代史研究会会報』12・3合併号, 金達寿「朝鮮人からみた『間島パルチザンの歌』」『ダッタン海峡』2・3合併号, 姜在彦「朝鮮問題と内田良平一いわゆる「アジア主義」の本質と役割一」『新しい歴史学のために』100号	1964	한양신문사『재일교포실업인 명감』, 임종문「생지옥 속에서 사는 북송교포들!」『자유』12, 국회도서관 편역「재일교포의 법적범위: 일본 측의 견해」『국회도서관보』, 박경래「이 현실속의 재일교포」『신사조』, 김인재「애국의 한길에서: 재일교포문인들의 근황」『현대문학』, 김태주「재일교포와의 유대문제」『제주도』한무숙「일본에서 만난 한국인들」『신사조』, 강상보「재일교포의 실태」『제주도』, 김영관「재일교포에 대한 나의 신념」『제주도』, 이천상「재일교포의 법적 지위 문제: 한일일회담의 제쟁점」『사상계』, 고창식「재일교포 교육실태보고」『국어교육』, 박경래「재일교포 실태분석」『국회보』37
1965	朴慶植『在日朝鮮人強制連行の記録』(未来社), 河野六郎『日本における朝鮮語研究史概観』(アジア・アフリカ文献調査委員会), 朴春日「近代日本文学における朝鮮像(一)(二)(三)(四)(完)」『文化評論』46号~50号, 任展慧「日本に翻訳・紹介された朝鮮文学について」『朝鮮研究』44号, 小沢有作「戦前の教育における朝鮮」『朝鮮史研究会論文集』2集	1965	이한기「한일회담의 문제점」『정경연구』1, 3, 외무부『한일회담백서』, 이한기「찬성론과 반대론: 한일조약에 대한 해외지식인의 대화」『정경연구』1, 10
1966	新藤東洋・池上新春『日本帝国主義の植民地教育と闘った在朝日本人教師の闘いの記録一上甲米太郎『新興教育』・教育労働者組合準備会事件(一九三〇)一』(人権民族問題研究会)	1966	유영종「재일교포 2세 교육문제」(교포정책자료4), 이민호「민단의 단합방안과 그 지위」『교포정책자료 5』, 이한기「재일교포의 어제와 오늘: 국교정상화와 교포의 장래」『정경연구』2, 2, 배재식「기본적 인권과 국제법: 특히 재일한인의 법적지위의 본질을 규명하기 위하여」『법학』8, 1
1967	姜德相『現代史資料朝鮮2』第26集(みすず書房), 朝鮮史研究会『朝鮮の歴史をどう考えるか』, 旗田巍「朝鮮像と停滯論」野原四郎編『近代日本における歴史学の発達 下』(青木書店)	1967	해외교포문제연구소「일본국의 대한 교포정책」(교포정책자료 6)

연도	연구성과(일본)	연도	연구성과(한국)
1968	呉允台 『日韓キリスト教交流史』(新教出版社), 金達寿 「朝鮮文化について」 『岩波講座哲学13文化』, 金一勉 「在日朝鮮人と 「自由法曹団」一忘れえぬ人権擁護の日本法曹人たちー」(上)(中)(下)『コリア評論』93号・94号・95号	1968	공보부 「재일교포현황과 조선대학인가문제」, 주일본대한민국대사관 『교포교육개요』(주일본대사관 장학관실)
1969	朝鮮史研究会 『日本のなかの朝鮮文化』 1-47号, 旗田巍 『日本人の朝鮮観』(勁草書房), 旗田巍編『シンポジウム 日本と朝鮮』(勁草書房), 朴春日 『近代日本文学における朝鮮像』(未来社), 呉林俊 「朝鮮人にとって 「日本庶民」とはなにか」『朝鮮研究』89号	1969	김상현 「재일한국인: 교포80년사」(어문각)
1970	金達寿 『日本の中の朝鮮文化1』(講談社), 飯沼二郎 「日本のキリスト教と朝鮮問題」(未来社), 旗田巍 「朝鮮史研究の課題」朝鮮史研究会・旗田巍編 『朝鮮史入門』太平出版社, 任展慧 「植民地政策と文学」『法政評論』復刊1号	1970	조기선 『길가의 잡초처럼: 재일교포의 생활실태』(대한기독교서회)

〈1970~1980년 연구〉

연도	연구성과(일본)	연도	연구성과(한국)
1971	李瑜煥 『在日韓国人60万一民団・朝総連の分裂史と動向』洋々社, 金達寿 『日本の中の朝鮮文化2』(講談社), 呉林俊 『朝鮮人のなかの日本』(三省堂), 梶村秀樹 『排外主義克服のための朝鮮史』(青年アジア研究会), 呉林俊 『朝鮮人としての日本人』(合同出版), 梶村秀樹 「朝鮮の社会状況と民族解放闘争」 『岩波講座世界歴史27現代4』	1971	해외교포문제연구소 『재일조총련의 공산교육의 내막과 우리의 대책』(교포정책자료10)
1972	姜徳相編 「朝鮮共産党幹部高光洙逮捕及高麗共産青年会咸境道機関検挙二関スル件」『現代史資料(29)朝鮮⑤』(みすず書房), 岩村登志夫 『在日朝鮮人と日本労働者階級』(校倉書房), 金達寿 『日本の中の朝鮮文化3』(講談社), 呉林俊 『朝鮮人の光と影』(合同出版), 朴慶植 「朝鮮人虐殺事件ーしくまれた報道の意味するもの一」江藤文夫・鶴見俊輔・山本明編 『講座・コミュニケーション5事件と報道』(研究社)	1972	이영훈 『재일한국인 교육정책 상・하』(교포정책자료 11, 12), 전준『조총련연구 1』(고려대학교아세아문제연구소)

연도	연구성과(일본)	연도	연구성과(한국)
1973	大阪韓国人商工会 『商工会20年の步み: 1953年5月-1973年12月』, 小沢有作 『在日朝鮮人教育論』(亜紀書房), 金達寿 『日本の中の朝鮮文化4』(講談社), 呉林俊 『日本人の朝鮮像』(合同出版), 梶村秀樹 「朝鮮人虐殺の歴史的責任」 『福音と世界』 28巻7号(新教出版社), 飯沼二郎 「三・一事件と日本組合教会一特に渡瀬・柏木論争について」 『日本の近代化とキリスト教』(新教出版社), 梶村秀樹 「自由民権運動と朝鮮ナショナリズム」 『自主講座朝鮮論』 2号, 姜徳相 「関東大震災下 「朝鮮人暴動流言」について」 『歴史評論』 281号(歴史科学協議会編)	1973	김대상 『일제하 강제인력수탈사』(정음사), 고승제 「재일한국인노동자이민의 사회사적 분석」 『학술원논문집 인문사회과학편』
1974	李恢成 『北であれ南であれ我が祖国』(河出書房新社), 田中宏 「日本の植民地支配下における国籍関係の経緯一台湾・朝鮮に関する参政権と兵役義務をめぐって」 『愛知県立大学外国語学部紀要』(地域研究・関連諸科学編)9号, 金達寿 『日本の中の朝鮮文化5』(講談社), 呉林俊 『伝説の群像一朝鮮人と日本語一』(合同出版), 関東大震災五十周年朝鮮人犠牲者調査・追悼事業実行委員会編 『かくされていた歴史一関東大震災と埼玉の朝鮮人虐殺事件』(日朝協会埼玉県連合会), 小林末夫 『在日朝鮮人労働者と水平運動』(部落問題研究所出版部), 梶村秀樹 「植民地と日本人」 『日本生活文化史8生活の中の国家』(河出書房), 姜在彦 「金玉均の日本亡命」 『中央公論歴史と人物』 31号(中央公論社), 内海愛子 「「鮮人」ということば」 『朝鮮研究』 135号(日本朝鮮研究所), 旗田巍 「明治日本と朝鮮」三輪公忠編 『日本の社会文化史7世界の中の日本』(講談社), 姜在彦 「朝鮮人の日本観一江戸期朝鮮通信使の日本紀行を中心として一」 『経済評論』 23巻12号(日本評論社)	1974	외무부 『재일한국인의 법적지위에 관한 자료』, 이구홍 『오늘의 재일한국인 사회』(인문출판사), 유시중 「한국인의 도일상황과 일본에서의 생활 실태: 해방 전을 중심으로」 『동양문화연구』

연도	연구성과(일본)	연도	연구성과(한국)
1975	統一日報社在日韓国人名録編纂委員会編『在日韓国人名録』, 崔昌華『国籍と人権』(酒井書店), 金達寿・姜在彦・李進熙・姜徳相『教科書に書かれた朝鮮』(講談社), 李進熙「古代日朝関係と現代」『歴史評論302』, 関東大震災五十周年朝鮮人犠牲者調査・追悼事業実行委員会編 『歴史の真実ー関東大震災と朝鮮人虐殺』(現代史出版会), 姜徳相『関東大震災』(中央公論社), 金達寿「柳宗悦との出会い」『国語通信』179号(筑摩書房), 内海愛子・梶村秀樹「北鮮」「南鮮」ということば』『朝鮮研究』150号(日本朝鮮研究所), 任展慧「朝鮮時代の田中英光」『海峡』 3号(朝鮮問題研究会)	1976	중앙정보부 『재일교포 현황』
1976	統一日報社『在日韓国人企業名鑑』, 徐龍達「在日韓国人はいかに生きるべきか」『韓国大阪青年会議所認准5周年記念誌』, 李進熙『李朝の通信史ー江戸時代の日本と朝鮮』(講談社), 任展慧「植民者二世の文学ー湯浅克衛への疑問」『季刊三千里』 5号(三千里社), 梶村秀樹「『資料』東亜日報にみる朝鮮共産党事件と古屋貞雄』『朝鮮研究』153号(日本朝鮮研究所), 旗田巍「日本における朝鮮史研究について」『近代における歴史学の発達』下(青木書店), 朴慶植「日本・中国・アメリカにおける反響」『朝鮮三・一独立運動』(平凡社), 具良根「明治日本の韓語教育と韓国への留学生派遣」『韓』5巻12号	1977	홍국표「재일교포 본국투자유치에 관한 연구: 국내 중소기업육성과 관련하여」(서울대행정대학원), 안광호「재일국민 자녀교육의 개선방안에 관한 연구」(연세대행정대학원), 홍승직・한배호「재일동포의 실태조사」『아세아연구』 57(고려대 아세아문제연구소)
1977	宮田浩人編『65万人: 在日朝鮮人』(すずさわ書店), 金賛汀『祖国を知らない世代: 在日朝鮮人2・3世の現実』(田畑書店), 民団30年史編纂委員会編『民団30年史』, 金府煥『在日韓国人社会小史(大阪編)』, 梶村秀樹『朝鮮史』(講談社現代親書)金両基「柳宗悦と韓国」『海』 9巻3号(中央公論社), 梶村秀樹「『敬愛する朝鮮』一資料と解題」『KAMPONG』2巻1号, 梶村秀樹「近	1978	이광규「재미재일한국교포사회의 제문제」(한국문화인류학회 연구발표회, 3.30)

연도	연구성과(일본)	연도	연구성과(한국)
1977	代日本の侵略思想」 『新しい世代』 18 巻6号(朝鮮青年社), 姜徳相「明治期における日本と朝鮮(2)ー 「自由民権運動」ー』『歴史公論』3巻6号(雄山閣出版), 飯沼二郎・韓晳曦「解説日本キリスト教会朝鮮伝導の三代」織田楢次『チゲックンー朝鮮・韓国人伝導の記録ー』(日本基督教出版局), 姜徳相「明治期における日本と朝鮮(5)ー 閔妃虐殺事件ー」『歴史公論』3巻9号(雄山閣出版)		
1978	金一勉 『朝鮮人がなぜ′日本名′を名のるのか: 民族意識と差別』(三一書房) 金應烈『社会的機会と個人の適応様式ー在日韓国人2世の調査を通してー』(修士論文), 吉岡増雄編著 『在日朝鮮人と社会保障』(社会評論社), 池明観「日本基督教会と朝鮮ーー八九二年から一九二〇年までー」『東京女子大学附属比較文化研究所紀要』39巻, 李進熙「李朝の美と柳宗悦」『季刊三千里』13号, 梶村秀樹 「植民地朝鮮での日本人」金原左門編 『地方文化の日本史9地方デモクラシーと論争』文一総合出版, 和田春樹「金子文子のこと」『リベルテール』100号, 任展慧「朝鮮統治と日本の女たち」もろさわようこ編 『ドキュメント女の百年5女と権力』(平凡社), 樋口雄一 「日清戦争下朝鮮における日本人の活動ー新聞資料からのメモー」『海峡』8号(社会評論社), 樋口雄一「柳原吉兵衛と在日朝鮮人」『在日朝鮮人史研究』3号(在日朝鮮人運動史研究会)		
1979	朴慶植 『在日朝鮮人運動史ー8・15解放前』(三一書房), 姜在彦「キリスト教が結ぶ日本と朝鮮との架橋・二題」『文学』47巻4号(岩波書店), 高崎宗司「柳宗悦と朝鮮ーー九二〇年代を中心にー」『朝鮮史叢』 1号(在日朝鮮人運動史研究会編), 高崎宗司「朝鮮の土となった人ー浅川巧評伝」『思想の科学』318号(思想科学者), 山田昭次「関東大		

연도	연구성과(일본)	연도	연구성과(한국)
1979	震災期朝鮮人暴動流言をめぐる地方新聞と民衆ー中間報告として」『在日朝鮮人史研究』5号(在日朝鮮人運動史研究会), 尹学準「中野重治の自己批判ー朝鮮への姿勢について」『新日本文学』388号(新日本文学会)		
1980	在日本大韓民国大阪府地方本部『民団大阪30年史』, 日高六郎・徐龍達編『大学の国際化と外国人教員』(第3文明社), 大沼保昭「在日朝鮮人の法的地位に関する一考察(1)～(6)」『法学協会雑誌』Vol.96, No.3～Vol.97, No.4, 李進熙『日本文化と朝鮮』(日本放送出版会), 桜井優子・五島智子『関東大震災の禍根ー茨城・千葉の朝鮮人虐殺事件ー』(筑波書林)山田昭次 「朝鮮人強制連行調査の旅から」『季刊三千里』21号(三千里社), 梶村秀樹 「朝鮮からみた明治維新」『差別とたたかう文化』8号(明治図書出版), 梁永厚「柳田国男と朝鮮民俗学」『季刊三千里』21号(三千里社), 旗田巍「明治の非戦論者・安藤正楽の朝鮮古代史研究」『朝鮮史研究会会報』58号(朝鮮史研究会), 金一勉 「朝鮮半島への進出」『日本女性哀史ー「遊女」「女郎」「からゆき」「慰安婦」の系譜ー』(現代史研究会発行), 旗田巍「朝鮮合併と日本人の意識」『歴史地理教育』 307号(歴史教育者協議会), 土肥昭夫「日本の朝鮮統治とキリスト教」『日本プロテスタント・キリスト教史』(新教出版社), 和田春樹「いま問われていることー光州事件に思う」『季刊三千里』23号(三千里社), 山田昭次 「近代日本の朝鮮侵略の展開」『歴史公論』 57号(雄山閣出版), 水野直樹「特集関係文献解説」『歴史公論』 57号(雄山閣出版), 桜井義之 「韓国研究院在庫文献資料紹介(7)」『鶏林事略』瀬脇寿人・林深造同輯(初編二冊)明治九年ー法学者の朝鮮研究ー『韓』9巻11・12合併号(韓国研究院編図書文献センター)		

〈1980~1990년 연구〉

연도	연구성과(일본)	연도	연구성과(한국)
1981	鶴岡正夫『在日韓国人の百年―私の信条』(育英出版社),『在日本全羅南道道民会創立10周年記念同胞慰安の特別大公園』, 徐龍達「韓国・朝鮮人差別の実態と課題, 多民族社会への展望」桃山学院大学人権委員会編『定住外国人の人権』, 姜在彦「在日朝鮮人の形成史」『手記―在日朝鮮人』(龍渓書舎), 金達寿・姜在彦編著・新藤東洋男『在朝日本人教師―反植民地教育運動の記録―』(白石書店), 全浩天『古代史にみる朝鮮観』(朝鮮青年社), 池明観「海老名弾正の思想と朝鮮伝導論」『東京女子大学附属比較文化研究所紀要』42巻(東京女子大学附属比較文化研究所), 梶村秀樹「植民地支配者の朝鮮観」『季刊三千里』25号(三千里社), 韓晳曦「乗松雅休の朝鮮伝導」飯沼二郎・姜在彦編『近代朝鮮の社会と思想』(未来社), 旗田巍「朝鮮史像の諸問題」朝鮮史研究会編『新朝鮮史入門』(龍渓書舎)	1981	이광규「재일한국인 조사연구 I」『한국문화인류학회』13호(한국문화인류학회), 유네스코한국위원회「재일한국인교육의 문제와 전망: 세미나 보고서」
1982	東京韓国青年商工会編『青商―豊かな同胞社会を目ざして』(東京韓国青年商工会), 山田昭次「関東大震災朝鮮人暴動流言をめぐる地方新聞と民衆」『「朝鮮問題」学習研究シリーズ18号』(「朝鮮問題」懇話会), 梶村秀樹「日本人の朝鮮観」『月刊歴史教育』35号(東京法令出版), 李度珩「日本の新聞社説にみる韓国観―時事新報と朝日新聞の韓国問題社説を中心に―」『慶応義塾大学新聞研究年報』18号(慶應義塾大学新聞研究所), 稲葉継雄「日本人の朝鮮語学習史(明治期~1945年)」『朝鮮語教育課程のプログラム作成のための基礎的研究』(筑波大学), 尹健次「日本資本主義の前進基地としての京成学堂―日本のアジア進出の軌跡をふまえて―」『海峡』11号(朝鮮問題研究会編)	1982	이광규「재일한국인 조사연구 II」『한국문화인류학회』14호(한국문화인류학회)

연도	연구성과(일본)	연도	연구성과(한국)
1983	玄光洙 『民族の視点: 在日韓国人の生き方・考え方』(エンタプライズ), 生越直樹 「在日朝鮮人の言語生活」『言語生活』(筑摩書房), 金應烈 「在日韓国人妻の貧困と生活不安」『社会老年学』No.17, 東京都老人総合研究所監修, 東京大学出版会, 金應烈 「在日韓国人の適応様式と生活不安」(未発表論文), 関東大震災五十周年朝鮮人犠牲者調査・追悼事業実行委員会編 『いわれなく殺された人びと―関東大震災と朝鮮人』(青木書店), 堀内稔 「光州学生運動・海外での反響その1日本」『むくげ通信』77号(むくげの会), 沢纓 「内村鑑三における愛国思想と韓国キリスト教」『内村鑑三研究』 19号(キリスト教図書出版社), 姜在彦・李進熙 「対談日本における朝鮮研究の系譜」『季刊三千里』34号(三千里社), 山田昭次 「関東大震災60周年を迎える朝鮮人虐殺事件掘り起こし―朝鮮人の遺骨を発掘し慰霊する会の調査経過―」『自由民権百年』11号(自由民権百年全国集会実行委員会), 廬平久 「内村と韓国」『内村鑑三全集月報34』 全集34巻付録(岩波書店), 姜徳相「日本の朝鮮支配と民衆意識」『歴史学研究(別冊)東アジア世界の再編と民主意識』(青木書店), 金容権 「子どもたちの震災体験―『東京市立小学校児童震災記念論文集』について―」『季刊三千里』36号(三千里社), 山中速人「内容分析的手法による民族関係分析の試み―1930年代の『大阪朝日』にみる朝鮮人報道の特徴と日朝民族関係のパターン―(上)(下)」『関西学院大学社会学部紀要』47号・48号(関西学院大学社会学部)	1983	이광규『재일한국인: 생활실태를 중심으로』(일조각), 권일 『현해탄을 사이에 두고: 일본속의 남과 북』
1984	在日本民団中央本部『差別白書』第7集(東京: 民団中央本部), 吉岡増雄・山本冬彦・金英達『在日外国人と日本社会』(東京: 評論社), 梁泰昊『釜山港に帰れない: 国際化の中の在日朝	1984	해외교포문제연구소 『재일교포사회를 중심으로』(교포정책자료22), 법무부『재일한국인의 지문날인제도』

연도	연구성과(일본)	연도	연구성과(한국)
1984	鮮・韓国人』(第三書館), 旗田巍「日本人の朝鮮観と教育の問題」『歴史地理教育』 362号(歴史教育者協議会), 辛基秀 「在日朝鮮人運動と日本労働者階級」『運動史研究』13巻(三一書房), 具良根 「日本の近代韓国観の考察ー日本の対韓蔑視観および征韓論などの生成形態の考察を中心にー」 『アジア公論』13巻1号(韓国国際文化協会), 任展慧「朝鮮側からみた日本文壇の「朝鮮ブーム」ーー九三九～一九四〇年ー」『海峡』 12号(社会評論社), 樋口雄一「「半島同胞」・「半島人」という言葉について」『まげい』 5号(グループまげい編), 韓皙曦「日韓キリスト教関係史の一側面ー呂運亨事件を中心にー」(新教出版社), 内海愛子 「『北鮮』の用語にみる日朝関係」(明石書店編集部編), 樋口雄一「自警団設立と在日朝鮮人ー神奈川県地方を中心にー」『在日朝鮮人史研究』 14号(在日朝鮮人運動史研究会編)	1984	
1985	金容権・李宗良共編 『在日韓国・朝鮮人: 若者からみた意見と思いと考え』(三一書房), 金賛汀『異邦人は君が代丸に乗って』(岩波文庫), 全鎮植・鄭大声『朝鮮料理全集』① 肉料理(柴田書店), 全鎮植・鄭大声 『朝鮮料理全集』③ キムチと保存食(柴田書店), 飯沼二郎・韓皙曦『日本帝国主義下の朝鮮伝導』, 稲葉継雄 「光州実業学校についてー旧韓末「日語学校」の一事例」『外国語教育論集』7号(筑波大学外国語センター), 朴郷丘「日本の対朝鮮政策の底流ー「征韓論」と「釜山赤旗論」に関する一考察」 『月刊朝鮮資料』 290号(朝鮮問題研究所), 樋口雄一 「日本人の在日朝鮮人対応ー幸田タマと八幡製鉄所労働者ー」『まげい』6号(グループまげい編), 飯沼二郎「日本組合教会の朝鮮伝道」上田正昭・姜在彦編『日本と朝鮮の二千年』(大阪書籍), 堀内稔 「朝鮮民衆との摩擦・抵抗」姜在彦編 『朝鮮における日窒コンツェルン』(不二出版)	1985	해외교포문제연구소 『재일교포사회를 중심으로』(교포정책자료23)

연도	연구성과(일본)	연도	연구성과(한국)
1986	大沼保昭・徐龍達編 『在日韓国朝鮮人と人権―日本人と定住外国人との共生をめざして』(東京: 有斐閣), 金原左門ほか 『日本のなかの韓国・朝鮮人, 中国人―神奈川県内在住外国人実態調査より』(明石書店), 朴鐘鳴 「在日朝鮮人の社会・経済活動」佐藤明・山田照美編 『在日朝鮮人』(明石書店), 内海愛子・梶村秀樹・鈴木啓介編 『朝鮮人差別とことば』(明石書店), 芳賀登 『日韓文化交流史の研究』(雄山閣出版), 木村健二 「明治期の日本居留民団」 『季刊三千里』 47号(三千里社), 大畑裕嗣・川上俊治 「関東大震災下の 「朝鮮人」報道と論調」(上)(下) 『東京大学新聞研究所紀要』(東京大学新聞研究所), 稲葉継雄 「京成学堂について―旧韓末 「日語学校」の一事例―」 『日本の教育史学会』(教育史学会)	1986	과학기술처 『국내 및 재일한국인 과학기술인력 데이터베이스개발에 관한 연구』
1987	在日大韓民国居留民団 『民団四十年史』, 徐龍達 『在日韓国朝鮮人の現状と将来』(評論社), 在日大韓民国居留民団大阪府地方本部 『民団大阪40年史』, 徐龍達・金在紋 「在日韓国・朝鮮人の商工業の実態」徐龍達編著 『韓国・朝鮮人と日本人の現状と将来― 「人権先進国・日本」への提言』(社会評論社), 姜尚中 「福田徳三の 「朝鮮停滞史観」―停滞論の原像―」 『季刊三千里』 49号(三千里社), 李進熙 「ソウルに眠る二人の日本人」 『季刊三千里』 49号(三千里社), 梶村秀樹 「朝鮮の民衆―歴史と現在―」 『房総史学』 27号, 山田昭次 「朝鮮人強制連行と日本人」旗田巍編 『朝鮮の近代史と日本』(大和書房), 橋沢裕子 「新潟県における朝鮮人労働運動」 『在日朝鮮人史研究』 17号(アジア問題研究所), 西重信 「「北朝鮮ルート論」と朝鮮人の間島移住」 『関西大学経済論集』 37巻4号(関西大学経済学会)	1987	해외교포문제연구소 『재일교포사회를 중심으로』(교포정책자료25), 이구홍 『재일조선장학회의 허상과 진상: 조선장학회실태조사보고서』, 재일본대한민국거류민단중앙본부 『해외한민족대표자회의 회의록 및 서울올림픽대회와 재일동포』, 서용달 「재일한국인의 장래」 『해외동포』 제26권

연도	연구성과(일본)	연도	연구성과(한국)
1988	姜在彦・金東勳『在日韓国朝鮮人歴史と展望』(東京: 労働経済社), 在日本大韓民国青年中央本部『在日韓国人の居住権』(東京: 在日韓青会), 崔昌華『国籍と人権』(三有会)RAIK(在日韓国人問題研究所)編『在日同胞の現状と将来』(亜細亜政策研究院), 李起南『在日韓国人のアイデンティティ: 日本人の内なる国際化』(伊藤書店), 内藤正中「在日朝鮮人の地域移動」『山陰地域研究』4, 卞喜載・全哲男『いま朝鮮学校で―なぜ民族教育か』(朝鮮青年社), 韓晳曦『日本の朝鮮支配と宗教政策』(未来社), 岡本洋之「福沢諭吉の初の朝鮮人留学生受け入れに関する一考察―『学問のすすめ』『文明論之概略』との関連において―」『教育論集』14号, 外村大「在日本朝鮮労働総同盟に関する一考察」『在日朝鮮人史研究』18号(アジア問題研究所), 金静美「三重県大本における朝鮮人襲撃・虐殺について」『在日朝鮮人史研究』18号(アジア問題研究所), 林えいだい「筑豊における朝鮮人坑夫と被差別部落」『部落解放史・ふくおか』51・52合併号(福岡部落史研究会)	1988	김상현『재일한국인: 재일동포 100년사』(한민족), 이문웅「재일제주인의 의례생활과 사회조직」『제주도연구』5
1989	共同新聞社『在日韓国人実業名鑑』朴慶植『在日朝鮮人運動史』(三一書房), 朴慶植・張錠寿・梁永厚・姜在彦『体験で語る解放後の在日朝鮮人運動史』(神戸学生青年センター出版部), 原尻英樹『在日韓国人の生活世界』(弘文堂), 徐龍達「国際化時代における定住外国人の地方自治体参政権」『地方自治研究』第4巻第1号, 李起南『在日韓国人のアイデンティティ』(伊藤書店), 民族差別と闘う連絡協議会編『在日韓国・朝鮮人の補償・人権法』(新幹社), 三重県木本で虐殺された朝鮮人労働者(李基允・裴相度)の追悼碑を建立する会編『六十三年後からの出発―朝鮮・日本民衆の真の連帯をもとめて―』,	1989	해외교포문제연구소『재일교포사회를 중심으로』(교포정책자료30), 해외교포문제연구소『재일교포사회를 중심으로』(교포정책자료31), 외무부 외교안보연구원『재일한국인 3세 이하 후손의 바람직한 법적지위』, 박병윤「재일동포의 현실과 정책과제: 1991년 재일동포 법적지위를 중심으로」『해외동포의 현실과 정책과제』(국제문제연구소), 박명진「91년 문제를 어떻게 대응할 것인가」(국민문화연구소)

연도	연구성과(일본)	연도	연구성과(한국)
1989	金スヨン 「日本の組合教会と朝鮮植民地伝道事件」『福音と世界』44巻3号(新教出版社), 芳賀登 「日本における朝鮮語教育史一問題の所在一(1)(2)」『朝鮮語教育研究』3・4号(近畿大学教育研究所), 金静美 「朝鮮独立・反差別・天皇制一衡平社と水平社の連帯の基軸はなにか一」『思想』786号(岩波書店)	1989	
1990	京都大学教育学部比較教育研究室 『在日韓国・朝鮮人の民族教育意識: 日本の学校に子どもを通わせる父母調査』(明石書店), 国際在日韓国・朝鮮人研究会 『定住外国人の地方自治体参政権一日韓「合併」80年, 解放への展望』, 民族名をとりもどす会編 『民族名をとりもどした日本籍朝鮮人一ウリ・イルム』(明石書店), 樋口雄一 「在日朝鮮人と震災後の地域社会一神奈川県を中心に一」『海峡』15号(社会評論社)	1990	해외교포문제연구소 『재일교포사회를 중심으로』(교포정책자료33), 해외교포문제연구소 『大阪남북학술회의의 교훈』(교포정책자료34), 해외교포문제연구소 『재일교포사회를 중심으로』(교포정책자료35), 민관식 『재일본한국인: 왜 일본 이름을 쓰고 살아야 하나』, 이양지「한 재일동포 작가의 자전적 이야기」『한국논단』16권, 김응렬「재일한국인의 사회적 기회: 사회적 제약과 규범의식」『재외한인연구』창간호(재외한인학회, 윤건차, 정도영 역『현대일본의 역사의식』(한길사)

〈1990~2000년 연구〉

연도	연구성과(일본)	연도	연구성과(한국)
1991	佐藤勝巳 『在日韓国・朝鮮人に問う』(亜紀書房), 林えいだい 『(証言)華太朝鮮人虐殺事件』(風媒社), 朝総連編集委員会編 『朝鮮総連』(在日本朝鮮人総連合会), 福岡安則ほか 『在日韓国・朝鮮人問題をめぐる社会学的研究一 「在日」若い世代の葛藤とアイデンティティの多様化』, 飯沼二郎 『天皇制とキリスト教者』(日本基督教団出版局), 琴秉洞 『金玉均と日本一その滞日の軌跡』(緑蔭書房)	1991	해외교포문제연구소 『재일교포사회를 중심으로』(교포정책자료37)
1992	呉圭祥 『在日朝鮮人企業活動形成史』雄山閣, 在日高麗労働者連盟『在日朝鮮人の就労実態調査: 大阪を中心に』(新幹社), ほるもん文化編集委員会編		

연도	연구성과(일본)	연도	연구성과(한국)
1992	『在日朝鮮人 「ふるさと」考ほるもん文化8』(新幹社), 在日本大韓婦人会大阪府地方本部 『大阪婦人会45年史』, 大阪府立大学社会福祉学部 『大阪生野における在日韓国・朝鮮人の労働と生活(1): 1991年度調査報告』(圧谷・中山セミナー), 尹健次 『在日をいきるとは』(岩波書店), 徐龍達『定住外国人の地方参政権』(日本評論社), 崔吉城編『日本植民地と文化変容』(お茶の水書房), 朴三石 『問われる朝鮮学校処遇ー日本の国際化の盲点』(朝鮮青年社), 辛基秀 『アリラン峠をこえてー在日から国際化を問う』(解放出版社), 旗田巍ほか『新しい朝鮮史像をもとめてー旗田巍対談集ー』(大和書房), 関東大震災時に虐殺された朝鮮人の遺骨を発掘し追悼する会編 『風よ鳳仙花の歌をはこべ』(教育史料出版会), 韓永大『朝鮮美の探求者たち』(未来社), 梶村秀樹 『梶村秀樹著作集ー1もぐらの記録ー』(明石書店), 木村健二 「「国際化と在日アジア人労働者観の歩み」」『国際化時代に生きる日本人』(青木書店), 内田すえの「富山県における朝鮮人労働者ー 「強制連行」前史ー」(桂書房), 姜尚中「日本的オリエンタリズムの過去と現在」『情況第二期』3巻10号(情況出版)		
1993	李英和 『在日韓国朝鮮人と参政権』(明石書店), 生野区50周年記念事業実行委員会『生野区50年のあゆみ』, 生野区区役所 『生野区50年の歴史と現況』大阪生野区区役所, ほるもん文化編集委員会編 『在日朝鮮人・揺れる家族模様, ほるもん文化4』(新幹社), 西山茂 「混在コミュニティの宗教変動日本宗教への在日韓国・朝鮮人の関与を中心にー」 『21世紀日本のネオ・コミュニティ』(東京大学出版会), 福岡安則『在日韓国・朝鮮人: 若い世代のアイデンティティ』(中央公論社), 福岡安則『在日韓国・朝鮮人』(中公新	1992	해외교포문제연구소 『재일교포사회를 중심으로』(교포정책자료42), 박병윤 「재일한국인의 법적지위」『세계 속의 한국문화: 재외한인의 생활과 문화』(한국정신문화연구원)

연도	연구성과(일본)	연도	연구성과(한국)
1993	書), 任展慧『日本における朝鮮人の文学の歴史ー1945年までー』(法政大学出版局), 尹明老 「宮沢賢治における朝鮮人像」『実践国文学』47号(実践国文学), 崔官 「芥川龍之介の『金将軍』と朝鮮との関わり」『比較文学』35巻(日本比較文学会), 呂博東 「近代韓日関係と巨文島漁業移民」『桃山学院大学総合研究所紀要』18巻3号(桃山学院大学総合研究所), 木村健二「在外居留民の社会活動」『岩波講座近代日本と植民地5膨張する帝国の人流』(岩波書店), 川村湊「日帝下のソウルにおける文学活動ー親日派と田中英光」日本社会文学会編『植民地と文学』(オリジン出版センター), 崔吉城「柳田国男と朝鮮」上田正昭『神々の祭祀と伝承』(同朋社出版), 尹健次 「近代日本の異民族支配ー「大東亜共栄圏」構想にいたる民族政策論を中心にー」神奈川大学評論専門委員会編 『歴史読解の視座』(お茶の水書房), 金子マーティン 「戦時期繊維業における植民地朝鮮出身の女性労働者と労働運動ー国内被差別集団との関連でー」徐龍達先生還暦記念委員会編 『アジア市民と韓朝鮮人』(日本評論社), 川瀬俊治 『「韓国合併」前後の朝鮮人労働者ー日本での就労実態と民族差別ー』, 徐龍達先生還暦記念委員会編『アジア市民と韓朝鮮人』(日本評論社)		
1994	福岡安則『在日韓国朝鮮人: 若い世代のアイデンテイテイ』(中央公論社), 福岡安則・金明秀・在日本大韓民国青年会『第3次在日韓国人青年意識調査中間報告書』(在日本大韓民国青年会), 金明洙 「民族的求心力の形成論-LISRELを用いた因果構造分析」『年報人間科学』15(大阪大学人間科学部), 未来編集部編 『在外朝鮮民族を考える: アメリカ・旧ソ連・中国・日本から報告』(東方出版), 国際在日韓国朝鮮人研究会編『在日韓国人青年の	1993	이윤환『헌법상 외국인의 선거권에 관한 연구: 일본국 헌법상 재일한국인문제를 중심으로』, 재일한국민주통일연합『한통련20년 운동사』, 김송이 「재일 자녀를 위한 총련의 민족교육 현장에서: 오사카 조선고급학교에서의 '국어'수업과 '세계문학'수업을 두고」『재일동포의 모국어교육』(이중언어학 제10집), 김홍규 「재일동포들의 민족교육에 대하여」『재일동포의 모국어 교육』(이중언어학 제10집), 박병윤 「바람직한 통일교육의 내실

연도	연구성과(일본)	연도	연구성과(한국)
1994	意識と課題』, 金敬得・金英達共編『韓国・北朝鮮の法制度と在日韓国人・朝鮮人』(日本加除出版), 朝倉敏夫『日本の焼肉韓国の刺身』(農文協), 閔寛植(金敬得・金容権訳)『在日韓国人の現状と未来』(白帝社), 伊地知紀子『在日朝鮮人の名前』(明石書店), 金賛汀『在日という感動ー進路は「共生」』(三五館), 谷富夫ほか『1993年度社会学実習Ⅰ報告書生野の生活構造ー民族関係の視点から』(大阪市立大学文学部社会学研究室), 辻本久夫ほか『親と子がみた在日韓国・朝鮮人白書ー在日韓国・朝鮮人と日本人の三つの意識構造』(明石書店), 関東大震災七〇周年記念行事実行委員会編『この歴史永遠に忘れず』(日本経済評論社), 小松裕・金英達・山脇啓造編『「韓国合併」前の在日朝鮮人』(明石書店), 山崎朋子「アジア女性交流史・大正期編 黄信徳・朴順天と日本(その一)~(その三)」『ちくま』(筑摩書房), 堀内稔「在日・朝鮮飴売り考察」『むくげ通信』145号, 堀内稔「〈資料〉新聞記事に見る「併合」前の在日朝鮮人」小松裕・金英達・山脇啓造編『「韓国合併」前の在日朝鮮人』(明石書店), 岡本真希子「植民地時期における在日朝鮮人の選挙運動ー1930年代後半までー」『在日朝鮮人史研究』24号	1993	화를 위한 민족교육의 현황과 그 문제점」『재일동포의 모국어 교육』(이중언어학 제10집), 양순 「이데올로기적 공동체재생산의 기술적 수단으로서의 총련의 조선어 교육」『재일동포의 모국어교육』(이중언어학 제10집)
1995	松田利彦『戦前期の在日朝鮮人と参政権』(明石書店), 徐龍達編『共生社会への地方参政権』(日本評論社), 植田剛彦『在日韓国人の底力: 21世紀へ向けて"韓国系日本人"の確立を』(日新報道), 朴鍾鳴編『在日朝鮮人: 歴史・現状・展望』(明石書店), 青丘「『在日』の50年」, 高鮮徽「「新韓国人」の定住化: エネルギッシュな群像」駒井洋編『定住化する外国人: 講座外国人定住問題第2巻』(明石書店), 谷富夫「在日韓国・朝鮮人社会の現在: 地域社会に焦点をあてて」駒井洋編『定住化す	1995	최영호『재일한국인과 조국광복: 해방직후의 본국귀환과 민족단체활동』(글모인), 해외교포문제연구소『재일교포사회를 중심으로』(교포정책자료 52), 진희관 「북한과 조총련의 관계변화에 관한 연구」『안보연구』제25권, 한국재외동포정책연구원『재일동포 민족교육 현황』(한국재외동포정책연구원), 이문웅『세계의 한민족: 일본 세계한민족총서4』(동일원), 조맹수『한국은 조국, 일본은 모국』(높은 오름), 김정규 「재일동포 민족교육 현황」『교포정책자료』재외교포

연도	연구성과(일본)	연도	연구성과(한국)
1995	る外国人: 講座外国人定住問題第2巻』(明石書店), 李時顕「わが朝鮮総連の『罪と罰』」『別冊宝石』, 金明石「在日3世以降にとっての民族教育を展望する」『ほるもん文化』5(新幹社), 金明秀「在日韓国人の学歴と職業」『年報人間科学』16(大阪大学人間科学部), 金明秀「エスニシティの形成論一在日韓国人青年を事例として」『ソシオロジ』124(社会学研究会), 李月順「在日朝鮮人の民族教育」朴鐘鳴編『在日朝鮮人一歴史・現状・展望』(明石書店), 李月順「在日朝鮮人と民族教育」『ほるもん文化』5(新幹社), 辛美善「在朝日本人の意識と行動一「韓国合併」以前のソウルの日本人を中心に」『大阪大学日本学報』14号, 外村大「一九二〇~三〇年代在日朝鮮人労働者の動向一労働争議記事の分析から一」『史観』133冊(早稲田大学史学会), 李圭洙「植民地期朝鮮における集団農業移民の展開過程一不二農村を中心に」『朝鮮史研究会論文集』33集(朝鮮史研究会), ドナルド・スミス「1932年麻生炭坑争議における労働者同志の団結と対立」『在日朝鮮人史研究』25号(アジア問題研究所), 山田寛人「植民地朝鮮における普通学校の日本人教員による朝鮮語学習」『富山大学大学院人文科学研究科論集』3集(富山大学大学院人文科学研究科院生会)	1995	문제연구연구 제52집, 김주희「재일한인의 민족교육실태」『학생생활연구』성신여자대학교 학생생활연구소
1996	高鮮徽『在日済州島出身者の生活過程: 関東地方を中心に』(新幹社), 森田芳雄『数字が語る在日韓国・朝鮮人の歴史』(明石書店), 姜在彦『在日からの視座: 姜在彦在日論文集』(新幹社), 姜在彦『「在日」はいま, 一在日韓国・朝鮮人の戦後50年』(青丘文化社), 姜誠『5グラムの攻防戦一パチンコ30兆円産業の光と影』(集英社), 呉民学・金哲秀「統計に見る在日朝鮮商工人数に関する研究」『同胞経済研究』第6号, 河明生「日本におけるマイノリティの起業者活	1996	김대성『재일한국인의 민족교육에 관한 연구』(단국대 박사논문), 해외교포문제연구소『재일교포사회를 중심으로』(교포정책자료53), 정인섭『재일교포의 법적 지위』(서울대학교출판부), 김환「재일동포 민족교육의 어제, 오늘, 그리고 내일」『교육월보』(교육부 제178호), 안성민「일본학교 내에서의 민족교육: 민족학급을 중심으로」『재일동포 민족교육의 어제, 오늘, 그리고 내일』(민단창단50주년 기념 자료집), 정병호「재일한인 사

연도	연구성과(일본)	연도	연구성과(한국)
1996	動一在日一世朝鮮人の事例分析」『経営史学』第30巻第4号, 伊地知紀子『在日朝鮮人の名前』(明石書店), 高賛侑『国際化時代の民族教育』(東方出版), 水野直樹「在日朝鮮人・台湾人参政権『停止』条項の成立(正・続)』『世界人権問題研究センター研究紀要1号』	1996	회」『민족과 문화』(한양대학교 민족학연구소 연구논문집 4), 김인덕『식민지시대 재일조선인 운동연구』(국학자료원), 김인덕「일본 지역 독립운동에 관한 연구의 회고와 전망」『한국사론』
1997	民団50年史編纂委員会『民団50年史』, 原尻英樹『日本定住コリアンの日常と生活: 文化人類学的アプローチ』(明石書店), 圧谷怜子・中山徹共著『高齢在日韓国・朝鮮人:大阪における, 在日, の生活構造と高齢福祉の課題』(お茶の水書房), 金井靖雄『13の揺れる思い: 在日コリアン2世・3世の現在』(麦秋社), 在日本大韓民国民団中央本部編『(図表でみる)韓国民団50年の歩み』(5月書房), 荒木和博『在日韓国・朝鮮人の参政権要求を糾す:「外国人参政権」という名の虚構』(現代コリア研究所), 国際在日韓国・朝鮮人研究会編『21世紀へのビジョン: 在日韓国・朝鮮人社会』, 福岡安則・金明秀『在日韓国人青年の生活と意識』(東京大学出版会), 在日韓国商工会議所『在日韓国人会社名鑑』, 金賛汀『在日コリアンの百年史』(三五館), 野村進『コリアン世界の旅』(講談社), ほるもん文化編集委員会編『在日コリアン関西パワーほるもん文化7』(新幹社), 在日本大韓民国居留民団大阪府地方本部『民団大阪50年史』, 西成田豊『在日朝鮮人の「世界」と「帝国」国家』(東京大学出版会), 金明秀編『在日韓国人の社会成層と社会意識全国調査報告書』在日韓国青年商工人連合会	1997	재일한국인 투자협회『재일동포본국 투자자 대상 한국투자환경평가 및 실태조사』, 한국법제연구원『한일 기본관계 조약의 당면과제와 법적 대응』, 이춘길・유주현『재일동포의 문화생활 실태 및 지원방안 연구』(문화정책개발원), 윤건차, 하종문・이애숙 역『일본, 그 국가민족국민』(일월서각)
1998	植田剛彦『不屈の在日韓国人』(日新報道), 定住外国人の地方参政権をめざす市民の会編『定住外国人の地方参政権: 共生社会のために』, 杉原達『越境する民一近代大阪の朝鮮人史』(新幹社), 河明生「日本におけるマイノリティの起業者精神一在日一世韓	1998	유숙자『1945년 이후 재일한국인 소설에 나타난 민족적 정체성 연구』(고려대 박사논문), 유철인「'재일(在日)'사회의 밀항자」『한국인류학의 성과와 과제: 송현이광규교수정년기념논총』(집문당), 이문웅「재일제주인 사회에 있어서의 지연과 혈연」『한국인

연도	연구성과(일본)	연도	연구성과(한국)
1998	人と在日二・三世韓人との比較」『経営史学』第33巻第2号, 福岡安則『在日韓国・朝鮮人』(中央公論社), 高鮮徹『20世紀の滯日済州島人: その生活過程と意識』(明石書店), 田嶋淳子『世界都市・東京のアジア系移住者』(学文社), 李月順「朝鮮学校における朝鮮語教育ーバイリンガル教育の視点から」『多文化教育ー多様性のための教育学』(明石書店), 徐龍達「地方自治体と外国人住民の諸問題」日本地方自治研究学会編 『地方自治の先端理論』(勁草書房), 韓国民団中央本部『図表で見る韓国民団50年歩み』(五月書房)	1998	류학의 성과와 과제: 송현이광규교수정년기념논총』(집문당), 정인섭『재일교포의 법적 지위』(서울대학교출판부), 박병윤「재일동포 민족교육의 모순과 해결대책」『한민족공영체』(해외한민족연구소 연구논문집 제6호)
1999	金泰泳『アイデンテイテイ・ポリテイクスを超えて: 在日朝鮮人のエスニシテイ』(世界思想社), 永六輔・辛淑玉共著『日本人対朝鮮人: 決裂か和解か?』(光文社), 朴一「「在日」という生き方: 差異と平等のジレンマ』(講談社), 徐龍達「"アジア市民"社会への展望ー国家と国籍の超越をめざしてー」(21世紀の関西を考える会)	1999	정혜경『일제하 재일한국인 민족운동의 연구: 오사카지방을 중심으로』(한국정신문화연구원 한국학대학원), 진희관『조총련연구: 역사와 성격을 중심으로』(동국대 박사논문), 해외교포문제연구소『재일동포사회를 중심으로』(교포정책자료59), 강덕상・정진성외『근현대 한일관계와 재일동포』(서울대출판부), 김미란『일본 문화』(형설출판사)
2000	徐龍達『共生社会への地方参政権』(日本評論社), 徐・遠山・橋内編著『多文化共生社会への展望』(日本評論社), 李仁植『日本人になりたい在日韓国人』(朝日ソノラム), 内海愛子外『「三国人」発言と在日外国人: 石原都知事発言が意味するもの』(明石書店), 辺慎一『強者としての在日』(ザ・マサダ), 金美善「在日コリアンの言語接触に関する社会言語学的研究ー大阪生野区周辺をフィールドとしてー」2000年ど博士学位申請論文, 李仁夏「要求から参加へー川崎市外国人市民代表者会議の経験から」『世界』10月号, 仲原良二「知っていますか? 在日外国人と参政権」(解放出版社)	2000	유숙자『재일한국인 문학연구』(月印), 정대성「제2공화국 정부・국회의 일본관과 대일논조: 한일관계, 한일통상, 한일회담, '재일교포'둘러싼 담론」『한국사학보』8(고려사학회), 정혜경『일제말기 조선인민족운동연구』(경인문화사), 김태기「한국 정부와 민단의 협력과 갈등관계」『아시아태평양지역연구』제3권1호, 윤건차, 이은숙 옮김「기억과 사회과학적 인식: 재일동포에게 기억이란 무엇인가」『진보평론』5호, 권숙인「재일한인의 아이덴티티: '제3의 길을 중심으로'」『한국문화인류학회의 이론과 실천: 다산한상복교수정년기념논총』(소화), 유철인「제주사람들의 생활세계에서의 '일본'」『한국문화인류학』33(2), 이문웅「재일한인 사회에 있어서의

연도	연구성과(일본)	연도	연구성과(한국)
		2000	문화접변: '재일광산김씨친족회'의 사례연구를 중심으로」『한국문화인류학의 이론과 실천: 다산한상복교수정년기념논총』(소화), 강재언·김동훈 공저, 하우봉·홍성덕 공역『재일한국·조선인: 역사와 전망』(소화), 이종구·장화경「재일동포의 사회운동과 아이덴티티」『성공회대학논총』14호(성공회대학출판부)

〈2001년~현재 연구〉

연도	연구성과(일본)	연도	연구성과(한국)
2001	崔炳郁『「恨」の海峽を越えて: ハミョンテンダの信念で半世紀在日韓国人心の叫び』(現代書林), 鄭大均『在日韓国人の終焉』(文芸春秋), 梁泰昊·川瀬俊治共著『(知っていますか°)在日韓国·朝鮮人問題: 一問一答』(解放出版社), 河炳旭『(第四の選択)韓国系日本人: 世界六百万韓民族の生きざまと国籍』(文芸社), 在日本大韓民国民団在日韓国人意識調査委員会編『在日韓国人意識調査中間報告書2000』, 康熙奉『日本のコリアン·ワールドが面白いほどわかる本』(楽書館), 宋基燦「在日韓国·朝鮮人の「若い世代」の台頭ど民族教育の新しい展開」『京都社会学年報』第9号, 徐龍達編『定住外国人の被選挙権への展望』(国際在日韓国·朝鮮人研究会)	2001	홍기삼 편『재일한국인 문학』(솔출판사), 나카무라후쿠지『김석범 화산도 읽기: 제주4·3항쟁과 재일한국인 문학』(삼인), 한경구「일본 속의 한국인」『한국사시민강좌』28집(일조각), 윤건차「자긍심의 몰락」『한겨레21』12월 27일
2002	田中宏編『在日コリアン権利宣言』(岩波書店), 朴三石『海外コリアン: パワーの源泉に迫る』(中央公論新社), 池東旭『コリアン·ジャパニーズ』(角川書店), 飯田剛史『在日コリアンの宗教と祭り: 民族と宗教の社会学』(世界思想社), 崔吉城『親日と反日の文化人類学』(明石書店), 金美紬「日本のベンチャー企業と在日コリアン企業の比較研究」『同胞経済研究』第5号(夏)34, 朴一『在日コリアンの経済事	2002	이건우 외『재일국민 조국참정권운동 어제, 오늘 그리고 내일: 우리도 대한민국 국민입니다.』(재일국민의 조국 참정권회복을 위한 시민연대), 국회인권정책연구회·동북아평화센터 공편『21세기와 인권』전: 세기를 넘어, 국경을 넘어, 세대를 넘어: 재일권국인 편』, 돌낒사『재일한특인 1세의 한국어·일본어 혼용실태 연구: 오사카지역을 중심으로』(태학사), 하병욱 지음·홍구희 옮김『재

연도	연구성과(일본)	연도	연구성과(한국)
2002	情』第11卷, 環, 朴建市「焼肉産業と在日同胞」『韓商連四十年史』(在日韓国商工会議所)姜徹編『在日朝鮮韓国人史総合年表』(雄山閣), 樋口雄一『日本の朝鮮·韓国人』(同成社)	2002	일한국인의 국적문제』(열린책들), 윤건차「21세기를 향한 '在日'의 아이덴티티」『근·현대 한일관계와 재일동포』(서울대학교출판부), 서경식·타카하시 테츠야, 김경윤 옮김『단절의 세기 증언의 시대』(삼인)
2003	신숙옥『재일조선인의 가슴속』(십년후), 金英達·飛田雄一編『在日朝鮮人の歴史』(明石書店), 田中由布子『ある在日朝鮮人一世との対話: '恨'と'怨'を乗り越えて』(明石書店), 金昌烈『朝鮮総連の大罪: 許されざる, その人々』(宝島社), 浅川晃広『在日外国人と帰化制度』(新幹社), 外村大『在日朝鮮人社会の歴史学的研究一形成, 構造, 変容一』(緑陰書房)河明生『マイノリティの企業家精神: 在日韓人事例研究』(ITA)	2003	김종회 편『한민족문화권의 문학: 미국·일본·중국·러시아의 해외동포문학』(국학자료원), 강상중·고정애 옮김『재일 강상중』(삶과 꿈), 한일민족문제학회『재일조선인 그들은 누구인가?』(삼인)
2004	大沼保昭『在日韓国·朝鮮人の国籍と人権』(東信堂), 櫻井龍彦編『東北アジア朝鮮民族の多角的研究』(ユニテ), 宋連玉「『在日』女性の戦後史」『環』(藤原書店), 金賛汀『朝鮮総連』(新潮新書)外村大『在日朝鮮人社会の歴史学的研究』(緑蔭書房)	2004	송승재「재일동포사회의 현실과 과제」『제1회 재외동포 NGO활동가대회』자료집, 김인덕『우리는 조센진이 아니다』(서해역사문고 4)
2005	朴一『在日コリアン』ってなんでんねん?』(講談社), 在日韓国人本国投資協会『在日韓国人本国投資協会30年史: 1974-2004』, 李朋彦『在日一世』(リトルモア), 王清一編『在日コリアン文化と日本の国際化: より開かれた出会いを求めて』(王利鎬日本学研究所), 金敬得『在日コリアンのアイデンティティと法的地位』(明石書店), ソニア・リャン『コリアン・ディアスポラ: 在日朝鮮人とアイデンティティ』(明石書店), 藤田綾子『大阪「鶴橋」物語ーごった煮商店街の戦後史』(現代書館), 路地裏探検隊『焼肉横丁を行くーコリアンタウンのディープな歩き方一』(彩流社)	2005	정진성「조총련조직연구」『국제지역연구』14권4호(서울대), 김태영「재일한국인 기업가의 네트워크 특성과 기업가 정신」『일본문화학보』, 최석신·임채완외『재일코리안 사회의 경제환경』(집문당), 정환기「민단, 조총련 교류협력의 문제점」『한국논단』제194호

연도	연구성과(일본)	연도	연구성과(한국)
2006	姜徹『在日朝鮮人の人権と日本の法律』(雄山閣), 浅川晃広『「在日」論の嘘: 贖罪の呪縛を解く』(PHP研究所), 在日本大韓民国民団大阪地方本部編 『大阪韓国人百年史』, 歴史教科書在日コリアンの歴史作成委員会編 『在日コリアンの歴史: 歴史教科書』, 在日コリアンの日本国籍取得権確立協議会編『在日コリアンに権利としての日本国籍を』(明石書店), 高正子・河合利光編著 「『食』に集う街―大阪コリアンタウンの生成と変遷―」『食からの異文化理解』(時潮社)	2006	김영순『敗戦後の在日韓国・朝鮮人に対する日本政府の帰国政策』(원광대박사논문), 박진희『제1공화국 대일정책과 한일회담연구』(이대박사논문), 윤상인외『일본 문화의 힘』(동아시아), 고광명「일본 속의 제주인의 직종과 상공업 활동」『아시아연구』, 임영언『재일코리안 기업의 경영활동』(북코리아), 임영언『재일코리안 기업가』(한국학술정보), 임영언・이석인「재일코리안 기업가의 창업유형별 특징 및 사례연구」『국제지역연구』, 이상봉「재일한인의 전후보상운동 전개과정에서 나타난 연대의 특징」『21세기정치학회보』제16집2호, 김환기『재일 디아스포라 문학』(새미), 서경식, 임성모・이규수 옮김 『난민과 국민사이』(돌베개), 신숙옥, 강혜정 옮김 『자이니치, 당신은 어느 쪽이냐는 물음에 대하여』(뿌리와 이파리)
2007	白井美友紀編 『日本国籍を撮りますか?: 国家・国籍・民族と在日コリアン』(新幹社), 文京洙『在日朝鮮人問題の起源』(クレイン), 高賛侑『コリアンタウンに生きる―洪呂杓ライフヒストリー』(エンタイトル出版)	2007	김남일외『(분단의 경계를 허무는) 두 자이니치의 방향가: 재일한인 100년의 사진기록』(현실문화 연구), 임채완・임영언외 『재일코리안 기업의 네트워크』(북코리아), 강재호「재일한인 지방참정권운동에 나타난 연대네트워크」『한일민족문제연구』제1권, 성기중「재일본 대한민국 민단의 과제 및 해결방향」『국제정치연구』제10권 1호, 정용하「재일한인 통일운동에 나타난 연대・네트워크」『한일민족문제연구』, 한승옥외『재일동포 한국어문학의 민족문학적 성격 연구』(국학자료원), 김학렬외『재일동포 한국어문학의 전개양상과 특징연구』(국학자료원), 김인덕『식민지시대 근대 공간 국립박물관』(국학자료원)

연도	연구성과(일본)	연도	연구성과(한국)
		2008	고광명 「재일제주인의 삶과 사회적 네트워크」 『일본근대학연구』, 전북대학교 재일동포연구소 편 『재일동포 문학과 디아스포라 1-3』(제이앤씨), 이민호 『모국을 향한 재일동포의 100년 족적』(재외동포재단)
2009	梁京姫 「在日韓国人企業家が韓国の金融業界の及ぼした影響ー新韓銀行を中心に」 『現代韓国朝鮮研究』 第9号	2009	고광명 「재일제주인 기업가의 경영활동 특성」 『일본연구』
2010	永野慎一朗 『韓国の経済発展と在日韓国企業人の役割』(岩波書店)		

제6장

재미교포 연구*

민병갑 · 장서현 · 송다은

1. 서론

1903년과 1905년 사이에 사탕수수 농장에서 일하기 위해 하와이로 이주한 약 7,200명의 한인 노동자들이 첫 번째 한국의 미국 이민 집단이었다. 그러나 이 개척 한인 이민자들의 미국 이민은 1905년 을사보호조약이 강제로 체결되고, 조선이 일본의 보호국이 된 1905년에 갑자기 멈추게 되었다. 1905년부터 1924년, 미국 의회가 한국인과 다른 아시아 이민을 완전히 금지시킨 소위 'National-origin Quota System'을 통과시키기 전까지, 미국에 이주한 한국인은 오직 미혼 남성 개척 이민자들의 사진 신부들(picture brides)과 일제 식민 정책에 대항한 정치적 망명자와 일부 유학생들뿐

---

* 이 상은 『새외안민연구』 21호(2010)에 게재된 민병갑의 논문, "A Four-Decade Literature on Korean Americans: A Review and a Comprehensive Bibliography"를 수정, 보충한 것이다. 주석 내용은 약간 수정했으며 서지목록을 더 추가하였다. 장서현과 송다은이 영어논문을 한국어로 번역했다.

이었다. 1950년에 발발한 한국전쟁과 함께 시작된 미국과 남한과의 군사적, 정치적, 그리고 경제적 연계는 한인의 미국 이민을 재개하는 데 큰 공헌을 했다. 그러나 1950년과 1964년 사이에 미국에 온 한국인 이민자의 총 숫자는 겨우 1만 5,000여 명에 지나지 않았다.

1965년에 제정된 '진보적 이민법(Liberalized Immigration Act)'는 한인의 미국으로의 대규모 이민을 촉진시켰다. 1976년에서 1990년 사이에 한국은 매년 3만 명이 넘는 이민자를 미국에 보냈으며, 이 시기에 한국은 미국에 이민자를 세 번째로 많이 보내는 나라로 부상했다. 1990년 초반부터 한국의 경제적, 정치적, 그리고 사회적 환경이 개선되어서 한국인 이민자의 미국 이민이 줄어들었지만, 한국은 여전히 미국에 이민자를 많이 보내는 10번째 나라 안에 들어갔다. 1960년 후반 대부터 한인 이민자들의 미국 이민 쇄도는 1970년에 7만 명이 안 되었던 재미교포 인구를 2008년에는 다인종(multiracial) 한국인을 포함, 약 140만 명에 이르게 하였다.

지난 40년 동안의 한인의 대규모 미국 이민이 초래한 주요 결과들 중 하나는 미국에 있는 재미교포를 연구하는 학자들의 숫자와 재미교포에 대한 학술적 출판물의 놀라운 증가 현상이다. 첨부되어있는 서지목록이 보여주듯이, 재미교포에 초점을 맞추었거나 그들을 다루는 100권이 넘는 도서와 몇 백 개의 학술논문 및 도서의 장들이 출판되었다. 이러한 출판물들에서 다루어진 주제들은 다양하지만, 어떤 주제들은 다른 주제들에 비해서 더 많은 주목을 받았다. 시간의 흐름에 따라 이러한 주제를 다루는 저자들의 성별이나 세대에 있어서도 변화가 있었다.

재미교포에 대한 40년간의 문헌을 종합적으로 검토하는 것은 재미교포를 연구하는 박사과정 학생들이나 이 분야를 연구하는 학자들에게 큰 도움이 될 것이다. 다른 학자들의 연구를 용이하게 하기 위해서, 이 장에서 우리는 재미교포의 문헌에 대해 상호 연관되어있는 두 가지를 하려고 한다. 첫째, 우리는 재미교포 연구에 대한 체계적인 검토를 할 것이다. 여기서 "체계적인 검토"란 말은 재미교포에 대한 연구물과 연구자들을 연대기적으로 그리고 주제에 따라 검토하는 것을 의미한다. 재미교포 연구의 연대기적 검토는 연구자들의 성별과 세대, 그리고 나이 면에서의 변화를 조사하는 것을 포함한다. 주제별 분석은 특정 연구주제와 연관된 의미 있는 도서들과 학술논문에 대한 보충적인 코멘트, 그리고 중요하지만 그동안 연구자들이 소홀히 했던 주제들을 지적하는 것을 포함한다.

둘째, 우리는 재미교포에 초점을 맞추거나 이들을 다루고 있는 도서, 학술논문, 그리고 도서의 장들의 포괄적인 목록을 제공할 것이다. 우리는 우선 도서들과 편집된 문집들을 나열할 것이고, 그 다음 학술논문들과 도서의 장들을 주요 주제에 따라 나눌 것이다. 우리는 이 포괄적인 서지목록이 특정한 주제에 대해 기존 문헌 검토를 해야 하는 연구자들에게 아주 유용할 것이라고 믿는다. 더욱이, 우리의 재미교포에 대한 기존 문헌의 고찰은 다른 연구자들이 재미교포에 관련한 주제를 고르는 데 도움이 될 것이라고 기대한다. 덧붙여, 우리는 이 기존 문헌 검토가 연구자들에게 재미교포 연구의 과거와 현재, 그리고 앞으로의 연구 방향에 대한 전반적인 아이디어를 주기를 희망한다.

서론 부분의 나머지에서 우리는 서지목록 중에서 재미교포에 초점을 맞춘 학술적 연구를 선별하는 기준을 서술할 필요가 있다. 학술적 출판물들은 도서, 편집된 전집, 학술논문, 도서의 장들, 워킹 페이퍼(working paper), 조사 보고서, 졸업논문과 그 외의 다른 형태들을 포함한다. 그러나 모두가 이 서지목록에 들어갈 수는 없다. 우리는 학술 심사를 통해서 중요하다고 인정되어 출판된 학술논문이나 재미교포의 경험을 위해 중요하다고 고려된 연구들을 선별했다. 첫째, 우리는 재미교포 경험에 초점이 맞추어져있거나 연관되어있는 도서들(편집된 전집 포함)을 뽑았다. 지난 40년 동안 재미교포 경험의 특별한 양상을 담은 좋은 학술 도서들이 대학출판사나 상업 출판사를 통해 많이 출판되었는데, 이러한 도서들을 모두 포함하려고 노력하였다. 어떤 도서들은 재미교포에만 초점을 맞추기보다는 그들을 주요 아시아계 민족 그룹들 중에 하나로 다루었지만, 그들에 대한 아주 유용한 정보를 제공하였다. 예를 들어서 로날드 타카키(Ronald Takaki)의 *Strangers from a Different Shore*(1989)는 아시아계 미국인의 역사 과목에서 인기 있는 교과서이다. 이 도서는 하나의 독립된 장을 한인 이민 역사에 대해 할애하고 있으며, 또 다른 장에서는 한인과 다른 아시아계 이민자들의 적응에 대해서 논의를 펼치고 있다. 우리는 이 도서와 다른 유사한 도서들을 포함했다.

대학의 연구 기관들과 학술단체들은 특히 1970년대와 1980년대 초반에 한인 이민자들에 초점을 맞춘 편집 도서들을 많이 출판하였다. 이러한 초기 출판물들은 학술회의에서 발표된 논문에 기반하고 있지만, 내용의 질은 그렇게 좋지 않았다. 이들 몇몇 도서들은 단지 이미 학술지에 출판된 논문을 재판한 것에 지나지 않다. 그럼에도 불구하고, 우리는 대부분의 이러한 편집 도서들을 문헌연구에 포함했다. 몇몇 편집 도서들은 재미교포를 주요한 아시아계 미국인들 중의 하나로 특별한 장들에서 거론하고 있다. 이러한 편집 도서들도 재미교포에 대한 연구에 좋은 길잡이가 될 수 있기에 이 서지목록에 포함되었다.

우리는 재미교포에 초점을 맞추거나 한인을 주요한 아시아 그룹들 중에 하나로 다룬, 주요 학술지에서 출판된 모든 논문들과 도서의 장들을 선별하려고 노력하였다. 그러나 중요하지 않은 재미교포 학술지에 출판된 논문은 포함하지 않았다. 그리고 이미 도서 부문에서 나열된 재미교포에 대해 초점을 맞춘 편집된 전집에 포함되어 있는 도서의 장들은 따로 나열하지 않았다. 이미 위에서 언급한 것처럼, 이러한 도서들을 따로 나열하지 않은 주요 이유는 대부분의 편집 도서들이 질이 떨어지는 논문을 포함하고 있기 때문이다. 어떤 경우에는 편집된 도서들은 이미 출판된 학술논문을 사용했다. 이 경우에 예외인 두 도서는 권호윤(Ho-Youn Kwon), 김광정(Kwang Chung Kim)과 스테판 워너(Stephen Warner)에 의해 2001년에 편집된 *Korean Americans and Their Religion: Pilgrims and Missionaries from a Different Shore*와 2009년에 유의영(Eui-Young Yu), 김효정(Houjoung Kim), 박계영(Kyeyoung Park)과 오문성(Moonsong David Oh)에 의해 편집된 *Korean Economy and Community in the 21st Century*(2009)이다. 이 두 편집 도서에 수록된 대부분의 장들은 새로이 수집된 자료에 근거한 양질의 연구들이다. 그러므로 우리는 이 두 도서의 대부분의 장들을 독립된 논문/도서의 장 범주에 포함하였다.

우리는 아시아계 미국인이나 다른 소수 그룹에 초점을 맞춘 편집된 도서에 포함되어있는 재미교포에 대해 다룬 도서의 장들을 포함했다. 재미교포 경험에 대해 논한 많은 워킹 페이퍼와 연구 보고서들의 경우, 재미교포 연구에 아주 중요하다고 고려되는 것들만 선별하였다. 재미교포에 대한 많은 숫자의 졸업논문들 역시 출판자에 의해 단행본으로 출판되지 않는 이상 이 서지목록에는 포함시키지 않았다.

이 서지목록에 포함된 대다수의 연구물은 사회학자들이나 다른 사회과학자들이 썼다. 나머지 참고문헌들은 대부분 역사학이나 문화학에 속한다. 그러나 우리는 재미교포의 경험에 대한 그 어떠한 문학 작품들도 포함하지 않았다. 우리는 사회학자/사회학도로 교육, 사회복지와 건강학 같은 많은 다른 사회과학 분야에 있는 재미교포 교수들과 관계가 적어서 이들 분야의 문헌들은 충분히 포함되지 않았을 수 있다.

2. 재미교포에 대한 전반적인 문헌 검토

〈표 6.1〉에서 볼 수 있는 바와 같이, 우리는 재미교포에 초점을 맞추거나 한 개 이상의 장을 제공한 총 132권의 도서들을 발견했다. 재미교포를 다른 아시아계 미국인 그룹과 다룬 도서들을 제외하고서도(16권), 재미교포 경험에만 초점을 맞춘 출판 도서아 편집된 편집은 총 116권이있나. 116권 중에서 약 1/3을 차지하는 편집 도서는 학술회의에서 발표된 논문에 기반을 두었거나 이미 출판된 자료들을 거의 그대로 반복한 것이었다. 이러

〈표 6.1〉 재미교포에 중점을 두거나 다룬 도서의 수

재미교포에 중점을 둔 저서	재미교포에 중점을 둔 편집도서	2개 이상의 장에서 재미교포를 다룬 저서	총 계
84	32	16	132

한 편집 도서들은 대학의 연구 센터, 학술단체 및 한국에 있는 대학 출판사에서 출판된 것들이며, 학술적으로 낮은 수준의 도서들이다. 나머지 84권의 도서들은 충실한 연구에 기초를 두고 대학 출판사나 주요 상업 출판사가 출판한 학술적으로 중요한 도서들이다.

우리는 총 501개의 논문과 도서의 장들을 모았다(표 6.2 참조). 우리가 사회학 이외의 다른 분야에 관한 연구는 잘 알지 못하기 때문에 한국인 이민자들이나 재미교포에 초점을 맞춘 많은 논문이나 도서의 장들을 모두 나열하지 못했다. 그러므로 2011년 현재, 우리는 한인 이민자들이나 재미교포를 다룬 논문과 도서의 장들이 실제로 600개가 넘을 것이라고 생각한다.

한인 이민자와 재미교포에 대한 연구가 겨우 1970년대에 시작되었다는

〈표 6.2〉 재미교포에 관한 학술논문과 도서의 장의 제목별 구분

제 목	건 수	백분율
가족관계, 여성, 노인 및 사회사업	115	23.0
사업체와 사업과 관련된 타민족과의 갈등	101	20.1
자녀, 교육 및 심리	62	12.4
종교 활동과 종교 기관	47	9.4
사회경제적 성취 및 동화	39	7.8
이민 및 정착 양상	25	5.2
입양아와 전쟁신부	24	4.8
역 사	23	4.6
민족성과 본국과의 초국가적 연계	22	4.4
한인 커뮤니티, 한인 단체 및 정치 발전	19	3.8
교포 일반 및 기타	23	4.6
총 계	501	100.0

것을 고려할 때, 우리는 재미교포가 지난 30~40년 동안 매우 활발하게 연구되어왔다고 말할 수 있다. 재미교포들은 중국계 미국인을 제외한 다른 아시아 그룹보다 학술적으로 더 많은 주목을 받았다. 재미교포들이 잘 연구된 한 가지 이유는 재미교포 사회과학자들이 자기 민족을 연구하는 데 큰 관심을 보여 왔기 때문이다. 서지목록에서 알 수 있는 것처럼, 대부분의 도서, 도서의 장들, 그리고 논문의 저자들은 한인 성을 가지고 있다. 필리핀 커뮤니티와 인도 커뮤니티는 모두 한인 커뮤니티보다 훨씬 더 많은 인구를 가지고 있으며 영어에도 유리한 점이 있으나 그들 스스로에 대해 연구하는 사회과학자들의 수는 한인 사회과학자들에 비교해서 훨씬 적다.

3. 연대기순에 따른 문헌 검토

1970년대와 1980년대에 대부분 사회학자로 구성된 몇몇 한인 이민자 학자들은 한인 이민자 연구에 큰 역할을 담당함으로써 재미교포 연구에 초석을 다졌다. 그들은 김형찬(Hyung Chan Kim), 허원무(Won Moo Hurh), 김광정(Kwang Chung Kim), 유의영(Eui-Young Yu), 신의항(Eui Hang Shin) 및 민병갑(Pyong Gap Min)이다. 이들 사회과학자들은 한인 이민자에 초점을 맞춘 도서들과 논문들을 많이 출판하였다. 신의항과 민병갑을 제외한 이 선구적인 한인 학자들은 현재 모두 그들이 재직하였던 대학에서 은퇴하였다. 그러나 김광정과 유의영은 은퇴 후에도 활발히 연구활동을 계속하고 있다. 또한 여성 한인 학자들로서 엘리스 채(Alice Chai)와 김복림(Bok Lim Kim)도 초기 한인 이민자 연구에 큰 공헌을 하였다. 마지막으로, 비록 짧은 시간동안 학계에 있었지만 김일수(Ilsoo Kim)는 또 한명의 선구적인 한인 이민 학자이다. 뉴욕에 있는 한인 이민 커뮤니티에 초점을 맞춘 그의 1981년도 저서 *New Urban Immigrants: The Korean Community in New York*은 여전히 새로운 이민자 연구 분야에 고전으로 남아 있다.

1980년대 후반부터 나타난 2세 및 1.5세 한인 이민 학자들 그룹은 송영인(Young In Song), 문애리(Ailee Moon)와 박계영(Kyeyoung Park)으로 구성되어있다. 박계영은 인류학자이며 나머지 두 학자는 사회복지 분야를 전공하였다. 여성주의 관점이 강한 학자로서 송영인은 여성학적 시각으로 여성과 관련된 이슈들에 대해 활발한 연구를 하였다. 그러나 슬프게도 그녀는 4년 전에 젊은 나이로 별세했다. 문애리는 한인 노인 이민자 연구에 큰 공헌을 하였다. 여기에 인용된 논문들을 포함해서, 그녀는 한인 노인과 다른 민족 노인에 대해 30개가 넘는 논문을 단독저자, 혹은 공동저자로 출판하였다. 아직 젊은 그녀는 앞으로도 더 많은 논문을 발표할 것으로 기대된다.

지난 20년 동안 많은 대학들이 아시아계 미국인 연구 프로그램(Asian American Studies Program)을 개설하였고, 이는 많은 젊은 1.5세, 2세 한인 사회과학자들과 아시아계 미국인 전공자들이 학계에 자리를 잡는 데 도움이 되었다. 그들 중 대부분은 Asian American Studies Program과 사회과학 학과들에 겸임되었다. 민족학, 사회학, 인류학, 교육학, 그리고 다른 사회과학 분야에서 점차적으로 젊은 세대의 재미교포 교수들의 숫자가 증가되었고, 이는 지난 20년 동안 재미교포 연구의 팽창에 큰 기여를 하였다. 이민 1.5 세대인 에드워드 장(Edward Chang)과 에드워드 박(Edward Park)은 새롭게 등장한 재미교포 전문가 집단의 더 연륜 있는 회원들이다. 윤인진(In-Jin Yoon)은 Asian American Studies Program 출신은 아니지만, 에드워드 장과 같은 코호트에 속해있으며, 고려대학교로 옮기기 전에 University of California-Santa Barbara의 Asian American Studies 학과에서 교편을 잡았다.

1990년 중반 이후로 많은 젊은 1.5세, 2세 재미교포들이 그들의 발자취를 따랐으며, 재미교포에 대한 연구를 하였다. 이러한 젊은 세대의 학자들은 데이비드 유(David Yoo), 카렌 채(Karen Chai), 켈리 정(Kelly Chong), 앤지 정(Angie Chung), 루스 정(Ruth Chung), 밀리안 강(Miliann Kang), 대영 김(Dae Young Kim), 나디아 김(Nadia Kim), 레베카 김(Rebecca Kim), 제니퍼 이(Jennifer Lee), 제

이미 리(Jamie Leu) 그리고 엘리나 김(Eleana Kim)이다. 많은 젊은 세대 재미교포들이 현재 재미교포에 초점을 맞추어 그들의 박사 졸업 논문을 작성하고 있기 때문에 앞으로 이들의 숫자는 점점 더 증가할 것이고, 이는 곧 재미교포에 대한 사회과학 문헌이 점차 더 늘어갈 것임을 의미한다.

선구 한인 이민 학자들과 마찬가지로, 대부분의 이 젊은 세대의 학자들은 사회학자들이다. 그러나 대부분의 이민 학자들이 압도적으로 남성들인데 비해, 위에서 언급된 젊은 세대 학자들은 대부분 여성들이다. 세대의 흐름에 따른 이 급격한 성별의 전환은 사회과학 분야에서의 일반적인 양상이 반영된 것이다. 1960년대와 1970년대 초반까지 대부분의 사회학과 다른 사회과학 분야의 박사들은 남자들이었지만, 최근 대부분의 박사 학위 소지자들은 여자들이다. 예를 들어, 현재 CUNY Graduate Center에 있는 박사과정 학생들 중에서 약 70%는 여자들이다. 그러나 일반적인 미국의 사회과학자들에 비해 재미교포를 연구하는 젊은 세대의 재미교포들 중에서는 여자들이 지나치게 많은 것으로 보인다. 교포연구에서 여자의 숫자가 압도적인 것은 아마도 교포연구가 민족학의 한 부분이기 때문일 것이다. 더 인문적이고 포스트모던적인 접근을 하는 민족학은 남자들보다 여자들에게 더 인기가 있는 것 같다.

이민세대와 젊은 세대의 급격한 성별 구성의 차이는 연구 방법에 있어서도 큰 변화를 가져왔다. 김일수와 민병갑은 양적 자료와 질적 자료를 합쳐서 연구방법으로 사용했지만, 대다수의 선구적인 이민 학자들은 주로 설문조사와 센서스 자료를 이용한 양적 방법론을 사용하였다. 이들 이민자 사회학자들과는 아주 대조적으로, 1.5세와 2세 한인 사회학자들과 다른 사회과학자들은 대부분의 경우 참여 관찰과 심층면접을 이용한 질적 방법론을 사용했다. 그들 중 대다수는 담론 분석으로 포스트 모더니즘적인 접근을 했다. 연구 방법과 접근의 급격한 변화는 그들의 나이와 성별 때문이다. 젊은 여성 사회과학자들은 다른 사회과학자들보다 질적 방법론과 포스트모더니즘적인 접근을 하는 경향이 크다. 한인 이민 세대 학자들과 젊은 세대 학자들 간의 주요한 방법론적 차이는 또한 시대적 영향 때문이다. 오늘날 사회학자들은 20~30년 전의 사회학자들과 비교했을 때 질적 자료와 포스트 모더니즘적인 접근을 더 많이 사용하고 있다.

젊은 세대 재미교포 학자들은 질적 자료 사용과 뛰어난 영어작문 실력을 겸비하고 있어서, 이는 그들에게 주요 출판사를 통해 그들의 책이 출판되는 데 큰 이점이 되었다. 몇몇 젊은 세대 한인 사회과학자들은 최근 그들의 박사 졸업 논문을 중요한 책으로 출판했다. 예를 들어 사회학 분야에서 떠오르는 재미교포 2세인 나디아 김은 특히 질적 방법론을 사용한다. 그녀의 2008년 박사 논문은 *Imperial Citizens: Koreans and Race from Seoul to LA*이라는 책으로 출판되었고, 2009년 미국사회학회(American Sociological Association)의 두 섹션에서 전국 최우수상을 받았다. 이 책에서 그녀는 로스앤젤레스에 있는 한인 이민자들을 민족지학적으로 관찰하며 테이프에 녹음된 개인 면담 기법을 사용하였다. 그녀는 한인 이민자들의 미국 내 백인-흑인 인종 체계(white-black racial hierarchies)에 대한 견해는 이미 한국에서 미국 국가 권력, 미디어와 소비 시장의 영향하에서 형성되었으며, 다른 견해는 로스앤젤레스에서 변형되었고, 몇몇 견해들은 로스앤젤레스에서 강화된 것이라고 주장한다. 우리는 2세 한인 학자들에 의해 작성된 뛰어난 도서들을 특정 연구주제들과 연관하여 소개할 것이다.

4. 주제별 문헌조사

재미교포에 관한 역사적 연구는 이들의 이민 역사가 중국인이나 일본인, 필리핀인보다 짧기 때문에 비교적 많지 않다. 우리가 역사 범주에 넣을 수 있는 문헌들은 고작 20여 편의 논문들과 도서 장들이었다. 그러나 이들 문헌들을 통해 우리가 처음 생각했던 것보다 더 많은 재미교포 역사를 다루는 도서들을 발견하였다. 현재까지 밝혀진 한인 이민역사에 관한 도서는 총 23권이었다. 두 역사학자, 웨인 패터슨(Wayne Patterson)과 김형찬 (Hyung Chan Kim)은 이 중 7권을 저술하였다. 이 두 역사학자들의 헌신이 없 었다면 우리는 한인 공동체에 관한 역사적 정보가 부족함을 절실히 느꼈 을 것이다. 특히 웨인 패터슨의 저서들은 한국, 하와이, 미국 본토 등의 자료를 사용하여 철저한 역사적 연구에 기초하고 있다. 또한 1979년에 출 판한 최봉윤(Bong-Youn Choi)의 저서 *Koreans in America*는 재미교포 역사의 연구자들에게 매우 유용하다. 우리를 포함하여 한인 이민자를 연구하는 한인 이민자 사회학자들은 이 책으로부터 큰 도움을 받았다.

데이빗 유(David Yoo)는 저명한 2세대 한인 역사학자이다. 그는 주로 일 본계 미국인에 관한 역사연구를 수행하였으나 최근에 주목할 만한 저서, *Contentious Spirits: Religion in Korean American History*(2010)를 완성하였 다. 이 저서는 식민지 기간 동안 한국의 독립운동에서 서부지역와 한인 이 민자 교회의 역할을 집중적으로 조명하고 있다. 또 다른 젊은 세대의 역사 학자인 유지연(Ji-Youn Yuh)은 *Beyond the Shadow of Camptown: Korean Military Brides in America*(2004)를 발간하였다. 이 저서는 역사적이며 사회 학적인 내용으로 다수의 전직 기지촌 여성들의 구술을 토대로 쓰였다.

1965년 이후 미국으로의 한인 이민에 대한 내용을 알기 원하는 연구자 들에게는 다음 문헌들이 매우 유용하다. ① 뉴욕 내 한인 사회에 관한 김일 수의 1981년도 책, ② 하와이 동서 센터의 인구 연구소(Population Institute, East-West Center)가 발행한 윤인진의 1993년도 논문, ③ 아시아 이민역사 에 관한 민병갑의 2006년도 저서 일부 등이다. 한인 이민유형의 변화에 관한 최근의 내용을 알고 싶은 연구자들은 유의영이 공동 편집한 저서 *Korean Economy and Community in 21st Century*(2009)의 1장과 민병갑의 2006년도 저서 *Asian Americans: Contemporary Trends and Issues*에서 아 시아 이민역사에 관한 1장을 참조하기 바란다.

전반적인 재미교포의 정착 유형에 관심이 있는 연구자는 민병갑의 2006년도 저서에서 "정착 유형과 다양성"의 장과, 유의영의 2003~2004년도 논문 "2000년 미국 인구통계에 나타난 한인 인구"를 읽기 바란다. 로스앤젤레스 코리아타운은 사회학적으로 몇 가지의 흥미 있는 면을 가진 이민자 집단거주지이다. 그러나 지금까지 어느 누구도 코리아타운에 관한 도서를 출판하지 않았다. 차이나타운에 관한 도서들이 십 여종 있음을 고려하면, 로스앤젤레스의 코리아타운에 관한 도서 출판 작업이 하루빨리 시작되어야 한다. 그리고 그런 도서를 준비하기 위한 자료로는 다음과 같은 것들이 있다. ① 유의영의 코리아타운에 관한 두 논문(1985년과 2004년), ② 앤지 정(Angie Chung)의 2007년도 저서 *Legacies of Struggles*, ③ 데이빗 리(David Lee)와 박경환(Kyonghwan Park)·이영민(Youngmin Lee)이 각각 *Korean Economy and Community in 21st Century*(2009)에서 기술한 코리아타운에 관한 도서의 두 장.

한인 이민자의 기업 활동과 그것과 관련된 타 민족과의 갈등은 다른 주제들보다 더 학술적으로 주목을 받아왔다. 132권의 도서 중 22권(17%)과 501개의 논문/편집 도서의 장 중 101개(20%)가 한인 이민자의 기업활동 및 타 인종과의 상업활동과 관련된 갈등에 관한 것들이었다. 1980년대와 1990년대에는 한인 이민가족의 거의 절반이 소기업에 종사하였고 이 기간 동안 그들은 흑인 소비자와 백인 도매상들, 라틴계 종업원 및 해당 정부 부처와 심한 갈등을 겪었던 점을 고려하면, 그런 주제들이 커다란 학문적인 관심을 끌었던 것이 그리 놀랄만한 일은 아니다.

기업과 관련된 인종간 긴장관계는 한국인 가게에 대한 흑인들의 불매운동이나 1992년의 LA 폭동 시에 많은 한인 상인이 희생 되었을 때 극명히 표출되었다. 이러한 사건들은 재미교포 역사에서 가장 기억에 남을 사건 중의 하나로 볼 수 있다. 15권의 도서와 40개의 학술지 논문/편집 도서의 여러 장들은 1980년부터 1995년까지 15년간의 한인-흑인 갈등을 다루고 있다. 이러한 주제는 많은 연구자의 관심을 끌었고 그들의 도서들이 잘 알려지게 되었다. 클레어 진 김(Clair Jean Kim)의 *Bitter Fruits*(2000)과 민병갑의 *Caught in the Middle*(1996)은 전국 규모 학회의 도서상을 각각 수상하였다.

한인-흑인 갈등을 다룬 또 다른 도서들로는 낸시 에이벨만(Nancy Abelmann)과 존 리(John Lie)의 *Blue Dreams*(1995), 제니퍼 리(Jennifer Lee)의 *Civility in the City*(2002), 윤인진의 *On My Own*(1997) 등이 있다. 2002년에는 제니퍼 리의 논문 "From Civil Relations to Racial Conflict: Merchant-Customer Interactions in Urban America"이 가장 저명한 사회학회지인 *American Journal of Sociology*에 게재되었다. 이보다 몇 년 전인 1996년에는 박계영이 "Use and Abuse of Race and Culture: Black-Korean Tension in America"을 주요 인류학회지인 *American Anthropologists*에 게재하였다.

한인 신문들을 조사해보면 1980년대와 1990년대 초기에 활발했던 한인 업소에 대한 흑인들의 불매운동은 1995년 뉴욕과 로스앤젤레스에서 있었던 두 불매운동을 끝으로 사라졌다. 연구자들은 한인 업소에 대한 흑인들의 불매운동이 완전히 끝난 것인지 혹은 끝났다면 그 이유는 무엇인지 오랫동안 침묵해왔다. 민병갑은 그 침묵을 깨고 2008년에 *Ethnic Solidarity for Economic Survival: Korean Greengrocers in New York City*이란 저서를 출간하였다. 이 저서에서 그는 저소득 흑인 거주지역 내의 구조적 변화 때문에 한인 상인들이 전형적인 중간 상인 민족 역할을 더 이상 하지 않는다고 설명하고 있다. 흑인 거주 지역들의 구조적 변화는 도시 재개발의 영향으로 큰 소매상점이 눈에 띄게 증가하고, 최근 유입된 이민자들의 다양성으로 인해 상점 주인과 거주자 모두 인종적으로 다양해진 특성을 갖고 있다. 이는 한인-흑인 갈등이 더 이상 중요한 연구주제가 아니라는 것을 의미한다. 또한 민병갑은 그의 주요 저서(1996년과 2008년)와 논문에서 한인 이민자들의 사업체와 관련된 집단간 갈등이 민족적 연대에 갖는 긍정적인 효과에 대해서 심도 있게 조사하였다. 이론적으로 이 연구의 방향은 민족적 연결망과 자원은 이민자 사업체의 발전과 운용에 기여한다는 전통적인 이민자 기업 연구 이론 중 하나인 민족자원론과 거의 반대이다. 그의 이민자 기업-민족적 연대 가설은 이민자 기업 연구 분야에 매우 독특하고 중요한 이론적 기여를 했다고 볼 수 있다.

가족관계, 여성, 노인 그리고 사회보장에 관한 논문이나 도서의 장들은 115개로 가장 큰 범주에 속한다. 가족생활과 가족의 여러 요소들의 중요성을 생각하면 연구자들이 가족과 관련된 연구주제들을 다루기 좋아하는 것은 매우 자연스러운 일이다. 문애리는 앞에서 언급했듯이 한인 노인에 관한 많은 논문과 도서의 장들을 발표하였는데, 그녀의 연구성과는 이 분야에서 상당한 비중을 차지한다. 그녀의 연구를 제외하면, 다른 논문이나 저서들은 대부분 한인 이민가족이나 한인 이민여성에 대한 것이다. 김광정과 민병갑은 이 분야에 대해 많은 발표를 하였다. 남성 사회학자인 이 두 사람은 한인 이민여성이 가정주부이면서 직장에서 돈을 벌어야 하는 이중고를 겪고 있음을 보여주었다. 민병갑의 소책자 *Changes and Conflicts: Korean Immigrant Families in New York*(1997)은 여러 아시안 아메리칸 사회학 과목에서 하나의 독본으로 널리 사용되고 있다. 그런데 여성사회학자 중 누구도 한인 이민가족에 관하여 폭넓은 연구를 수행하지 않았다는 것은 다소 놀랍다. 또한, 2세대 재미교포 가족에 관하여 조명해주는 유용한 연구도 현재로선 없다. 우리 젊은 세대의 재미교포 학자들이 자신들의 가족에 관한 연구를 수행하기를 강력하게 권장한다.

한인 이민여성 문제에 관해 기여를 한 몇몇 학자들을 언급할 필요가 있다. 4년 전에 작고한 여성학자 송영인은 앞에서 언급한 가정폭력을 포함한 주요 여성문제에 관해 광범위한 연구를 수행하였다. 저서 분야에서는 그녀가 저술한 저서 *Silent Victims: Battered Women in Korean Immigrant Families*(1987), 그리고 여성문제에 관하여 공동 편집된 또 다른 두 권의 저서들이 있다. 한인 이민여성에 관심이 있는 사회복지사나 대학원생은 이 저서들을 반드시 참조해야 한다. 두 권의 편집된 저서들의 각 장들은 모두가 높은 수준은 아니지만 초기 연구자들에게는 귀중한 자료의 토대를 제공하고 있다. 밀리안 강(Miliann Kang)은 4개의 논문과 도서의 장, 그리고 2010년에 출간된 뉴욕시의 한인 손톱미용실에 관한 저서 *The Managed Hand: Race, Gender, and the Body in Beauty Service Work*가 있다. 그녀는 한인

손톱미용사를 여성운동 관점에서 분석하고 있다. 2003년에 그녀가 학술지 『성과 사회』에서 발표한 논문 "The Managed Hand: Commercialization of Bodies and Emotions in Korean Immigrant-Owned Nail Salons"는 여러 논문에서 인용되었다.

허원무와 김광정은 국립정신건강연구소로부터 연구비를 받아, 1980년대 로스앤젤레스와 시카고의 한인 이민에 관해 연구했다. 그들은 한인 이민자들의 문화, 사회적 동화와 사회 경제적인 적응 등을 중점적으로 분석했다. 두 한인 이민 사회학자들은 시카고에서 수집된 자료를 가지고 많은 논문과 한 권의 저서 *Korean Immigrants in America: A Structural Analysis of Ethnic Confinement and Adhesive Adaptation*(1985)을 출판하였다. 이 저서의 주요 내용은 한인 이민자들이 거주 기간에 비례하여 문화적이고 제한된 사회적 동화를 이루지만 사회적 동화가 민족적 애착을 줄이지 않는다는 것이다. 그래서 그들은 동화와 민족적 애착이 제로섬 관계를 유지하지 않는다고 주장했다. 허원무와 김광정은 공저로 많은 논문들을 발표하였는데 그 성과로 이 두 학자는 한인 사회학자들뿐 아니라 다른 아시아계 미국인 사회학자들에게도 이름이 알려졌다. 그들은 다수의 주요 조사연구를 통해 이민자 연구에 중요한 기여를 하였다.

연구자들은 소수 집단의 사회 경제적 성취를 조사하기 위해서 보통 공용 소자료 표본(Public Use Microdata Sample, PUMS)과 같은 공개된 센서스 자료를 사용한다. 아시아계 미국인 학자들이 아시아계 미국인들의 사회경제적 성취와 세대간 이동을 조사하기 위해 PUMS를 분석할 때, 그들은 보통 주요 아시아계 민족집단을 별도로 취급한다. 1980년과 1990년 미국 인구조사는 자료 분석에 충분할 정도의 미국태생 한인 표본이 없었다. 그러나 2000년 인구조사와 2001년부터 행한 미국커뮤니티 설문조사(The American Community Survey)에는 자료 분석에 충분할 정도의 미국태생 한인 표본이 포함되어 있다. 아더 사카모토(Arthur Sakamoto)와 그의 동료들은 주요 아시아계 민족집단의 사회 경제적 성취를 별도로 조사한 연구들을 많이 발표하였다.

우리는 사카모토와 그의 동료에 의한 여러 개의 연구와, 다른 아시아계 집단들과 비교한 미국태생의 재미교포의 사회경제적 성취를 조사한 윤인진의 연구를 문헌 목록에 포함했다.

이들의 연구에서 보면 미국 태생의 재미교포들이 한인 이민자들보다 더 높은 교육 수준을 가지고 있음을 알 수 있다. 더구나, 대다수의 재미교포 2세들은 주류 경제의 전문직과 관리직에 종사하고 있는데 이는 그들의 부모세대가 소규모 자영업자인 것과는 크게 대조된다. 200명 이상의 1.5세와 2세 한인에 대한 김대영의 조사 결과는 압도적인 다수의 미국태생 한인이 주류 경제에 참여하고 있다는 인구조사의 결과를 확인시켜 주고 있다 (그의 2004년 책의 장과 2006년의 논문을 참조하기 바람).

족외혼(인종 및 민족간 혼인, intermarriage)은 동화의 중요한 지표이다. 연구자들은 족외혼 유형을 분석하는데 보통 센서스 자료를 사용한다. 우리는 아시아계 미국인의 족외혼율과 유형을 연구한 몇 개의 목록을 포함시켰다. 과거의 연구들은 표본에서 결혼한 모두를 포함시켜 미국 태생 한인의 족외혼율이 과도하게 높게 측정되었는데, 이런 결과는 1950년 이전 출생한 고령의 미국 태생 한인들은 다른 한인들과 거의 교류 없이 성장하여 족외혼율이 상당히 높았기 때문이다. 최근 아시아계 이민자의 자녀들 사이에서 족외혼율과 유형을 측정하기 위해서, 민병갑과 김치곤(2009)은 2001~2005년의 American Community Surveys로부터 1965년과 그 이후에 태어난 미국 태생 아시아계 미국인들만을 선택하였다. 그들의 분석에 따르면, 미국 태생 재미교포의 족외혼율은 54%로서 평균 55%의 아시아계 미국인의 족외혼율과 비슷하다. 또한 23%의 미국 태생 한인들은 1.5세 내지 1세 한인 이민자들과 결혼하고 있다. 이것은 단지 23%의 미국 태생 한인들만이 미국 태생의 동족 배우자를 갖는다는 의미이다. 아시아계 미국인이나 혹은 다른 소수 민족에 관한 과거의 족외혼 연구는 일반적으로 혼인을 족외혼과 족내혼(인종 및 민족내 혼인, in-marriage)의 이중변수로서 사용하였다. 그러나 민병갑과 김치곤의 연구(2009)는 동일 민족의 배우자를 갖는 미국 태생의 한인들과 아시아계 미국인의 절반 정도는 소위 "세대 간 족내혼 (cross-generational in-marriage)"에 관련되어 있음을 보였다. 족내혼의 다른 유형을 분리하는 것은 미국 태생의 재미교포의 적응에 관한 연구에서 중요한 의미를 갖고 있는데, 그 이유는 동족 이민자 배우자와 결혼한 그들은 미국 태생 동족 배우자와 결혼한 사람들보다 훨씬 더 모국어를 사용하고 더 강한 모국과의 유대 관계를 유지할 것으로 보이기 때문이다(김치곤과 민병갑의 2010년 논문 "결혼 유형과 집에서의 모국어 사용"을 참조하기 바람).

미국 태생의 한인들의 대부분은 족외혼과 관련되어 있으므로, 2세대 가족연구에서 족외혼 부부를 포함시키는 것이 중요하다. 한인-백인과 한인-다른 소수민족 가족의 연구에서 나타난 사실들은 현재 한국에서 매우 주요 문제가 되고 있는 한국 내 한국인과 타 아시아 배우자로 구성된 다문화 가족을 이해하는 데 매우 유용할 것으로 보인다. 족내혼의 미국 태생 한인들의 약 절반이 1.5세 또는 1세의 이민자 배우자를 갖는다면, 세 가지 다른 미국 태생 족내혼 집단에서 민족성 유지의 차이를 조사하는 것도 또한 중요하다. 2세 한인 여성학자들은 자신의 가족 연구를 하는 데에 좋은 위치를 차지하고 있다. 우리는 그들이 심층적인 개인 면담을 통하여 족외혼과 족내혼에 대한 다양한 유형을 연구하길 기대한다.

허원무와 김광정이 1980년대에 조사연구를 수행하였을 때 동화는 사회학적으로 가장 중요한 문제로 간주되었다. 그러나 다문화주의의 영향과 탈근대주의적 경향으로 동화는 현재 아주 부정적인 의미를 갖고 있다. 그래서 젊은 세대의 재미교포 사회학자들과 다른 사회과학자들은 동화에 대해서 별 관심이 없다. 대신 그들은 민족성(ethnicity; 민족적 애착, 민족정체성, 민족 연대 등), 모국과의 초국가적 연계 및 종교 활동에 관심이 매우 많다.

민족성과 모국과의 초국가적 연계에 대한 논문들과 단행본 장들에서는 민족적 문제들을 다루고 있는데, 특히 대부분 1.5세와 2세 재미교포들의 민족정체성에 초점을 두고 있다. 민족정체성은 다른 민족의 연구학자들과 젊은 세대 재미교포 학자들에게 매우 인기 있는 연구주제인데, 그것은 그들이 다문화주의와 소수민족 정체성 정치를 중요시하기 때문이다. 매리 유 다니코(Mary Yu Danico)와 나즐리 키브리아(Nazli Kibria)가 저술한 두 권의 저서는 1.5세 와 2세 재미교포 젊은이들의 민족정체성에 초점을 두고 있다. 또한 민병갑이 편집한 아시아계 미국인의 민족정체성(1999년과 2002년 출판)에 관한 두 권의 저서는 1.5세와 2세 재미교포와 다른 아시아계 미국인 청년들에 관해 연구하였다.

그들의 연구 대상으로서 1.5세와 2세 청년들, 특히 1965년 이후 이주한 아시안 이민자들의 자녀들에 관해 크게 의존하였기 때문에 민족정체성에 대한 최근 연구들은 조사결과에서 여러 한계점들이 있다. 그 연구 대상들은 미국 다문화주의와 한인 및 아시안 지역사회들의 밀접한 경험들이 있기에 이들에 관한 대부분의 연구 결과는 젊은 세대 재미교포들의 긍정적인 면을 반영하고 있다. 다른 한인과 아시아계 미국인들과 거의 교류 없이 자란 1965년 이전 미국 태생인 재미교포들의 인생 경험은 1965년 이후 미국 태생의 2세 젊은 세대들의 경험과는 매우 달랐음이 틀림없다. 하지만 지금 중년이 된 1965년 이전 미국 태생의 재미교포의 인생 경험과 민족정체성에 관해 저술된 저서는 물론, 어떤 논문이나 단행본의 장들을 찾을 수 없다. 현재 미발표된 유일한 연구는 "Ethnic Identity in Midlife: Exploring Socio-Historical Context, Identity and Parenting"라는 제목의 린다 수잔 박(Linda Suzanne Park)의 위스콘신대학교 학위논문이다. 우리는 그녀의 학술 저술에 큰 관심을 갖고 기대하고 있다. 그리고 우리는 1950년 이전의 미국 태생 한인들의 인생 경험들을 조사하는 더 많은 추가연구를 필요로 한다.

"민족성과 모국과의 초국가적 연계" 안에 포함된 논문 중 나즐리 키브리아(Nazli Kibria)와 나디아 김이 저술한 단 두 편의 논문만이 모국과의 초국가적 연계를 다루고 있다. 우리가 아는 한 현대 한인 이민자들의 모국과의 초국가적 연계를 체계적으로 연구한 저서는 없다. 하지만 초국가적 요소의 일면을 다룬 몇 개의 연구들은 존재한다. "Adoptees, War Brides and Others"에서 열거된 논문에서 알 수 있듯이 엘리나 김은 한인 입양아들의 모국인 한국에서의 생활경험들을 다루고 있는 여러 편의 학술지 논문과 도서의 장들을 발표하였다. 그녀는 한국에 체류하는 한인 입양아를 인터뷰하였기 때문에 그녀의 연구는 그들의 모국에서의 삶을 나타내고 있다. 그녀의 저서 *Adopted Territory: Transnational Korean Adoptees and the Politics of Belonging*(2010)은 한국 입양아의 모국과의 연계를 다루는 대표적 도서로 간주할 수 있다. 나디아 킴(Nadia Kim)의 *Imperial Citizens: Koreans and Race from Seoul to Los Angeles*(2008)는 한인 이민자들이 본국에서 미국의 인종 위계(racial hierarchies)에 관한 내용을 어떻게 배웠는지를 보여주기 때문에 이 또한 충분한 초국가주의의 요소를 다루고 있다. 우리가 앞서 언급한 데이빗 유의 2010년에 출간된 저서 *Contentious Spirits: Religion in Korean American History*는 2차 세계대전 전 미국과 한국 그리고 중국을 연결하는 한인 개신교 이민 지도자들의 초국가적 독립운동에 초점을 두고 있다. 이 책은 초국가주의 문헌에도 중요한 기여를 할 것으로 기대된다. 뉴욕의 한인 이민 가족들에 관한 민병갑의 1998년 저서는 자녀들의 교육을 위해 남편은 한국에서 일하고 부인과 자녀들은 미국에서 거주하는 한인 초국가적 가족에 관하여 다루는 한 장의 내용을 포함하고 있다.

한인 사회는 예외적으로 아주 큰 수의 단체를 갖고 있다. 예를 들면 뉴욕-뉴저지 한인 지역단체에는 약 600개의 한인 개신교 교회를 포함하여 1,300개 이상의 민족단체가 있다. 따라서 한인 지역사회의 한인 단체 및 정치 발전을 조사하는 것은 중요하다. 그러나 이 분야에 관한 문헌은 매우 빈약하다. 앤지 정의 *Legacies of Struggle: Conflict and Cooperation in Korean American Politics*(2007)는 한인 지역사회에서의 단체와 정치를 다루는 유일한 저서이다. 이 저서는 로스앤젤레스의 두 개의 큰 규모의 1.5세와 2세 사회복지사업기관에 관한 것이다. 이 저서의 긍정적인 요소의 하나는 젊은 세대기관의 봉사 수행에 관련된 조직 내외의 갈등을 다루고 있다. 민병갑의 두 저서(1996년과 2008년 출판)은 뉴욕과 로스앤젤레스의 외부관련 집단들과 정부기관들에 대항한 한인이민자 사업협회의 연대활동을 중점으로 언급하고 있다. 에드워드 박의 몇 편의 논문에서는 로스앤젤레스 한인 지역사회의 지역 정치갈등, 특히 세대 간 갈등과 이념적 갈등을 설명하고 있다. 우리는 한인 지역사회 내 단체들 간의 갈등과 협력을 논하는 더 많은 도서들이 필요하다.

우리는 재미교포의 종교활동에 관하여 다루는 16권의 도서들과 약 47개의 논문/도서의 장들을 발견하였다. 이 출판물들의 대부분은 한인 개신교 이민자들과 2세 성인 그리고 그들의 회중을 다루고 있다. 다른 아시안 집단의 종교활동과 비교할 때 1세와 2세 한인 개신교도들의 종교활동은 연구가 잘 되어있다. 1.5세와 2세 한인으로 구성된 영어를 사용하는 회중에서의 종교활동을 분석한 6개의 도서들은 이미 출간되었거나 출판 중에 있다. 우리는 미국 내 한인 교회에 관한 활발한 연구가 가능한 이유가 자신들의 민족 종교집단을 연구한 많은 이민자 개신교도 사회학자들과 2세 개신교 사회학자들이 있었기 때문이라고 생각한다. 예를 들면, 한인 이민자 교회의 연구를 진행한 김광정, 유의영, 김신 과 신의항은 수년 동안 자신들의 교회에서 장로로서 봉사했다. 민병갑은 한인 개신교 학자들보다 훨씬 약한 종교적 배경을 가지고 있다. 그러나 그는 그들을 이해할 정도로 오랜 기간 동안 한인 이민교회에 다녔다. 2세 한인 회중에 관한 연구를 수행했던 2세 한인학자 레베카 김, 카렌 채 와 데이빗 유도 매우 종교적인 기독교 집안에서 성장했다.

미국 내 한인 개신교 교회에 관해 활발한 연구가 있었던 반면에 한인 가톨릭교회에 관한 연구는 한 건도 없다. 따라서 한인 가톨릭 교구 또는 지역사회의 연구가 매우 필요하다. 불교신자(8%)는 가톨릭신자(14%)에 비해 한인 이민자 인구의 작은 부분을 차지하고 있다(미국 내 한인 개신교, 가톨릭교와 불교 기관을 비교하는 2009년 연구논문을 참조하기 바람). 하지만 미국 내 한인 사찰에 대한 소수의 학술연구가 존재한다. 그중 샤론 서(Sharon Suh)의 저서 *Being Buddhist in a Christian World: Gender and Community in a Korean-American Temple*(2004)을 대표적으로 꼽을 수 있다.

한인 이민자 교회에 대한 통계자료를 얻고자 하는 연구자들은 권호윤 (Ho-Youn Kwon), 김광정과 워너(R. Stephen Warner)가 편집한 *Korean Americans and Their Religions: Pilgrims and Missionaries from a Different Shore*(2001) 와 민병갑의 2010년 저서 *Preserving Ethnicity through Religion: Korean Protestants and Indian Hindus across Generations*를 읽어야 한다(민병갑의 종교저서는 2010년에 재외한인사회학회로부터 Outstanding Book Award를 받았다). 특히 김광정 과 김신이 공저한 *Korean Americans and Their Religions*(2001)의 4장 "Ethnic Roles of Korean Immigrant Churches in the United States"은 흑인, 라틴계 그리고 백인 장로교도와 비교하여 한인 장로교 이민자들의 종교적 참여와 종교행위의 다른 양상에 관한 중요한 통계자료를 제공하고 있다. 한인 이민자 여성학자인 김애라(Ai Ra Kim)와 1.5세 한인 여성학자인 김정하(Jung Ha Kim) 는 둘 다 신학교를 다녔으며 김애라는 1996년에 *Women Struggling for New life*를, 김정하는 1997년에 *Bridge Makers and Cross-Bearers*를 출간하였다. 위 두 저서는 한인 이민자 교회에서 여성의 권력의 결여를 다루고 있다. 김애라의 책에서는 한인 유교문화적 사상이 한인 이민자 교회 내 여성의 무력함에 대한 책임이 있다고 보는 반면, 김정하는 한인 이민자 교회의 성차별적 주요 원인을 기독교 신학으로 보고 있다. 영어를 사용하는 2세 한인 회중에 관한 유용한 정보는 레베카 김의 *God's New Whiz Kids*(2006)과 민병갑의 *Preserving Ethnicity through Religion*(2006)에서 얻을 수 있다. 2세 한인 개신교 종교활동과 회중에 대해서 레베카 김과 민병갑의 저서들과 논문들 뿐만 아니라 다른 많은 학술논문들이 있다(카렌 채, 1998; 민병갑/김대영, 2005; 박소영, 2001 참조). 대부분의 2세대 성인 한인 개신교도들은 자신의 일차 정체성을 기독교인으로 이차 정체성을 한인으로 받아들이고 있다. 이러한 결과는 2세 한인들의 민족정체성을 연구할 때 종교의 역할도 다른 요인과 함께 고려해야 할 필요가 있다는 것을 제시하고 있다. 하지만 "Ethnicity and Transnationalism"에 포함된 민족정체성에 관한 어떠한 연구도 2세 한인의 정체성 형성에서 종교가 어떤 역할을 하고 있는가를 주목하지 않았다. 앞으로의 연구는 그 점을 반드시 고려해야 한다.

자녀, 교육 및 심리 분야에서는 62편의 문헌들이 있는데 이는 전체 논문과 도서의 장들의 약 12%에 해당한다. 교육은 교육 상담, 교육 심리학, 교과 과정과 지도, 그리고 이중언어 교육과 같은 다양한 주제들을 포함하기 때문에 여러 교육 대학에서 재직 중인 많은 수의 한인 교수들이 있을 것임에 틀림없다. 이런 사실을 고려해 볼 때 체계적인 문헌검색이 이뤄진다면 교육 분야에서 더 많은 문헌을 찾을 수 있을 것이다. 문헌검색 결과 제이미 류(Jamie Lew)는 한인 자녀의 교육문제에 관한 여러 논문들과 도서의 장들, 그리고 한 권의 저서를 출판하였다.

많은 박사 과정 학생들은 미국 내 한인 입양자들에 관하여 학위논문을 작성하였으나 최근까지도 그들의 자료에 기초한 주요 학술지 논문이나 저서들을 출간하지 않았다. 그러나 위에서 언급한 것처럼 한인 인류학자 엘레나 김은 지난 10여 년간 한국에 거주하는 입양자의 인터뷰들을 토대로 여러 편의 논문과 편집 도서의 장들을 발표하였다. 본 장의 입양인, 전쟁신부, 기타 분야에서 필자는 중국계 미국인 사회학자인 지안빈 리 시아오(Jiannbin Lee Shiao)와 미아 투안(Mia Tuan)이 수행한 한인 입양자들에 관한 일련의 논문과 도서의 장들을 추가했다. 그들의 연구는 몇 편의 논문과 도서의 장들로 출판되었다. 그들 논문 중 하나는 미국사회학회지(American Journal of Sociology)에 게재되었다. 흥미롭게도 엘레나 김의 연구는 한인 입양자들의 모국에서 체험한 거부감을 강조한 반면 시아오와 투안의 연구는 그들의 백인 입양가족과 미국사회에서의 인종차별주의적인 경험을 강조하고 있다.

■ **민병갑** Queens College and the Graduate Center of the City University of New York 석좌교수. Queens College The Research Center for Korean Community 소장. Georgia State University에서 교육철학 박사, 사회학 박사학위 취득. 1987년부터 Queens College에서, 1995년부터 Graduate Center of CUNY에서 사회학 교수로 재직. 12권의 영문저서(편저 포함)와 다수의 논문이 있는데, 그중 Caught in the Middle: Korean Communities in New York and Los Angeles(1996)는 1997년과 1998년에 두 개의 학술협회로부터 Outstanding Book Award (최우수상)을 수여받음. Preserving Ethnicity through Religion in America: Korean Protestants and Indian Hindus across Generations(2010)는 2010년에 재외한인 학회로부터 Outstanding Book Award(최우수상)을 수여받음. 이메일 주소: pyonggap.min@qc.cuny.edu

■ **장서현** The University of New York, Graduate Center 사회학과 박사과정 재학 중. 고려대학교 사회학과 학부 졸업 후 Columbia University에서 사회학 석사학위 취득. 현재 Queens College 부속 The Research Center Korean Community에서 Research Assistant로 연구 중. 이메일 주소: sjang1@gc.cuny.edu

■ **송다은** 고려대학교 대학원 사회학과 석사과정 재학 중. 2009년 미국 University of Denver 사회학과 졸업(사회학 및 인류학 전공). 이메일 주소: daeun.song@gmail.com

재미교포 관련 서지목록

1. 단행본

Abelmann, Nancy. (2009). *The Intimate University: Korean American Students and the Problems of Segregation*. Durham, NC: Duke University Press

Abelmann, Nancy, & John Lie. (1995). *Blue Dreams: Korean Americans and Los Angeles Riots*. Cambridge, MA: Harvard University Press.

Aguilar-San Juan, Karen (ed.). (1994). *The State of Asian America: Activism and Resistance in the 1990s*. Boston: South End Press.

Alumkal, Antony. (2003). *Asian American Evangelical Churches: Race, Ethnicity, and Assimilation in the Second Generation*. New York: LFB Scholarly Publishing LLC.

Baldassare, Mark (ed.). (1994). *The Los Angeles Riot: Lessons for the Urban Future*. Boulder, CO: Westview Press.

Bergsten, Fred, & Inbom Choi. (2003). *The Korean Diaspora in the World Economy*. Washington, D.C.: Institute for International Economics.

Bonacich, Edna, & Ivan Light. (1988). *Immigrant Entrepreneurs: Koreans in Los Angeles, 1965-1982*. Berkeley: University of California Press.

Centennial Committee of Korean Immigration to the United States (ed.). (2003). *The Independence Movement and Its Outgrowth by Korean Americans*. Los Angeles: Centennial Committee of Korean Immigration to the United States.

Cha, Marn J. (2010). *Koreans in Central California (1903-1957): A Study of Settlement and Transnational Politics*. Lanham, MD: University Press of America.

Chan, Sucheng. (1991). *Asian Americans: An Interpretive History*. Boston: Twayne Publishers.

Chang, Edward, & Jeannette Diaz-Veizades. (1999). *Ethnic Peace in the American City: Building Community in Los Angeles and Beyond*. New York: New York University Press.

Chang, Edward, & Russell C. Leong (eds.). (1994). *Los Angeles-Struggles toward Multiethnic Community: Asian American, African American, & Latino Perspectives*. Seattle: University of Washington Press.

Chin, Soo-Young. (1999). *Doing What Had to Be Done: The Life Narrative of Dora Yum Kim*. Philadelphia: Temple University Press.

Cho, Myung Ji, Jung Ha Kim, Unzu Lee, & Su Yon Park. (2005). *Singing the Lord's Song in a New Land: Korean American Practice of Faith*. Louisville, KY: Westminster John Knox.

Ch'oe, Yong-ho (ed.). (2007). *From the Land of Hibiscus: Koreans in Hawaii*. Honolulu: University of Hawaii Press.

Choy, Bong-Youn. (1979). *Koreans in America*. Chicago: Nelson Hall.

Chun, Hyuk, Kwang Chung Kim, & Shin Kim (eds.). (2005). *The Koreans in the Windy City*. New Haven, CT: East Rock Institute.

Chung, Angie Y. (2007). *Legacies of Struggle: Conflict and Cooperation in Korean American Politics*. Stanford, CA: Stanford University Press.

Danico, Mary Yu. (2004). *The 1.5 Generation: Becoming Korean American in Hawaii*. Honolulu: University of Hawaii Press.

Ecklund, Elaine Howard. (2006). *Korean American Evangelicals: New Models for Civic Life*. New York: Oxford University Press.

Gooding-Williams, Robert (ed.). (1993). *Reading Rodney King/Reading Urban Uprising*. New York: Routledge.

Hahn, Cora. (1978). *A Case Study, How Twenty-one Koreans Perceive America (World Education Monograph Series, 4)*. Storrs, CT: World Education Project, University of Connecticut.

Hazen, Don. (1993). *Inside the Los Angeles Riots: What Really Happened and Why It Will Happen Again*. New York: Institute for Alternative Journalism.

Hertic, Young Lee. (2001). *Cultural Tug of War: The Korean Immigrant Family and Church in Transition*. Nashville: Abington.

Hurh, Won Moo. (1977). *Comparative Study of Korean Immigrants in the United States: A Typological Approach*. San Francisco: R & R Research Associates.

_____. (1998). *The Korean Americans*. Westport, CT: Greenwood Press.

Hurh, Won Moo, & Kwang Chung Kim. (1984). *Korean Immigrants in America: A Structural Analysis of Ethnic Confinement and Adhesive Adaptation*. Madison: Fairleigh Dickinson University Press.

Hurh, Won Moo, Kwang Chung Kim, & Hei Chu Kim. (1979). *Assimilation Patterns of Immigrants in the United States: A Case Study of Korean Immigrants in the Chicago-Area*. Washington, D.C.: University Press of America.

Hyun, Peter. (1995). *In the New World: The Making of a Korean American*. Honolulu: University of Hawaii Press.

Jo, Moon H. (1999). *Korean Immigrants and the Challenge of Adjustment*. Westport, Connecticut: Greenwood Press.

Joyce, Patrick D. (2003). *No Fire Next Time: Black-Korean Conflicts and the Future of America's Cities*. Ithaca, N.Y.: Cornell University Press.

Kang, K. Connie. (1995). *Home Was the Land of Morning Calm: A Saga of a Korean American Family*. Addison-Wesley.

Kang, Miliann. (2010). *The Managed Hand: Race, Gender and the Body in Beauty Service Work*. Berkeley: University of California Press.

Kibria, Nazli. (2002). *Becoming Asian Americans: Second Generation Chinese and Korean American Identities*. Baltimore, MD: The Johns Hopkins University Press.

Kim, Ai Ra. (1996). *Women Struggling for a New Life: The Role of Religion in the Cultural Passage from Korea to America*. Albany, NY: State University of New York Press.

Kim, Bok-Lim. (1978). *The Asian Americans: Changing Patterns, Changing Needs*. Monteclair, NJ: Association of Korean Scholars in North America.

Kim, Byong-Suh, & Sang Hyun Lee (eds.). (1980). *The Korean Immigrant in America*.

Montclair, NJ: The Association of Korean Christian Scholars in North America.

Kim, Claire Jean. (2000). *Bitter Fruit: The Politics of Black-Korean Conflict in New York City*. New Haven, CT.: Yale University Press.

Kim, Elaine H., & Eui-Young Yu. (1996). *East to America: Korean American Life Stories*. New York: The New Press.

Kim, Eleana. (2010). *Adopted Territory: Transnational Korean Adoptees and the Politics of Belonging*. Durham, NC: Duke University Press.

Kim, Elizabeth. (2000). *Ten Thousand Sorrows: The Extraordinary Journey of a Korean War Orphan*. New York: Doubleday.

Kim, Christian. (2004). *Korean-American Experience in the United States: Initial Thoughts*. Philadelphia, PA: Hermit Kingdom Press.

Kim, Hyojung (ed.). (2005). *Korean Americans Identities: A Look Forward*. Seattle: The Seattle-Washington State Korean American Association.

Kim, Hyung-Chan. (1971). *Korean Diaspora*. Santa Barbara, CA: ABC-Clio Press.

_____. (1974). *The Koreans in America, 1882-1974: A Chronology and Fact Book*. Dobbs Ferry, New York: Oceana Publication, Inc.

_____ (ed.). (1977). *East across the Pacific: Historical and Sociological Studies of Korean Immigration and Assimilation*. Santa Barbara: ABC Clio Press.

Kim, Ilpyong (ed.). (2004). *Korean Americans: Past, Present, and Future*. Elizabeth, NJ: Hollym International.

Kim, Illsoo. (1981). *New Urban Immigrants: The Korean Community in New York*. Princeton, New Jersey: Princeton University Press.

Kim, Jung Ha. (1997). *Bridge-makers and Cross-bearers: Korean-American Women and the Church*. Atlanta: Scholars Press.

Kim, Kenneth, Kapson Lee, & Tai-Yul Kim. (1981). *Korean-Americans in Los Angeles: Their Concerns and Language Maintenance*. LA: National Center for Bilingual Research.

Kim, Kwang Chung (ed.). (1999). *Koreans in the Hood: Conflict with African Americans*. Baltimore, MD.: The Johns Hopkins University Press.

Kim, Nadia. (2008). *Imperial Citizens: Koreans and Race from Seoul to LA*. Stanford, CA: Stamford University Press.

Kim, Minjae (ed.). (2010). *Interests of Future Korean-American Leaders*. Highland Park, NJ: The Hermit Kingdom Press.

Kim, Rebecca. (2006). *God's New Whiz Kids?: Korean American Evangelicals on Campus*. New York: New York Press.

Kim, Sharon. (2010). *A Faith of Our Own: Second-Generation Spirituality in Korean American Churches*. Piscataway, NJ: Rutgers University Press.

Kim, Won Yong. (1971). *Koreans in America*. Seoul, Korea: Po Chin Chai.

Ko, Grace Jungmin (ed.). (2010). *Life Stories of Korean American Youth*. Highland Park, NJ: The Hermit Kingdom Press.

Kwak, Tae-Hwan, & Seong Hyong Lee (eds.). (1990). *The Korean-American Community:*

Present and Future. Masan, Korea: Kyung Nam University Press

Kwon, Brenda L. (1999). *Beyond Ke'eamoku Street: Koreans, Nationalism, and Local Culture in Hawaii*. New York: Garland Publishing.

Kwon, Ho-Youn (ed.). (1994). *Korean Americans: Conflict and Harmony*. Chicago: North Park College and Theological Seminary.

Kwon, Ho-Youn, Kwang Chung Kim, & Stephen R. Warner (eds.). (2001). *Korean Americans and Their Religions: Pilgrims and Missionaries from a Different Shore*. University Park, PA: Pennsylvania State University Press.

Kwon, Ho-Youn, & Shin Kim (eds.). (1993). *The Emerging Generation of Korean Americans*. Seoul, Korea: Kyung Hee University Press.

Kwon, Okyun. (2003). *Buddhist and Protestant Korean Immigrants: Religious Beliefs and Socioeconomic Aspects of Life*. New York: LFB Scholarly Publishing LLC.

Kwon, Victoria Hyonchu. (1997). *Entrepreneurship and Religion: Korean Immigrants in Houston, Texas*. New York: Garland Publishing, Inc.

Lee, Ellen. (1995). *The Planted Seed: History of the English Language Ministry of the Korean Methodist Church and Institute*. New York: Korean Methodist Church and Institute.

Lee, Eunju. (2005). *Gendered Processes: Korean Immigrant Small Business Ownership*. New York: LFB Scholarly Publishing LLC.

Lee, Hwain Chang. (2000). *The Korean American YWCA and the Church: Dialogue Face-to-Face, Partnership Hand-in-Hand*. Lanham, MD: University Press of America.

Lee, In Sook (ed.). (1985). *Korean-American Women: Toward Self-Realization*. Mansfield, OH: Association of Korean Christian Scholars in North America.

Lee, Jae-Hyup. (1998). *Dynamics of Ethnic Identity: Three Asian American Communities in Philadelphia*. New York: Garland Publishing.

Lee, Jennifer. (2002). *Civility in the City: Blacks, Jews, and Koreans in Urban America*. Cambridge, MA: Harvard University Press.

Lee, Jennifer, & Min Zhou (eds.). (2004). *Asian American Youth: Culture, Identity, and Ethnicity*. New York: Rutledge.

Lee, Mary Paik. (1990). *Quiet Odyssey: A Pioneer Korean Woman in America, edited by Sucheng Chan*. Seattle: University of Washington Press

Lee, Sang Hyun, & John V. Moore (eds.). (1993). *Korean American Ministry*. Louisville, KY: Presbyterian Church.

Lee, Stacey. (1996). *Unraveling the Model Minority Stereotype: Listening to Asian American Youth*. New York: Teachers College Press.

Lee, Seung Hyong (ed.). (1988). *Koreans in North America*. Masan, Korea: Kyungnam University Press.

Lee, Yoon Mo. (1993). *Inter-Organizational Context of the Korean Community for the Participation of the Emerging Generation of Korean-Americans*. Seoul: Kyung Hee University Press.

Lew, Jamie. (2006). *Asian Americans in Class: Charting the Achievement Gap among*

Korean American Youth. New York: Teachers College Press.

Lewis, Cherie S. (1994). *Koreans and Jews.* New York: Institute of Race Relations, American Jewish Congress.

Light, Ivan, & Edna Bonacich. (1988). *Immigrant Entrepreneurs: Koreans in Los Angeles 1965-1982.* Berkeley: University of California Press.

Mangiafico, Luciano. (1988). *Contemporary American Immigrants: Patterns of Filipino, Korean, Chinese Settlement in the United States.* New York: Praeger.

Melendy, H. Brett. (1977). Asians in America: Filipinos, Koreans, and East Indians. Boston: G.K.Hall.

Min, Pyong Gap. (1988). *Ethnic Business Enterprises: Korean Small Business in Atlanta.* New York: Center for Migration Studies.

_____ (ed.). (1995). *Asian Americans: Contemporary Trends and Issues.* Thousand Oaks, CA: Sage Publication.

_____. (1996). *Caught in the Middle: Korean Communities in New York and Los Angeles.* Berkley, CA: University of California Press.

_____. (1998). *Changes and Conflicts: Korean Immigrant Families in New York.* Boston: Allyn & Bacon.

_____ (ed.). (2002). *The Second Generation: Ethnic Identity among Asian Americans.* Walnut Creek, CA: Altamira Press.

_____ (ed.). (2006). *Asian Americans: Contemporary Trends and Issues, Second Edition.* Thousand Oaks, CA: Pine Forge Press.

_____. (2008). *Ethnic Solidarity for Economic Survival: Korean Greengroceries in New York City.* New York: Russell Sage Foundation.

_____. (2010). *Preserving Ethnicity through Religion in America: Korean Protestants and Indian Hindus across Generations.* New York: New York University Press.

Min, Pyong Gap, & Jung Ha Kim (eds.). (2002). *Religions in Asian America: Building Faith Communities.* Walnut Creek, CA: Altamira Press.

Min, Pyong Gap, & Rose Kim (eds.). (1999). *Struggle for Ethnic Identity: Narratives by Asian American Professionals.* Walnut Creek, CA: Altamira Press.

Palmer, John D. (2010). *The Dance of Identities: Korean Adoptees and Their Journey toward Empowerment.* Honolulu, HI: University Press of Hawaii.

Pak, Jenny Hyun Chung. (2006). *Korean American Women: Stories of Acculturation and Changing Selves.* New York: Routledge.

Pak, Su Yon. (2005). *Singing the Lord's Song in a New land: Korean American Practices of Faiths.* Louisville, KY: Westminster John Knox Press.

Pang, Keum-Young Chung. (1991). *Korean Elderly Women in America: Everyday Life, Health, and Illness.* New York: AMS Press.

_____. (2000). *Virtuous Transcendence: Holistic Self-Cultivation and Self-Healing in Elderly Korean Immigrants.* New York: Haworth Press.

Park, Keumjae. (2008). *Korean Immigrant Women and the Renegotiation of Identity: Class, Gender, and the Politics of Identity.* El Paso: LFB Scholarly Publishing LLC.

Park, Kyeyoung. (1997). *The Korean American Dream: Immigrants and Small Business in New York City*. Ithaca, NY: Cornell University Press.

Park, Lisa Sun-Hee. (2005). *Consuming Citizenship: Children of Asian Immigrant Entrepreneurs*. Stanford, CA: Stanford University Press.

Patterson, Wayne. (1988). *The Korean Frontier in America: Immigration to Hawaii, 1896-1910*. Honolulu: University of Hawaii Press.

_____. (1992). *Koreans in America*. Minneapolis, MN: Lerner Publications Company.

_____. (2000). *Ilse: First Generation Korean Immigrants in Hawaii, 1903-1973*. Honolulu: University of Hawaii Press.

Patterson, Wayne, & Hyung-Chan Kim (eds.). (1977). *The Koreans in America*. Minneapolis: Lerner Publications.

Rebecca Kim. (2006). *God's New Whiz Kids: Korean American Evangelicals on Campus*. New York: New York University Press.

Robinson, Kay. (2002). *A Single Square Picture: A Korean Adoptee's Search for Her Roots*. New York: Berkeley Books.

Song, Min Hyoung. (2005). *Strange Future: Pessimism and the 1992 Los Angeles Riots*. Durham, N.C.: Duke University Press.

Song, Young In. (1987). *Silent Victims: Battered Women in Korean Immigrant Families*. San Francisco: Oxford University Press.

_____. (1996). *Battered Women in Korean Immigrant Families: The Silent Scream*. New York: Garland Publications.

Song, Young In, & Ailee Moon Lee (eds.). (1997). *Korean American Women living in Two Cultures*. Los Angeles: Keimyung-Baylo University Press.

_____ (eds.). (1998). *Korean American Women: From Tradition to Modern Feminism*. Westport, CT: Praeger.

Suh, Sharon. (2004). *Being Buddhist in a Christian World: Gender and Community in a Korean American Temple*. Seattle: University of Washington Press.

Sunoo, Harold Hakwon, & Dong Soo Kim (eds.). (1978). *Korean Women in a Struggle for Humanization*. Memphis, TN.: Association of Korean Christian Scholars in North America.

Sunoo, Sonia Shin. (1982). *Korea Kaleidoscope: Oral Histories Vol.1. Early Korean Pioneers in USA, 1903-1905*. Davis, CA: Korean Oral History Project.

Takaki, Ronald. (1989). *Strangers from a Different Shore: A History of Asian Americans*. Boston: Little, Brown and Company.

Trenka, Jane Jeong. (2009). *Fugitive Visions: An Adoptee's Return to Korea*. Saint Paul: Graywolf Press.

Um, Shin Ja. (1996). *Korean Immigrant Women in the Dallas-Area Apparel Industry*. New York: University Press of America.

Yoo, David K. (2010). *Contentious Spirits: Religion in Korean American History, 1903-1945*. Stanford, CA: Stanford University Press.

Yoo, David K., & Hyung-ju Ahn. (2004). *Faithful Witness: A Centennial History of the Los*

Angles Korean United Methodist Church, 1904-2004. Seoul: Doosan.

Yoo, David K., & Ruth H. Chung (eds.). (2008). *Spiritual Practices: Mapping Korean American Religions.* Champaign, IL: University of Illinois Press.

Yoo, Jin Kyung. (1998). *Korean Immigrant Entrepreneurs: Network and Ethnic Resources.* New York: Garland Publishing, Inc.

Yoon, In-Jin. (1997). *On My Own: Korean Businesses and Race Relations in America.* Chicago: University of Chicago Press.

Yu, Eui-Young. (1987). *Juvenile Delinquency in the Korean Community of Los Angeles.* Los Angeles: The Korea Times, Los Angeles.

_____ (ed.). (1994). *Black-Korean Encounter: Toward Understanding and Alliance.* Los Angeles: Institute for Asian American and Pacific Asian Studies, California State University.

_____ (ed.). (2002). *100 Year History of Korean Immigration to America.* Los Angeles, CA: Korean American United Foundation.

Yu, Eui-Young, Hyojoung Kim, Kyeyoung Park, & Moonsong Oh (eds.). (2009). *Korean American Economy and Community in the 21st Century.* Los Angeles: The Korean American Economic Development Center.

Yu, Eui-Young, & Earl H. Phillips (eds.). (1987). *Korean Women in Transition: At Home and Abroad.* Los Angeles: Center for Korean-American and Korean Studies, California State University, Los Angeles.

Yu, Eui-Young, Earl H. Phillips, & Eun Sik Yang (eds.). (1982). *Koreans in Los Angeles: Prospects and Promises.* Los Angeles: Koryo Research Institute, Center for Korean-American and Korean Studies, California State University.

Yu, Diana. (1991). *Winds of Change: Korean Women in America.* Silver Spring, MD: Women's Institute Press.

Yu, Jin H. (1980). *The Korean Merchants in the Black Community: Their Relations and Conflicts with Strategies for Conflict Resolution and Prevention.* Elkins Park, PA: Philip Jaisohn Memorial Foundation.

Yuh, Ji-Yeon. (2002). *Beyond the Shadow of Camptown: Korean Military Brides in America.* New York: New York University Press.

Zhou, Min, & James Gatewood (eds.). (2000). *Contemporary Asian America: A Multidisciplinary Reader.* New York: New York University Press.

2. 학술지 논문 및 단행본 장

1) 역사

Chai, Alice Yun. (1981). Korean Women in Hawaii, 1903-1945. pp. 328-344 in Women in New Worlds, edited by Hilah F. *Thomas and Rosemary Skinner Keller.* Nashville, TN: Abingdon.

_____. (1987). Freed from the Elders But Locked into Labor: Korean Immigrant Women in Hawaii. *Women's Studies 13*: 223-234.

_____. (1988). Women's History in Public: 'Picture Brides' of Hawaii. *Women's Studies Quarterly 1 & 2* (Spring/Summer): 51-62.

_____. (1992). Picture Brides: Feminist Analysis of Life Histories of Hawaii's Early Immigrant Women from Japan, Okinawa, and Korea. pp. 123-138 in *Seeking Common Ground: Multidisciplinary Studies of Immigrant Women in the United States*, edited by Donna Gabaccia. Westport, CT: Greenwood Press.

Choi, Anne Soon. (2003-2004). 'Are They Koreaned Enough?': Generation and the Korean Independence Movement before World War II. *Amerasia Journal 29* (3): 57-78.

Choy, Peggy Myo-Young. (2000). Anatomy of a Dancer: Place, Lineage and Liberation. *Amerasia Journal 26* (2): 234-252.

Houchins, L., & Chang-Su Houchins. (1974). The Korean Experience in America, 1903-1924. *Pacific Historical Review 43*: 548-575.

_____. (1976). The Korean Experience in America, 1903-1924. pp. 129-156 in *The Asian American: The Historical Experience*, edited by Norris Hundley, Jr. Santa Barbara, CA: ABC-Clio Press.

Ishi, Tomoji. (1988). International Linkage and National Class Conflict: The Migration of Korean Nurses to the United States. *Amerasia Journal 14* (1): 23-50.

Kim, Lili M. (2003-2004). The Limit of Americanism and Democracy: Korean Americans, Transnational Allegiance, and the Question of Loyalty on the Homefront during World War II. *Amerasia Journal 29* (3): 79-98.

Kim, Richard S. (2005). A Conversation with Chol Soo Lee and K. W. Lee. *Amerasia Journal 31* (3): 76-108.

Liem, Ramsay. (2003-2004). History, Trauma, and Identity: The Legacy of the Korean War for Korean Americans. *Amerasia Journal 19* (3): 111-132.

Louie, Miriam Ching Yoon. (2004). Doing Durepae Duty: Korean American Radical Movement after Kwangju. *Amerasia Journal 31* (1): 88-106.

Lyu, Kingsley K. (1977a). Korean Nationalist Activities in Hawaii and the Continental United States, 1900-1945, Part I: 1900-1919. *Amerasia Journal 4* (1): 23-90.

_____. (1977b). Korean Nationalist Activities in Hawaii and the Continental United States. 1900-1945, Part II: 1919-1945. *Amerasia Journal 4* (2): 53-100.

Parkman, Margaret, & Jack Sawyer. (1967). Dimensions of Ethnic Intermarriage in Hawaii. *American Sociological Review 32*: 593-606.

Patterson, Wayne. (1979a). Horace Allen and Korean Immigration to Hawaii. In *The United States and Korea: America-Korean Relations, 1866-1976*, edited by Andrew C. Nahm. Kalamazoo: Center for Korean Studies, Western Michigan University.

_____. (1979b). Sugar-Coated Diplomacy: Horace Allen and Korean Immigration to Hawaii, 1902-1905. *Diplomatic History 3* (1): 19-38.

Shin, Linda. (1971). Koreans in America, 1903-1945. In *Roots: An Asian American Reader*, edited by Amy Tachik, et al. Los Angeles: Center for Asian American Studies, University of California, Los Angeles.

Sunoo, Sonia. (1978). Korean Women Pioneers of the Pacific Northwest. *Oregon Historical Quarterly 79*: 51-64.

Yang, Eun Sik. (1984). Korean Women in America: From Subordination to Partnership, 1903-1930. *Amerasia Journal 11* (1): 1-28.

Yoo, David K. (2006). Nurturing Religious Nationalism: Korean Americans in Hawaii. pp. 100-117; 314-317 in *Practicing Protestants: Histories of the Christian Life in America*, edited by Laurie Maffly-Kipp, Leigh Schmidt, and Mark Valeri. Baltimore, MD: The Johns Hopkins University Press.

_____. (2009). Japanese and Korean Migrations: Buddhist and Christian Communities in America, 1885-1945. pp. 106-134 in *Immigration and Religion in America: Comparative and Historical Perspectives*, edited by Richard Alba, Albert J. Raboteau, and Josh DeWind. New York: New York University Press.

2) 이민 및 정착 패턴

Arnold, Fred, Benjamin V. Carino, James T. Fawcett, & Insook Han Park. (1989). Estimating the Immigration Multiplier: An Analysis of Recent Korean and Filipino Immigration to the United States. *International Migration Review 23*: 813-838.

Chung, Angie Y. (2000). The Impact of Neighborhood Structures on Korean American Youth in Koreatown. *Korean and Korean American Studies Bulletin 11* (2): 21-35.

Danico, Mary Y., & Linda Trinh Vo. (2004). The Formation of Post-Suburban Communities: Koreatown and Little Saigon, Orange County. *International Journal of Sociology and Social Policy 24* (7/8): 15-45.

Ishi, Tomoji. (1988). International Linkage & National Class Conflict: The Migration of Korean Nurses to the United States. *Amerasia Journal 14* (1): 23-50.

Kim, Anna Joo. (2009). LA's Koreatown: Ethnicity, Entrepreneurship, and Entertainment. pp. 369-392 in *Korean Economy and Community in the 21st Century*, edited by Eui-Young Yu, Hyojoung Kim, Kyeyoung Park, and Moonsong Oh. Los Angeles: Korean American Economic Development Center.

Kim, Dong Ok. (1995a). Koreatown and Korean Small Firms in Los AngelesLocating in Ethnic Neighborhoods. *Professional Geographer 47*: 184-195.

_____. (1995b). Response to Spatial Rigidity in Urban Transformation: Korean Business Experience in Los Angeles. *International Journal of Urban and Regional Research 19*: 40-54.

Kim, Hyun Sook, & Pyong Gap Min. (1992). The Post-1965 Korean Immigrants: Their Characteristics and Settlement Patterns. *Korea Journal of Population and Development 21*: 121-143.

Kim, Illsoo. (1987). Korea and East Asia: Pre-emigration Factors and U.S. Immigration Policy. pp. 327-345 in *Pacific Bridges: The New Immigration from Asia and the Pacific Islands*, edited by James T. Fawcett and Benjamin V. Carino. Staten Island, NY: Center for Migration Studies.

Kitano, Harry L. (1981). Asian Americans: The Chinese, Japanese, Koreans, Filipinos and

Southeast Asians. *Annals of the American Academy of Political and Social Science 454*: 125-138.

Koo, Hagen, & Eui-Young Yu. (1981). Korean Immigration to the United States: Its Demographic Pattern and Social Implications for Both Societies. *Papers of the Population Institute, 74*. Honolulu: East-West Center.

Lee, David. (2009). Changing Landscape: Locating Global and Local Factors in the Development of Los Angeles' Koreatown. pp. 349-368 in *Korean Economy and Community in the 21st Century*, edited by Eui-Young Yu, Hyojoung Kim, Kyeyoung Park, and Moonsong Oh. Los Angeles: Korean American Economic Development Center.

Min, Pyong Gap. (1993). Korean Immigrants in Los Angeles. pp. 185-204 in *Immigration and Entrepreneurship: Culture, Capital, and Ethnic Networks*, edited by Ivan Light and Parminder Bhachu. New York: Transaction Publishers.

_____. (2006a). Asian Immigration: History and Contemporary Trends. pp. 7-31 in *Asian Americans: Contemporary Trends and Issues, Second Edition*, edited Pyong Gap Min. Thousand Oaks, CA: Pine Forge Press

_____. (2006b). Settlement Patterns and Diversity. pp. 32-53 in *Asian Americans: Contemporary Trends and Issues, Second Edition*, edited by Pyong Gap Min. Thousand Oaks, CA: Pine Forge Press.

Park, Insook Han, James T. Fawcett, Fred Arnold, & Robert W. Gardner. (1990). Korean Immigrants and U.S. Immigration Policy: A Pre-departure Perspectives. *Papers of the Population Institute, 114*. Honolulu: East-West Center.

Park, Kyeyoung, & Jessica Kim. (2008). The Contested Nexus of Los Angeles Koreatown: Capital Restructuring, Gentrification, and Displacement. *Amerasia Journal 34* (3): 127-150.

Park, Kyonghwan, & Youngmin, Lee. (2009). Thinking Koreatown as a Place of Lived Economy. pp. 509-544 in Korean Economy and Community in *the 21st Century*, edited by Eui-Young Yu, Hyojoung Kim, Kyeyoung Park, and Moonsong Oh. Los Angeles: Korean American Economic Development Center.

Pomerantz, Linda. (1984). The Background of Korean Emigration. pp. 277-315 in *Labor Immigration under Capitalism: Asian Workers in the United States before World War II*, edited by Lucie Cheng and Edna Bonacich. Berkeley and Los Angeles: University of California Press.

Yoon, In-Jin. (1993). The Social Origins of Korean Immigration to the United States from 1965 to the Present. *Papers of the Population Institute, 114*. Honolulu: East-West Center.

Yu, Eui-Young. (1985). Koreatown, Los Angeles: Emergence of a New Inner-city Ethnic Community. *Bulletin of the Population and Development Studies Center 60*: 29-44.

_____. (2009). Korean Community in the United States. Socioeconomic Characteristics and Evolving Immigration Patterns. pp. 31-66 in *Korean Economy and Community in the 21st Century*, edited by Eui-Young Yu, Hyojoung Kim, Kyeyoung Park, and

Moonsong Oh. Los Angeles: Korean American Economic Development Center.

Yu, Eui-Young, & Peter Choe. (2003-2004). Korean Population in the United States as Reflected in the Year 2000 U.S. Census. *Amerasia Journal 29* (3): 23-29.

Yu, Eui-Young, Peter Choe, Sang Il Han, & Kimberly Yu. (2004). Emerging Diversity: Los Angeles' Koreatown, 1900-2000. *Amerasia Journal 30* (1): 25-52.

Yum, June Ock. (1985). Social Networks of Korean Immigrants in Hawaii. *Journal of East and West Studies 14* (2): 115-126.

3) 사회경제적 지위 획득과 동화

Choe, Sang T., et al. (1993). Acculturation, Ethnic Consumers, and Food Consumption Patterns. *Journal of Food Products Marketing 1* (4): 61-79.

Hurh, Won Moo. (1977). Assimilation of the Korean Minority in the United States. *Research Report*. Elkins Park, PA: Philip Jaisohn Memorial Foundation.

_____. (1980). Towards a Korean-American Ethnicity: Some Theoretical Models. *Ethnic and Racial Studies 3*: 444-463.

_____. (1993). The '1.5 Generation': A Paragon of Korean-American Pluralism. *Korean Culture 14*: 17-27.

Hurh, Won Moo, & Kwang Chung Kim. (1980). Social and Occupational Assimilation of Korean Immigrant Workers in the United States. *California Sociologist 3*: 125-142.

_____. (1984). Adhesive Sociocultural Adaptation of Korean Immigrants in the U.S.: An Alternative Strategy of Minority Adaptation. *International Migration Review 18* (2): 188-216.

_____. (1989). The 'Success' Image of Asian Americans: Its Validity and Its Practical and Theoretical Implications. *Ethnic and Racial Studies 12*: 512-538.

_____. (1991). Adaptation Stages and Mental Health of Korean Male Immigrants in the U.S. *International Migration Review 24*: 456-479.

Hurh, Won Moon, Hei Chu Kim, & Kwang Chung Kim. (1980). Cultural and Social Adjustment Patterns of Korean Immigrants in the Chicago Area. pp. 295-302 in *Sourcebook on the New Immigration: Implication for the United States and the International Community*, edited by R. Bryce-Laporte. New Brunswick, NJ: Transaction Books.

Kang, Tai Shick. (1971). Name Change and Acculturation. *Pacific Sociological Review 14*: 403-412.

Kim, Chigon, & Pyong Gap Min. Forthcoming (2010). Marital Patterns and Use of Mother Tongue at Home among Native-Born Asian Americans. Social Forces.

Kim, Dae Young. (2004). Leaving the Ethnic Economy: The Rapid Integration of Second-Generation Korean Americans in New York. pp. 154-188 in *Becoming New Yorkers: Ethnographies of the New Second Generation*, edited by Philip Kasinitz, John H. Mollenkopf, and Mary C. Waters. New York: Russell Sage Foundation.

_____. (2006). Stepping Stone to Intergenerational Mobility?: The Springboard, Safety Net, or Mobility Trap Functions of Korean Immigrant Entrepreneurship for the

Second Generation. *International Migration Review 40* (4): 927-962.

_____. (2009). Second-Generation Korean Americans in Professional Fields in New York. pp. 393-422 in *Korean Economy and Community in the 21st Century*, edited by Eui-Young Yu, Hyojoung Kim, Kyeyoung Park, and Moonsong Oh. Los Angeles: Korean American Economic Development Center.

Kim, Kwang Chung, & Won Moo Hurh. (1983). Korean Americans and the 'Success' Image: A Critique. *Amerasia Journal 10* (2): 3-21.

_____. (1980). Social and Occupational Assimilation of Korean Immigrants in the United States. *California Sociologist 3*: 125-142.

_____. (1993). Beyond Assimilation and Pluralism: Syncretic Sociocultural Adaptation of Korean Immigrants in the U.S. *Ethnic and Racial Studies 16*: 696-713.

Kim, Kwang Chung, Hei Chu Kim, & Won Moo Hurh. (1981). Job Information Deprivation in the United States: A Case Study of Korean Immigrants. *Ethnicity 8*: 161-232.

Kitano, Harry, & Lynn Kyung Chai. (1982). Korean Interracial Marriage. *Marriage and Family Review 5*: 75-89.

Kitano, Harry, Wai-Tsang Yeung, Lynn Kyung Chai, & Herbert Tanakana. (1984). Asian-American Interracial Marriage. *Journal of Marriage and the Family 46*: 179-190.

Lee, Dong Chang. (1975). Acculturation of Korean Residents in Georgia. San Francisco: R and E Research Associates.

Lee, Sharon, & Marilyn Fernandez. (1998). Trends in Asian American Racial/Ethnic Marriages: A Comparison of 1980 and 1990 Census Data. *Sociological Perspectives 42*: 323-342.

Lee, Sharon, & Monica Boyd. (2007). Marrying Out: Comparing the Marital and Societal Integration of Asians in the U.S. and Canada. *Social Science Research 37*: 311-329.

Liang, Zai, & Naomi Ito. (1999). Intermarriage of Asian Americans in the New York City Region: Contemporary Patterns and Future Prospects. *International Migration Review 33*: 876-900.

Min, Pyong Gap, & Chigon Kim. (2009). Patterns of Intermarriages and Cross-Generational In-marriages among Native-Born Asian Americans. *International Migration Review 43*: 447-470.

Okamoto, D. G. (2007). Marrying Out: A Boundary Approach to Understanding the Marriage Integration of Asian Americans. *Social Science Research 36*: 1391-1414.

Park, Jin Heum. (1999). The Earnings of Immigrants in the United States: The Effect of English-Speaking Ability. *American Journal of Economics & Sociology 58*: 43-56.

Ratliff, B. W., H. F. Moon, & G. H. Bonacci. (1978). Intercultural Marriage: The Korean American Experience. *The Social Casework 59*: 221-226.

Shinagawa, Larry, & Gin Y. Pang. (1996). Asian American Panethnicity and Intermarriage. *Amerasia Journal 22* (2): 127-152.

Sakamoto, Arthur, Changhwan Kim, & Isao Takei. Forthcoming. Moving Out of the Margins and Into the Mainstream: The Demographics of Asian Americans in the New South. In Asian Americans and the New South, edited by Khyati Y. Joshi and Jigna

Desai. Atlanta: University of Georgia Press.

Sakamoto, Arthur, Kimberly A. Goyette, & Chang Hwan Kim. (2009). Socioeconomic Attainments of Asian Americans. *Annual Review of Sociology 35*: 255-276.

Sakamoto, Arthur, Hyeyoung Woo, & Keng-Loong Yap. (2006). Are Native-Born Asian American Less Likely to be Managers? Further Evidence on the Glass-Ceiling Hypothesis. *AAPI Nexus: Asian Americans & Pacific Islanders, Policy, Practice & Community 4*: 13-37.

Sakamoto, Arthur, & Yu Xie. (2006). The Socioeconomic Attainments of Asian Americans. pp. 54-77 in *Asian Americans: Contemporary Trends and Issues, Second Edition*, edited by Pyong Gap Min. Thousand Oaks, CA: Pine Forge Press.

Shin, Eui Hang, & Kyung-Sup Chang. (1988). Peripherization of Immigrant Professionals: Korean Physicians in the United States. *International Migration Review 22*: 609-626.

U.S. Commission on Civil Rights. (1975). A Dream Unfulfilled: Korean and Philipino Health Professionals in L.A. Washington, D.C.: U.S. Commission on Civil Rights.

Won-Doornick, Myong Jin. (1988). Television Viewing and Acculturation of Korean Immigrants. *Amerasia Journal 14* (1): 79-92.

Yim, Sun Bin. (1978). The Social Structure of Korean Communities in California, 1903-1920. pp. 515-548 in *Labor Immigration under Capitalism*, edited by Lucie Cheng and Edna Bonacich. Berkeley: University of California Press.

Yoon, In-Jin. (2009). The Intergenerational Transition in Occupation and Economic Status among Korean Americans. pp. 423-456 in *Korean Economy and Community in the 21st Century*, edited by Eui-Young Yu, Hyojoung Kim, Kyeyoung Park, and Moonsong Oh. Los Angeles: Korean American Economic Development Center.

Yu, Eui-Young, Peter Choe, & Sang Il Han. (2002). Korean population in the United States, 2000: Demographic Characteristics and Socio-Economic Status. *International Journal of Korean Studies 6*: 71-108.

4) 사업 및 사업 관련 집단간 갈등

Ahn, Hyeon-hyo. (2001). The Development of Korean American Banks in the Context of Ethnic Banking in Southern California. *Journal of American Studies 35*: 111-138.

Ahn, Hyeon-hyo, & Jang-pyo Hong. (2001). The Evolution of Korean Ethnic Banks in California. *Journal of Regional Studies 7*: 97-120.

Aubry, Larry. (1993). Black-Korean American Relations: An Insider's Viewpoint. *Amerasia Journal 19* (2): 149-156.

Bates, Timothy. (1994). An Analysis of Korean Immigrant-Owned Small-Business Start-Ups with Comparisons to African American and Nonminority-Owned Firms. *Urban Affairs Quarterly 30*: 227-248.

_____. (1997). Financing Small Business Creation: The Case of Chinese and Korean Immigrant Entrepreneurs. *Journal of Business Venturing 12* (2): 109-124.

Bonacich, Edna. (1994). Asians in the Los Angeles Garment Industry. pp. 137-163 in *The New Asian Immigration in Los Angeles and Global Restructuring*, edited by Paul Ong,

Edna Bonacich, and Lucie Cheng. Philadelphia: Temple University Press.

Bonacich, Edna, Ivan Light, & Charles Choy Wong. (1976). Small Business among Koreans in Los Angeles. pp. 437-449 in *Counterpoint: Perspectives on Asian America*, edited by Emma Gee. Los Angeles: Asian American Studies Center, University of California, Los Angeles.

_____. (1980). Korean Immigrants: Small Business in Los Angeles. pp. 167-184 in *Sourcebook on the New Immigration: Implications for the United States and the International Community*, edited by Roy Simon Bryce-Laporte. New Brunswick, N.J.: Transaction.

Chang, Edward Taehan. (1991). New Urban Crisis: Intra-Third World Conflict. pp. 169-178 in *Asian Americans: Comparative and Global Perspectives*, edited by Shirley Hune, Hyung Chan Kim, Stephen Fugita, and Amy Ling. Pullman, WA: Washington State University Press.

_____. (1992). Building Minority Coalitions: A Case Study of Koreans and African Americans. *Korean Journal of Population and Development 21*: 37-56.

_____. (1995). Korean American Dilemma: Violence, Vengeance, Vision. pp. 129-138 in *Multiculturalism from the Margins: Non-Dominant Voices on Difference and Diversity*, edited by Dean A. Harris. Westport, CT: Bergin & Garvey.

_____. (1996). Jewish and Korean Merchants in African American Neighborhoods: A Comparative Perspective. In *Los AngelesStruggle toward Multiethnic Community: Asian American, African American and Latino Perspectives*, edited by Edward Chang and Russell Leong. Seattle: University of Washington Press.

_____. (2004). Korean Swapmeets in Los Angeles: Economic and Racial Implications. *Amerasia Journal 30* (1): 53-74.

_____. (2009). From Informal to Mainstream Economy: Korean Indoor Swapmeets in Los Angeles and Beyond. pp. 457-484 in *Korean Economy and Community in the 21st Century*, edited by Eui-Young Yu, Hyojoung Kim, Kyeyoung Park, and Moonsong Oh. Los Angeles: Korean American Economic Development Center.

Chang, Jeff. (1993). Race, Class, Conflict and Empowerment: On Ice Cube's 'Black Korea.' *Amerasia Journal 19* (2):87-108.

Cheng, Lucie, & Yen Le Espiritu. (1989). Korean Businesses in Black and Hispanic Neighborhoods: A Study of Intergroup Relations. *Sociological Perspectives 32*: 521-34.

Chin, Ku-Sup, In-Jin Yoon, & David Smith. (1996). Immigrant Small Business and International Economic Linkage: A Case of the Korean Wig Industry in Los Angeles, 1968-1977. *International Migration Review 30*: 485-510.

Cho, Namju. (1992). Check Out, Not In: Koreana Wilshire/Hyatt Take-Over and the Los Angeles Korean Community. *Amerasia Journal 18* (1):131-139.

Cho, Sumi K. (1993). Korean Americans vs. African Americans: Conflict and Construction. In *Reading Rodney King/Reading Urban Uprising*, edited by Robert Gooding-Williams. New York: Routledge.

Fawcett, James T., & Robert W. Gardner. (1994). Asian Immigrant Entrepreneurs and

Non-Entrepreneurs: A Comparative Study of Recent Korean and Filipino Immigrants. *Population and Environment 15* (3): 211-238.

Fernandez, Marilyn, & Kwang Chung Kim. (1998). Self-employment Rates of Asian Immigrant Groups: An Analysis of Intra-group and Inter-group Differences. *International Migration Review 32*: 654-672.

Freer, Regina. (1994). Black-Korean Conflict. pp. 175-203 in *The Los Angles Riots: Lessons for the Urban Future*, edited by Mark Baldassare. Boulder, CO: Westview Press.

Ikemoto, Lisa. (1993). Traces of the Master Narrative in the Story of African American/Korean American Conflict: How We Constructed 'Los Angeles'. *Southern California Law Review 66*: 1581-98.

Jo, Moon H. (1992). Korean Merchants in the Black Community: Prejudice among the Victims of Prejudice. *Ethnic Racial Studies 15*: 396-411.

Kang, Miliann. (1997). Manicuring Race, Gender, and Class: Service Interactions in New York City Korean-Owned Nail Salons. *Race, Gender, and Class 4*: 143-164.

_____. (2003). The Managed Hand: The Commercialization of Bodies and Emotions in Korean Immigrant-Owned Nail Salons. *Gender and Society 17*: 820-839.

_____. (2010). Manicuring Intimacies: Inequality and Resistance in Nail Salon Work. pp. 217-230 in *Intimate Labors: Cultures, Technologies, and the Politics of Care*, edited by Eileen Boris and Rhacel Parrenas. Stanford, CA: Stanford University Press.

Kim, Barbara W., & Grace Yoo. (2009). Immigrant Entrepreneurs: Savings for Health and Future. pp. 545-570 in *Korean Economy and Community in the 21st Century*, edited by Eui-Young Yu, Hyojoung Kim, Kyeyoung Park, and Moonsong Oh. Los Angeles: Korean American Economic Development Center.

Kim, Claire Jean. (2009a). Playing the Racial Trump Card: Asian Americans in Contemporary U.S. Politics. *Amerasia Journal 26* (3): 35-66.

_____. (2000b). The Politics of Black-Korean Conflict: Black Power Protest and the Mobilization of Racial Communities. In *Immigration and Race*, edited by Gerald Jaynes. New Haven, CT: Yale University Press.

Kim, Dae Young. (1999). Beyond Co-Ethnic Solidarity: Mexican and Ecuadorian Employment in Korean-Owned Businesses in New York City. *Ethnic and Racial Studies 22*: 581-605.

Kim, Dae Young, & Lori Dance. (2005). Korean-Black Relations: Contemporary Challenges, Scholarly Explanations, and Future Prospects. In *Blacks and Asians: Crossings, Conflicts, and Commonality*, edited by Hazel McFerson. Durham, NC: Carolina Academic Press.

Kim, Elaine. (1993). Home Is Where the Han Is: A Korean-American Perspective on the Los Angeles Upheavals. In *Reading Rodney King/Reading Urban Uprising*, edited by Robert Gooding-Williams. New York: Routledge.

_____. (1994). Between Black and White: An Interview with Bong Hwan Kim. pp. 71-100 in *The State of Asian America*, edited by Aguilar-San Juan. Boston: South End Press.

Kim, Houjoung, & Sune S. Sun. (2009). Parental Occupation and Second-Generation Korean American Ethnic Identities: The Case of Small Business Entrepreneurship. pp. 545-570 in *Korean Economy and Community in the 21st Century*, edited by Eui-Young Yu, Hyojoung Kim, Kyeyoung Park, and Moonsong Oh. Los Angeles: Korean American Economic Development Center.

Kim, Hyung-Chan. (1976). Ethnic Enterprise among Korean Emigrants in America. *Journal of Korean Affairs 6*: 40-58.

Kim, Illsoo. (1987). The Koreans: Small Business in an Urban Frontier. pp. 219-242 in *New Immigrants in New York*, edited by Nancy Foner. New York: Columbia University Press.

Kim, Kwang Chung, & Won Moo Hurh. (1985). Ethnic Resource Utilization of Korean Immigrant Entrepreneurs in the Chicago Minority Area. *International Migration Review 19*: 82-111.

Kim, Kwang Chung, Won Moo Hurh, & Marilyn Fernandez. (1989). Intra-Group Differences in Business Participation: Three Asian Immigrant Groups. *International Migration Review 23*: 73-95.

Kim, Kwang Chung, & Shin Kim. (2009). Korean Business in Chicago's Southside: A Historical Overview. pp. 183-210 in *Korean Economy and Community in the 21st Century*, edited by Eui-Young Yu, Hyojoung Kim, Kyeyoung Park, and Moonsong Oh. Los Angeles: Korean American Economic Development Center.

Kim, Richard, Kane K. Nakamura, & Gisele Fong with Ron Cabarloc, Barbara Jung, & Sung Lee. (1992). Asian Immigrant Women Garment Workers in Los Angeles: A Preliminary Investigation. *Amerasia Journal 18* (1): 118-119.

Kim, Taegi, & Sun Mi Chang. (2009). Korean American Business: Clothing Industry in Los Angeles. pp. 157-182 in *Korean Economy and Community in the 21st Century*, edited by Eui-Young Yu, Hyojoung Kim, Kyeyoung Park, and Moonsong Oh. Los Angeles: Korean American Economic Development Center.

Koch, Nadine, & H. Eric Schockman. (1994). Riot, Rebellion, or Civil Unrest? Korean American and African American Business Communities in Los Angeles. In Community in Crisis, edited by George O. Totten Ill and H. Eric Schockman. Los Angeles: University of Southern California, Center for Multiethnic and Transnational Studies.

Lee, Dong Ok. (1992). Commodification of Ethnicity: The Sociospatial Reproduction of Immigrant Entrepreneurs. *Urban Affairs Quarterly 28*: 258-275.

_____. (1995a). Koreatown and Korean Small Firms in Los Angeles: Locating in the Ethnic Neighborhoods. *Professional Geographer 47*: 184-195.

_____. (1995b). Responses to Spatial Rigidity in Urban Transformation: Korean Business Experience in Los Angeles. *International Journal of Urban and Regional Research 19* (1): 40-54.

Lee, Jennifer. (1998). Cultural Brokers, Race-based Hiring in Inner-City Neighborhoods. *American Behavioral Scientist 41*: 927-937.

_____. (1999). Retail Niche Domination among African American, Jewish, and Korean Entrepreneurs: Competition, Co-ethnic Advantage and Disadvantage. *American Behavioral Scientist 42*: 1398-1416.

_____. (2000a). Immigrant and African American Competition: Jewish, Korean, and African American Entrepreneurs. pp. 322-344 in *Immigration Research for a New Century*, edited by Nancy Foner, Rubn G. Rumbaut, and Steve J. Gold. New York: Russell Sage Foundation.

_____. (2000b). Striving for the American Dream: Struggle, Success, and Intergroup Conflict among Korean Immigrant Entrepreneurs. pp. 278-294 in *Contemporary Asian America*, edited by Min Zhou and James V. Gatewood. New York: New York University Press.

_____. (2001). Entrepreneurship and Business Development among African Americans, Koreans, and Jews: Exploring Some Structural Differences. In *Transnational Communities and the Political Economy of New York City in the 1990s*, edited by Hctor R. Cordero-Guzmn, Robert C. Smith, and Ramn Grosfoguel. Philadelphia: Temple University Press.

_____. (2002). From Civil Relations to Racial Conflict: Merchant-Customer Interactions in Urban America. *American Sociological Review 67*: 77-98.

_____. (2006). Beyond Conflict and Controversy: Blacks, Jews, and Koreans in Urban America. In *Immigration and Crime: Race, Ethnicity, and Violence*, edited by Ramiro Martinez and Abel Valenzuela. New York: New York University Press.

Lee, John Y. (1983). A Study on Financial Structure and Operating Problems of Korean Small Businesses in Los Angeles. Los Angeles: Mid-Wilshire Community Research Center.

Liem, Ramsay, & Jinsoo Kim. (1992). Pico Korean Workers' Struggle, Korean Americans, and the Lessons of Solidarity. *Amerasia Journal 18* (1): 49-68.

Light, Ivan. (1980). Asian Enterprise in America: Chinese, Japanese, and Koreans in Small Business. pp. 33-57 in *Self-Help in Urban America: Patterns of Minority Business Enterprise*, edited by Scott Cummings. New York: Kenikart Press.

_____. (1984). Immigrant and Ethnic Enterprise in North America. *Ethnic and Racial Studies 7*: 195-216.

_____. (1985). Immigrant Entrepreneurs in America: Koreans in Los Angeles. pp. 161-178 in *Clamor at the Gates: The New American Immigration*, edited by Nathan Glazer. San Francisco: ICS Press.

Light, Ivan, Richard Bernard, and Rebecca Kim. (1999). Immigrant Incorporation in the Garment Industry of Los Angeles. *International Migration Review 33*: 5-25.

Light, Ivan, Hadas Har-Chvi, & Kenneth Kan. (1994). Black / Korean Conflict in Los Angeles. In *Managing Divided Cities*, edited by Seamus Dunn. Newbury Park, CA: Sage Publications.

Light, Ivan, Im Jung Kwuon, & Deng Zhong. (1990). Korean Rotating Credit Associations in Los Angeles. *Amerasia Journal 16* (1): 35-54.

Min, Pyong Gap. (1984a). A Structural Analysis of Korean Business in the U.S. *Ethnic Groups 6*: 1-25.

_____. (1984b). From White-Collar Occupations to Small Business: Korean Immigrants' Occupational Adjustment. *The Sociological Quarterly 25*: 333-352.

_____. (1986-1987). A Comparison of Korean and Filipino Immigrants in Small Business. *Amerasia Journal 13* (1): 53-71.

_____. (1988). Korean Immigrant Entrepreneurship: A Multivariate Analysis. *Journal of Urban Affairs 10*: 197-212.

_____. (1989). The Social Costs of Immigrant Entrepreneurship: A Response to Edna Bonacich. *Amerasia Journal 5* (2): 187-194.

_____. (1990). Problems of Korean Immigrant Entrepreneurship. *International Migration Review 24*: 436-455.

_____. (1996). The Entrepreneurial Adaptation of Korean Immigrants. pp. 302-314 in *Origins and Destinies: Immigration, Race, and Ethnicity in America*, edited by Silvia Pedraza and Rubn Rumbaut. Belmont, CA: Wadsworth Publishing Company.

_____. (2002). A Comparison of Pre- and Post-1965 Asian Immigrant Businesses. pp. 285-308 in *Mass Migration to the United States: Classical and Contemporary Periods*, edited by Pyong Gap Min. Walnut Creek, CA: Altamira Press.

_____. (2006). Major Issues Related to Asian American Experiences. pp. 80-109 in *Asian Americans: Contemporary Trends and Issues, Second Edition*, edited by Pyong Gap Min. Thousand Oaks, CA: Pine Forge Press.

_____. (2007a). Korean Immigrants' Concentration in Small Business, Business-Related Inter-group Conflicts, and Ethnic Solidarity. pp. 212-227 in *Handbook of Research on Ethnic Minority Entrepreneurship*, edited by Leo-Paul Dana. Cheltenham, United Kingdom: Edward Elgar Publishing.

_____. (2007b). Korean-Latino Relations in the Post-1965 Era. *Dubois Review 5*: 395-412.

_____. (2009). Patterns of Korean Businesses in New York. pp. 133-156 in *Korean Economy and Community in the 21st Century*, edited by Eui-Young Yu, Hyojoung Kim, Kyeyoung Park, and Moonsong Oh. Los Angeles: Korean American Economic Development Center.

Min, Pyong Gap, & Mehdi Bozorgmehr. (2000). Immigrant Entrepreneurship and Business Patterns: A Comparison of Koreans and Iranians in Los Angeles. *International Migration Review 34* (3): 707-738.

Min, Pyong Gap, Dong Wan Joo, & Young Oak Kim. (2009). Korean Produce Retailers in New York: Their Conflicts with White Distributors and Use of Ethnic Collective Actions. pp. 485-508 in *Korean Economy and Community in the 21st Century*, edited by Eui-Young Yu, Hyojoung Kim, Kyeyoung Park, and Moonsong Oh. Los Angeles: Korean American Economic Development Center.

Min, Pyong Gap, & Charles. Jarct. (1985). Ethnic Business Success: The Case of Korean Small Business in Atlanta. *Sociology and Social Research 69*: 412-435.

Min, Pyong Gap, & Andrew Kolodny. (1994). The Middleman Minority Characteristics of

Korean Immigrants in the United States. *Korea Journal of Population and Development* 23: 179-202.

Nam, Young Ho, & James I. Herbert. (1999). Characteristics and Key Success Factors in Family Business: The Case of Korean Immigrant Business in Metro-Atlanta. *Family Business Review 12* (4): 341-352.

Norman, Alex J. (1994). Black-Korean Relations: From Desperation to Dialogue, or from Shouting and Shooting to Sitting and Talking. *Journal of Multicultural Social Work 3* (2): 87-99.

Oh, Joong-Hwan. (2007). Economic Incentive, Embeddedness, and Social Support: A Study of Korean-owned Nail Salon Workers' Rotating Credit Associations. *International Migration Review 41*: 623-655.

Oh, Moonsong. (2009). The Growth and Change of Korean-Owned Businesses in the United States, 1970s-2000s. pp. 67-96 in *Korean Economy and Community in the 21st Century*, edited by Eui-Young Yu, Hyojoung Kim, Kyeyoung Park, and Moonsong Oh. Los Angeles: Korean American Economic Development Center.

Ong, Paul, Kyeyoung Park, & Yasmin Tong. (1994). The Korean-Black Conflict and the State. pp. 264-294 in *New Asian Immigration in Los Angeles and Global Reconstructing*, edited by Paul Ong, Edna Bonacich, and Lucie Cheng. Philadelphia: Temple University Press.

Park, Edward J.W. (1996). Our L.A.?: Korean Americans in the 'New' Los Angeles. pp. 153-168 in *Rethinking Los Angeles*, edited by Michael Dear, H. Eric Schockman and Greg Hise. Thousand Oaks, CA: Sage Publications.

_____. (2001). Community Divided: Korean American Politics in Post-Civil Unrest Los Angeles. pp. 273-288 in *Asians and Latino Immigrants in a Restructuring Economy: The Metamorphosis of Southern California*, edited by Marta Lopez-Garza and David R. Diaz. Stanford: Stanford University Press.

_____. (2004). Labor Organizing Beyond Race and Nation: The Los Angeles Hilton Case. *International Journal of Sociology and Social Research 24* (2/8): 137-152.

_____. (2009). Korean Americans and the U.S. High Technology Industry: From Ethnicity to Transnationalism. pp. 293-314 in *Korean Economy and Community in the 21st Century*, edited by Eui-Young Yu, Hyojoung Kim, Kyeyoung Park, and Moonsong Oh. Los Angeles: Korean American Economic Development Center.

Park, Edward J.W., & John S.W. Park. (1999). A New American Dilemma?: Asian Americans and Latinos in American Race Relations Theorizing. *Journal of Asian American Studies 2*: 289-309.

Park, Edward J.W., & Leland T. Saito. (2000). Multiracial Collaborations and Coalitions. pp. 435-474 in *The State of Asian Pacific America: Transforming Race Relations*, edited by Paul Ong. LEAP Public Policy Institute and University of California, Los Angeles Asian American Studies Center.

Park, Kyeyoung. (1995). The Reinvention of Affirmative Action: Korean Immigrants' Changing Conceptions of African Americans and Latin Americans. *Urban Anthropology*

24: 59-92.

_____. (1996). Use and Abuse of Race and Culture: Black-Korean Tension in America. *American Anthropologist 98*: 492-499.

_____. (2009). Challenging the Liquor Industry in Los Angeles. pp. 253-292 in *Korean Economy and Community in the 21st Century*, edited by Eui-Young Yu, Hyojoung Kim, Kyeyoung Park, and Moonsong Oh. Los Angeles: Korean American Economic Development Center.

Robinson, Reginald Leamon. (1993). 'The Other against Itself': Deconstructing the Violent Discourse between Korean and African Americans. *Southern California Law Review 67*: 15-115.

Shin, Eui Hang. (2009). The Interplay of Economy and Ethnicity: The Case of the Textile and Apparel Industry and Korean Immigrant Communities. pp. 315-348 in *Korean Economy and Community in the 21st Century*, edited by Eui-Young Yu, Hyojoung Kim, Kyeyoung Park, and Moonsong Oh. Los Angeles: Korean American Economic Development Center.

Shin, Eui Hang, & S.K. Han. (1990). Korean Immigrant Small-Businesses in Chicago: An Analysis of the Resource Mobilization. *Amerasia Journal 16* (1): 39-62.

Silverman, Robert Mark. (1998). Middleman Minorities and Sojourning in Black America: The Case of Korean Entrepreneurs on the South Side of Chicago. *Sociological Imagination 35*: 159-181.

Stewart, Ella. (1993). Communication between African Americans and Korean Americans: Before and After the Los Angeles Riots. *Amerasia Journal 19* (2): 23-53.

Waldinger, Roger. (1995). When the Melting Pot Boils Over: The Irish, Jews, Blacks, and Koreans of New York. pp. 265-281 in *The Bubbling Cauldron: Race, Ethnicity, and the Urban Crisis*, edited by Michael Peter Smith and Joe R. Feagin. Minneapolis: University of Minnesota Press.

Weitzer, Ronald. (1997). Racial Prejudice among Korean Merchants in African American Neighborhoods. *Sociological Quarterly 38*: 587-606.

Yoon, In-Jin. (1990). The Changing Significance of Ethnic and Class Resources in Immigrant Business: The Case of Korean Immigrant Businesses in Chicago. *International Migration Review 25*: 303-332.

_____. (1995). The Growth of Korean Immigrant Entrepreneurship in Chicago. *Ethnic and Racial Studies 18*: 315-335.

Young, Phillip K. Y. (1983). Family Labor, Sacrifice and Competition: Korean Greengrocers in New York City. *Amerasia Journal 10* (2): 53-71.

5) 가족 관계, 여성, 노인, 사회복지(건강)

Asis, Maruja Milagros. (1991). To the United States and into the Labor Force: Occupational Expectations of Filipino and Korean Immigrant Women. *Papers of the Population Institute, Paper, 118*. Honolulu: East-West Center.

Chang, Janet. (2004). Married and Divorced Korean Immigrant Women: A Report on

Their Psychological Well-being. *Amerasia Journal 30* (1): 75-87.

Chai, Alice Yun. (1986). Adaptive Strategies of Recent Korean Immigrant Women in Hawaii. pp. 65-99 in *Beyond the Public/Domestic Dichotomy: Contemporary Perspectives on Women's Public Live*, edited by Janet Sharistanian. West Port, CT: Greenwood Press.

Dickson, Geri L. (2003). Reconstructing a Meaning of Pain: Older Korean American Women's Experiences with the Pain of Osteoarthritis. *Qualitative Health Research 13* (5): 675-688.

Donnelly, P.L., & Kim, K.S. (2008). The Patient Health Questionnaire (PHQ-9K) to Screen for Depressive Disorders among Immigrant Korean American Elderly. *Journal of Cultural Diversity 15* (1): 24-9.

Erickson, J.G., et al. (1999). Korean-American Female Perspectives on Disability. *American Journal of Speech-Language Pathology 8*: 99-108.

Eu, Hongsook. (1992). Health Status and Social and Demographic Determinants of Living Arrangements among the Korean Elderly. *Korea Journal of Population and Development 21*: 197-223.

Han, Hae-Ra, et al. (2007). Correlates of Depression in the Korean American Elderly: Focusing on Personal Resources of Social Support. *Journal of Cross-Cultural Gerontology 22* (1): 115-127.

Han, K. S. (2000). A Study of Stress Reaction, Symptoms of Stress, Health Promoting Behavior, and Quality of Life in Korean Immigrant Middle Aged Women. *Journal of Korean Academic Nursing 30* (3): 606-618.

Im, Eun-Ok. (2000). Meanings of Menopause to Korean Immigrant Women. *Western Journal of Nursing Research 22*: 84-102.

Im, Eun-Ok & Choe, Myoung-Ae. (2001). Physical Activity of Korean Immigrant Women in the U.S.: Needs and Attitudes. *International Journal of Nursing Studies 38* (5): 567-577.

Im, Eun-Ok & Meleis, Afaf Ibrahim. (2007). A Situation-Specific Theory of Korean Immigrant Women's Menopausal Transition. *Journal of Nursing Scholarship 31* (4): 333-338.

Jang, Yuri, et al. (2006). A Bidimensional Model of Acculturation for Korean American Older Adults. *Journal of Aging Studies 21* (3): 267-275.

Jeong, Gyung Ja, & Walter R. Schumm. (1990). Family Satisfaction in Korean/American Marriage: An Exploratory Study of the Perception of Korean Wives. *Journal of Comparative Family Studies 219*: 325-336.

Juon, H.S., Choi Y., & Kim, M.T. (2000). Cancer Screening behaviors among Korean-American Women. *Cancer Detection and Prevention 24* (6): 589-601.

Juon, HS, Choi S., Klassen, A., & Roter, D. (2006). Impact of Breast Cancer Screening Intervention on Korean-American Women in Maryland. *Cancer Detection and Prevention 30* (3): 297-305.

Kauh, Tae-Ock. (1997). Intergenerational Relations: Older Korean Americans' Experience.

Journal of Cross-cultural Gerontology 12: 245-271.

_____. (1999). Changing Status and Roles of Older Korean Immigrants in the United States. *International Journal of Aging and Human Development* 49: 213-229.

Kiefer, C.W., S. Kim, K. Choi, L. Kim, B. L. Kim, S. Shon, & T. Kim. (1985). Adjustment Problems of Korean American Elderly. *Gerontologist* 25: 477-82.

Kim, Bok-Lim. (1972). An Appraisal of Korean Immigrant Service Needs. *Social Casework* 57: 139-148.

_____. (1978). Problems and Service Needs of Asian Americans in Chicago: An Empirical Study. *Amerasia Journal* 5 (2): 23-44.

_____. (1996). Korean Families. pp. 183-214 in *Ethnicity and Family Therapy*, edited by Monica McGoldrick et al., Second Edition. New York: Guilford Press.

Kim, Elaine H. (1998). Men's Talk: a Korean American View of South Korean Constructions of Women, Gender, and Masculinity. pp. 67-118 in *Dangerous Women: Gender and Korean Nationalism*. New York: Routledge.

_____. (1999). Dangerous Affinities: Korean American Feminism (En)-counter Gendered Korean and Racialized U. S. Nationalist Narratives. *Hitting Critical Mass* 6: 1-12.

Kim-Goh, Mikyong, Joe Yamamoto, & Chong Suh. (1994). Characteristics of Asian/Pacific Islander Psychiatric Patients in a Public Mental Health System. *Asian American and Pacific Islander Journal of Health* 2: 125-132.

Kim, Jaeyop. (1999). Marital Conflict and Violence in Korean-American Families. *Asian Journal of Women's Studies* 5: 47-68.

Kim, K., et al. (1999). Cervical Cancer Screening Knowledge and Practices among Korean-American Women. *Cancer Nursing* 22: 297-302.

Kim, K. A., & D. J. Mueller. (1997). Memory, Self-Efficacy, and Adaptability in Korean American Older Adults: A Collective Study of Four Cases. *Educational Gerontology* 23: 407-423.

Kim, Kwang Chung, & Won Moon Hurh. (1988). The Burden of Double Roles: Korean Wives in the USA. *Ethnic and Racial Studies* 11: 151-167.

Kim, Kwang Chung, Won Moo Hurh, & Shin Kim. (1988). Generational Differences in Korean Immigrants' Life Conditions in the United States. *Sociological Perspectives* 36: 258-270.

Kim, Kwang Chung, Hei Chu Kim, & Won Moo Hurh. (1979). Division of Household Tasks in Korean Immigrant Families in the United States. *International Journal of Sociology of the Family* 9: 161-175.

Kim, Kwang Chung, Shin Kim, & Won Moon Hurh. (1991). Filial Piety and Intergenerational Relationships in Korean Immigrant Families. *International Journal of Aging and Human Development* 33: 233-245.

Kim, K. K., et al. (1993). Nutritional Status of Chinese-, Korean-, and Japanese- American Elderly. *Journal of American Dietetic Association* 93 (12): 1416-1422.

Kim, Miyoung., et al. (2002). The Use of Traditional and Western Medicine among Korean American Elderly. *Journal of Community Health* 27: 109-120.

Kim, Nadia Y. (2006). Patriarchy Is So Third World': Korean Immigrant Women and Migrating White Western Masculinity. *Social Problems 53*: 519-536.

Kim, Oksoo. (1999a). Meditation Effect of Social Support between Ethnic Attachment and Loneliness in Older Korean Immigrants. *Research in Nursing & Health 22*: 169-175.

_____. (1999b). Predictors of Loneliness in Elderly Korean Immigrant Women Living in the United States of America. *Journal of Advanced Nursing 29*: 1082-1088.

Kim, Paul, & Jung Sup Kim. (1992). Korean Elderly: Policy, Program, and Practice Implications. pp. 227-239 in *Social Work Practice with Asian Americans*, edited by Sharlene M. Furuto, Renuka Biswas, Douglas K. Chung, Kenji Murase, and Fairial Ross-Sheriff. Newbury Park, CA: Sage Publications.

Kim, Shin, & Kwang Chung Kim. (2001). Intimacy at a Distance: Korean American Style: The Invited Korean Elderly and Their Married Children. pp. 45-58 in *Age through Ethnic Lenses: Caring for the Elderly in a Multicultural Society*, edited by Laura Katz Olson. Lanham, MD: Rowman and Littlefield.

Kim, Sunah, & Lynn Rew. (1994). Ethnic Identity, Role Integration, Quality of Life, and Depression in Korean-American Women. *Archives of Psychiatric Nursing 8* (6): 348-356.

Kim-Goh, Mikyong, et al. (1995). Psychological Impact of the Los Angeles Riots on Korean-American Victims: Implications for Treatment. *American Journal of Orthopsychiatry 65*: 138-147.

Kim, YongSeok. (1997). Immigration Patterns, Social Support, and Adaptation among Korean Immigrant Women and Korean American Women. *Cultural Diversity and Mental Health 3* (4): 235-245.

Kim, Yujin. (2009). Family Caregivers on Dementia Caregiving: A Post Phenomenological Inquiry. *Journal of Gerontological Social Work 52*: 600-617.

Ko, Christine, & Henry Cohen. (1998). Intraethnic Comparison of Eating Attitudes in Native Koreans and Korean Americans Using a Korean Translation of the Eating Attitudes Test. *Journal of Nervous and Mental Disease 186* (10): 631-636.

Koh, James Y., & William G. Bell. (1987). Korean Elders in the United States: International Relations and Living Arrangement. *Gerontologist 27*: 66-71.

Kwak, Jung., & Salmon, Jennifer R. (2007). Attitudes and Preferences of Korean-American Older Adults and Caregivers on End-of-Life Care. *Journal of the American Geriatrics Society 55*: 1867-1872.

Lee, Eunju. (2007). Domestic Violence and Risk Factors among Korean Immigrant Women in the United States. *Journal of Family Violence 22* (3): 141-149.

Lee, H. Y., & Charles K. Eaton. (2009). Financial Abuse in Elderly Korean Immigrants: Mixed Analysis of the Role of Culture on Perception and Help-Seeking Intension. *Journal of Gerontological Social Work 52*: 463-488.

Lee, H. Y., Ailee Moon, & J.E. Lubben. (2005). Depression among Elderly Korean Immigrants: Exploring Socio-Cultural Factors. *Journal of Ethnic and Cultural Diversity in Social Work. 13*: 1-26.

Lee, Jik-Joen. (1987). Asian American Elderly: A Neglected Minority Group. *Journal of Gerontological Social Work 9* (4): 103-116.

Lee, Mee Sook, et al. (1996). Social Support and Depression among Elderly Korean Immigrants in the United States. *International Journal of Aging and Human Development 42*: 313-327.

Lee, Miok C. (2000). Knowledge, Barriers, and Motivators Related to Cervical Cancer Screening among Korean-American Women: A Focus Group Approach. *Cancer Nursing 23* (3): 169-175.

Lee, S. K., et al. (2000). Acculturation and Health in Korean Americans. *Social Science and Medicine 51*: 159-173.

Lee, Y. R., & K. T. Sung. (1997). Cultural Difference in Caregiving Motivations for Demented Parents: Korean Caregivers Versus American Caregivers. *International Journal of Aging & Human Development 44*: 115-127.

Lew, Anthony A., et al. (2003). Effect of Provider Status on Preventive Screening among Korean-American Women in Alameda County, California. *Preventive Medicine 36* (2): 141-149.

Lim, In-Sook. (1997). Korean Immigrant Women's Challenge to Gender Inequality at Home: The Interplay of Economic Resources, Gender and Family. *Gender and Society 11*: 31-51.

Lim, Jung-Won, & Maura O'keefe. (2009). Social Problems and Service Needs in a Korean American- Community: Perceptions of Community Residents and Community Key Informants. *Journal of Ethnic and Cultural Diversity in Social Work 18*: 182-202.

Linden, S. (1997). Aiko: Drama Therapy in the Recovery Process of a Japanese/Korean-American Woman. *Arts in Psychotherapy 24*: 193-203.

Ludman, E. K., K.J. Kang, & L.L. Lynn. (1992). Food Beliefs and Diets of Pregnant Korean American Women. *Journal of American Dietetic Association 92*: 1519-1520.

Min, J. W., Ailee Moon, & J. E. Lubben. (2005). Determinants of Psychological Distress over Time among Older Korean Americans and Non-Hispanic White Elders: Evidence from a Two-Wave Panel Study. *Journal of Aging and Mental Health 9*: 210-222.

_____. (2006). Social Work Practice with Asian American Elders. pp. 257-271 in *Handbook on Aging*, edited by B. Berkman. New York: Oxford University Press.

Min, Pyong Gap. (1984). An Exploratory Study of Kin Ties among Korean Immigrant Families in Atlanta. *Journal of Comparative Family Studies 15*: 59-76.

_____. (1988). Korean Immigrant Families. pp. 199-229 in *Ethnic Families in America*, edited by Charles Mindel, Robert Habenstein, and Roosevelt Wright. New York: Elsevier.

_____. (1992). Korean Immigrant Wives' Overwork. *Korea Journal of Population and Development 21*: 23-36.

_____. (1993). Korean Immigrants' Marital Patterns and Marital Adjustment: An Exploratory Study. pp. 287-299 in *Family Ethnicity: Strengths in Diversity*, edited by

Harriette McAdoo. Newbury Park, CA: Sage Publications.

_____. (1997). Korean Immigrant Wives' Labor Force Participation, Marital Power, and Status. pp. 176-191 in *Women and Work: Race, Ethnicity, and Class*, edited by Elizabeth Higginbotham and Mary Romero. Newbury Park, CA: Sage Publications.

_____. (1998a). Korean American Families. pp. 189-207 in Minority Families in *the United States: A Multicultural Perspectives, Second Edition*, edited by Ronald L. Taylor. Upper Saddle River, NJ: Prentice Hall.

_____. (1998b). The Korean American Family. pp. 223-253 in *Ethnic Families in America: Patterns and Variations, Forth Edition*, edited by Charles Mindel, Robert Habenstein, and Roosevelt Wrights Jr. Upper Saddle River, NJ: Prentice Hall.

_____. (2001). Changes in Korean Immigrants' Gender Role and Social Status, and Their Marital Conflicts. *Sociological Focus 16*: 201-220.

Moon, Ailee. (1996). Predictors of Morale among Korean Immigrant Elderly in the USA. *Journal of Cross-Cultural Gerontology 11*: 351-367.

_____. (1999). Elder Abuse and Neglect among the Korean Elderly in the United States. pp. 109-118 in *Understanding Elder Abuse in Minority Populations*, edited by T. Tatara. Washington, D. C. New York: Taylor and Francis.

_____. (2006). Working with Korean American Families. pp. 245-262 in *Ethnicity and Dementias, Second Edition*, edited by G. Geo, and D. Gallagher-Thomson. Washington, D.C.: Taylors and Francis.

Moon, Ailee, & D. Benton. (2000). Tolerance of Elder Abuse and Attitudes toward Third-Party Intervention among African American, Korean American, and White Elderly. *Journal of Multicultural Social Work 8*: 283-303.

Moon, Ailee, & T. Evans-Campbell. (1999). Awareness of Formal and Informal Sources of Help for Victims of Elder Abuse among Korean American and Non-Hispanic White Elders in Los Angeles. *Journal of Elder Abuse and Neglect 11* (3): 1-23.

Moon, Ailee, S. K. Tomita, & S. Jung-Kamei. (2001). Elderly Mistreatment among Four Asian American Groups: An Exploratory Study on Tolerance, Victim Blaming, and Attitudes toward Thirty-Party Intervention. *Journal of Gerontological Social Work 36*: 159-169.

Moon, Ailee, J. Lubben, & V. Villa. (1998). Awareness and Utilization of Community Long-Term Care Services by Elderly Koreans and Non-Hispanic White Americans. *The Gerontologist 38*: 309-316.

Moon, Ailee, & S. Rhee. (2006). Social Work Practice with Immigrant and Refugee Elders. pp. 205-217 in *Handbook on Aging*, edited by B. Berman. New York: Oxford University Press.

Moon, Ailee, & O. Williams. (1993). Perceptions of Elder Abuse and Help Seeking Patterns among African-American, Caucasian-American, and Korean- American Elderly Women. *The Gerontologist 33*: 386-395.

Moon, Jeong-Hwa, & Pearl, Joseph H. (1991). Alienation of Elderly Korean American Immigrants as Related to Place of Residence, Gender, Age, Years of Education, Time in the U.S., Living with or without Children, and Living with or without a Spouse. *International Journal of Aging and Human Development 32* (2): 115-124.

Moon, Sungsook. (2003). Immigration and Mothering: Two Generations of Middle-Class Korean Immigrant Women. *Gender and Society 17*: 840-860.

Na, Kyung-Hee. (1993). Perceived Problems and Service Delivery for Korean Immigrants. *Social Work 38* (3): 103-109.

Pang, KeumYoung. (1990). Hwabyung: The Construction of a Korean Popular Illness among Korean Elderly Immigrant Women in the United States. *Culture, Medicine and Psychiatry 14*: 495-512.

_____. (1994). Understanding Depression among Elderly Korean Immigrants through Their Folk Illnesses. *Medical Anthropology Quarterly 8*: 209-216.

_____. (1998). Symptoms of Depression in Elderly Korean Immigrants: Narration and the Healing Process. *Culture, Medicine and Psychiatry 22*: 93-122.

Park, Kee-Joung Yoo, & Leona M. Peterson. (1991). Beliefs, Practices, and Experiences of Korean women in Relation to Childbirth. *Health Care for Women International 12*: 261-269.

Park, Kyeyoung. (1998). Attitudes toward Patient Autonomy among Elderly Korean-Americans. *Medical Anthropology Quarterly 12*: 403-423.

_____. (2000). Sudden and Subtle Challenge: Disparity in Conception of Marriage and Gender in the Korean American Community. pp. 159-174 in *Cultural Compass: Ethnographic Explorations of Asian America*, edited by Martin Manalansan. Philadelphia: Temple University Press.

_____. (2002). 10,000 Senora Lees: The Changing Gender Ideology in the Korean Diaspora as Reflected in the Clothing Industry. *Amerasia Journal 28* (2): 161-180.

Pourat, N., J. Lubben, S. Wallace, and A. Moon. (1999). Predictors of Use and Traditional Korean Healers among Elderly Koreans in Los Angeles. *The Gerontologist 39*: 711-719.

Pyke, Karen. (2000). The Normal American Family as an Interpretive Structure of Family Life among Grown Children of Korean and Vietnamese Immigrants. *Journal of Marriage and Family 62*: 240-255.

Rhee, Siyon. (1997). Domestic Violence in the Korean Immigrant Family. *Journal of Sociology and Social Welfare 24*: 63-77.

Rhner, Ronald, & Sandra Pettengill. (1985). Perceived Parental Acceptance-Rejection and Parental Control among Korean Adolescents. *Child Development 56*: 524-528.

Sawyers, J.E., et al. (1992). Gastric Cancer in the Korean-American: Cultural Implication. *Oncological Nursing Forum 19*: 619-623.

Shin, H., et al. (2000). Patterns and Factors Associated with Health Care Utilization among Korean American Elderly. *Asian American and Pacific Islander Journal of Health 8* (2): 116-129.

Shin, Hosung, Howin Song, Jinsook Kim, & Janice Probst. (2005). Insurance, Acculturation and Health Service Utilization among Korean-Americans. *Journal of Immigrant Health*

7 (2): 65-74.

Shin, Kyung Rim. (1993). Factors Predicting Depression among Korean-American Women in New York. *International Journal of Nursing Studies 30*: 415-423.

Shon, H., & Ailee Moon. (2008). A Model for Developing and Implementing a Theory-Driven, Culture-Specific Outreach and Educational Program for Korean American Caregivers of People with Alzheimer's Disease. *Journal of Aging and Mental Health 9*: 210-222.

Sohn, Linda. (2004). The Health and Health Status of Older Korean Americans at the 100-Year Anniversary of Korean Immigration. *Journal of Cross-Cultural Gerontology 19*: 203-219.

Sohn, Linda, & Harada, Nancy. (2004). Time since Immigration and Health Services Utilization of Korean-American Older Adults Living in Los Angeles County. *Journal of American Geriatric Society 52* (11): 1946-1950.

Sohng, Kyeong-Yae., Sohng, Sue., Yeom, Hye-A. (2002). Health-Promoting Behaviors of Elderly Korean Immigrants in *the United States Public Health Nursing 19* (4): 294-300

Sohng, Sue, & Larry D. Icared. (1996). A Korean Gay Man in the United States: Toward a Cultural Context for Social Service Practice. pp. 115-137 in *Men of Color: A Context for Service to Homosexually Active Men*, edited by John F. Longres. New York: Harrington Park Press/Haworth Press, Inc.

Song, Young In. (1992). Battered Korean Women in Urban United States. pp. 213-226 in *Social Work Practice with Asian Americans*, edited by Sharlene M. Furuto, Renuka Biswas, Douglas K. Chung, Kenji Murase, and Fairial Ross-Sheriff. Newbury Park, CA: Sage Publications.

Strom, Robert, Susan Daniels, & Seong Park. (1986). The Adjustment of Korean Immigrant Families. *Educational & Psychological Research 6*: 213-227.

Suh, Eunyoung Eunice. (2009). The Sociocultural Context of Breast Cancer Screening among Korean Immigrant Women. *Cancer Nursing 31* (4): 1-10.

Sung, Kyu-taik. (2000). An Asian Perspective on Aging East and West: Filial Piety and Changing Families. pp. 101-122 in *Aging in East and West: Families, States, and the Elderly*, edited by Vern Bengston, Kyung-Dong Kim, George Myers, and Ki-Soo Eun. New York: Springer Publishing Company.

Sunoo, Sonia Shin. (1978). Korean Women Pioneers of the Pacific Northwest. *Oregon Historical Quarterly 79*: 51-64.

Um, Chae Chung. (1999). Relationship between Coping Strategies and Depression among Employed Korean Immigrant Wives. *Issues in Mental Nursing 20* (5): 485-494.

Villa, V., S. P. Wallace, Ailee Moon, and J. Lubben. (1999). A Comparative Analysis of Chronic Disease Prevalence among Older Koreans and Non-Hispanic Whites. pp. 217-227 in *Special Populations in the Community*, edited by J. G. Sebastian and A. Bushy. Gaithersburg, MD: Aspen Publishers, Inc.

Wallace, Steven P., et al. (1996). Health Practices of Korean Elderly People: National Health Promotion Priorities and Minority Community Needs. *Family & Community*

Health 19 (2): 29-42.

Weatherspoon, A.J., et al. (1994). Alcohol Consumption and Use Norms among Chinese Americans and Korean Americans. *Journal for Study of Alcohol 55* (2): 202-206.

Wismer B.A., et al. (1998). Mammography and Clinical Breast Examination among Korean American Women in Two California Counties. *Preventive medicine 27* (1): 144-151.

Yamamoto, Joe, Siyon Rhee, & Dong-San Chang. (1994). Psychiatric Disorders among Elderly Koreans in the United States. *Community Mental Health Journal 30*: 17-27.

Yang, Eun Sik. (1984). Korean Women of America: From Subordination to Partnership, 1903-1930. *Amerasia Journal 11* (2): 1-28.

Yoo, Seong Ho., & Sung, Kyu-Taik. (1997). Elderly Koreans' tendency to live independently from their adult children: Adaptation to cultural differences in America. *Journal of Cross-Cultural Gerontology 12* (3): 255-244.

Youn, G. Y., et al. (1999). Difference in Familism: Values and Caregiving Outcomes among Korean, Korean American, and White American Dementia Caregivers. *Psychology and Aging 14*: 355-364.

6) 종족성 및 초국가주의

Danico, Mary Yu. (2000). 1.5 Generation: A Case Study of the Korean American Jaycee in Hawaii. *Korean and Korean American Studies Bulletin 10* (12): 42-69

_____. (2005). Korean Identities: What Does it Mean to be Korean American in Korea? *Transactions 80*: 115-136.

Hong, Joann, & Pyong Gap Min. (1999). Ethnic Attachment among Second-Generation Korean Adolescents. *Amerasia Journal 25* (1): 165-180.

Kibria, Nazli. (1997). The Construction of 'Asian American': Reflection on Intermarriage and Ethnic Identity among Second-Generation Chinese and Korean Americans. *Ethnic and Racial Studies 20*: 77-86.

_____. (1999). College and the Notions of 'Asian American': Second Generation Chinese and Korean Americans Negotiate Race and Ethnicity. *Amerasia Journal 25* (1): 29-52.

_____. (2000). Race, Ethnic Options, and Ethnic Binds: Identity Negotiations of Second-Generation Chinese and Korean Americans. *Sociological Perspectives 43* (1): 77-95.

_____. (2002). Of Blood, Belonging, and Homeland Trips: Transnationalism and Identity among Second-Generation Chinese and Korean Americans. pp. 295-311 in *The Changing Faces of Home: The Transnational Lives of the Second Generation*, edited by Peggy Levitt and Mary C. Waters. New York: Russell Sage Foundation.

Kim, Nadia Y. Forthcoming. Finding Our Way Home: Korean Americans, Homelands Trips, and Cultural Foreignness. In Diasporic Homecomings: Ethnic Return Migrants in Comparative Perspective, edited by Takeyuki Tsuda. Stanford, CA: Stanford University Press.

Kim, Y. Y. (1977). Inter-ethnic and Intra-ethnic Communication: A Study of Korean Immigrants in Chicago. In *International and Intercultural Communication Annual*, edited by N. C. Jain. Falls Church, VA: Speech Communication Association.

Lee, Sara S. (2004a). Class Matters: Racial and Ethnic Identities of Working- and Middle-Class Second-Generation Korean Americans in New York City. pp. 313-338 in *Becoming New Yorkers: Ethnographies of the New Second Generation*, edited by Philip Kasinitz, John H. Mollenkopf, and Mary C. Waters. New York: Russell Sage Foundation.

Lee, Stacey J. (1996). Perceptions of Panethnicity among Asian American High School Students. *Amerasia Journal 22* (2): 109-126.

Lee, Young-Oak. (2004). Language and Identity: An Interview with Chang-rae Lee. *Amerasia Journal 30* (1): 215-228.

Min, Pyong Gap. (1991). Cultural and Economic Boundaries of Korean Ethnicity: A Comparative Analysis. *Ethnic and Racial Studies 14*: 225-241.

_____. (2000). Korean Americans' Language Use. pp. 305-332 in *New Immigrants in the United States: Background for Second Language Educators*, edited by Sandra Lee McKay and Sau-Ling Cynthia Wong. Boston: Cambridge University Press.

Min, Pyong Gap, & Youna Choi. (1993). Ethnic Attachment among Korean American High School Students. *Korea Journal of Population and Development 22*: 167-179.

Min, Pyong Gap, & Young Oak Kim. (2009). Ethnic and Sub-ethnic Attachments among Korea, Chinese and Indian Immigrants in New York City. *Ethnic and Racial Studies 32*: 758-780.

Park, Kyeyoung. (1991). Conceptions of Ethnicities by Koreans: Workplace Encounter. pp. 179-190 in *Asian Americans*, edited by S. Hune, H. Kim, S. Fugita and A. Ling. Pullman, WA: Washington State University Press.

_____. (1999a). 'I Really Do Feel I'm 1.5!' The Construction of Self and Community by Young Korean Americans. *Amerasia Journal 25* (1): 139-164.

_____. (1999b). 'I'm Floating in the Air': Creation of a Korean Transnational Space among Korean-Latino-American Re-Migrants. *Positions: East Asia Cultures Critique 7* (3): 667-695.

_____. (2005). The Cultivation of Korean Immigrants on American Soil: The Discourse on Cultural Construction. pp. 281-297 In *Multiculturalism in The United States*, edited by Lorman A. Ratner and John D. Buenker. Westport, CT: Greenwood Press.

Park, Yoon Jung. (2000-2001). An Asian American Outside: Crossing Color Lines in the United States and Africa. *Amerasia Journal 26* (3): 99-117.

Phillips, Earl H. (1980). Koreans in Los Angeles: A Strategy for a University Bicultural Humanities Curriculum. *Bilingual Resources 3* (2): 25-41.

7) 한인 커뮤니티, 종족 조직, 정치 발전

Chang, Edward Tea. (1988). Korean Community Politics in Los Angeles: The Impact of the Kwangju Uprising. *Amerasia Journal 14* (1): 51-67.

_____. (1999). The Post-Los Angeles Riot Korean American Community: Challenges and Prospects. *Korean and Korean American Studies Bulletin 10*: 6-26.

Chung, Angie Y. (2001). The Powers That Bind: A Case Study on the Collective Bases of Coalition-Building in Post-Civil Unrest Los Angeles. *Urban Affairs Review 37*: 205-226.

_____. (2004). Giving Back to the Community. *Amerasia Journal 30* (1): 107-124.

_____. (2005). 'Politics without the Politics': The Evolving Political Cultures of Ethnic Non-Profits in Koreatown, Los Angeles. *Journal of Ethnic and Migration Studies 31*: 911-929.

_____. (2009). Ethnic Solidarity in a Divided Community: A Study on Bridging Organizations in Koreatown. *Asian America: Forming Communities, Expanding Boundaries*, edited by Huping Ling. New Brunswick, NJ: Rutgers University Press.

_____. (2009). The Geo-Ethnic Bases of Transnational Political Identities: An Analysis of Korean American Organizations in Los Angeles. *Journal of Contemporary Society and Culture 28*: 5-67.

Danico, Mary Yu. (2002). The Construction and Transformation of the Koran American Community among the 1.5 Generation in Hawaii. In *Intersections and Divergences of Contemporary Asian American Communities*, edited by Linda Trinh Vo and Rick Bonus. Philadelphia: Temple University Press.

Gwen, Helen L. (1974). The Korean Community in Los Angeles. Palo Alto: R & E Research Associates.

Lee, C. (2004). Korean Immigrants' Viewing Patterns of Korean Satellite Television and Its Role in Their Lives. *Asian Journal of Communication 14* (1): 68-80.

Lewis, Helen G. (1974). The Korean Community in Los Angeles County. San Francisco: R and E Research Associates.

Min, Pyong Gap. (2001). Koreans: Institutionally Complete Community in New York. pp. 173-200 in *New Immigrants in New York, Revised and Updated Edition*, edited by Nancy Foner. New York: Columbia University Press

Park, Edward J. W. (1998). Competing Visions: Political Formation of Korean Americans in Los Angeles, 1992-1997. *Amerasia Journal 24* (1): 41-57.

_____. (1999). Friends or Enemies?: Generational Politics in the Korean American Community in Los Angeles. *Qualitative Sociology 24*: 41-57.

_____. (2001). The Impact of Mainstream Political Mobilization on Asian American Communities: The Case of Korean Americans in Los Angeles, 1992-1998. pp. 285-307 in *Asian American Politics: Perspective, Experiences, Prospects*, edited by Gordon Chang. Stanford, CA: Stanford University.

_____. (2002). Immigration and the Crisis of the Urban Liberal Coalition: The Case of Korean Americans in Los Angeles. pp. 90-108 in *Governing American Cities: Immigration and Urban Politics*, edited by Michael Jones-Correa. New York: Russell Sage Foundation Press.

Roh, Kim Nam. (1983). Issues of Korean American Journalism. *Amerasia Journal 10* (2): 89-102.

Yu, Eui-Young. (1983). Korean Communities in America: Past, Present, and Future.

Amerasia Journal 10 (2): 23-52.

Yum, June Ock. (1982). Communication Diversity and Information Acquisition among Korean Immigrants in Hawaii. *Human Communication Research 8* (2): 154-169.

8) 종교 행위와 종교 조직

Abelmann, Nancy, & Shanshan Lan. (2008). Christian Universalism and U.S. Multiculturalism: An 'Asian American' Campus Church. *Amerasia Journal 34* (1): 65-84.

Alumkal, Antony. (1999). Preserving Patriarchy: Assimilation, Gender Norms, and Second-Generation Korean American Evangelicals. *Qualitative Sociology 22*: 129-140.

_____. (2001). Being Korean, Being Christian: Particularism and Universalism in a Second-Generation Congregation. pp. 181-192 In *Korean Americans and Their Religions*, edited by Ho-Youn Kwon, Kwang Chung Kim, and R. Stephen Warner. University Park, PA: Pennsylvania State University Press.

Cha, Peter. (2001). Ethnic Identity Formation and Participation in Immigrant Churches: Second-Generation Korean American Experiences. pp. 141-156 in *Korean Americans and Their Religions*, edited by Ho-Youn Kwon, Kwang Chung Kim, and R. Stephen Warner. University Park, PA: Pennsylvania State University Press.

Chai, Karen. (1998). Competing for the Second Generation: English-Language Ministry at a Korean Protestant Church. pp. 295-332 in *Gatherings in Diaspora: Religious Communities and the New Immigration*, edited by R. Stephen Warner and Judith Wittner. Philadelphia: Temple University Press.

_____. (2001a). Beyond 'Strictness' to Distinctiveness: Generational Transition in Korean Protestant Churches. pp. 157-180 in *Korean Americans and Their Religions*, edited by Ho-Youn Kwon, Kwang Chung Kim, and R. Stephen Warner. University Park, PA: Pennsylvania State University Press.

_____. (2001b). Inter-Ethnic Religious Diversity: Korean Buddhists and Protestants in Greater Boston. pp. 273-294 in *Korean Americans and Their Religions*, edited by Ho-Youn Kwon, Kwang Chung Kim, and R. Stephen Warner. University Park, PA: Pennsylvania State University.

Chong, Kelly H. (1998). What It Means to Be Christian: The Role of Religion in the Construction of Ethnic Identity and Boundary among Second Generation Korean Americans. *Sociology of Religion 59* (3): 259-286.

Ecklund, Elaine Howard. (2005). Models of Civil Responsibility; Korean Americans in Congregations with Different Ethnic Composition. *Journal for the Scientific Study of Religion 44*: 15-28.

Goette, Robert. (2001). The Transformation of First-Generation Church into a Bilingual Church. pp. 125-140 In *Korean Americans and Their Religions*, edited by Ho-Youn Kwon, Kwang Chung Kim, and R. Stephen Warner. University Park, PA: Pennsylvania State University Press.

Hurh, Won Moo, & Kwang Chung Kim. (1990). Religious Participation of Korean Immigrants in the United States. *Journal of the Scientific Study of Religion 29*: 19-34.

Kim, Andrew E. (2000). Korean Religious Culture and Its Affinity to Christianity: the Rise of Protestant Christianity in South Korea. *Sociology of Religion 61*: 117-133.

Kim, Bok In. (2001). Won Buddhism in the United States. pp. 259-272 in *Korean Americans and Their Religions*, edited by Ho-Youn Kwon, Kwang Chung Kim, and R. Stephen Warner. University Park, PA: Pennsylvania State University Press.

Kim, Henry H., & Ralph E. Pyle. (2004). An Exception to the Exception: Second Generation Korean Church Participation. *Social Compass 51* (3): 321-333.

Kim, Illsoo. (1985). Organizational Patterns of Korean-American Methodist Churches: Denominationalism and Personal Community. pp. 228-37 in *Rethinking Methodist History: A Bicentennial Historical Consultation*, edited by Russell E. Richey and Kenneth E. Row. Nashville, TN: Kingswood.

Kim, Jung Ha. (1996). The Labor of Compassion: Voices of 'Churched' Korean American Women. *Amerasia Journal 22* (1): 93-105.

_____. (2002). Cartography of Korean American Protestant Faith Communities in the United States. pp. 185-214 in *Religion in Asian America: Building Faith Communities*, edited by Pyong Gap Min. Walnut Creek, CA: Altmira Press.

Kim, Kwang Chung, & Shin Kim. (2001). Ethnic Roles of Korean Immigrant Churches in the United States. pp. 71-94 in *Korean Americans and Their Religions*, edited by Ho-Youn Kwon, Kwang Chung Kim, and R. Stephen Warner. University Park, PA: Pennsylvania State University Press.

Kim, Rebecca. (2004a). Made in the U.S.A.: Second-Generation Korean American Campus Evangelicals. pp. 235-250 in *Asian American Youth: Culture, Identity, and Ethnicity*, edited by Jennifer Lee and Min Zhou. New York: Routledge.

_____. (2004b). Second-Generation Korean American Evangelicals: Ethnic, Multiethnic, or White Campus Ministries? *Sociology of Religion 65*: 19-34.

_____. (2004c). Asian American College Campus Evangelicals: Constructing and Negotiating Ethnic and Religious Boundaries. pp. 141-159 in *Asian American Religions: The Making and Remaking of Borders and Boundaries*. New York: New York University Press.

Kim, Sangho J. (1975). A Study of a Korean Church and Her People in Chicago, Illinois. San Francisco: R and E Research Associates.

Kim, Sharon. (2000). Creating Campus Communities: Second-Generation Korean American Ministries at UCLA. pp. 92-112 in *Gen X Religions*, edited by Richard W. Flory and Donald E. Miller. New York: Rutledge.

Kim, Shin, & Kwang Chung Kim. (2000). Korean Immigrant Churches: Male Domination and Adaptive Strategy. *Korean and Korean American Studies Bulletin 11*: 53-67.

Kim, Young Choon. (1989). The Nature and Destiny of Korean Churches in the United States. *Journal of Social Sciences and Humanities 67*: 33-47.

Kwon, Victoria Hyonchu, Helen Rose Ebaugh, & Jacqueline Hagan. (1997). The Structure and Functions of Cell Group Ministry in a Korean Christian Church. *Journal for the Scientific Study of Religion 36*: 247-256.

Lee, Sang Hyun. (1991). Korean American Presbyterians: A Need for Ethnic Particularity and the Challenge of Christian Pilgrimage. pp. 312-30 in *The Diversity of Discipleship: The Presbyterians and Twentieth Century Christian Witness*, edited by Milton J. Coalter, John M. Mulder, and Louis B. Weeks. Louisville, KY: Westminster John Knox.

_____. (1995). Pilgrimage to Home in the Wilderness to Marginality: Symbols and Context in Asian American Theology. *Princeton Seminary Bulletin 16* (1): 49-64.

Min, Anselm Kyongsuk. (1997). From Autobiography to Fellowship of Others: Reflections on Doing Ethnic Theology Today. pp. 135-159 in *Journeys at the Margin*, edited by Peter Phan. Collegeville, MN: Liturgical Press.

_____. (2000). From Tribal Identity to Solidarity of Others: Theological Challenges of a Divided Korea. *Missiology 27*: 333-345.

Min, Pyong Gap. (1992). The Structure and Social Functions of Korean Immigrant Churches in the United States. *International Migration Review 26*: 1370-1395.

_____. (2000). Immigrants' Religion and Ethnicity: A Comparison of Indian Hindu and Korean Christian Immigrants in New York. *Bulletin of the Royal Institute of Inter-Faith Studies 2*: 52-70.

_____. (2005). How Immigrant Groups Maintain Ethnicity through Religion: A Comparison of Indian Hindu and Korean Protestant Immigrants in New York. pp. 99-122 in *Immigrant Faiths: Transforming Religious Life in America*, edited by Karen Leonard, Alex Stepick, Manuel Vasquez, and Jennifer Holdaway. Newbury Park, CA: Altamira Press.

_____. (2008). Severe Under-Representation of Women in Church Leadership in the Korean Immigrant Community in the U.S. *Journal for the Scientific Study of Religion 46*: 225-242.

_____. (2009). A Comparison of Korean Protestant, Catholic and Buddhist Religious Institutions. *Studies of Koreans Abroad 20*: 182-231.

Min, Pyong Gap, & Dae Young Kim. (2005). Intergenerational Transmission of Religion and Ethnic Culture: Korean Protestants in the United States. *Sociology of Religion 66*: 263-282.

Park, Hae-Seong, et al. (1998). Relationship between Intrinsic-Extrinsic Religious Orientation and Depressive Symptoms in Korean Americans. *Counseling Psychology Quarterly 11*: 315-324.

Park, Kyeyoung. (1989). 'Born Again': What Does It Mean to Korean Americans In New York City? *Journal of Ritual Studies 3*: 287-301.

Park, So-Young. (2001). The Intersection of Religion, Race, Gender, and Ethnicity in the Identity Formation of Korean American Evangelical Women. pp. 193-208 in *Korean Americans and Their Religions*, edited by Ho-Youn Kwon, Kwang Chung Kim, and R. Stephen Warner. University Park, PA: Pennsylvania State University

_____. (2004). 'Korean American Evangelical': A Resolution of Sociological Ambivalence among Korean American Colleges Students. pp. 141-159 in *Asian American Religions: The Making and Remaking of Borders and Boundaries*, edited by Tony Carnes and Fenggang Yang. New York: New York University Press.

Seong, Mu. (1998). Korean Buddhism in America: A New Style of Zen. pp. 117-128 in *The Faces of Buddhism in America*, edited by Charles S. Prebish and Kenneth Tanaka. Berkeley and Los Angeles: University of California Press.

Shim, Steve. (1977). Korean Immigrant Churches Today in Southern California. San Francisco: R and E Research Associates.

Shin, Eui Hang, & Hyung. Park. (1988). An Analysis of Causes of Schisms in Ethnic Churches: The Case of Korean American Churches. *Sociological Analysis 49*: 234-248.

Song, Min-Ho. (1997). Constructing a Local Theology for a Second-Generation Korean Ministry. *Urban Mission 15* (2): 23-34.

Suh, Sharon. (2003). To Be Buddhist Is To Be Korean: The Rhetorical Use of Authenticity and Homeland in the Construction of the Post-Immigrant Identities. pp. 171-192 in *Revealing the Sacred in Asian & Pacific America*, edited by Jane Naomi Iwamura and Paul Spickard. New York: Routledge.

_____. (2009). Buddhism, Rhetoric, and the Korean American Community: The Adjustment of Korean Buddhist Immigrants to the United States. pp. 166-190 in *Immigration and Religion in America: Comparative and Historical Perspectives*, edited by Richard Alba, Albert J. Raboteau, and Josh DeWind. New York: New York University Press.

Yu, Eui-Young. (1988). The Growth of Korean Buddhism in the United State, with Special Reference to Southern California. Pacific World: *Journal of the Institute of Buddhist Studies 4*: 82-93.

9) 자녀, 교육, 심리

Braxton, Richard J. (1999). Culture, Family and Chinese and Korean American Student Achievement: An Examination of Student Factors That Affect Student Outcomes. *College Student Journal 33*: 250-256.

Byun, Myung-Sup. (1990). Bilingualism and Bilingual Education: The Case of the Korean Immigrants in the United States. *International Journal of the Sociology of Language 82*: 109-128.

Chang, Theresa S. (1975). The Self-Concept of Children in Ethnic Groups: Black American and Korean American. *Elementary School Journal 76*: 52-58.

Cho, S., Bae, S.W. (2005). Demography, Psychological Factors, and Emotional Problems of Korean American Adolescents. *Adolescence 40*: 533-550.

Cho, Su-Je, Singer, George H.S., Brenner, Mary. (2000). Adaptation and Accommodation to Young Children with Disabilities: A Comparison of Korean and Korean American Parents. *Topics in Early Childhood Special Education 20*: 236-249.

Choi, Heeseung, & Dancy Barbara L. 2009. Korean American Adolescents' and Their Parents' Perceptions of Acculturative Stress. *Journal of Child and Adolescent Psychiatric Nursing 22*: 203-210.

Choi, Y. Elsie, et al. (1994). Educational Socialization in Korean American Children: A Longitudinal Study. *Journal of Applied Developmental Psychology 15*: 313-318.

Chung, R. H. G. (1995). Sites of Race and Ethnicity in Psychological Research of Asian Americans. pp. 413-420 in *Privileging Positions: The Sites of Asian American Studies*, edited by G. Okihiro, M. Alquizola, D. Rony and S. Wong. Pullman, WA: Washington State University Press.

_____. (2001). Gender, Ethnicity, and Acculturation in Intergenerational Conflict of Asian-American College Students. *Cultural Diversity and Ethnic Minority Psychology* 7: 376-386.

_____. (2005). Gender, Ethnicity, and Acculturation in Intergenerational Conflict of Asian-American College Students. In *Readings in Asian American Psychology*, edited by N. Zane and B. Kim. San Francisco, CA: Kendall/Hunt Publishing Company.

Farver, Jo Ann M., Lee-Shin, Yoolim. (2000). Acculturation, and Korean-American Children's Social and Play Behavior. *Social Development 9*: 316-336.

Farver, Jo Ann M., Lee-Shin, Yoolim. (2006). Social Pretend Play in Korean- and Anglo-American Preschoolers. *Child Development 68*: 544-556.

Gloria, Alberta M., Ho, Tamara A. (2003). Environmental, Social, and Psychological Experiences of Asian American Undergraduates: Examining Issues of Academic Persistence. *Journal of Counseliing and Development 81*: 93-105.

Golden, John. (1990). Acculturation, Biculturalism and Marginality: A Study of Korean American High School Students. *NABE: The Journal of the National Association for Bilingual Education 14*: 93-107.

Hao, Lingxin., & Bonstead-Bruns, Melissa. (1998). Parent-Child Differences in Educational Expectations and the Academic Achievement of Immigrant and Native Students. *Sociology of Education 71*: 175-198.

Jo, Hye-young. (2002). Negotiating Ethnic Identity in the College Korean Language Classes. *Identities 9*: 87-115.

Johnson H., & Lew, J. (2005). Learning to Talk: Reflections on the First-Year Faculty Seminar, pp. 77-86 in *Community in the Making: Lincoln Center Institute, the Arts, and Teacher Education*, edited by M. F. Holzer and S. Noppe-Brandon. New York: Teachers College Press.

Jun, Suk-ho. (1984). Communication Patterns among Young Korean Immigrants. *International Journal of Intercultural Relations 8*: 373-389.

Kennedy, E., & H.-S. Park. (1994). Home Language as a Predictor of Academic Achievement: A Comparative Study of Mexican- and Asian-American Youth. *Journal of Research and Development in Education 27*: 188-194.

Kibra, Nazli. (1999). College and Notions of Asian American: Second-Generation Chinese and Korean Americans Negotiate Race and identity. *Amerasia Journal 25*: 29-51.

Kim, Bryan S., et al. (1996). Culturally Relevant Counseling Services for Korean American Children: A Systematic Approach. *Elementary-School-Guidance-and Counseling 31*: 64-73.

Kim, Eun-Young. (1993). Career Choice among Second-Generation Korean Americans: Reflections of Cultural Model of Success. *Anthropology and Education Quarterly 24*:

224-248.

Kim, E. (2005). Korean American Parental Control: Acceptance or Rejection? *Ethos 33*: 347-366.

Kim, E., & K. C. Cain. (2008). Korean American Adolescent Depression and Parenting. *Journal of Child and Adolescent Psychiatric Nursing 21* (2): 105-115.

Kim, H., & R. H. G. Chung. (2003). Relationship of Parenting Style to Self-Perception among Korean-American College Students. *Journal of Genetic Psychology 164*: 481-492.

Kim, K., & R. P. Rohner. (2002). Parental Warmth, Control, and Involvement in Schooling: Predicting Academic Achievement among Korean American Adolescent. *Journal of Cross-Cultural Psychology 33* (2): 127-140.

Lee, Steven K. (2002). The Significance of Language and Cultural Education on Secondary Achievement: A Survey of Chinese-American and Korean-American Students. *Bilingual Research Journal 26*: 327-338.

Lee, I. & Koro-Ljungberg, M. (2007). A Phenomenological Study of Korean Students' Acculturation in Middle Schools in the USA. *Journal of Research in International Education 6*: 96-117.

Lew, Jamie. (2003a). Korean American High School Dropouts: A Case Study of Their Experiences and Negotiations of Schooling, Family, and Communities, pp. 53-66 in *Invisible Children in the Society and its Schools*, edited by Sue Books. Philadelphia: Lawrence Erlbaum.

_____. (2003b). (Re) Construction of Second-Generation Ethnic Networks: Structuring Academic Success of Korean American High School Students. pp. 157-176 in *Research on the Education of Asian Pacific Americans, Vol. II.*, edited by C. C. Parks, S. J. Lee and A. L. Goodwin. Charlotte, NC: Information Age Publishing.

_____. (2004). The 'Other' Story of Model Minorities: Korean American High School Dropouts in an Urban Context. *Anthropology and Education Quarterly 35*: 297-311.

_____. (2006). Burden of Acting Neither White nor Black: Asian American Identities in Context. *The Urban Review 38* (5): 335-352.

_____. (2007a). A Structural Analysis of Success and Failure of Asian Americans: A Case of Korean Americans in Urban Schools. *Teachers College Record 109* (2):369-390.

_____. (2007b). Asian American Identities: Intersection of Class, Race, Schools, In *Sociology of Education: A Critical Reader*, edited by A.R. Sadovnik. New York: Routledge.

_____. (2010). Keeping the American Dream Alive: Model Minority Discourse and Asian American Education. pp. 614-620 in Handbook of Research in *the Social Foundations of Education*, edited by Steven Tozer et al. New York: Routledge.

Mantzicopoulos, P.Y., & Oh-Hwang, Y. (1998). The Relationship of psychosocial Maturity to Parenting Quality and Intellectual Ability for American for American and Korean Adolescents. *Contemporary Educational psychology 23* (2): 195-206.

Miller, Lisa, et al. (1999). Beliefs about Responsibility and Improvement Associated with

Success among Korean American Immigrants. *Journal of Social Psychology 139* (2): 221-227.

Park, E.-J. (1994). Educational Needs and Parenting Concerns of Korean-American Parents. *Psychological Report 75*: 559-562.

Park, H., W. Murgatroyd, D.C. Raynock, & M.A. Spillett. (1998). Relationship between Intrinsic-Extrinsic Religious Orientation and Depressive Symptoms in Korean Americans. *Counseling Psychology Quarterly 11*: 315-324.

Park, Jiyeon., & Turnbull, Ann P. (2001). Cross-Cultural Competency and Special Education: Perceptions and Experiences of Korean Parents of Children with Special Needs. *Education and training in Mental Retardation and Developmental Disabilities 36* (2): 13-147.

Park, Jiyeon., Turnbull, Ann P., & Park, Hyun-Sook. (2001). Quality of Partnership in Service Provision for Korean American Parents of Children with Disabilities: A Qualitative Inquiry. *Amerasia Journal 30* (1): 147-170.

Park, Jung-Sun. (2004). Korean American Youth and Transnational Flows of Popular Culture across the Pacific. *Amerasia Journal 30* (1): 147-170.

Shin, Sara, & Lesley Milroy. (1999). Bilingual Language Acquisition by Korean School Children in New York City. *Bilingualism: Language and Cognition 2*: 147-169.

Park, Wansoo. (2009). Acculturative Stress and Mental Health among Korean Adolescents in the United States. *Journal of Human Behavior in the Social Environment 19*: 626-634.

_____. (2009b). Parental Attachment among Korean-American Adolescents. *Child and Adolescent Social Work 26*: 307-319.

Rohner, Ronald P., & Pettengill, Sandra M. (1985). Perceived Parental Acceptance-Rejection and Parental Control among Korean Adolescents. *Child Development 56*: 524-528.

Shin, Sara, & Lesley Milroy. (1999). Bilingual Language Acquisition by Korean School Children in New York City. *Bilingualism: Language and Cognition 2*: 147-169.

Shin, Sung Lim A. (1999). Contextualizing Career Concerns of Asian American Students. pp. 201-209 in *Diversity in College Settings: Directives for Helping Professionals*, edited by Yvonne M. Jenkins et al. New York: Routledge.

Shrake, E. K., & S. Rhee. (2004). Ethnic Identity as a Predictor of Problem Behaviors among Korean American Adolescents. *Adolescence 39* (155): 601-623.

Sohn, S., & Wang, C. (2006). Immigrant Parents' Involvement in American Schools: Perspectives from Korean Mothers. *Early Childhood Education Journal 34*: 125-132.

Suh, Suhyun, and Satcher, Jamie. (2005). Understanding At-Risk Korean American Youth. *Professional School Counseling 8* (5): 428-435.

Tseng, V., & A.J. Fuglini. (2000). Parent-Adolescent Language Use and Relationships among Immigrant Families with East Asian, Filipino, and Latin American Backgrounds. *Journal of Marriage and the Family 62*: 465-477.

Thomas, M., & Choi, J.B. (2006). Acculturative Stress and Social Support among Korean and Indian immigrant Adolescents in the United States. *Journal of Sociology & Social*

Welfare 33: 123-143.

Woo, Susie. (2004). Online and Unplugged: Locating Korean American Teens in Cyberspace. *Amerasia Journal 30* (1): 171-190.

Vinden, Penelope G. (2001). Parenting Attitudes and Children's Understanding of Mind: A Comparison of Korean American and Anglo-American Families. *Cognitive Development 16* (3): 793-809.

Yang, Jang-Ae. (1999). An Exploratory Study of Korean Fathering of Adolescent Children. *Journal of Genetic Psychology 160*: 55-68.

Yang, Sungeun & Retting, Kathryn D. (2003). The Value Tensions in Korean-American Mother-Child Relationships while Facilitating academic Success. *Personal Relationships 10*: 349-369.

Yeh, C. J. (2003). Age, Acculturation, Cultural Adjustment, and Mental Health Symptoms of Chinese, Korean, and Japanese Immigrant Youths. *Cultural Diversity and Ethnic Minority Psychology 9*: 34-48.

You, Byeong-Keun. (2005). Children Negotiating Korean American Ethnic Identity through Their Heritage Language. *Bilingual Research Journal 29*: 711-721.

Zhou, Min. (2007). Non-Economic Effects of Ethnic Entrepreneurship. pp. 279-288 in *Handbook of Research on Ethnic Minority Entrepreneurship: A Co-Evolutionary View on Resource Management*, edited by Leo-Paul Dana. Cheltenham, United Kingdom: Edward Elgar Publishing.

_____. (2009). How Neighborhoods Matter for Immigrant Children: The Formation of Educational Resources in Chinatown, Koreatown, and Pico Union, Los Angeles. *Journal of Ethnic and Migration Studies 35*: 1153-1179.

Zhou, Min, & Susan S. Kim. (2006). Community Forces, Social Capital, and Educational Achievement: The Case of Supplementary Education in the Chinese and Korean Immigrant Communities. *Harvard Educational Review 76*: 1-29.

10) 입양 및 전쟁신부

Hong, S., B. S. Kim, & S. P. Kim. (1979). Adoption of Korean Children by New York Couples: A Preliminary Study. *Child Welfare 58*: 419-427.

Huh, Nam Soon, and William J. Reid. (2000). Intercountry, Transracial Adoption and Ethnic Identity: A Korean Example. *International Social Work 43*: 75-87.

Hurh, Won Moo. (1972). Marginal Children of War: An Exploratory Study of American-Korean Children. *International Journal of Sociology of the Family 2*: 10-20.

Kim, Bok-Lim. (1972). Casework of Japanese and Korean Wives of Americans. *Social Casework 53*: 242-279.

_____. (1977). Asian Wives of U.S. Servicemen: Women in Shadows. *Amerasia Journal 4* (1): 91-116.

Kim, Chim, & Timothy Carroll, (1977). Intercountry Adoption of South Korean Orphans: A Lawyers' Guide. *Journal of Family Law 14*: 223-253.

Kim, Eleana. (2001). Korean Adoptee Auto-Ethnography: Refashioning Self, Family, and

Finding Community. *Visual Anthropology Review 16*: 43-70.

_____. (2003). Wedding Citizenship and Culture: Korean Adoptees and the Global Family of Korea. *Social Text 74*: 57-81.

_____. (2004). Gathering 'Roots' and Making History in the Korean Adoptee Community. pp. 208-230 In *Local Actions: Cultural Activism, Power and Public Life*, edited by M. Checker and M. Fishman. New York: Columbia University Press.

_____. (2005). Wedding, Citizenship, and Culture: Korean Adoptees and the Global Family of Korea. pp. 49-80 In *Cultures of Transnational Adoption*, edited by T. A. Volkman. Durham, NC: Duke University Press.

_____. (2007a). Our Adoptee, Our Alien: Transnational Adoptees as Specters of Foreignness and Family in South Korea. *Anthropological Quarterly 80*: 497-531.

_____. (2007b). Remembering Loss: The Koreanness of Overseas Adopted Koreans. pp. 111-126 in *International Korean Adoption: A Fifty-Year History of Policy and Practice*, edited by K. Bergquist and E. Vonk. Hawthorne, NJ: Hawthorn Press.

Kim, H. J. (1991). Voices from the Shadows: The Lives of Korean War Brides. *Amerasia Journal 17* (1): 15-30.

Kim, Katherine, Elena Yu, Edwin H Chen, Jae Kyung Kim, Mary Kaufman, & Joel Purkiss. (1999). Cervical Cancer Screening Knowledge and Practices among Korean American Women. *Cancer Nursing 22* (4): 297-302.

Kim, Nadia Y. (2004). A View from Below: An Analysis of Korean Americans' Racial Attitudes. *Amerasia Journal 30* (1): 1-24.

Kim, Peter. (1980). Behavior Symptoms of Three Transracially Adopted Asian Children: Diagnosis Dilemma. *Child Welfare 59*: 213-224.

Kim, Peter S., Sungdo Hong, & Bok Soon Kim. (1979). Adoption of Korean Children by New York Area Couples: A Preliminary Study. *Child Welfare 58* (7): 419-428.

Kim, Wun Jung. (1995). International Adoption: A Case Review of Korean Children. *Child Psychiatry and Human Development 25*: 141-154.

Kim, Wun Jung, et al. (1999). Comparison of Korean-American Adoptees and Biological Children of Their Adoptive Parents: A Pilot Study. *Child Psychiatry and Human Development 29*: 221-228.

Shiao, Jiannbin Lee, & Mia H. Tuan. (2007). A Sociological Approach to Race, Identity, and Asian Adoption. pp. 155-170 in *International Korean Adoption: A Fifty-Year History of Policy and Practice*, edited by Betsy Vonk, Dong Soo Kim, and Marvin Feit. Binghamton, NY: Hawthorne Press.

_____. (2008a). Korean Adoptee and the Social Context of Ethnic Exploration. *American Journal of Sociology 113*: 1023-1066.

_____. (2008b). 'Some Asian Men Are Attractive to Me, but Not for a Husband: Korean Adoptees and the Salience of Race in Romance. *Dubois Review 5*: 259-285.

_____. (2008c). Shared Fates in Asian Transracial Adoption: Korean Adoptee Experiences of Difference in Their Families. pp. 178-2000 in *Twenty-First Century Color Lines Multiracial Change in Contemporary America*, edited by Andrew

Grant-Thomas and Gary Orfield. Philadelphia: Temple University Press.

Shiao, Jiannbin Lee, Mia H. Tuan, & E. Rienzi. (2004). Shifting the Spotlight: Exploring Race and Culture in Korean-White Adoptive Families. *Race and Society 7*: 1-16.

Yuh, Ji-Yeon. (1999). Out of the Shadows: Camptown Women, Military Brides, and Korean (American) Communities. *Hitting Critical Mass 6* (1): 13-34.

11) 기타

Hurh, Wom Moo, & Kwang Chung Kim. (1981). Methodological Problems in Cross-Cultural Research: A Korean Immigrant Study. *California Sociologist 4*: 17-32.

Kang, Miliann. (2000). Researching One's Own: Negotiating Co-Ethnicity in the Field. In Cultural Compass: Ethnographic Explorations of Asian America, edited by Martin Manalansan. Philadelphia: Temple University Press.

Koh, Howard Kyongju, & Hesung Chun Koh. (1993). Health Issues in Korean Americans. *Asian American and Pacific Islander Journal of Health 1*: 176-223.

Lee, Kun Jong. (2008). Korean-Language American Literary Studies: An Overview. *Amerasia Journal 34* (2): 14-36.

Lee, Sara S. (2004). 2004b. Marriage Dilemmas: Partner Choices and Constraints for Korean Americans in New York City. pp. 285-298 in *Asian American Youth: Culture, Identity, and Ethnicity*, edited by Jennifer Lee and Min Zhou. Philadelphia: Temple University Press.

Messaris, P., & J. Woo. (1991). Image vs. Reality in Korean-Americans' Responses to Mass-Mediated Depictions of the United States. *Critical Studies in Mass Communication 8*: 74-90.

Mok, Jin Whyu, & Young Soo Yim. (1994). The Korean-Americans' Role Perception toward the North-South Reunification Issue. *International Journal of Comparative Sociology 35*: 252-263.

Pang, Keum Young. (1989). The Practice of Traditional Korean Medicine in Washington, D.C. *Social Science Medicine 28* (8): 875-884.

Shin, Eui Hang, & Eui-Young Yu. (1984). Use of Surname in Ethnic Research: The Case of Kim in the Korean American Population. *Demography 21*: 347-359.

Yi, Samson. (2006). My Most Favorite Kim Bop Isn't Made Anymore. *Amerasia Journal 32* (2): 115-120.

12) 한인 관련 일반 연구

Barringer, Herbert, & Sung-Nam Cho. (1989). Koreans in the United States: A Fact Book. Honolulu: East-West Center.

Harvcy, Y. S., & S. H. Chung. (1980). The Koreans. pp. 135-154 in *People and Cultures of Hawaii*, edited by J. McDermott et al. Honolulu: University of Hawaii Press.

Kim, Elaine H. (1997). Korean Americans in U.S. Race Relations: Some Considerations. *Amerasia Journal 23* (2): 69-78.

Kim, Hyung-Chan. (1974). Some Aspects of Social Demography of Korean Americans. *International Migration Review* 8: 23-42.

Kim, Nadia. (2004). A View from Below: An Analysis of Korean Americans' Racial Attitudes. *Amerasia Journal 30* (1): 1-24.

Min, Pyong Gap. (1995). Korean Americans. pp. 199-231 In *Asian Americans: Contemporary Trends and Issues*, edited by Pyong Gap Min. Thousand Oaks, CA: Sage Publications.

_____. (1997). Korean Immigrants. pp. 554-563 in *American Immigrant Cultures*, edited by David Levinson and Melvin Ember. New York: Macmillan Reference USA.

_____. (2006). Korean Americans. pp. 230-259 in *Asian Americans: Contemporary Trends and Issues, Second Edition*, edited by Pyong Gap Min. Thousand Oaks, CA: Pine Forge Press.

_____. (2007). Immigrants from Korea. pp. 491-503 in *The New Americans*, edited by Mary Waters and Reed Ueda. Cambridge: The Harvard University Press.

Park, Kyeyoung. (2005a). Koreans in the United States. pp. 993-1003 in *Encyclopedia of Diaspora*, edited by Melvin Ember, Carol R. Ember, and Ian Skoggard. New York: Human Relations Area Files (HRAF) at Yale University.

_____. (2005b). Korean Americans. pp. 281-297 in *Multiculturalism in the United States*, edited by Lorman A. Ratner and John D. Buenker. Westport, CT: Greenwood Press.

Yu, Eui-Young. (1977). Koreans in America: An Emerging Ethnic Minority. *Amerasia Journal 4* (1): 117-131.

_____. (1983). Korean Communities in America: Past, Present, and Future. *Amerasia Journal 10* (1): 23-52.

제7장

문화콘텐츠와 재외한인연구*

임영상

1. 문화콘텐츠와 재외한인연구

21세기는 '문화의 시대'를 넘어 '문화콘텐츠의 시대'라고 한다. 전통적으로 문화와 경제는 궁합이 잘 맞지 않았다. 문화는 경제를 살찐 돼지로 보고 경멸했는가 하면, 경제는 문화를 자존심 강한 거지로 간주하기도 했다. 그러나 문화의 세기라고 하는 후기산업사회에 들어오면서 사정이 달라졌다. 문화가 경제적 이윤을 창출하는 유망주라 여겨서 경제인들이 곧잘 문화투자에 관심을 기울여 문화산업을 표방하고 문화상품을 만드는 시대가 되었다. 문화인들도 생각이 달라졌다. 문화도 상품이 될 수 있다는 판단 아래 문화기획이라는 이름을 걸고 경제활동을 벌이고 있다(임재해, 2006: 33-36).

2002년 3월 국내 대학원으로는 최초로 한국외국어대학교 일반대학원에

---

* 본 장은 국내의 재외한인연구에서 문화콘텐츠 관련 연구를 소개한 것이며(제1장), 제2장 이하는 필자가 2010년 12월23일 재외한인학회·한국학중앙연구원 공동학술회의에서 발표한 「재외한인사회와 디지털콘텐츠」 논문에서 발표한 내용을 수정, 보완한 것이다.

문화콘텐츠학과가 설립되었다. 문화콘텐츠학은 문화콘텐츠의 기획, 생산, 유통, 소비 등의 전 과정을 학문적으로 접근하는 것을 목적으로 하고 있다. 따라서 문화콘텐츠학은 인문학과 사회과학 내부의 다양한 전통학문뿐만 아니라 문화연구(Cultural Studies), 문화기술(Culture Technology) 등과 같은 여러 신흥 학문연구의 이론과 방법을 통섭하는 21세기 신학문임을 표방하고 있다.[1]

1988년에 창립된 재외한인학회는 해외에 거주하는 한인(Korean)에 관한 체계적이고 경험적인 학술 연구를 수행해왔다. 따라서 재외한인연구는 한인이라는 구체적인 연구대상을 연구하기 위해 다양한 학문 분야의 이론과 방법론을 활용하는 종합적이고 다학문적인 연구의 특성을 드러내왔다(윤인진, 2010: 2). 재외한인연구에 새로운 영역으로 확대되고 있는 연구 중에 하나가 문화콘텐츠 분야이다. 2009년 8월에 간행된『재외한인연구』제20호에 임영상의「우즈베키스탄 고려인의 전통명절과 문화콘텐츠」, 손미경의「한·일간 문화콘텐츠 영화교류와 재일코리안」, 정희숙의「중국조선족문화자원과 관광문화산업 기획」논문들이 문화콘텐츠 연구로 소개되었다(윤인진, 2010: 21-22). 논문주제에 문화콘텐츠, 문화산업 등이 적시된 것이다.[2]

그러나 2000년부터 고려인 연구를 수행해온 임영상은「고려인연구와 영상물, 영상아카이브」[3](『인문콘텐츠』, 제4호, 인문콘텐츠학회, 2004.12),「고려인 연구와 '문화원형 디지털콘텐츠화'」(『러시아연구』, 제15-2호, 서울대학교 러시아연구소, 2005.12),「독립국가연합 고려인 연구와 영상콘텐츠의 활용」(『인문콘텐츠』, 제10호, 인문콘텐츠학회, 2007.12),「연변의 관광문화와 용정, 용정문화콘텐츠」(『韓民族共同體』, 제16호, (사)해외한민족연구소, 2008.11),「연변조선족의 문화중심 용정과 '문화루트' 개발」(『인문콘텐츠』, 제13호, 인문콘텐츠학회, 2008.11),「우크라이나 고려인과 한-우크라

---

1 http://www.muncon.co.kr/
2 그러나 제20호에 같이 실린 리광평의「이주 1번지 두만강 기슭의 조선족 선배들」또한 문화콘텐츠 논문이라 할 수 있다. '구술채록과 사진을 중심으로'라는 부제로 작성되었기 때문이다.
3 동 연구는 방일권과 공동으로 수행된 것이다.

이나 문화산업」(『역사문화연구』, 제32호, 한국외대 역사문화연구소, 2009.2)을 수행한 바 있다. 또한 안상경은 「연변조선족자치주 정암촌, 청주아리랑, 문화관광콘텐츠 개발」[4](『韓民族共同體』, 제16호, (사)해외한민족연구소, 2008.11)과 「연변조선족 전통문화의 브랜드화 추진과 '정암촌'의 장소자산 활용」(『역사문화연구』, 제32호, 한국외대 역사문화연구소, 2009.2)을 발표한데 이어, 2009년 2월 한국외국어대학교 대학원에서 「연변조선족자치주 정암촌 '청주아리랑'의 문화관광콘텐츠 개발 연구」 주제로 국내 재외한인연구 최초의 문화콘텐츠학 박사학위논문을 취득했다. 안상경의 박사학위논문은 해외 한민족 사회에서 전승되고 있는 '아리랑' 중의 하나인 연변조선족사회의 '청주아리랑'을 활용한 것으로 향후 해외에서 한민족의 사랑을 받고 있는 '나라/지역별 아리랑'의 문화콘텐츠화 가능성을 제시했다는 점에서도 중요한 의미를 가졌다.

앞서 소개한, 『재외한인연구』 제20호(2009.8)에 게재된, 논문들에 이어 재외한인 연구자들이 2010년에도 문화콘텐츠 관련 논문을 적극 발표하기 시작했다. 임영상의 「중국조선족과 문화산업: 연변조선족자치주의 발전 전략」(『백산학보』, 제86권, 백산학회, 2010.4), 김경희의 「한류를 통한 한국·일본·재일코리안의 새로운 관계 구출을 위한 제언」(『재외한인연구』 제22호, 재외한인학회, 2010.8), 임영상의 「용정이야기와 문화총서 '일송정'」(『재외한인연구』 제22호, 재외한인학회, 2010.8)와 「우즈베키스탄 고려인사회와 단오명절」(『韓民族共同體』, 제17호, (사)해외한민족연구소, 2010.11), 「우즈베키스탄 한민족박물관과 디지털 콘텐츠화」(『중앙아시아: 정치·문화』, 대외경제정책연구원 편, 2010.12), 「타슈켄트의 신 코리아타운 〈시온고〉 고려인마을과 한국문화」(『글로벌문화콘텐츠』, 제5호, 글로벌 문화콘텐츠학회, 2010.12), 그리고 고정자·손미경의 「한국문화 발신지로서의 오사카 이코노쿠 코리아타운」(『글로벌문화콘텐츠』, 제5호, 글로벌문화콘텐츠학회, 2010.12)과 민병갑·주동완의 「뉴욕 플러싱 베이사이드 지역의 한인타운」(『글로벌문화콘텐츠』, 제5호, 글로벌문화콘텐츠학회, 2010.12) 등이 발표된 것이다.

---

4 동 연구는 임동철과 공동으로 수행된 것이다.

글로벌문화콘텐츠학회의 학술지, 『글로벌문화콘텐츠』 제5호에 실린 3편의 논문들은 해외 한인집거지(농촌의 한인마을, 도시의 코리아타운)의 한국문화행사 내지 활동을 문화콘텐츠 연구와 관련을 지어 소개한 것이다. 이런 점에서 특별히 문화콘텐츠, 문화산업 등의 용어를 사용하지 않았지만, 전남대 세계한상문화연구단 장윤수의 『코리안 디아스포라와 문화 네트워크』(북코리아, 2010)에 실린 제5장의 「재미한인 문화생활과 민족문화」, 제6장의 「중국조선족의 문화생활과 민족문화」, 제7장의 「재외한인의 문화생활 비교」, 제8장의 「재외한인사회와 민족문화 네트워크」, 그리고 제9장의 「우즈베키스탄과 카자흐스탄의 고려인 예술가 활동현황」 등은 문화콘텐츠 분야의 선행연구로 포함해도 좋을 것이다.

2. 재외한인사회와 한류, 코리아타운

1860년대 중반 이후 러시아 연해주와 중국 만주로, 미국 하와이와 멕시코-쿠바, 일본, 그리고 1948년 대한민국 정부수립 이후에는 북미와 유럽, 중남미, 동남아와 호주 등 전 세계로 흩어져 디아스포라의 삶을 영위해온 한민족 구성원이 700만 명을 넘어섰다. 남북한 7,000만 명의 1/10 이상이 해외에 살고 있는 셈이다. 나아가 지구촌 시대, 초국가적인 이동의 시대를 맞아 비즈니스와 재외공관/국제기구 근무, 유학 등 다양한 이유로 나라 밖에서 살고 있는 재외국민의 수까지 포함한다면, 750만 이상의 한민족의 삶의 무대가 전 세계로 확대되었다 하겠다.[5]

오늘날 재외한인사회의 중심 무대인 지구촌의 코리아타운마다 5천년 한민족사의 전대미문의 사건인 한류(Korean Wave)로 인해 지역에 관계없이

---

5 재중동포인 중국조선족의 한국거주가 40만에 이른다고 하더라도 중국거주 한국인 100만 시대 등 해외거주 한국인의 수를 감안해 750만 한민족의 해외거주는 현실성이 있는 계산이라 하겠다.

활기를 띠고 있다. 문화발신국 KOREA의 브랜드 가치가 올라감으로써 과거 어느 때보다도 한민족으로서의 자긍심을 갖고 살 수 있게 되었기 때문이다. 2000년 새천년이 시작되면서 중국 언론에 회자되기 시작한 '한류'는 처음에는 일시적인 현상으로 생각되었으나 10년이 지난 오늘날에도 그 위력을 발휘하고 있다.6 한류 드라마와 영화, 한국대중가요(K-POP) 등 양질의 콘텐츠가 이어졌기 때문이지만, 무엇보다도 초고속 인터넷의 급속한 보급과 함께 한국 특유의 공개와 공유의 네티즌 문화가 있었기 때문에 가능했다는 것이 일반적인 시각이다. 나아가 대중문화에 그치지 않고 '신한류'의 이름 아래 고급문화에서부터 전통·생활문화에 이르기까지, 그리고 디지털 한류, 경제 한류 등 한류의 확대 재생산이 계속되고 있기 때문이다.

한류의 확산은 한국 정부의 재외한인사회 정책에도 변화를 가져왔다. 한국 정부는 1997년 재외동포재단을 설립함으로써 과거의 무관심, 몰이해, 무대책이라는 '3무(無) 정책'을 탈피하기 시작한 바 있다. 1965년 한일조약으로 재일코리안을 외면했다는 기민정책과 그 동안 재외동포를 부담스러운 짐으로 간주한 것으로 평가받는 현지화정책으로부터 재외동포를 한민족의 자산으로 인식하고 적극적으로 포용하는 신(新)재외동포정책으로 전환한 것이다(이광규, 2006: 39-49). 재외동포재단의 설립 이후 한국 정부의 재외한인사회 정책도 적극적으로 추진되어왔다. 이중국적 문제는 신중하게 진행되고 있으나 '재외국민 참정권' 행사는 2012년 시행을 앞두고 정부도 재외한인사회도, 한국 학계의 관심도 제고되고 있다.7

이제 지구촌 전역으로 흩어진 한민족이 글로벌 지구촌 시대에 '한류 콘텐츠'를 통해 다시 만나고 있다. 그러나 한류 이전부터 해외한인사회의 집거지역(농촌마을 등)과 도시의 '코리아타운'은 한국음식과 한국인의 전통생활

---

6 「겨울연가」로 확산된 일본의 한류가 한 때 한류의 침체 내지 퇴조 지역으로 분류되었는데, 최근 소녀시대와 카라 등 걸그룹의 인기에 힘입어 제2의 한류를 맞고 있다는 평가이다.
7 재외한인사와 단국대학교가 공동으로 설립한 재외동포연구소도 이 같은 상황의 반영이라 하겠다.

문화 전파 등 한국문화의 정보발신처로 역할을 해왔다. 코리아타운에 대한 연구가 글로벌 지구촌 시대에 '한류 콘텐츠'의 지속 가능한 진화에 크게 기여할 수 있을 것이라는 기대이다.

2010년 7월 4일 오전 11시 LA 다운타운 스테이플스센터 입구는 슈퍼주니어와 소녀시대, 샤이니 등 한국 대중가요(K-POP)를 이끌고 있는 아이돌 그룹을 보고자 전 세계 곳곳에서 모인 팬들로 인산인해를 이루고 있었다.[8] 한류는 이미 LA를 감동시켰다. 뿐만 아니다. LA 코리아타운은 '엔터테인먼트의 허브'로 주류사회의 평가를 받고 있다.[9] LA보다 훨씬 다양한 세계 인종의 전시장인 뉴욕의 코리아타운도, 앞서 소개한 민병갑·주동완의 「뉴욕 플러싱, 베이사이드 지역의 한인타운」에서 알 수 있듯이, 한국문화를 알리는 중요한 창구로써 손색이 없다. 주민의 4분의 1이 재일코리안인 일본 오사카의 이코노쿠 코리아타운 또한 관서지방에 한국음식의 식자재를 공급해왔던 '조선시장'에서 발전했는데, 오늘날 일본 내 한류의 주요 확산지의 하나가 되었다. 아울러 최근에는 이들 한인사회를 한류와 관련하여 연구하고 또한 디지털콘텐츠 연구와 접맥시키려는 노력이 시도되고 있다.

'디지털콘텐츠'란 기존에 아날로그 형태로 존재하던 정보나 문학 창작물 등의 콘텐츠가 디지털화된 것을 말한다. 디지털화된 모든 정보를 총망라하는 개념인 디지털콘텐츠라는 용어는 문자, 소리, 화상, 영상 등 인간이 이용 가능한 모든 의사소통의 형태로 이루어진 정보의 내용물을 지탱하는 콘텐츠라는 단어를 근간으로 한다. 그러므로 콘텐츠라는 범주에는 출판, 영화, 방송, 사진 등의 시각적 미디어와 음악, 라디오 등의 청각적 미디어,

---

8　『코리아타운 데일리』 2010-09-07 「한류(韓流)'가 LA를 감동시키다!」 http://www.koreatowndaily.com/read.php?id=20100907192620&section=local&ss=1&type=fdb

9　낫 포 투어리스츠(Not For Tourists) 사는 2010 LA안내판에서 미국 내 한인의 3분의 1이 사는 LA한인타운은 늦은 밤까지 떠들썩한 "엔터테인먼트의 중심"이라고 평가했다. 한인타운 지도를 실은 이 책자는 "소주까지 곁들이게 되면 한인타운에서의 밤은 완벽해 질 것"이라는 설명도 곁들었다. 『타운뉴스』 2010-02-10 「주류사회가 본 LA코리아타운은… 엔터테인먼트 허브」 http://ktownlove.com/new/112328.

또 비교적 최근에 등장한 게임이나 데이터베이스 등 인터랙티브한(interactive) 형태를 취하고 있는 콘텐츠까지 광범위한 분야가 여기에 포함된다.[10]

디지털 자료는 세월이 흘러도 변하지 않고 항상 똑같은 품질을 유지하는 비파괴성(항상성), 별도의 비용을 추가하지 않아도 자유롭게 정보의 추가, 삭제, 수정이 가능한 변형가능성, 보관비용이 저렴하고 공간적인 낭비가 거의 없는 보관의 편리성, 그리고 여러 종류의 디지털콘텐츠끼리 쉽게 결합하여 더 좋은 콘텐츠를 만들 수 있는 결합성 등의 특성을 갖고 있다. 따라서 CD나 DVD 등의 디지털 미디어 혹은 유무선 인터넷 등의 데이터 네트워크를 통해 유통되는 디지털콘텐츠는 고부가가치 산업으로 전환되고 새로운 파생상품을 창출함으로써 그로 인한 경제적 효과를 전 산업으로 확산시킬 수 있는 특성을 갖고 있다. 이런 특성으로 말미암아 미국, 일본, 유럽 등 선진국들은 이러한 디지털콘텐츠산업의 특성과 잠재력을 인지하고 이 산업에서의 주도권을 잡기 위한 노력을 기울이고 있다.

그런데 디지털콘텐츠산업은 결국은 그 내용물, 콘텐츠(이야기)에서 승부가 결정되기 때문에 선진국일수록 이야기(스토리)의 발굴에 노력하고 이를 문화콘텐츠화할 수 있는 스토리텔링과 스토리텔러 양성에 심혈을 기울이고 있다.[11] 유니크(unique)한 내용이면서 유니버설한(universal) 공감을 불러일으킬 수 있는 이야기를 찾고 만들고 있는 것이다. 필자는, 지난 2000년 여름부터 10여 년 동안 러시아(모스크바, 상트 페테르부르크, 볼고그라드, 우랄과 시베리아, 블라디보스토크), 우크라이나(키예프, 하리코프, 심페로폴, 장코이, 르비프), 우즈베키스탄(타슈켄트, 사마르칸트, 우르겐치, 페르가나, 누쿠스 등), 카자흐스탄(알마티, 우쉬토베) 등

---

10 이와 관련, 최근 북경에서 개최된 제15회 중국조선족 발전을 위한 심포지엄(북경, 2010.11월)에서 발표된 정희숙의 「디지털콘텐츠를 활용한 민족문화네트워크 구축 방안: 조선족 미디어를 중심으로」 논문이 주목을 받을 만하다. 이미 전 세계 주요도시로 진출한 중국조선족을 하나로 묶어 줄 수 있는 민족문화네트워크가 조선족사회가 운영하는 미디어(인터넷사이트)로 이루어지고 있기 때문이다.
11 최근 국내외 스토리텔러 양성 체계에 대한 내용은 임영상 등이 수행한 다음의 정책개발 과제 연구보고서를 참고할 수 있다. 문화체육관광부, 『문화·관광산업 전략적 육성을 위한 스토리텔링 활성화 방안』(2011.1).

CIS 국가들과 연변조선족자치주(용정), 일본의 오사카 이쿠노쿠와 미국의 뉴욕 플러싱 등 재외한인사회를 방문하면서 역경과 고난을 극복하고 성공 스토리를 쓴 원로 한인들의 삶은 바로 감동 그 자체였음을 확인했다.[12]

원로 한인들의 살아온 이야기를 디지털캠코더로 담으면서 필자는 재외 한인사회의 많은 삶의 터전들이 이미 역사 속으로 사라진 것을 확인하지 않을 수 없었다. 우즈베키스탄의 고려인사회가 '제2의 조국'으로 받아들이면서 일구어 놓은 고려인 농촌 콜호즈는 더 이상 고려인마을이 아니었다. 중국조선족의 농촌마을의 변화는 더 심한 상태였다. 중앙아시아 고려인농촌마을과 중국 길림성의 연변조선족자치주를 비롯한 동북3성의 조선족 집거지역/마을의 역사문화자원의 디지털콘텐츠화가 시급한 이유라 하겠다. 물론 필자가 주장하고자 하는 디지털콘텐츠화는 단순 DB구축 차원이 결코 아니다. 재외한인사회의 연구를 위한 기초 자료인 동시에 활용을 위한 방안으로 문화콘텐츠 개발을 염두에 둔 상태이다.

영화, 드라마, 게임, 만화, 애니메이션, 모바일 등 문화콘텐츠산업이 지식기반사회를 선도하는 미래 성장 동력으로 각광받고 있다. 앞서 언급한 바와 같이, LA 코리아타운은 이미 주류사회에서 '엔터테인먼트의 허브'로 평가받고 있다. 때문에 LA를 비롯한 세계 대도시의 코리아타운은 한류의 글로벌화를 위한 문화콘텐츠 연구의 좋은 대상이 아닐 수 없다. 사회학과 인류학, 그리고 문화콘텐츠학 연구자들이 문화콘텐츠산업과 연계될 수 있는 보다 실용적인 연구 성과가 나올 수 있을 것이다. 그런데 본격적인 문화콘텐츠 연구에 앞선 기초연구로 우리는 재외한인사회의 전자문화지도 구현과 재외동포기록관(영상아카이브)의 시급함을 거론하지 않을 수 없다.

---

12 필자는 2002~2003년 미국 인디애나대학교(블루밍턴) '역사와 기록 연구소'(구명 구술사 연구소)에서 연구하면서 재외한인사회 연구에 구술사 연구방법론이 중요함을 인식하고 일련의 작업을 진행 중이다. 현재 '코리안 디아스포라와 구술사'를 주제로 격변의 시대를 온몸으로 살아온 재외한인사회 원로(올드타이머) 가운데 미국 인디애나폴리스, 러시아 크라스노야르스크, 우즈베키스탄 페르가나와 타슈켄트, 중국 용정, 일본 오사카에 거주하고 있는 원로 한인들의 구술생애이야기 작업을 일부 수행했고 또 수행 중이다.

3. 재외한인사회와 전자문화지도

전자문화지도는 인문학적 콘텐츠와 공학적 콘텐츠 기술이 융합된 인문정보학 분야의 한 방법론이라 할 수 있다. 그것은 사회과부도에서 볼 수 있는 그림지도가 아니다. 인문지식 정보데이터와 콘텐츠 DB를 시간, 공간, 주제 축에 따라 배치한 웹 기반의 디지털 전자지도이다. 전자문화지도는 전자지도를 기반으로 문화자원 데이터, 정보, 지식, 지식정보를 공유, 체험, 이해할 수 있는 지식정보 변환 / 교환 / 유통 센터의 기능을 수행하며, 그 구조는 데이터베이스, 운영시스템, 서비스 제공 플랫폼으로 구성되어 있다.

아직까지 한국 학계에서 재외한인사회 연구로 전자문화지도가 구현된 바가 거의 없다. 필자가 시도한 두 차례의 연구는 본격적인 전자문화지도라기보다는 그 시론에 불과할 뿐이다. 먼저 「연변조선족의 문화중심 용정과 '문화루트' 개발」(임영상, 2008a: 213-238)이다. 용정조선족문화발전추진회가 간행해온 잡지 『일송정』과 『세월 속의 龍井』, 용정시관광지점안내시리즈 책자인 『유서 깊은 해란강반』, 『유서 깊은 명동촌』, 『유서 깊은 두만강반』, 『유서 깊은 구수하반』 등에서 입수할 수 있는 용정이야기를 토대로 연변의 이미지를 살릴 수 있는 용정문화콘텐츠를 개발한 것이다. 용정문화루트 개발은 ① 문화자원 수집단계, ② 전자지도 구현단계로 나누어 진행되었다. 문화자원(사진, 동영상, 시·공간정보) 수집은 디지털카메라, 디지털비디오

재외한인문화 ＋ 전자문화지도 ＝ 재외한인
문화지도

문화자원　　　　　플랫폼　　　　지식정보 서비스

〈그림 7.1〉 재외한인문화지도 구현 개념

카메라, GPS(Global Positioning System)수신기를 활용하여 정보를 수집했다. 전자지도의 구현은 인문정보학 전문가의 도움을 받았는데, 누구나 KMZ (keyhole markup language zipped) 파일을 통하여 사용자끼리 공유·참여·제작이 가능한 형태로 구현되었다.

필자가 용정문화루트를 생각한 것은, 연변(용정)을 널리 알릴 수 있는 용정브랜드의 첫 대상으로 "시인 윤동주"가 가능하다고 생각한 것이다. 윤동주는 용정을 넘어 연변의 아이콘(상징)으로 손색이 없기 때문이었다. 윤동주 생가와 명동교회가 이미 복원된 터였고, 명동학교13까지 복원되면 윤동주 콘텐츠의 기획, 명동촌 테마파크 개발이 가능해질 것으로 판단했다. 그런데 윤동주 콘텐츠의 기획 등 용정문화콘텐츠가 개발되기 위해서는 조선족 동포들도 용정을 찾아야 하지만, 용정에 향수를 갖고 있는 용정출신으로 한국과 미국 등지에 흩어진 한민족들의 발길이 이어져야 했다. 나아가 한국을 비롯한 한민족 젊은이들은 민족의 성산인 백두산과 북방의 코리안 벨트(연변과 연해주)를 찾을 필요가 있다고 생각한 것이다.

〈그림 7.2〉는 필자가 연길에서 출발하여 1박2일 여정으로 과거 조선족의 이주이야기와 항일·교육운동, 그리고 용정시의 관광축제까지를 아우를 수 있는 용정역사문화관광코스로 생각한 것 중에 제1일 코스로 제작한 문화루트이다(상단과 하단의 사진은 덧붙인 것임).

한편, 필자는 1937년 중앙아시아 강제이주로 하루아침에 사라져버린 연해주와 아무르주의 고려인사회의 역사문화자원 또한 최근의 현황을 반영하면서 전자문화지도가 구현되어야 한다고 생각하고 있다. 그러나 우선 아직도 일부 고려인사회의 삶의 흔적들이 남아 있는 중앙아시아, 특히 우즈베키스탄 고려인 농촌마을에 관한 전자문화지도 구현이 시급함을 피력한 바 있다. 이하 내용은 필자의 「우즈베키스탄 한민족박물관과 디지털콘텐츠화」연구 내용을 재정리한 것이다(임영상, 2010d).

---

13 2010년 7월 다시 명동촌을 찾았을 때, 명동학교의 복원공사가 한창 진행 중이었으며, 마침내 지난 10월 말 복원되었다.

〈그림 7.2〉 제1일 코스(조선족 이주와 명동촌):
(연길) → 삼합 → (오랑캐령) → 명동촌 → 장재촌 → 승지촌 → 용정시내[미식거리 한글독서사]

재외한인사회 연구에 관심을 가진 연구자들이, 연변에 가면 용정의 명
동촌을 방문하고자 하듯이, 타슈켄트를 방문할 경우 거의 빠짐없이 옛 〈김
병화〉 콜호즈를 방문한다. 비록 콜호즈는 사라졌지만 콜호즈 내 10평 남
짓의 작은 김병화박물관을 보기 위해서이다. 김병화박물관 외에 고려인사
회는 다민족 우즈베키스탄 사회에 고려인의 생활문화를 보여주고 고난을
헤치고 우즈베키스탄 사회의 당당한 성원이 된 사회주의 노력영웅들을 기
념하기 위해 한민족박물관들을 세운 바 있다. 동부의 페르가나 시, 북부의
우르겐치 시 외곽의 〈알-호레즘〉 솝호즈, 그리고 타슈켄트 주 상 치르치
크 구역의 〈프라우다〉 콜호즈 등이다. 사람들이 박물관을 찾는 것은 전시
물 속에 많은 이야기를 담겨 있기 때문이다. 그런데 우즈베키스탄 고려인
사회의 이야기, 특히 감동의 성공스토리를 찾고 있는 시대에 고려인이 최기
건립한 박물관들이 방치되어 있고 아예 폐쇄된 곳도 있다. 2010년 8월 다
시 김병화박물관을 찾았을 때, 일부 전시물의 분실 소식도 들었다. 보안이

아주 허술하기 짝이 없었다. 때문에 김병화박물관을 속히 사이버박물관으로 만들어야 한다고 생각했다. 또한 필자는 우즈베키스탄의 농촌 고려인 사회를 방문하면서 어떤 유용한 지도도 찾기 어려웠다. 소련에서 우즈베키스탄으로 넘어가는 과정에서 지명도 바뀌고 마을까지 나오는 새로운 지도를 구할 수가 없었기 때문이다. 따라서 필자는 우선 인터넷 시대에 타슈켄트 시내에서 왕래가 용이한 타슈켄트 주의 고려인 농촌마을에 대한 전자문화지도 또한 한민족박물관의 디지털화와 함께 절실하게 필요하다고 인식했다.

필자는 기반 문화기술인 GPS, 그리고 전시, 표현 문화기술인 3D PVR (Photographic Virtual Reality)을 활용하여 타슈켄트 주(상치르치크 구역)의 고려인 콜호즈에 대한 전자문화지도를 시도하고, 현재 활동 중인 김병화박물관과 전시물을 디지털콘텐츠화 할 수 있는 방안을 생각해 보았다.

〈그림 7.3〉은 타슈켄트 주의 상 치르치크 구역에서 최대의 고려인 인구를 가진 〈스베르들로프〉(고려인의 명칭으로는 시온고, 현재 명은 아흐마드 야사비) 콜호즈, 중 치르치크 구역의 〈김병화〉 콜호즈보다 더 명성을 날렸던 황만금

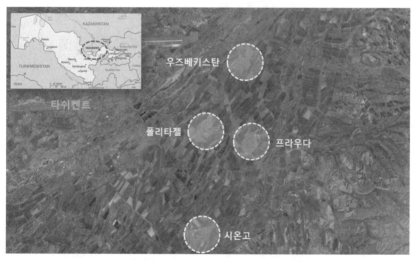

〈그림 7.3〉 타슈켄트 주 상치르치크 구역의 고려인 콜호즈들

회장이 운영한 〈폴리타젤〉 콜호즈, 앞서 콜호즈 박물관을 건립한 바 있는 〈프라우드〉 콜호즈, 그리고 타슈켄트 시에서 들어올 때 가장 가까운 곳에 위치한 〈이크〉(레닌의길)에 인접한 〈우즈베키스탄〉 콜호즈를 GPS수신기로 작업한 것을 전자문화지도로 표시한 것이다.

전자문화지도가 가지는 장점은 데이터와 표현이 분리 가능하다는 점이다. 베이스 맵인 구글 지도는 변하지 않지만, 문화자원의 표현은 자유롭게 사용자별로 구현이 가능하다는 점이다. 즉 전자문화지도의 장점은 다음과 같다. ① 사용자 참여 및 공유가 가능한 전자지도이며, ② 사용자가 직접 제작 가능한 개방형 지도이고, ③ 웹을 통해 활용되는 활용성의 증대를 가져오며, ④ GPS를 중심으로 문화자원을 융합, 분리 가능하고, ⑤ 다양한 멀티미디어와의 연동 및 활용가능성 높다는 것이다. 〈그림 7.4〉는 〈시온

〈그림 7.4〉 Tracks과 Waypoints에 문화자원을 상호 연동한 시온고 콜호즈 문화지도

고〉콜호즈를 GPS로부터 추출한 트랙(Tracks)과 웨이포인트(Waypoints)에 문화자원을 상호 연동하여 문화지도로 구현된 모습이다.

이로써 과거 연구자들이 고려인 콜호즈를 연구하기 위해 콜호즈를 그렸는데, 이제 구글어스를 통해 완벽한 지도그리기가 가능해졌을 뿐만 아니라 바로 그 지도 위에 다양한 문화자원 정보를 중층적으로 표현할 수 있게 된 것이다.

3D PVR(Photographic Virtual Reality)은 일종의 사진으로 만든 3차원 가상현실 파노라마기법 중 하나이다. 사용자가 직접 마우스로 상하좌우, 앞뒤 모든 방향을 볼 수 있는 사진이다. 3D PVR은 총 3단계를 나누어 작업을 한다. 첫 번째는 촬영단계로 일반 카메라도 가능하지만 편의상 디지털카메라를 많이 사용하며, 노달포인트(nodal point: 광선의 중심점)를 축으로 하여 상하좌우로 정확한 각도마다 카메라를 돌려주는 장비(rotator와 각도기)에 카메라를 장착하여, 모든 방향을 여러 장의 사진으로 겹치게 촬영한다. 두 번째는 스티칭(Stitching) 단계로 여러 장의 사진을 다시 Stitching Tool(이미지 합성 프로그램)로 한 장의 Sphere(원형) 또는 Cube(육면체) 이미지로 변환시킨다. 세 번째는 뷰어(Viewer)단계로 View를 이용하여 사이버 공간이나 웹 상에서 이 한 장의 이미지를 3차원적인 영상으로 현실감 있게 표현하는 디지털 영상 단계이다. 〈그림 7.5〉는 김병화 박물관을 3D PVR로 촬영한 16장의 사진이며, 그 아래는 스티칭으로 구현된 김병화 박물관의 외관 모습이다.

3D PVR로 구현된 김병화 박물관을 다양한 이미지와 동영상, 텍스트와 결합하여 하나의 가상박물관으로 구현하는 것이 가능하다. 이렇게 구현된 3D PVR은 추후 전자문화지도에 연동될 수 있다. 필자는 이번 우즈베키스탄 콜호즈에서 총 12곳을 3D PVR로 촬영하여 추후 가상박물관을 위한 자료를 모은 바 있다. 이렇게 구현된 김병화 박물관은 여러 가지 콘텐츠로 활용될 수 있다. 먼저 스토리텔링, 전시기술, 미디어와 결합하여 박물관, 문화연구소, 문화관련 산업체에 활용이 가능하며, 특히 이동이 불가능한 문화자원, 소멸되는 문화자원의 표현에 유용하다. 또한 인터렉티비티(쌍방

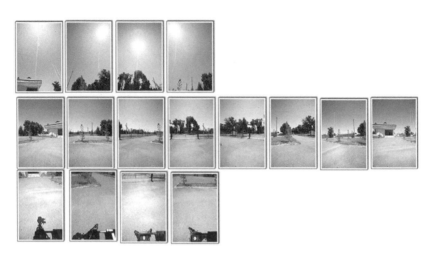

〈그림 7.5〉 김병화 박물관을 3D PVR로 촬영한 모습

〈그림 7.6〉 스티칭(Stitching)으로 구현된 김병화 박물관 외관 모습

향) 체험형 문화기술로 확장할 수 있음으로 생생한 체험을 제공할 수 있을 것이다.

인문지식 정보데이터와 콘텐츠 DB를 시간, 공간, 주제 축에 따라 배치한 웹 기반의 디지털 전자지도인 전자문화지도는, 문화자원 데이터, 정보, 지식, 지식정보를 공유, 체험, 이해할 수 있는 지식정보 변환 / 교환 / 유통

센터의 기능을 수행할 수 있다. 따라서 재외한인사회, 특히 풍부한 역사문화자원을 간직한 중국조선족과 CIS 고려인 사회의 집거지 연구를 전자문화지도로 구현하는 것은 이상적일 수 있다.

4. 재외한인사회와 재외한인기록관(영상아카이브)

문자보다 이미지와 음성자료, 즉 영상자료의 채취와 기록에서 목표하는 바의 성과를 올려야만 콘텐츠 개발이 가능할 수 있다. 영상자료의 채취방법(임영상·조관연, 2006: 215-235)이 중요하며, 또 기록 보전이 우선 되어야 한다는 것이다. 재외한인사회 연구에서 재외한인기록관(영상아카이브)의 설립을 다시 재론하지 않을 수 없다. 이하 내용은 필자와 방일권이 공동으로 수행한 「고려인연구와 영상물, 영상아카이브」 논문 내용을 정리한 것이다(임영상·방일권, 2004: 122-143).

재외동포 원로의 살아온 이야기뿐만 아니라 집거지를 이루어 살아온 재외한인사회 연구에 있어 디지털영상자료의 중요성은 더 이상 재론할 필요가 없다. 문제는 어떻게 활용도가 높고 보다 완결된 영상콘텐츠를 생산하느냐이다. 사실 재외한인사 연구는 소수자들의 사회적 기억을 역사적 기억으로 되살려내는 일에 다름 아니다. 개인의 사적인 기억 역시 관심의 대상이 되지만 사회학자 뒤르켐(E. Durkheim)의 주장처럼 '개인의 인식과 사고의 조건 역시 시간과 공간 및 사회적 조건을 전제로 하는 것'인 만큼 엄밀한 의미에서 연구자들의 관심을 끄는 사적 기억은 모두 사회적 기억(social memory)에 속한다고 하겠다. 인간과 사회관계를 해석하는 데 있어 기억의 특성을 특별히 강조했던 사회학자 모리스 알박스(Maurice Halbwachs)의 표현을 빌린다면 재외한인, 재외동포사 연구에서 관심의 대상이 되는 기억은 '집합적 기억'(collective memory)이다.

재외한인, 특히 재외동포의 활동을 증언하는 역사자료뿐 아니라 해당

사회 속의 시민생활상을 반영하는 사회적 자료들을 축적하는 재외한인(동포)기록관의 설립이 시급하다. 근현대 시기 이후 한인이주사가 150년이 되었지만, 실제 한국 학계의 재외한인 연구는 20년이 조금 넘었을 뿐이다. 연구자의 대부분은 자신들의 연구 관심에만 치중되어 있어서 기록되어야 할 전체에 대해서까지 관심을 기울이지 못해온 형편이다.[14] 따라서 지구촌, 글로벌 시대 재외한인사회에 관한 합리적이고도 현실적인 지원과 교류를 지속하기 위해서는 "과거의 기억을 도와 현재를 살게 하고 미래를 계획할 수 있는" 다양하고 폭넓은 경험이 반영된 기록들의 보존이 긴요하다는 것이다.

재외한인(동포)기록관은 거주국의 한인동포(혹은 재외국민) 스스로가 개인과 집단 활동의 기록을 보존하도록 촉진하는 역할을 자연스럽게 담당할 수 있다. 많은 동포들이 의외로 많은 개인자료와 사회기록들을 개인적으로 보존하고 있음을 조사연구 과정에서 목도할 수 있었다. 동포사회 현지에서 생산된 기록은 현장에서 직접 수집되지 않을 경우 얼마 지나지 않아 그들의 활동 자체가 사장될 수밖에 없다. 고려인들의 경우를 예로 들더라도 이미 역사적으로 중요한 시간들을 살았던 동포들이 급속히 세상을 떠나고 있어 기록의 보존이 시급한 실정에 있다. 이제 체계적으로 관련된 기록을 책임 있게 수집, 보존하고 가장 편리하게 공유할 수 있도록 하는 제도적 장치가 필요한 것이다.

결국 재외한인(동포)기록관은 재외한인들에게 해당 사회와 역사적 조국에 대한 기억을 강화하고 자신들의 집단적 활동을 통해 산출된 사회적 노하우, 암묵지(know-how)들을 전수하며 공유하게 만드는 문화적, 사회적 기능을 수행하는 제도적 장치라 할 수 있다. 이렇게 보존된 기록을 통해 우

---

14 이점 우리 학계에서 '재외동포학'을 제창한 이광규 교수의 인터뷰는 시사하는 바가 크다. 그는 2010년 12월 16일 새외농포포럼에서 필자가 재외한인사회와 디지털콘텐츠를 주제로 발표하자, 자신이 1990년대 초반에 만났던 고려인사회의 영웅(예 : 황만금)들의 살아온 이야기를 기록해 놓지 못한 것이 큰 손실이라고 했다.

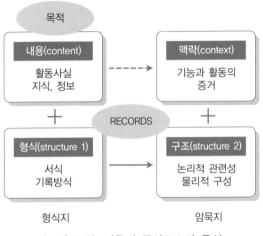

〈그림 7.7〉 기록의 구성요소와 특성

리는 개별 사회의 상황과 변화를 상호 비교할 수 있다. 우리 사회가 관심을 갖고 있는 재외한인(동포) 자원의 활동이나 이를 위한 우리 정부의 적절한 정책 수립은 그 다음의 사안이다. 다만 개별적인 정보뿐만 아니라 이들의 축적을 통해 드러나는 맥락적 지식까지 파악된 이후의 정책적 판단과 접근이라면 소수 개인의 판단이나 관심 및 연구에 근거한 결정에 비해 높은 신뢰와 합리성을 인정받을 수 있을 것임이 분명하다. 우리는 이를 〈그림 7.7〉로 정리할 수 있을 것이다.

재외한인(동포)기록관은 국사편찬위원회나 독립기념관과 같이 해외 자료와 관련하여 한국의 주요한 기록보존 기관으로 여겨지는 곳들과 뚜렷한 차별성을 가져야 한다. 해외 각지에 동포들의 삶의 터전을 배경으로 하여 현지의 생활과 문화, 동포사의 주요한 활동 등을 반영하는 기록과 관련 연구자료, 그리고 한국과 동포 사회의 교류 및 지원활동 등을 보여주는 기록들이 수집되고 보존되는 고유한 주제기록관이 되어야 하는 것이다. 이를 위해 고유성을 확보할 수 있도록 원대한 미래상과 확고한 조직 및 수집계획 등을 가져야 할 것이다. 더 나아가 유사 기록보존 기관들과 적절한 협력 관계를 구축한다면 수집되는 기록의 성격에 따라 보존의 주체를 달리함으로써 국가적 차원의 비용 절감과 연구 및 이용의 효율성을 확보하는 일도 얼마든지 가능하다.

주제기록관은 다양한 출처로부터 특정 주제에 상응하는 다양한 기록정보들을 수집하고 보존함으로써 활동의 전체상을 보여줄 수 있어야 하기 때문에 다양한 물리적 형태를 갖는 사적 기록물이 포함될 가능성이 높다. 당시 생산된 종이기록, 사진 영상, 음악, 당시의 기억을 재생하는 구술, 최근 더욱 다양화되고 있는 기계가독 기록물, 더 나아가 유물 등이 어우러져 집합적 기억을 구현하는 바탕을 마련할 필요가 있다는 점에서 디지털 기술을 기반으로 하는 영상아카이브의 장점을 살릴 필요가 있다고 본다.

원칙적으로 말해 어떤 기록으로든 맥락을 파악하는 일은 가능하다. 다만 한 가지 전제조건이 충족되어야 하는데 곧 해당 자료가 일관성과 정보적 균질성을 보장해야 한다는 점이다. 지난 수년간의 외대 연구자들의 고려인 연구활동에 대한 자체 평가로는 관련 자료나 증언에서 정보적 균질성을 확보하기가 결코 쉽지 않다는 점이었다. 대표성을 가진 공공기관이 체계적으로 기록을 수집하거나 생산하지 않았을 뿐 아니라 여러 곳에 자료가 산재해 있어 국외인으로서 1차 자료들을 통해 연구를 진행하기가 어려웠다. 비교적 자료가 많은 주제라 할지라도 경험자들의 증언과 기록 간의 간극이 존재한다. 한 사건에 대한 현장과 중앙의 관점 차이가 크기 때문이다.

그렇기 때문에 집합적 기억에 대한 도큐멘테이션 전략에서 볼 때 1차 자료의 확인만큼이나 영상매체를 활용하는 일이 유리해 보인다. 영상자료는 그 자체로 맥락적 정보를 구성한다. 사진 하나라도 촬영 목표와 배경이 있으며, 그 물리적 상태도 암묵적으로 증언해주는 바가 있어 다양한 해석의 여지를 준다. 스틸의 연속으로 구성되는 필름(영화) 기록은 감정이나 소리의 미묘한 변화들까지 잡아내어 문헌기록보다 생동감 있고 정보적 가치도 일반적으로 크다. 현재의 변화를 영상으로 기록하는 행위는 갖가지 경험들의 기억과 재생의 현장에 관한 사회적 틀을 포착할 수 있는 여지들을 지속적으로 반영하는 작업이라 할 수 있다. 따라서 문화적 실천과 변동에 대한 이해가 긴요한 재외한인사회 연구에 있어 영상기록은 다양한 문화적 행위를 도큐멘테이션하기에 좋은 매체가 된다. 나아가 제대로 된 영상물의 축적을 위해서는 인문학적 지식이 더없이 긴요하다. 순서적으로 먼저 정보가 쌓여야 그 후에 맥락이 축적될 수 있는데, 인문학적 지식은 정보적 가치를 올바로 파악해내는 데 절대적으로 요구되는 기초이기 때문이다.

영상 아카이브는 기존 기록의 수집과 정리, 보존뿐만 아니라 앞으로 새롭고 발전적인 영상기록의 생산과 사회적 활용을 위해서도 유용하다. 사회적 중복 투자를 막고 체계적인 자료의 축적을 위해 얼마간 연구가 되고 관련 자료 및 연구 관심자가 확보된 부분부터 주제기록물 발굴에 나서야 할 것이다. 이때에는 영상기록물에 담긴 내용만이 아니라 영상 이미지의 추상적 맥락을 다룰 수 있는 기술이 요구되는 만큼 다양한 전문가들의 협업적 활동이 매우 긴요한 부분이 된다. 이상과 같은 활동을 통해 재외한인(동포)사 및 생활 아카이브와 같은 주제기록관의 기틀도 나올 수 있으리라 기대된다.

그렇다고 해서 문헌기록물의 가치가 결코 저평가되어서는 안 될 것이다. 지금 당장 활용할 수 있다는 점에서도 문헌기록물이 더 소중하다. 2004년 11월 한국콘텐츠진흥원(구명 한국문화콘텐츠진흥원)의 문화원형 디지털콘텐츠화 사업에 처음으로 재외동포 관련 주제가 공모된 바 있다. "러시아 고려인 140년 이주개척사 문화원형 디지털콘텐츠화 사업"이었는데, 주지하듯이 1937년 강제이주 이전의 러시아 연해주 지역이든 중앙아시아 지역이든 비주얼 자료는 지극히 제한적이었다. 때문에 수업수행자인 한국외대 산학협력단 인문학부(사업 진행 중에 글로벌문화콘텐츠연구센터 설립) 연구진들은 러시아기록물보존소 자료도 활용했지만, 세계 최고(最古)의 한글신문인 『레닌기치』를 적극 활용했다. 마침 국사편찬위원회의 해외사료수집의 일환으로 시작된, 카자흐스탄 알마티 『고려일보』(『레닌기치』에서 개명)가 보관 중인

1938년 5월15일 창간호부터 2003년까지의 신문을 스캐닝한 CD 자료를 입수할 수 있었던 것이다. 외대 연구진들은 CD화된 고려인 관련 기사들을 정리하면서 비록 소련공산당 기관지 성격이었지만, 『레닌기치』가 갖고 있는 사료적인 가치들을 거듭 확인할 수 있었다. 고려인 이주개척사 문화원형사업의 결과물(http://kosa.culturecontent.com)이 이미지 자료 대신에 풍부한 고려인 스토리뱅크를 구축한 점이 차후 최종결과보고에서 높은 평가를 받은 바 있었다. 모두 기록의 힘이었다.

『레닌기치』는 지금도 개별 연구자들이 필요할 때마다 일일이 신문기사를 읽으면서 자료로 활용하고 있다.[15] 『레닌기치』의 기사 전부가 결코 사료적인 가치가 있다는 이야기는 아니다. 고려인 연구자들이 팀을 이루어 가치가 있다고 판단할 수 있는 기사들의 목록과 주제어를 정리하는 디지털화 작업이 이루어져, 근현대 시기 『조선일보』와 『동아일보』 등과 같이 기사검색이 가능해져야 한다는 것이다. 이미 국사편찬위원회는 근현대 한국사 연구에 기본이 되는 한국근현대신문자료와 한국근현대잡지자료의 DB화 작업을 마친 바 있다.[16] 근현대 시기 한반도를 떠나 해외에서 살아온 재외한인사회의 역사는 결국 현대 한국사의 연장이 아니겠는가? 『레닌기치』뿐만 아니라 중국조선족 사회가 만들어온 근현대시기 신문과 잡지들 가운데서도 사료적 가치가 큰 자료들의 디지털화가 중요하다는 것은 재삼 거론할 필요가 없을 것이다.

---

15 한국 학자로서 처음으로 『레닌기치』 기사를 적극 활용한 연구자는 『쏘련의 한인들: 고려사람』(이론과실천, 1990)을 저술한 고송무이다. 그 이후 해외한인문학 연구자들이 『레닌기치』의 문예면 기사를 적극 연구에 활용했는데, 대표적인 사례가 김필영이다. 김필영, 『중앙아시아 소비에트 고려인 문학사(1937~1991)』(강남대 출판부, 2004). 역사학 분야에서도 『레닌기치』 기사를 활용한 연구들이 나오고 있는데, 필자도 우즈베키스탄 고려인 콜호즈 관련 논문을 작성한 바 있다. 임영상, 「우즈베키스탄 타슈켄트 주의 고려인 콜호즈들: 『레닌기치』(1938~53) 기사 분석」, 『역사문화연구』 제26집(2007); 임영상, 「타슈켄트 주 고려사람 콜호즈의 변화: 상 치르치크 구 스베르블로프 콜호즈」, 『역사문화연구』 제27집(2007).
16 http://db.history.go.kr/front/intro/introFrameSet.jsp

5. 맺음말

그 동안 재외한인사회 연구는 연구자의 전공과 주제에 따라 인문학과 사회과학, 또는 인문학 중에서 역사학이라 하더라도 한국사 혹은 재외한인 주제의 해당지역사로 분류되곤 했다. 연구재단의 심사과정에서도 통일성과 전문성이 결여되곤 하는 문제가 발생했다. 때문에 근현대 재외한인의 이주와 정착 등을 다루어온 재외한인연구는 현대 한국(사)의 영역임에도 재외한인연구는 한국학과 별개로 연구활동이 진행되어왔다. '재외동포학'이 주장되기도 했지만(이광규, 195-304), 재외동포재단조차 이에 대한 공감대를 보여주는 상황이 아니다. 2010년 12월 23일 재외한인학회와 한국학중앙연구원이 공동 개최한 학술행사, 「재외한인연구와 한국학: 연계와 통합의 모색」은 재외한인연구가 현대 한국 사회의 중요한 영역으로 연구되어야 한다는 것을 확인한 자리였다고 할 수 있다.

그렇다면 무슨 연구를 어떻게 수행해야 할 것인가. 현대 한국(사)의 문제인 만큼, 다양한 현안에 관한 정책에 유용한 연구들이 수행되어야 하는 것은 당연하다. 거주국의 시민인 재외동포이든 한국 국적의 재외국민이든 오늘날 지구촌 전역에 흩어져 살고 있는 재외한인사회는 세계의 주요도시마다 '코리아타운'의 네이밍을 만들어가고 있다. LA 시청에서 서쪽으로 8km 떨어진 주변 일대의 LA 코리아타운, 뉴욕 플러싱 베이사이드의 코리아타운, 북경 왕징의 코리아타운, 심양 서탑의 코리아타운, 오사카의 이코노쿠 코리아타운, 동경의 신오쿠보 코리아타운 등. 그리고 2010년 2월에는 브라질 상파울로시에도 코리아타운이 지정되었다. 시정부가 조례로 한인동포 밀집지역인 봉혜치로(Bom Retiro)를 코리아 타운(Bairro Coreano em Sao Paulo)으로 공식 지정한 후, 5월 21일 상파울로 시의회 본회의장에서 코리아타운 지정 기념식을 가진 것이다.[17] 2012년 재외국민의 선거권 행사가

---

17 조례는 봉혜치로를 한국전통문화 중심 지역이자 상파울루 시 관광명소의 하나로 규정하는 한편 향후 각종 개발사업에 필요한 비용을 예산으로 지원할 수 있다고 명시했다. 이에 따라

목전의 일이 된 상황에서, 세계 각 지역 주요 도시의 코리아타운(비록 코리아타운이라는 네이밍을 획득하지 못한 곳이라 할지라도 한인 비즈니스 집중지역)에 대한 연구는 반드시 필요할 것이다.

필자가 먼저 제기한 것은 역사성뿐만 아니라 대중문화가 아닌 생활문화 중심의 신한류 콘텐츠 개발에 유용한, 독립국가연합 고려인과 중국조선족 사회의 역사문화자원의 조사와 전자문화지도의 구현이었다. 이미 십 수 년 전에 국립민속박물관(한국문화인류학회)이 주관한 조사연구는 시간과 연구비의 제한으로 지극히 일부 지역을 한정하여 조사한 바 있다. 물론 한국외대 고려인 연구팀은 이주사가 아닌 생활문화사에 관심을 갖고 고려인 사회를 연구해왔기 때문에, 『우즈벡 한인동포의 생활문화』와 『까자흐스탄 한인동포의 생활문화』는 늘 기초자료로 활용했다. 그러나 빠르게 변화해 온 고려인과 조선족 동포사회의 현실을 인정해야 한다. 역사와 전통의 한인집거지역의 역사문화자원을 철저한 조사(이미 사라진 것 포함)하는 것은 더 이상 미룰 수 있는 일이 아니다. 과거에도 사진, 동영상자료를 수집했을 것이다. 이번에는 넷(Net)세대 젊은이들의 참여도 가능한 지식정보서비스로 활용될 수 있는 전자문화지도의 구현이 가능한 조사연구가 이루어져야 할 것이다.

다음으로 필자는 재외한인(동포)사회의 과거와 현재의 변화를 맥락적으로 포착해 낼 수 있는, 기록학적 연구를 활용하는 집단적 기억의 도큐멘테이션 전략이 수반되어야 하는 재외한인(동포)기록관의 설립을 제안했다. 재외한인기록관은 '과거를 집합적으로 유지하기 위한 다수의 개인과 조직의 행위 또는 활동이 담긴 집합적 기억의 충실한 재현이 가능한 대상기관으로서 주제기록관'이다. 이는 조직 중심의 공공적 성격의 기록보다는 특정 주제나 지역을 중심으로 집단적 기억을 드러내는 데 그 독자성이 있으므

한인동포사회는 자체적으로 봉헤치로를 한인 경제·문화·관광 특구로 조성할 수 있으며, 상파울루 시로부터 이에 필요한 행정적·재정적 지원도 받을 수 있게 되었다. 『연합뉴스』 2010-5-22 「상파울루 코리아타운 지정 기념식 개최」.

로 문헌기록관 체제보다는 영상아카이브로 만들어지는 편이 유익하다고 주장한 바 있다. 그렇다고 자료가치가 큰 문헌기록의 조사와 선별, 디지털화 작업 또한 긴요하다고 언급한 바 있다. 필자의 주장은 현재 한국학중앙연구원 현대한국연구소가 수행 중인 현대한국구술사 프로젝트와 유사한 재외한인구술사 사업이 필요하다는 생각이다.

해외한국학은, 실용성 여부와 관계없이, 모국어인 한국어에 관심을 갖지 않을 수 없는 재외한인사회와 해외에서 한류 드라마와 영화의 매력에 빠져 한국어를 공부하려는 한류 영향권의 젊은 외국인사회에서 그 핵심 동력을 구해야 한다. 해외에서의 한국어교육과 마찬가지로 재외한인연구도 다양한 부처에서 이루어질 수 있을 것이다. 중요한 것은 이제 재외한인연구의 기초 사업들이 우리 정부의 장기사업으로 추진되어야 한다는 것이다. 필자가 제시한 사업들은 국내 연구자와 해외지역 연구자의 협력이 필수적이다. 아울러 국내 대학이든 해외 한국학 거점 대학이든 이중언어 구사가 가능한 학문후속세대, 대학원생을 적극 활용할 수 있는 장치가 마련되어야 한다는 점이다. 디지털콘텐츠 기술은 젊은 연구자들이 쉽게 배울 수 있기 때문이다.

참고문헌

고송무(1990). 『쏘련의 한인들: 고려사람』. 서울: 이론과실천.

이광규(2006). 『못다 이룬 꿈』. 서울: 집문당.

고정자 · 손미경(2010). "한국문화 발신지로서의 오사카 이쿠노쿠 코리아타운". 『글로벌문화콘텐츠』 5: 87-120.

김경희(2010). "한류를 통한 한국 · 일본 · 재일코리안의 새로운 관계 구출을 위한 제언". 『재외한인연구』 22: 177-202.

리광평(2009). "이주 1번지 두만강 기슭의 조선족 선배들". 『재외한인연구』 20: 130-154.

민병갑 · 주동완(2010). "뉴욕 플러싱, 베이사이드 지역의 한인타운". 『글로벌문화콘텐츠』 5: 7-39.

손미경(2009). "한 · 일 간 문화콘텐츠 영화교류와 재일코리안". 『재외한인연구』 20: 92-129.

안상경(2009). "연변조선족 전통문화의 브랜드화 추진과 '정암촌'의 장소자산 활용". 『역사문화연구』 32: 327-356.

_____(2009). "연변조선족자치주 정암촌 '청주아리랑'의 문화관광콘텐츠 개발 연구". 한국외국어대학교 대학원 박사학위논문.

안상경 · 임동철(2008). "연변조선족자치주 정암촌, 청주아리랑, 문화관광콘텐츠 개발". 『韓民族共同體』 16: 131-177.

윤인진(2010). "『재외한인연구』(1990 창간호~2010.8 제22호) 내용분석". 『2010 재외한인학회 · 한국학중앙연구원 공동학술회의 "재외한인연구와 한국학: 연계와 통합의 모색" 자료집』, pp. 1-60.

임영상(2007a). "우즈베키스탄 타슈켄트 주의 고려인 콜호즈들: 『레닌기치』(1938~53) 기사 분석". 『역사문화연구』 26: 3-43.

_____(2007b). "타슈켄트 주 고려사람 콜호즈의 변화: 상 치르치크 구 스베르들로프 콜호즈". 『역사문화연구』 27: 295-340.

_____(2008a). "연변조선족의 문화중심 용정과 '문화루트' 개발". 『인문콘텐츠』 13: 218-238.

_____(2008b). "연변조선족의 문화중심 용정과 '문화루트' 개발". 『韓民族共同體』 16: 106-130.

_____(2009a). "우크라이나 고려인과 한-우크라이나 문화산업". 『역사문화연구』 32: 1-32.

_____(2009b). "우즈베키스탄 고려인의 전통명절과 문화콘텐츠". 『재외한인연구』

20: 5-46.

_____(2010a). "중국조선족과 문화산업: 연변조선족자치주의 발전 전략". 『백산학보』 86: 317-354.

_____(2010b). "용정이야기와 문화총서 '일송정'". 『재외한인연구』 22: 203-234.

_____(2010c). "우즈베키스탄 고려인사회와 단오명절". 『한민족공동체』 17: 165-189.

_____(2010d). "우즈베키스탄 한민족박물관과 디지털콘텐츠화". 대외경제정책연구원 편, 『중앙아시아: 정치·문화』. 대외경제정책연구원.

_____(2010e). "타슈켄트의 신코리아타운 〈시온고〉 고려인마을과 한국문화". 『글로벌문화콘텐츠』 5: 41-86.

임영상·방일권(2004). "고려인 연구와 영상물, 영상아카이브". 『인문콘텐츠』 4: 122-143.

임영상·조관연(2006). "영상자료 채취방법". 인문콘텐츠학회 편, 『문화콘텐츠 입문』. 북코리아.

임재해(2006). "문화자산으로서 민속문화 유산의 경제적 가치 재인식". 김수이 편, 『한류와 21세기 문화비전』. 청동거울.

정희숙(2009). "중국조선족문화자원과 관광문화산업 기획". 『재외한인연구』 20: 155-180.

_____(2010). "디지털콘텐츠를 활용한 민족문화네트워크 구축 방안: 조선족 미디어를 중심으로". 『제15회 중국조선족 발전을 위한 심포지엄 자료집』. 중앙민족대학 한국문화연구소.

『코리아타운 데일리』 2010-09-07 「한류(韓流)'가 LA를 감동시키다!」

『타운뉴스』 2010-02-10 「주류사회가 본 LA코리아타운은… 엔터테인먼트 허브」

『연합뉴스』 2010-5-22 「상파울루 코리아타운 지정 기념식 개최」

http://kosa.culturecontent.com

http://db.history.go.kr/front/intro/introFrameSet.jsp

■ **임영상** 한국외국어대학교 사학과/대학원 글로벌문화콘텐츠학과 교수. 1988년 8월 서울대학교 대학원 서양사학과에서 문학박사 학위 취득. 2000년부터 CIS 고려인 등 해외한인 연구를 수행하고 있으며, 2007년부터 외교통상부 자문위원(재외동포분과)으로 활동. 최근 참여하고 있는 학회는 인문콘텐츠학회(2007.1~2008.12 회장 역임)와 재외한인학회(2011.1~2012.12 회장 수행)임. 2005년부터 한국외국어대학교 연구산학협력단 글로벌문화콘텐츠연구센터장으로 문화관광체육부, 영월군청, 한국콘텐츠진흥원, 아시아문화중심도시 추진단, 한국학중앙연구원, 경기문화재단, 용인문화원 등이 발주한 문화콘텐츠 과제들을 수행함. 이메일 주소: ysyim52@hanmail.net

제8장

코리안 디아스포라와 다문화[*]

윤인진 · 라경수

1. 한국 사회의 다문화 담론

최근 한국 사회의 주요 트렌드 중의 하나는 단연 '다문화'일 것이다. '관 (官) 주도 다문화주의'라는 비판을 받을 정도로 법무부, 여성가족부, 교육과 학기술부, 문화체육관광부 등의 정부 부처들은 앞 다퉈 다문화 정책을 공 포하면서 주도권 경쟁을 벌이고 있다. 시민단체들도 사회적 공감과 지지 를 받고, 정부로부터 위탁사업 형태로 지원을 받을 수 있는 다문화 사업으 로 전환하거나 또는 기존 활동에 다문화 사업을 추가하고 있다. 학계에서 도 '다문화 연구 열풍'이라 할 만큼 각처에 다문화 연구센터가 설립되고, 다문화 학술회의가 수시로 열리고, 다문화를 주제로 한 학위논문들이 급증 하고 있다. 하지만 다문화에 대한 이러한 한국 사회의 갑작스런 관심은 그

---

[*] 본 장은 윤인진 「코리안 디아스포라와 다문화」『지식의 지평』제8호(2010년 2월)와 라경수 「일본의 다문화주의와 재일코리안: '공생(共生)'과 '동포(同胞)'의 사이」『재외한인연구』제 22호(2010. 8)의 두 논문을 취합해 수정/보완한 것임을 밝힌다.

것이 얼마나 지속할 것인가에 대한 우려뿐만 아니라 그 편향성 때문에도 자기성찰과 자정노력이 필요하다. 즉 다문화 연구의 시각과 주제가 여성 결혼이민자와 국제결혼 가정 자녀에 편중되어 있는 점, 이주노동자와 화교 등 결혼이민자보다 그 수가 많고 역사가 오래된 소수집단에 대해 무관심한 점, 소수집단의 모국문화를 인정하기보다는 한국문화에로 편입시키려는 점, 동화주의는 악(惡)이고 다문화주의는 선(善)이라는 이분법적 사고 등은 현재의 다문화 담론이 갖고 있는 한계와 문제점이라 할 수 있다(김혜순, 2008; 원숙연, 2008; 설동훈, 2009).

한편, '다문화'라는 용어가 마치 관용구처럼 무분별하게 사용되면서 일부 연구자들은 기존의 다문화 담론에 대해 비판의 목소리를 내고 있다. 한건수(2009: 193)는 한국 사회에서 넘쳐나는 다문화 논의가 정교한 개념적 이해나 이론적 논의가 없는 상태에서 피상적이고 계몽적으로 이뤄지고 있다고 비판한다. 그는 국제결혼 가족에 대한 사회적 편견과 차별의 문제를 단지 '다문화 가족'으로 바꿔 부른다고 해결할 수 없다고 주장한다. 현재 '다문화 사회', '다문화 정책', '다문화 교육' 등 다양하게 사용되고 있는 다문화 개념은 소수자에 대한 다수자의 실제적 차별과 억압을 은폐하는 미사여구에 불과하다는 것이다. 설동훈(2009)은 국민들이 '다문화 사회로의 이행'을 '선진화'로 동일시하고 정부는 과거의 경제개발5개년계획처럼 다문화 사회로의 이행을 발전 전략으로 추진하고 있다고 평가한다. 그는 국내 일부 연구자들이 다문화 사회와 다문화주의를 혼동하면서 서구의 다문화주의 기준에 못 미치는 한국은 다문화 사회가 아니라는 주장을 편다고 비판한다. 그러면서 역사적, 사회적 맥락이 다른 나라들에서 만들어진 다문화주의 이론을 한국에 무분별하게 적용하는 것은 피해야 한다고 지적한다.

다문화에 대한 개념 정의뿐만 아니라 다문화 집단의 범주에 대한 상이한 해석도 현재의 다문화 담론을 혼란스럽게 만들고 있다. 또한 다문화 교육을 전공하는 연구자들은 대체로 북한이탈주민을 다문화 교육의 대상으로 본다. 박성혁 외(2007)는 탈북 청소년들이 처한 교육상의 문제는 여타 다문화 가정 자녀들의 것과 유사하나 북한이탈주민을 특별한 존재로 보고 다문화 교육정책에서 제외할 경우, 이들에게 득이 되기보다 손해가 될 수 있다고 지적한다. 하지만 대부분의 북한이탈주민들과 이들을 지원하는 민간단체들은 북한이탈주민들을 여타 외국인 이주노동자들이나 결혼이민자들과 동일시하는 것에 대해 불쾌해 하고 반대의사를 분명히 한다. 어떻게 같은 민족이자 동포인 그들을 외국인처럼 생경하게 대할 수 있느냐는 것이다. 만일 다문화를 상이한 문화들이 공존하는 것으로 이해한다면 북한문화라고 하는 또 다른 특수 배경을 가진 북한이탈주민들은 다문화 집단의 범주에 속할 수 있다. 그러나 현재와 같이 혈통을 중심으로 다문화를 이해한다면 이들은 우리와 같은 민족이기 때문에 다문화의 시각에서 접근해서는 안 되는 것이다. 필자는 최근 저서 『북한이주민』에서 북한이탈주민을 더 이상 '특별한 사람'이 아닌 일반 이주민의 관점에서 보아야 하고, 다문화적 관점에서 여타 이주민들과의 연대를 통해 소수자에 대한 다수자들의 편견과 차별을 극복하는 노력을 해야 한다고 주장한 바 있다(윤인진, 2009). 하지만 북한이탈주민을 다문화의 관점에서 볼 것인가는 아직 논쟁의 소지가 많기 때문에 보다 진지한 숙의가 필요하며, 앞으로 일관된 다문화 정책의 실현을 위해서 빠른 시일 내에 사회적 합의가 이루어질 필요가 있다.

한국 내에 체류하는 재외동포의 존재는 현재 논의되고 있는 다문화 담론의 한계를 또 한 번 드러내고 있어서 중대한 수정을 요구한다. 2009년 7월 현재, 90일 이상 장기체류하고 있는 외국인은 110만 6,884명으로 이 중 조선족동포는 44만 3,836명으로 전체 외국인 주민의 40%에 달한다(행정안전부, 2009). 조선족동포는 전체 외국인 이주노동자 57만 5,657명의 56%, 결혼이민자 12만 5,673명의 28%, 국적취득자 7만 3,725명의 58%, 외국인 주민 자녀 10만 7,689명의 17%를 차지할 정도로 전체 외국인 인구의 가장 높은 비율을 차지한다. 또한 단지 인구수뿐만 아니라 노동, 결혼, 육아, 유학, 주거, 소비 등 다양한 방식으로 내국민과 밀접한 관계를 맺으면서 한국 사회에 영향력을 미치고 있다. 이들의 이러한 중요성에도 불구하고 한국의 다문화 담론에서는 재외동포가 빠진 상태에서 주로 비한인계 외국인 이주민들의 적응과 사회통합을 중심으로 논의되어 왔다. 앞으로 다문화 연구와 다문화 정책이 보다 현실적합성을 갖기 위해서는 전체 외국인의 절반가량을 차지하는 국내 체류 재외동포의 상황과 특성을 고려하고 이들을 다문화 사회의 중요한 행위자로 인식해야 한다.

재외동포의 디아스포라 경험은 한국의 다문화 연구와 정책 개발을 위해서 심도 있게 연구되고 참고가 될 가치가 있다. 디아스포라(diaspora)는 일상적인 용어가 아니기 때문에 일반인들이 이해하기 쉬운 개념이 아니다. 우리말로는 민족분산(民族分散) 또는 민족이산(民族離散)으로 번역되는데, 단지 같은 민족성원들이 세계 여러 지역으로 흩어지는 과정뿐만 아니라 분산한 동족들과 그들이 거주하는 장소와 공동체를 가리키기도 한다(윤인진, 2004). 과거에는 '조용한 아침의 나라' 또는 '은자의 왕국'으로 불리던 조선의 백성들이 19세기 중엽부터 새로운 삶의 터전을 찾아 만주와 연해주로 떠나면서 시작한 코리안 디아스포라의 역사는 벌써 1세기 반이 지났다. 그동안 한민족은 미국, 멕시코, 일본, 아르헨티나, 브라질, 독일, 스페인, 캐나다, 호주, 인도네시아 등 거의 전 세계로 퍼져나가 초기 정착의 힘든 역경을 딛고 뿌리를 내리며 살고 있다. 이렇게 코리안 디아스포라는 비록 시작은 미약하였지만 지금은 전 세계 170여 개국에 700만 명의 재외동포를 갖게 될 만큼 크게 발전하였다.

재외동포가 갖는 또 하나의 가치는 이제 다문화 사회로 진입하는 한국이 벤치마킹할 대상이라는 것이다. 재외동포는 오랫동안 다인종 · 다문화 사회에서 상이한 문화집단들과 공존하는 방법과 기술을 체득한 사람들이다. 예를 들어, 조선족동포는 중국의 항일전쟁과 해방전쟁에서 혁혁한 공로를 세웠고 그 대가로 연변조선족자치구를 부여받아 그 곳에서 민족문화와 정체성을 온전히 지켜왔다. 재일동포는 일본인들의 온갖 멸시와 차별에 항거하면서 차별철폐운동과 민족교육을 줄기차게 전개했고, 1970년 이후 남미계 일본인(닛케이진)들과 중국인들이 일본으로 대거 이주하면서 그들의 사회적응 문제가 불거지자 가와사키시(川崎市)의 '외국인대표자회의'와 같은 조직을 구성해서 여타 외국인 이주민들과 연대해서 '아래로부터의 다문화주의'를 선도하고 있다(한승미, 2003). 재일동포와 다문화의 관계에 대해서는 제3절에서 재차 상세히 논하고자 한다. 재미동포는 미국 주류사회의 강력한 동화 압력에도 불구하고 한민족으로서의 정체성과 문화를 잘 지키면서도 주류사회에 적극 참여하여 여타 이민자집단에 비교해서 높은 사회경제적 지위를 향유하고 있다. 로스앤젤레스의 코리아타운은 단지 소수민족경제와 지역사회에 그치는 것이 아니라 한국과 미국 간의 경제교류의 중심지로 성장했다(Yu et al., 2009). 문화 면에서도 재외동포는 모국과 거주국의 문화를 혼합하여 새로운 문화양식과 문화공간을 만들어내고 있다. 예를 들어, 한국에서 재미동포 출신 연예인들은 미국의 대중문화와 한국의 대중문화를 결합한 '한국식 랩'을 만들어냈고, 미국에서 활동하고 있는 한국인 디자이너들은 한국의 미를 서양의 패션에 접목하면서 미국 패션계를 주도하고 있다. 이렇게 재외동포들은 초기 정착의 어려움과 주류사회의 편견과 차별 속에서 민족문화와 정체성을 유지하면서도 주류사회의 기회구조에 적극 참여하여 탁월한 사회, 경제, 문화적 성취를 달성하였다(윤인진, 2004).

이러한 재외동포의 디아스포라와 성공의 경험은 다문화 사회를 살아가는 우리에게 반성과 분발이라는 교훈을 준다. 우리 동포가 외국에서 이민자로서, 소수자로서, 또는 불법체류자로 멸시받고 부당한 대우를 받을 때 우리들이 가슴아파하고 분노하듯 국내의 외국인 이주노동자, 결혼이민자, 다문화 가족 자녀가 피부가 다르다는 이유로, 못사는 나라에서 왔다는 이유로, 한국어가 서툴다는 이유로 무시하고 차별하는 것에 대해 부끄러워해야 할 것이다. 역지사지(易地思之)는 합법성이라는 냉철한 논리의 한계를 넘어서 한국 사회의 실제적 구성원인 외국인과 이주민을 인간적으로 대우하고 보호할 수 있는 논리라고 생각한다

지금까지 국내의 다문화 연구는 주로 캐나다, 호주, 일본 등지의 다문화 정책을 소개하고 한국적 상황에 적합한 다문화주의 모델을 모색하는 데

치중했다고 평가할 수 있다. 이로 인해 재외동포의 경험을 현재의 다문화 연구에 참고하는 것에는 그다지 관심을 갖지 못했다. 앞으로는 재외동포의 디아스포라와 다문화 경험을 보다 심도 있게 연구해서 한국의 다문화 연구의 지평을 넓히는 것이 바람직하겠다.

2. 한국 사회의 재외동포 인식과 그 위상

1) 재외동포의 법적·사회적 지위

재외동포는 한국 국적을 소유한 재외국민(외국에 영주하거나 단기간 또는 장기간 체류하는 한국인)과 외국 국적을 소유한 한인, 그리고 무국적의 한인을 포함한 해외에 거주하는 모든 한인을 가리킨다. 재외국민은 우리나라 국민이기 때문에 국내에서 내국민과 동일한 권리와 지위를 갖고 정부는 해외에 있더라도 재외국민을 보호할 의무를 갖는다. 외국국적 동포는 1999년 12월부터 시행된 '재외동포의 출입국과 법적지위에 관한 법률'(이하 재외동포법으로 표기)에 의해 국내에 거소신고를 하면 출입국과 국내 경제활동에 있어 사실상 내국민과 동등한 지위를 부여받는다.

하지만 실제로 모든 재외동포가 한국에서 동등한 권리와 지위를 갖는 것은 아니다. 미국 등 선진국 출신 재외동포들은 출입국이 자유롭고 국내에서 전문직에 종사하는 비율이 높다. 반면 중국 등 개발도상국 출신 재외동포들은 국내 노동시장 보호라는 명목으로 출입국과 경제활동에 제약이 많다. 실제로 정부는 1998년에 재외동포법을 제정할 때에 중국 등과의 외교적 마찰과 국내 노동시장의 혼란을 우려하여 1948년 정부수립 이전에 이주한 재외동포를 재외동포 범주에서 제외하였다. 그로 인해 조선족동포 200만 명, 고려인동포 52만 명, 조선적 재일동포 12만 명, 재미동포 초기 이민자 1만여 명 등 당시 전체 재외동포의 약 절반에 해당하는 총 265만 명이 졸지에 재외동포가 아니게 되었다(이진영, 2002). 이러한 차별적인 조항에 대해 조선족동포들이 헌법소원청구를 하였고, 결국 2001년 11월 헌법재판소는 합리적인 이유 없이 정부수립 이전에 이주한 동포를 재외동포에서 제외한 것은 헌법에 합치하지 않는다고 판정하여 개정을 요구하였다. 이에 따라 법무부는 2003년 9월 23일 입법 예고한 재외동포법 개정안에서 동법 시행령 제3조를 개정하여 해외이주 시점에 따른 동포 구분을 폐지하고, 외국국적동포의 범위가 무한정 확대되는 것을 피하기 위해 직계비속의 범위를 2대로 한정하였다. 비록 재외동포법의 개정으로 조선족동포들이 재외동포로 인정되었더라도 여전히 실질적인 차별은 남아 있다. 정부는 2003년 9월에 출입국관리법시행령을 개정하여 재외동포체류자격(F-4)으로 입국한 동포가 국내에서 단순노무행위, 사행행위 등의 취업활동에 종사할 수 없도록 하였고, 불법체류다발국가의 재외동포에 대하여는 사증발급 신청시 연간납세증명서, 소득증명서류 등 단순노무행위에 종사하지 않는다는 것을 소명하는 서류를 제출하도록 하였다(윤인진, 2004). 이런 조치로 인해 조선족동포들은 정부가 잘사는 나라의 동포는 우대하고 못사는 나라의 동포는 차별한다고 비판하면서 입국과 취업의 기회를 더욱 늘려줄 것을 요구하였다. 그 결과, 과거에는 국내에 연고가 있는 고령의 동포들만 방문비자를 받았으나 점차 국내 연고가 없는 동포들에게도 입국이 개방되었다. 예를 들어, 정부는 2007년 3월부터 '방문취업제'를 시행하여 국내 연고가 없는 동포들에게도 5년간 유효한 복수 사증을 발급하고 거의 전 업종에 취업할 수 있게 하였다. 그러나 방문취업제를 통해 입국하기 위해서는 한국어능력시험을 우수한 성적으로 통과하고 무작위 추첨에서 당첨되어야 하기 때문에 소수의 사람들만이 혜택을 받을 수 있다.

동포집단 간의 불평등한 대우는 출입국과 취업 분야뿐만 아니라 교육 분야에서도 나타난다. 대학 정원 외로 입학할 수 있는 '재외국민특례입학' 제도나 각 대학에서 특별전형으로 뽑는 '글로벌 인재전형'과 같은 제도들이 주로 미국, 캐나다, 호주 등 영어권 국가 출신 재외동포 청소년들에게 유리해서 모국수학의 기회가 동포집단 간에 불평등하게 주어지고 있다. 이러한 모국 사회의 동포집단들에 대한 차별적인 대우는 동포들 사이의 서열의식과 불신감을 키웠다.

2) 한국인의 재외동포에 대한 인식

한국인이 재외동포에 대해 갖는 인식은 다분히 이중적이다. 한편으로는 일제 강점기 조국이 자기 백성을 돌보지 못해 유랑자의 신분으로 만주, 연해주, 하와이로 이주해서 어렵게 살면서도 조국의 독립과 그 이후의 경제발전에 기여한 애국자라고 생각한다. 하지만 또 다른 한편으로는 조국이 어려울 때 자기 혼자 잘 살겠다고 떠난 기회주의자라고 생각한다. 재외동포를 애국자로 생각하는 경우는 주로 조선족동포, 고려인동포, 재일동포처럼 구한말 가난과 압제를 피해 조국을 떠난 구이민자들과 그 후손들에 해당된다. 재외동포를 기회주의자라고 생각하는 경우는 1970년대 이후 선진교육과 복지를 찾아 미국과 캐나다 등지로 떠나간 신이민자들과 그 후손들이다. 그래서 거주국에서 소수민족으로서의 설움과 차별을 당하면서도 민족문화와 정체성을 지켜온 조선족동포와 고려인동포에 대해서는 '불쌍하다', '장하다'라는 온정적인 태도를 취하지만 재미동포에 대해서는 '부럽다'는 생각과 함께 '잘난 척 한다', '한국인 같지 않다'는 부정적인 생각을 갖는다. 하지만 1990년대 이후 한국인의 생활수준이 급속히 향상되고 재미동포들이 생각했던 만큼 잘 사는 것이 아니라는 것을 알게 되면서 이들에 대한 동경과 질시의 양가감정은 많이 완화되었다.

한국인이 잘사는 나라의 재외동포에 대해서 양가감정을 갖는 것처럼 못사는 나라의 재외동포에 대해서 늘 온정적인 생각을 갖는 것은 아니다. 이들에 대해 온정적일 수 있는 것은 이들이 자신들보다 낮은 위치에 있다고 생각하기 때문이라고 볼 수 있다. 따라서 온정적인 태도는 금세 상대를 무시하고 무례하게 대하는 쪽으로 바뀔 수 있다. 예를 들어, 조선족동포의 연변사투리는 '촌스러운' 것으로 놀림거리가 되곤 한다. 1990년대 중반 이후 한국의 농촌으로 시집 온 조선족동포 여성들은 중국에서 왔다고 무시당하고 이들의 자녀들은 학교에서 자기 엄마가 조선족이라는 사실을 숨기려 하는 일들도 발생한다.

재일동포에 대한 한국인의 인식은 잘 사는 나라와 못 사는 나라의 구도와는 달리 한일관계의 특수성에 의해 크게 영향을 받는다. 일본과 일본인에 대해서 갖는 한국인의 고정관념과 편견이 재일동포에게도 전이되는 경향이 있다. 그래서 한편으로는 일본에서 '조센진'이라고 멸시와 차별을 받으면서도 귀화하지 않고 한국 국적 또는 무국적 신분을 유지하는 재일동포들에게는 찬사를 보내면서도 또 한편으로는 일본인으로 동화된 것에 거부감과 배신감을 느낀다. 재미동포가 시민권을 취득하고 미국문화에 동화되는 것은 자연스러운 것으로 보면서도 재일동포가 귀화를 하면 조국을 배반한 것이고 일본문화에 동화되면 민족성을 상실한 것으로 본다. 그래서 모국을 방문한 재미동포 청소년이 한국어를 못해 영어로 말을 하면 눈감아 주면서도 재일동포 청소년이 일본어를 쓰면 거부감을 느끼는 것은 일본에 대한 한국인의 콤플렉스를 반영한 것이라고 볼 수 있다. 이러한 한국인의 일본에 대한 부정적 감정 때문에 일본에서는 일본인으로 받아들여지지 않고 한국에서는 한국인으로 받아들여지지 않는, 즉 일본과 한국이라는 두 문화의 틈새에 끼여 있는 자신들의 존재에 대해 고민하고 갈등하게 된다. 이런 고민 끝에 결국 자신들은 일본인도 한국인도 아닌 '자이니치(在日)'라는 제3의 정체성을 갖게 된다.

이렇듯 한국인이 재외동포에 대해 갖는 인식은 거주국의 위상, 거주국과 모국 간의 관계, 재외동포의 사회경제적 지위, 거주국 문화에로의 동화 수준, 민족문화 유지 수준 등의 여러 요인들에 의해서 영향을 받으면서 '서열화된 동포관'을 갖게 되고 동포집단별로 상대하는 방식이 달라진다.

3) 공리주의적 사고

한국인이 재외동포에 대해 갖는 또 한 가지 특징적 사고는 '공리주의'라
고 볼 수 있다. 국내의 재외동포 정책 관련 연구들의 제목들을 살펴보면
"국외인적자원 개발 및 활용에 관한 정책연구"(김남희 외, 2005), "한민족청소
년 인적자원 활용을 위한 글로벌 네트워크 구축방안 연구"(조혜영·문경숙,
2007)와 같이 재외동포를 귀중한 해외 인적자원으로 보고 이를 개발하고
활용하여 모국의 국제경쟁력을 높이고자 하는 의도가 담겨 있다. 실례로
1997년 한국이 외환위기에 처해 있을 때, 김대중 대통령은 재외동포의 모
국 투자를 이끌어내서 경제위기를 타개하려고 1998년 8월에 '재외동포의
법적지위에 관한 특례법'안을 발표하였다. 특례법안에 대해 국내외적으로
비판과 문제제기가 있자 법안을 수정하여 '재외동포의 출입국과 법적지위
에 관한 법률'을 제정하고 1999년 12월부터 시행하였다. 이명박 정부는 그
이전의 정부들에 비해 실용주의 노선이 강하기 때문에 외교정책과 재외동
포정책에 있어서도 공리주의적 색채가 강하다. 예를 들어, 이명박 정부의
외교안보정책의 비전과 전략은 '글로벌 코리아 네트워크' 구축이고, 이런
외교안보정책의 하위 개념인 재외동포정책의 목표는 '글로벌 코리안 네트
워크' 구축이다. 외교안보정책이 발표되고 나서 연구자들 사이에 '글로벌
코리아 네트워크'와 '글로벌 코리안 네트워크'의 개념이 어떻게 다른 가를
놓고 논란이 일기도 했다. 필자는 '글로벌 코리아 네트워크'는 외교안보적
차원에서 한국을 '성숙한 세계국가'(Global Korea)로 발전시키기 위한 일종의
세계화 및 선진화 전략이라고 보고, '글로벌 코리안 네트워크'는 "한민족의
혈통과 문화적 공통성, 그리고 한민족 정체성을 기초로 한반도와 전 세계
여러 지역에 거주하는 한민족 구성원들이 형성한 인적, 물적, 정보 네트워
크"라고 정의한다. '글로벌 코리안 네트워크' 이전에도 '한민족공동체'(정영
훈, 2002), '한민족네트워크공동체'(성경륭·이재열, 1999) 등의 유사한 개념들이
있었는데 전자는 후자에 비교해서 네트워크 구축에 초점을 맞추는 것으로

그 차이를 이해할 수 있다. 이름을 어떻게 부르든지 간에 재외동포와 모국 간에 네트워크를 구축하려는 의도는 재외동포의 인적, 물적, 정보 자원을 모국 발전에 활용하려는 목적에서 기인한 것이다. 이런 의도가 경제 분야에서 발현된 것이 2002년부터 시작되어 매년 전국 대도시를 순회하며 개최되고 있는 세계한상대회이다. 이 대회는 한민족경제네트워크 구축의 산물로서 주중대사를 역임했던 권병현 제2대 재외동포재단 이사장이 세계화상대회를 벤치마킹해서 시작한 것이다. 이 대회가 투자한 예산 대비 얼마나 경제효과를 거뒀는지는 미지수이지만 매년 대회가 지속되고 지방 광역시들이 유치 경쟁을 하는 것을 보면 그래도 나름대로의 성과는 거두고 있다고 볼 수 있다.

'재외동포의 모국에의 기여'라는 표어는 재외동포 자신들도 국가를 상대로 자신들의 존재 이유를 부각시키고 정부의 관심과 지원을 이끌어내기 위해 사용한다. 특히 조선족동포들은 자신들이 북한과 남한을 중계하고 북한을 개혁개방의 길로 유도할 수 있다고 주장한다. 즉 자신들이 북한주민들과 친인척 관계에 있고, 같은 사회주의 국가의 국민이기 때문에 북한주민들의 속성을 잘 이해하고, 북한보다 앞서 자본주의 시장경제를 경험했기 때문에 북한을 외부세계로 유도해 낼 수 있다는 주장이다.

그런데 이렇게 역할과 기여라는 관점에서 재외동포를 바라보게 되면 이들을 '물화(物化)'하고 사용가치에 따라 차등적으로 대우할 가능성이 높아진다. 그래서 효용성이 있는 동포는 포섭하고 그렇지 못한 동포는 배제하는 '포섭과 배제'라는 논리가 재외동포들에게 자칫 적용될 수 있다. 마치 한국인이 외국인 이민자를 '선한 이민'과 '부정적인 이민'으로 구별짓기를 해서 결혼이주여성과 같은 이민자는 적극 포섭하고 동화하려는 반면 이주노동자는 정주하지 못하도록 단속하고 추방하는 이치와 같다(엄한진, 2006).

4) 재외국민 참정권과 재외동포의 변화된 위상

재외동포사회에서는 재외국민의 해외부재자 투표제 부활요구가 계속해서 제기되어 왔다. 박정희 대통령은 1966년과 1972년에 여당 후보 지지표들을 겨냥해서 해외부재자 투표를 허용했다가 재외동포들이 반정부 성향으로 전환하자 유신 정권 시기에 금지하였고 그 후로 민주정부가 들어섰어도 재외국민 참정권은 불허되었다. 이로 인해 한국은 OECD 국가 중 재외국민에게 참정권을 부여하지 않는 소수의 나라 중의 하나로서 세계적으로 해외부재자 투표가 확대되어 가는 추세에 역행하고 있다는 비판을 받아 왔다. 참여정부 시기 재외국민 투표권 부여에 대한 긍정론이 확산되면서 17대 국회에서는 재외국민부재자투표의 도입을 내용으로 하는 공직선거법 개정법률안이 2004년 이래 총 9건 발의되었다. 그리고 2007년 6월 28일 헌법재판소는 국내에 주소가 없는 재외국민에게 투표권을 부여하지 않고 있는 현행 공직선거법 제38조 제1항에 대해 헌법불합치 판정을 내렸다. 이로 인해 재외국민은 2012년 19대 국회의원 총선 때부터 참정권을 행사할 수 있게 되었다. 해외 부재자 투표자의 규모는 해외 영주권자와 일시 체류자를 포함해서 240~250만 명으로 추정된다. 양자 대결구도로 치러지는 대통령 선거에서는 해외부재자투표가 선거에 결정적인 영향을 미칠 것이기 때문에 재외동포의 모국 정치에 미치는 영향력은 강화될 것으로 예상된다. 실제로 여당과 야당은 재외국민의 표심을 얻기 위해 각 당에 재외동포사업추진단을 설치하고 해외에 각 당을 지지하는 인사들을 위원으로 위촉하면서 지지세를 넓히려 하고 있다. 국회의원 선거에서는 각 당의 비례대표 의원직을 재외국민에게도 배정할 것이기 때문에 성공한 동포들의 모국 정치 참여가 가속화될 것이다.

그런데 재외국민 참정권은 정부로 하여금 재외동포의 권익보호와 민족교육문화사업에 대한 관심과 지원을 확대할 수 있는 긍정적인 효과도 있지만 이미 지연, 학연, 이념으로 분열되어 있는 재외동포사회를 더욱 분열시키고 갈등으로 몰아갈 수 있어서 이에 대한 대비책이 필요하다. 그리고 재외동포는 거주국의 모범적인 국민으로 정착해서 살아 갈 필요가 있기 때문에 모국 정치 참여가 거주국 정치 참여의 걸림돌이 되어서는 안 된다. 따라서 두 가지 목표를 동시에 잘 조화시킬 수 있는 지혜를 찾는 것이 필요하다.

3. 재일코리안과 다문화

본 절에서는 앞서 언급된 코리안 디아스포라와 다문화의 상호 연관성을 더욱 구체적으로 살펴보는 사례연구 차원에서 재일코리안 커뮤니티의 현재적 위치를 일본 사회의 다문화 논의와 연계시켜 재조명하고자 한다. 재일코리안들의 역사는 일본의 식민지 지배가 시작된 1910년을 기점으로 하자면 어언 100년이 되었다. 이러한 재일코리안 커뮤니티는 민족차별 등 온갖 역경을 겪으면서도 그 동안 많은 변화를 거듭해 왔다. 그리고 그 변화는 무엇보다도 그들이 정착해 사는 일본이라는 사회의 변화에 많은 영향을 받았으며, 일본 사회의 변화를 추동했던 주된 담론 중의 하나가 바로 다문화이다. 따라서 일본 사회의 다문화적 상황과 관련시켜 재일코리안을 새롭게 재인식하는 것은 매우 중요한 작업이다. 특히, 일본 사회가 다문화 사회 실현을 위해서 내세우는 '공생(共生)'이라는 논리와 재일코리안을 여전히 강하게 규정하는 '동포(同胞)'라는 의식을 대비시켜, 다소 이율배반적인 두 개념이 서로 어떻게 상충하는지, 혹은 상호 공존의 가능성은 없는지에 대해 고찰하겠다. 대립과 갈등으로 점철되었던 일본 사회와 재일코리안의 관계가 '다문화 공생'이라는 새로운 화두를 맞았다. 지금까지 우리는 양자가 '공생'할 수 없었던 이유를 지배와 가해의 위치에 있었던 일본 사회에서만 찾으려고 했다. 여기서는 재일코리안 커뮤니티 내부에도 원인이 없었는지를 살펴보고, 특히 '동포'라는 개념이 그 내부적 원인의 주된 담론일

수 있다고 하는 가설을 설정해 본다.

역사적 특수성으로 인해서 기존의 재일코리안 연구는 상당히 경직된 면이 없지 않았다. 결코 적지만은 않은 선행연구가 있지만, 많은 연구들이 식민지 시대를 중심으로 하는 근대기에 집중되는 경향이 있었다. 그 내용에 있어서도 '지배/저항' 혹은 '가해/피해'라고 하는 이분법적 구조 속에서 재일코리안들이 논의되고 인식되기 쉬웠다. 현대기에 들어서도 관련 연구들이 본래의 의도와는 다르게 이데올로기라는 잣대로 저울질되는 측면이 있었다. 이 때문에 재일코리안 연구는 다른 연구 분야에 비해 그다지 인기가 없었으며, 많은 재일코리안 연구들이 '민족(동포)사'라는 틀을 벗어나지 못했다. 이러한 이유로 인해 비교적 근래의 현대기 재일코리안 연구, 특히 재일코리안을 민족동포사의 일부보다는 다문화주의라는 보다 보편적인 시각에서 접근하는 연구는 상대적으로 많이 부족하다. 타민족과 이문화에 대한 배타성이 여전히 강하다는 비판을 듣는 일본도 전지구화(globalization) 현상에 따른 다문화주의라는 세계사적 흐름에는 예외가 아니었으며, 이러한 일본 사회의 시대적 변화는 재일코리안 커뮤니티에도 직간접적으로 많은 영향을 끼쳤다. 이 때문에 일본 사회에서 급속히 전개되고 있는 다문화 현상과 맞물려 새로운 국면으로 접어든 재일코리안 커뮤니티를 재인식하는 작업은 아주 시급하다.

1) '공생' 개념의 출현과 한계

현재 일본에서는 '다문화 공생', '다민족 공생', '다민족 · 다문화 공생', '다문화(이문화) 이해', '다문화(이문화) 교육' 등의 표현을 학계만이 아니라 일반 사회에서도 손쉽게 접할 수 있다. 이미 일본은 더 이상 '다문화'와 '공생'이라는 표현이 새롭거나 낯설지 않게 되었다. 그렇다면 일본은 언제부터 이러한 다문화 담론의 '붐'이 일기 시작했을까? 이에 대한 정확한 시기를 단정하기는 어렵지만, 대략 1980년대 후반이라는 의견이 지배적이다.[1] 이

무렵부터 한국, 중국, 동남아시아, 중남미 등지로부터 취로 목적으로 일본에 들어오는 이른바 뉴커머로 불리는 외국인들이 증가하기 시작했기 때문이다. 이러한 뉴커머들의 존재는 단일민족으로 구성되는 것을 전제로 했던 일본 사회의 시스템과 일본인들의 의식에 변화를 재촉하는 요인으로 작용했다. 행정당국도 외국인 관련 시책을 조금씩 고려하게 되었으며, 외국인 자녀들이 다니는 교육현장을 필두로 사회 다방면에 걸쳐 다문화 공생의 필요성이 강조되었다. 그러나 한편에서는 이러한 다문화 공생 개념에 대해 회의적인 시각을 노정하는 이들도 많다. 시민단체는 물론이고 중앙정부나 지자체 등이 앞장서서 다문화 공생을 '이상'으로 내걸고는 있지만, 일본 사회의 '현실'은 그렇지 못하다는 것이다.

첫째, '공생'이라는 말의 어감이 가지는 매력 때문에 다문화 공생이라는 표현이 일종의 유행어처럼 빈번히 사용되고 있지만, 그것이 현실적으로 그렇게 쉽게 실현될 수 있는 성질의 것이 아니라는 것이다. 이 용어의 기원인 생물학의 영역에서는, 이종간의 격렬한 도전과 응전에 의한 극도의 긴장상태를 거쳐 겨우 도달할 수 있는 평행상태를 '공생(symbiosis)'이라고 부른다. 그렇다고 해서 과격한 민족대립이 바람직하다는 것은 아니지만, 주류사회와 소수 민족집단 사이의 끊임없는 상호 노력이 필요하다(福岡正則·金明秀, 1997: 152). 예를 들어, 일본 사회와 재일코리안이 역사적으로 그 긴장상태를 계속 유지해 왔지만, 그렇다고 해서 서로 평행상태에 도달했다고는 할 수 없는 것과 같은 맥락이다.

둘째, 기존의 분석틀로 다문화주의를 논하는 것 자체가 모순이며, 일본에서 논의되는 다문화 담론도 이러한 모순에서 자유롭지 못하다는 것이다. 다문화주의가 갖는 신선함은 일정한 정치공간(사회 혹은 국가) 내부에 복수의 문화, 에스니스티(ethnicity), 민족 등의 평등한 공존을 인정하는 것은 물론,

---

1 2000년 진후로 다문화 관련 담론이 일기 시작한 한국의 상황과는 10년 정도의 차이가 있다. 외국인 규모에 있어서도 일본은 100만 정도의 한국보다 2배 이상이다. 한국 사회가 현재 겪고 있는 다문화적 상황은 일본이 이미 선험했던 사례들과 유사점이 많아서 그 시사하는 바가 크다.

그러한 이질적인 요소들의 공존을 적극적으로 추구하는 것에 있다. 이를 통해 단일문화와 단일민족이라는 종래의 국민국가의 기본적 통합양식과는 다른, 더 자유롭고, 더 풍요롭고, 더 창조적인 사회를 실현할 수 있다는 것이다. 그런 의미에서 다문화주의는 민주주의와 시민사회의 새로운 방향을 제공하는 개념이라 할 수 있다. 그럼에도 불구하고 다문화주의가 갖는 이론적 모순은 새로운 형태의 인간관계와 사회통합을 추구하면서도, 그 이론을 구축하는 제 개념(문화, 에스니스티, 민족, 국가, 국민, 아이덴티티 등)이 기존의 국민국가에 의해 만들어진 낡은 것들이라는 점이다(西川長夫 외, 1997: 17).

셋째, 다문화 공생 개념에 대한 일본인들의 이해와 인식이 여전히 부족하다는 것이다. 다문화주의란, 한 사회 내에 서른 다른 문화집단이 복수로 존재하는 상황 속에서 문화집단간의 '대등한 관계'를 그 전제로 하는 개념이다. 이질적인 문화집단간의 이러한 상호 대등성은 위에서 언급한 '평행상태' 개념과도 일맥상통한다. 일본 총무성이 발간한 『다문화 공생 추진에 관한 연구회 보고서』(2006년 3월)에도 "다문화 공생이란 국적과 민족 등이 판이한 사람들이 서로의 문화적 차이를 인정하고 대등한 관계를 구축해 나가면서 지역사회의 구성원으로서 함께 살아가는 것"으로 정의되어 있다. 하지만 재일코리안들의 역사를 통해서도 이미 입증되었듯, 타민족에 배타적 경향이 강한 일본 사회가 외국인 이주자들, 그리고 그들의 문화를 과연 '대등'하게 받아들이고 인정할 수 있을지에 대해서는 여전히 의문이 남는다. 일본 사회의 다문화 담론은 일본인 특유의 형식적 친절함과 온정주의적 태도 때문에 일견 긍정적인 것으로 보일 수 있지만, 그 근저에는 역시나 다수자인 일본인들의 시각과 논리가 자리 잡고 있다. 외국인 200만 시대라는 숫자 논리와는 달리, 일본 사회의 재일코리안과 외국인 이주자들(특히 아시아 출신)은 여전히 주류사회의 일본인들에게는 '존재하지만 보이지 않는 존재'들이다.

일본의 다문화 공생을 둘러싼 이러한 이상과 현실의 괴리 현상은 정책적인 차원에서도 확인할 수 있다. '이민'이 다양한 목적으로 거주지를 다른 나라로 옮기는 자발적인 이동으로 정의할 수 있다면, '이민정책'이란 이러한 이민을 '촉진'시키는 공공기관의 노력으로 간주할 수 있다. 물론 여기서 말하는 공공기관의 주체는 일반적으로 정부를 일컫는다(나윤기, 1988: 33-34). 그러나 지금까지 일본의 출입국 정책은 이민을 촉진시키는 차원이라기보다는 일본 정부의 상황과 사정에 맞추는 식의 '통제'에 방점을 찍고 여기에 많은 노력을 기울여 왔다. 그 때문에 보호되어야 할 외국인 이주자들이 일본 정부의 '관리대상'으로 인식되고 마는 결과로 이어졌다. 이주자를 받아들이는 입장에 있는 일본 정부가 정한 관리(정책)의 기준을 충족시키지 못하는 이들은 일본이라는 국민국가의 틀 속으로 들어갈 수 없다는 논리이다. 일례를 들자면, 일본 정부는 개정된 '출입국 관리 및 난민인정법'에 따라 2007년 11월부터 입국하는 모든 외국인에 대해 얼굴사진을 촬영하고 양쪽 검지손가락 지문을 의무적으로 채취하는 제도를 새롭게 도입했다. 이를 거부하는 외국인에 대해서는 강제퇴거 조치가 취해진다. 개인의 인권을 침해할 수 있다는 반대여론에도 불구하고 일본은 미국에 이어 이 제도를 도입한 두 번째 국가가 되었다.[2]

이상과 같이 일본의 다문화 논의는 일본 내 외국인 이주자들의 현실을 제대로 반영하기보다는 '앞으로 이렇게 되어야 한다'는 추상적 당위성만을 강조하는 하나의 '슬로건'에 불과하다는 비판을 받는다(물론 전술한 바와 같이 외국인시민대표자회의를 조직해 그들의 의견을 시정에 적극 반영하는 가와사키시 모델처럼 나름대로 성공적인 사례도 있지만). 이 때문에 혹자는, 일본의 현 상황은 그 대등성이 인정되는 '다문화 사회'라기보다는 단지 복수의 민족들이 섞여 있을 뿐인 '다민족 사회'라는 말이 오히려 적합하고 현실적인 표현이라고 주장한다.

2　입국 시에 행해지는 이러한 사진촬영과 지문날인으로부터 예외적인 외국인들이 있는데, 그들은 다름 아닌 특별영주권을 가진 재일코리안들이라는 점은 아주 역설적이다. 1980년대에 '검지손가락이 가요'를 주장하며 지문날인 거부운동을 필사적으로 전개했던 재일코리안들로부터 곤욕을 치렀던 과거의 경험을 반면교사 삼아, 그 때의 '악몽'이 또다시 재현되는 것을 꺼리는 일본 당국이 사국인과 함께 재일코리안 특별영주자도 개정법의 적용에서 '예외'로 하는 전략적 판단을 한 것으로 이해된다.

일본 내 외국인 소수자들은 사회통합을 위한 관리와 지도의 대상이 아니라, 일본인들과 함께할 대등한 생활의 동반자라고 하는 다문화 공생 개념의 본질에 대한 정확한 이해와 인식이 요구된다.

2) 재일코리안의 현재적 상황

식민지 시대와 해방 후에도 계속되는 민족차별을 경험한 재일코리안 커뮤니티의 현재는, (앞서 본 바와 같이 그 모순과 한계가 있다고는 하지만) 일본의 다문화주의라는 새로운 환경하에서 보다 복잡하고 다양한 양상으로 전개되고 있다. 매년 거의 1만 명에 가까운 재일코리안들이 일본인으로 귀화하고, '다부루(double)' 혹은 '하후(half)'로 불리는 재일코리안과 일본인 사이에서 태어난 이들이 점점 늘어나는 상황에서 더 이상 남(민단)과 북(총련)이라는 이데올로기에 바탕을 둔 이분법적 잣대로 그들을 해석할 수 없게 되었다. 또한, 초창기에는 일본 전체인구의 1%를 차지하는 특별영주자로서 말 그대로 '특별'했던 재일코리안들이지만, 비교적 근래에 이주해 온 뉴커머 한국인과 여타 외국인들의 급증으로 기존의 재일코리안들에 대한 사회적 관심이 점점 희석되고 있다. 이 때문에 이제는 "자이니치는 재일외국인의 일부"라는 인식이 점점 확산되는 추세이다. 이러한 배경과 연동해 재일코리안 관련 연구나 문헌들도 그 내용과 형식에 있어 많은 변화를 보이고 있다. 독립운동이나 전후보상, 그리고 민족차별이 주를 이루던 기존의 연구와 문헌에서는 재일코리안만을 '특화'된 영역으로 다룰 수 있었지만, 1980년대부터 일본의 다문화 현상과 맞물려 나타나는 재일코리안 커뮤니티의 변화상은 관련 연구와 문헌에도 고스란히 반영된다. 이른바 '자이니치論'이 재일외국인 전체를 취급하는 연구와 문헌 속의 일부로 '묻히는' 경향을 보이고 있다.

〈표 8.1〉은 일본 법무성이 발표한 일본 내 외국인등록자수의 추이를 나타낸 것으로, 1999년부터 2009년까지 11년 동안의 변화를 격년 간격으로

파악할 수 있다. 1999년의 155만 6,000여 명이었던 일본의 외국인등록자 수가 2009년에는 무려 218만 6,000여 명으로 늘었음을 알 수 있다. 여기에 파악이 불가능한 불법체류자들까지 감안하면 그 수는 훨씬 상회할 것으로 보인다. 이미 마이너스대를 기록하고 있는 일본인의 인구증가율에 비해 외국인등록자의 증가율은 날로 높아가는 추세에 있으며, 향후 그 차이는 더욱 커질 전망이다. 이들 외국인등록자의 국적(출신지)을 보자면, 대체적으로 한국·조선이 가장 많았고, 그 다음으로 중국, 브라질, 필리핀, 페루, 미국 등의 순이었다. 여기서 브라질과 페루 출신자들은 근대기에 각각의 지역으로 이주해 간 일본계 이민자들의 후손들이 그 대부분을 차지하고 있다. 이들의 '모국' 일본으로의 환류는, 중국조선족들이 같은 '동포'로서 한국으로 유입되는 것과 비교할 수 있어 흥미롭다.

여타 외국인이 증가 일로에 있는 것과는 대조적으로 재일코리안은 1991년의 69만여 명을 정점으로 매년 감소 추세에 있으며, 전체 외국인등록자 중에서 차지하는 비율도 점점 낮아지고 있는 형국이다. 한국에서 새롭게 유입되는 이른바 뉴커머 재일코리안은 증가하고 있지만, 기존의 특별영주자들이 귀화 또는 저출산 등의 이유로 그 수가 격감하고 있는 것이 그 주된 원인이다(金賢, 2006: 62-64). 재일코리안 특별영주자의 인구는 2009년 현재 약 41만 명 정도로, 매년 1만 명 이상씩 감소 추세를 보이고 있다. 특히, 2007년은 재일코리안들에게는 충격적인 해였다. 일본 내 소수민족 중에서 압도적인 수적 우위를 차지해 왔던 그들이었지만, 동년부터는 그 자리를 재일중국인에게 넘겨줘야 했기 때문이다. 〈표 8.1〉에서도 확인할 수 있듯, 일본으로 이동해 오는 중국인은 1990년대 후반부터 급증하기 시작해 2007년에는 60만 명을 돌파했다. 이에 비해 재일코리안들은 그 수가 점점 감소해 2005년에는 60만 명대에서 50만 명대로 떨어졌다. 일본으로 유입되는 중국인 중에는 조선족들도 상당수 포함되어 있다. 날로 그 수가 증가하고 있는 이들은 특유의 친화력을 바탕으로 한 조선족 네트워크를 구축하면서 일본 내에서 그 존재감을 높여가고 있다. '동포'라는 시각에서 보자면, '재

〈표 8.1〉 일본 내 국적(출신지)별 외국인등록자 추이

(단위 : 명)

국적(출신지)	1999	2001	2003	2005	2007	2009
중 국	294,201	381,225	462,396	519,561	606,889	680,518
한국·조선	636,548	632,405	613,791	598,687	593,489	578,495
브라질	224,299	265,962	274,700	302,080	316,967	267,456
필리핀	115,685	156,667	185,237	187,261	202,592	211,716
페 루	42,773	50,052	53,649	57,728	59,696	57,464
미 국	42,802	46,244	47,836	49,390	51,851	52,149
기 타	199,805	245,907	277,421	296,848	321,489	338,323
합 계	1,556,113	1,778,462	1,915,030	2,011,555	2,152,973	2,186,121

자료 : 일본 법무성 입국관리국 홈페이지 참조.3

일조선족'이라는 또 다른 코리안 커뮤니티가 현재의 일본 사회에 형성되고 있는 셈이다.

한편, 1980년대 후반부터 시작해 근래에는 일본 내 한류 붐으로 더욱 급증하고 있는 뉴커머 재일코리안들도 재일한국인연합회(한인회)를 2001년에 결성해 기존의 민단과 총련이라는 민족단체와의 차별화를 꾀하고 있다. 이들 뉴커머 코리안들은 1965년 한일국교정상화 이후에 도일해 정착한 세대로, 특히 1980년대 후반부터 전면적으로 실시된 한국 정부의 해외여행 자유화 정책으로 유학이나 취업, 사업 등을 목적으로 도일한 경우가 많다. 약 15만 명 정도로 추정되는 이들 뉴커머들은 모국에 대한 자부심이 강하고 무역이나 정보통신, 경영투자 등 다양한 직종에 종사하는 것이 특징이다.4 기존의 1세들과 그 후손들이 주축이 되는 민단과 총련은 이러한 뉴커머와 한인회의 존재를 그다지 인정하지 않으려는 경향이 있지만, 그들은 일본 내 코리안 커뮤니티의 변화상을 읽을 수 있는 새로운 존재임은 부정할 수 없다.

---

3   http://moj.go.jp/content/000049970.pdf(2010년 7월 9일 검색).
4   『재외동포신문』, 2009년 4월 24일자.

3) '동포'로서의 재일코리안

재일코리안들도 일본 사회에서 전개되고 있는 이러한 다문화 공생의 논의과정에서 배제되면 안 된다고 하는 위기의식과 공통인식이 어느 정도 형성되었으며, 이에 따른 다양한 변화들이 일어나고 있다. 먼저, 2005년에는 도쿄에 있는 한국중앙회관에 재일한인역사자료관(The History Museum of J-Koreans)이 개관했다. '100년의 역사를 후세에'라는 슬로건을 표방하며 문을 연 동 자료관은 그 명칭에 '재일한인'이라는 일본에서는 다소 생소한 표현을 삽입했다. 이는, 재일코리안들의 역사를 민단과 총련이라는 정치적 이념으로 재단하기보다는 보편적이고 중립적인 차원에서 재조명하기 위한 것으로 여겨진다. 다시 말해, 다문화 속에서 살아왔던 재일코리안들의 있는 그대로의 생활사를 '전시'하는 사료중심의 자료관을 지향하고 있다. 이러한 '재일한인' 명칭 사용에 대해 박광현(2010: 419)은, 과거 식민지민으로서의 정체성과 공생사회의 주체로서의 정체성 사이에서 자신들의 '오늘'을 재구성하려는 의도와 무관하지 않다고 분석한다.

민단도 동포 단원 중심의 울타리 안에만 머물지 않고, 다문화 공생을 위한 다양한 시도와 노력을 하고 있다. 1994년에는 단체명을 '재일본대한민국거류민단'에서 '재일본대한민국민단'으로 개칭했다. 이에 대한 다양한 해석이 있을 수 있겠지만, 정식 명칭에서 '거류'라는 표현을 뺐다는 사실은 커다란 상징적 의미를 가진다. 재일코리안들의 의식구조 속을 관류하였던 최대의 특징이 '조국회귀'였듯(高承濟, 1973: 272), 민단의 기존 단체명에는 일본이라는 사회는 잠시 거처하는 곳으로 언젠가는 고국(고향)으로 돌아간다는 의미가 내포되어 있었다. 그런 단체명에서 '거류'라는 두 글자를 뺀 것은, 앞으로는 일본 사회의 일원으로 계속 정착해 살아간다는 의미로 이해할 수 있으며, 이러한 시도는 또한 일본의 다문화 공생 분위기와 무관하지 않다고 본다. 이밖에도 현재 민단은, 다문화 공생 활동의 일환으로 그 창단월을 기념해 '10월마당'이라는 행사를 역점사업으로 추진하고 있다. 각

지역 민단지부가 중심이 되어 다양한 문화행사를 개최하고 있는데, 기존의 동포 단원 중심의 행사를 지양하고 일본인과 여타 외국인 지역주민들과 어울릴 수 있는 교류의 장으로 자리매김하고 있다.

이러한 시대적 변화를 감안해 일본 사회와 재일코리안을 다문화 공생이 라는 키워드로 연결시킨다는 것은 총론에 있어서는 바람직하지만, 이를 어 떻게 실천하고 구체화시킬 것인가라는 각론의 문제는 상당히 복잡하고 생 각을 요하게 한다. 재일코리안 중에는 여전히 일본의 다문화 공생 논리를 그다지 긍정적으로 받아들이지 않는 이들도 많다. 예를 들어 지동욱(2002: 122-123)은, 현재 다양한 공생의 길이 모색되고 있지만, 결국 재일코리안이 선택할 수 있는 공생의 길은 귀화라는 것으로 귀착된다고 주장한다. 공생 은 일본인과 같이 사는 것이며, 일본 국적을 취득하는 것, 다시 말해 귀화 (동화)하는 것이다. 함께 사이좋게 살고 싶으면 귀화가 최선이라고 주장하 는 일본인도 많다는 견해이다. 결혼, 자녀교육, 사업 등과 같은 현실적 문 제 때문에 귀화하는 경우가 많으며, 진정으로 '일본인이 되고 싶은' 마음에 서 귀화하는 재일코리안은 그리 많지 않다는 것이다.

한편, 고자카이 도시아키(小坂井敏晶, 2003: 158-159)는 소수파 문화의 옹호에 힘을 쏟고 다양한 세계관이 공존할 수 있는 길을 모색하는 것이 바로 다문 화주의라고 하면서도, 이 개념이 갖는 문제점을 이렇게 지적하고 있다. 즉, 다문화주의의 근저에는 역시나 민족이라는 개념이 실체로서 자리하고 있 어서 결국에는 뉴욕의 할렘가나 차이나타운과 같은 게토처럼 고립된 거주 지역이 출신민족만으로 형성되기 쉽다는 것이다. 이는, 다문화주의가 경우 에 따라서는 "각각의 민족은 고유의 문화를 가지고 있다. 그래서 다른 민 족에 동화시키는 것은 인도적인 차원에서도 어렵고 불가능한 일이다. 그 렇기 때문에 주류문화에 흡수될 수 없는 외국인들에 대해서는 동화정책을 강행하기보다는 출신국으로 되돌아가게 하는 정책을 펴야 한다"는 우익진 영의 논리와 일맥상통할 수 있다는 것이다. 이것은 역사적으로 대립과 긴 장이 반복되었던 일본 사회와 재일코리안의 관계에 있어서도 부합되는 견해이다.

재일코리안들은 다문화 공생 실현을 위한 가장 적극적인 방법의 하나로 지방참정권 획득을 주장하고 있다. 이 운동을 주도적으로 추진해 온 민단은 단지 '우리들만의 운동'이라는 노선에서 탈피, 현재는 여타 재일외국인 세력들과 연대해 운동을 전개하고 있다. 새롭게 탄생한 일본 민주당 정권도 이 문제에 대해서 긍정적인 시각을 견지하고 있기는 하지만, 전망이 그다지 밝지만은 않다. 일본으로의 동화를 우려하는 총련도 재일코리안의 참정권 획득을 반대하고 있으며, 또한 일부 우익성향의 일본인들 사이에서는 여전히 재일코리안에 대한 참정권 부여를 그리 달가워하지 않는 부정적인 시각이 팽배해 있다. 이와 관련해 특기할 만한 것은, 다문화 공생이 주창되는 가운데에서도 일본의 단일민족 신화를 신봉하는 보수우익세력들이 새롭게 등장하고 있다는 점이다. 특히, '자이니치의 특권을 용납하지 않는 시민 모임(在日特権を許さない市民の会)'은 참정권 문제를 비롯한 재일코리안들의 제반사항에 대한 반대운동을 가장 적극적으로 주도하고 있다. 동 모임은 주로 인터넷을 통해 비교적 젊은 층의 불특정다수에 의해 결성되는데, 이러한 점은 몇몇 고정인사들로 조직되었던 기존의 일본 우익세력과는 또 다른 양상이라 할 수 있다.

이처럼 일본 사회와 재일코리안 커뮤니티가 다문화 공생의 시대에 '공생'할 수 없는 이유는 무엇일까? 필자는 그 본질적인 원인을 아직도 양측에 뿌리 깊게 남아있는 자민족중심주의(ethnocentrism)에서 찾고자 한다. 일본 사회의 이러한 배타적 특징은 이미 많이 지적되고 있는 점을 감안해 여기서는 재일코리안 커뮤니티의 내부를 보도록 하자.

특히, 필자는 '동포'라는 담론을 천착하고 싶다. 동 개념이 아직도 여전히 재일코리안 커뮤니티를 지배하는 핵심 담론이기 때문이다. 단일민족신화에 바탕을 둔 이 '동포' 담론은 일본의 식민지 지배에 대항하는 강력한 기제로 작용했으며, 해방 후에도 그 계보성이 변함없이 유지되어 재일코리안들을 규정하게 된다. 그리고 이러한 '동포' 담론을 최대한 활용한 것은 다름 아닌 대표적 양대 민족단체인 민단과 총련이었다는 사실은 두 말할 나위가 없다. '동포'의 단결만을 강조해 왔던 민단과 총련은 일본 사회와의 공생에는 그다지 관심을 보이지 않았으며, 그들의 주된 활동이란 조국지향의 경향이 강한 것들이었다. 조국의 정세에 민첩하게 반응하고, 조국의 통일과 발전을 위해 다양한 활동을 전개하는 것이 그 무엇보다도 중차대한 과제로 여겨졌다. 또한, 인간의 정체성이란 국가와 민족만이 아닌, 교육, 가족, 지역, 고향 등의 다양한 요소들에 의해서 영향을 받을 수 있는 중층적인 성격의 것임에도 불구, 재일코리안들의 자기 정체성은 곧 국가(혹은 민족) 정체성으로 인식되기 쉬웠다. 재일동포모국공적조사위원회가 펴낸 『母國을 향한 在日同胞의 100년 足跡』(재외동포재단, 2008)은 이러한 분위기를 잘 반영하고 있다. 한편, 조국(특히 한국)도 '내외동포는 하나'라는 슬로건 하에 그들을 국익에 적극 활용하자는 이른바 '국가(민족)자산론'이라는 논리로 접근하려는 경향이 강하다.

이상과 같은 이유로 재일코리안 커뮤니티에 강하게 내재된 이 '동포'라는 담론이 어떻게 하면 '공생'이라는 개념과 공존할 수 있을까 하는 문제에 봉착하게 된다. 두 개념의 상충으로, '동포로서의 재일코리안'과 '일본의 다문화 공생'을 동시에 논한다는 것은 역설에 빠질 수 있는 상당히 난해한 일이다. 굳이 그 해법을 찾는다면, 기존의 민족주의적 '동포' 담론을 시대적 상황에 맞게 재해석하는 일일 것이다. 즉, '동포' 담론을 너무 혈통주의적 배타성만을 강조하는 협의의 의미가 아니라, 이질적인 문화와 민족도 수용할 수 있다고 하는 관용과 보편의 개념으로 재해석하는 것이다. 재일코리안의 '동포' 담론에 대한 현재적 재해석과 이에 걸맞은 실천들이 수반될 때만이 진정한 다문화 사회도 이룰 수 있다고 본다.

다문화주의가 갖는 상호 대등성을 감안, 일본 사회와 재일코리안 커뮤니티는 갑과 을의 관계를 지양하고 서로의 눈높이를 맞추는 노력이 필요하다. 먼저, 주류 일본 사회는 다문화 공생 관련 논의와 정책들을 추진하는 과정에서 자신들의 논리만을 정당화할 것이 아니라, 재일코리안을 포함한 재일외국인들도 참여할 수 있는 '쿼터'를 제도적으로 정착시키는 것이 중요하다. 한편, 재일코리안의 경우, '공생'과 '동포'라는 서로 상충하는 (ambivalent) 두 가치가 어떻게 하면 서로 공존할 수 있을지에 대한 내적 성찰과 함께 새로운 활로를 모색해 나갈 필요가 있다. 비록 그 숫자가 점점 줄어들고 있다고는 하지만, 여전히 재일코리안은 일본 내 소수민족 중에서 단연 눈에 띄는 거대 민족집단임에 틀림없다. 그렇기 때문에 다문화 공생 실현을 위한 그들의 노력과 자세는 여타 재일외국인들에게도 커다란 영향을 미칠 것이다. 다행히도 재일코리안은 온갖 역경과 고난 속에서도 역사적으로 이미 오래 전부터 다문화를 선험한 노하우를 가지고 있다. 그들이 축적한 이러한 다문화의 노하우와 경험은 일본인과 재일외국인을 잇는 '가교' 역할을 할 수 있을 것으로 믿는다.

4. 결론 및 제언

지금까지 한국 사회의 다문화 담론을 비판적으로 진단하고, 그 동안 논의가 거의 없었던 코리안 디아스포라와 다문화의 연관성을 고찰했다. 그리고 이와 관련한 사례연구의 일환으로 대표적 코리안 디아스포라 집단인 재일코리안 커뮤니티와 일본의 다문화적 상황에 관한 분석을 시도했다. 오랫동안 단일민족의 신념으로 살아 왔던 한국인에게 2000년 이후 급속히 진행된 다민족화, 다문화화는 너무도 갑작스런 변화였다. 급하게 발생한 문제들을 해결하느라 장기적이고 종합적인 대비책을 생각할 여유가 없었다. 이주노동자의 구타 및 임금체불, 여성 결혼이민자의 가정폭력, 다문화가족 자녀의 학습부진 등 누가 보더라도 시급하고 명백한 인권문제를 해결하는 데 사회적 관심이 모여졌다. 이로 인해 한국에서의 다문화 담론은 시작부터 소수자의 인권보호라는 명분을 갖게 되었고 '정치적으로 올바른', 국민을 '계몽'하는 성격을 띠게 되었다.

필자는 짧은 시기에 한국 사회가 다문화 사회로의 전환 과정에서 비록 시행착오도 겪었지만 일본, 대만, 싱가포르 등 인접 동아시아 국가들에 비해서 자부심을 가질만한 성과를 거두었다고 평가한다. 고용허가제, 재한외국인기본법, 다문화가족지원법 등은 외국인과 이주민의 인권과 사회적응을 국가가 적극적으로 보호하고 지원하려는 목적에서 제정되었고 나름대로 긍정적인 성과를 거두었다고 평가한다. 앞으로의 과제는 이런 노력들이 미처 실현하지 못한 문제들[예를 들어, 미등록(불법체류) 이주노동자 자녀의 교육권]을 해결해서 보다 이상적인 다문화주의를 실현하는 데 힘을 모아야 한다고 생각한다.

또한 앞서 언급한 바와 같이 재외동포 디아스포라는 한국 사회가 다문화 사회를 대비하는 데 유용한 타산지석이다. 역지사지의 관점에서 외국에서 이민자, 소수자로 살아가는 재외동포의 처지를 생각해서 국내의 이주민에게 동등하게 대우하는 것이 필요하다. 외국사회가 재외동포에게 해주기를 바라는 것처럼 국내의 이주민들에게 해 주는 자세가 필요하다. 그리고 우리가 재외동포들에게 거주국에서 성공하고 민족문화와 정체성을 유지하고 모국과의 유대를 끊지 않을 것을 기대하는 것처럼 국내 이주민들에게도 한국 사회의 기회구조에 적극 참여해서 성공하면서도 자신들의 민족문화와 정체성을 유지하고, 모국과 한국과의 교량역할을 해 줄 것을 기대해야 한다. 그리고 재미동포들이 'Korean American'이라는 이중정체성을 통해 모국의 문화유산을 자랑스럽게 여기면서 미국 국민으로서의 권리와 의무를 행사하는 것을 인정하듯, 베트남계 한국인이 어머니 나라와 아버지 나라의 문화유산을 자기개발의 자원으로 활용할 수 있도록 도와야 한다.

과거에는 재외동포 디아스포라는 나라 밖의 일이었다. 그런데 조선족동포처럼 지금은 밖에 있던 디아스포라가 나라 안에서 진행되고 있다. 그리고 외국인들이 한국 내에서 베트남 디아스포라, 필리핀 디아스포라, 몽골 디아스포라의 역사를 써 나가고 있다. 앞으로는 이 땅에서 한민족 디아스포라와 타민족 디아스포라가 섞이면서 혼종(hybrid) 디아스포라가 생겨날 것이다. 이런 측면에서 재외동포와 디아스포라는 지금까지 이주노동자, 결혼이민자, 다문화 가족 자녀에 편중되었던 국내의 다문화 연구의 지평을 넓힐 수 있을 것으로 기대한다.

참고문헌 _____

고승제(1973). 『한국이민사연구』. 장문각.

김남희·강일규·윤인진·이기성(2005). 『국외인적자원 개발 및 활용에 관한 정책연구』. 한국여성개발원.

김태영 지음, 강석진 옮김(2005). 『저항과 극복의 갈림길에서: 재일동포의 정체성, 그 역사와 현재 그리고 미래』. 지식산업사.

김혜순(2008). "결혼이주여성과 한국의 다문화 사회 실험: 최근 다문화 담론의 사회학". 『한국사회학』 제42집 2호: 33-71.

나윤기(1988). "한국의 해외이주정책에 관한 연구". 한양대학교 대학원 박사학위논문.

박광현(2010). "재일한국인·조선인의 정체성에 관한 연구". 『日本研究』 第13輯: 417-440.

박성혁·성상환·곽한영(2007). 『우리나라 다문화 교육정책 추진현황, 과제 및 성과 분석 연구』. 교육인적자원부.

설동훈(2009). "한국 사회의 다문화 담론에 대한 성찰적 접근". 『역사의 시각에서 본 '동아시아세계'의 아이덴티티와 다양성(Ⅰ)』. 동북아역사재단 주최 국제학술회의 자료집: 168-176.

성경륭·이재열(1999). "민족통합에 대한 네트워크 접근". 『민족통합과 민족통일』. 한림대학교 출판부: 113-148.

엄한진(2006). "전지구적 맥락에서 본 한국의 다문화주의 이민논의". 『동북아 "다문화" 시대 한국 사회의 변화와 통합』. 한국사회학회: 13-43.

윤인진(2004). 『코리안 디아스포라: 재외한인의 이주, 적응, 정체성』. 고려대학교출판부.

_____(2009). 『북한이주민: 생활과 의식, 그리고 정착지원정책』. 집문당.

윤인진·이철우·김제완(2007. 『재외국민 해외부재자투표제도의 개선을 위한 정책 연구』. 국회입법조사처.

이진영(2002). "한국의 재외동포정책: 재외동포법 개정의 쟁점과 대안". 『한국과 국제정치』 제18집 4호: 133-162.

원숙연(2008). "다문화주의시대 소수자 정책의 차별적 포섭과 배제". 『한국행정학보』 제42권 3호: 29-49.

재일동포모국공적조사위원회 편(2008). 『母國을 향한 在日同胞의 100년 足跡』. 재외동포재단.

정영훈(2002). "한민족공동체 형성과제와 민족정체성 문제". 『재외한인연구』 제13호: 5-38.

조혜영·문경숙(2007). 『한민족청소년 인적자원 활용을 위한 글로벌 네트워크 구축
　　방안 연구 Ⅰ(총괄보고서)』. 한국청소년정책연구원.

한건수(2009). "한국 사회의 다민족화와 '다문화 열풍'의 위기". 『지식의 지평』 제7호:
　　192-208.

한승미(2003). "일본의 '내향적 국제화'와 다문화주의의 실험: 가와사키 시 및 가나가
　　와 현의 외국인 대표자 회의를 중심으로". 『한국문화인류학』 제36집 1호:
　　119-147.

행정안전부(2009). "2009년 지방자치단체 외국인주민 현황조사 결과".

小坂井敏晶(2003). 『民族という虚構』. 東京大学出版会.

金賢(2006). 『現在がわかる! 在日コリアン』. 九天社.

池東旭(2002). 『コリアン·ジャパニーズ』. 角川書店.

西川長夫ほか編(1997). 『多文化主義·多言語主義の現在』. 人文書院.

福岡正則·金明秀(1997). 『在日韓国人青年の生活と意識』. 東京大学出版会.

Yu, Eui-Young, Hyojoung Kim, Kyeyoung Park, Moonsong Oh. (2009). Korean
　　American Economy and Community in the 21st Century. Korean American
　　Economic Development Center.

■ **윤인진**　고려대학교 사회학과 교수. University of Chicago 사회학과에서 사회학 박사 학위 취
득. University of California, Santa Barbara의 Asian American Studies Department에서
조교수로 재직. 1995년부터 현재까지 고려대학교 사회학과 교수로 재직. 주요 연구물은 On My Own:
Korean Businesses and Race Relations in America(University of Chicago Press,
1997), 『코리안 디아스포라』(고려대학교 출판부, 2004), 『북한이주민』(집문당, 2009), 『한국인의
이주노동자와 다문화 사회에 대한 인식』(한국학술정보, 2010), 『북한이탈주민의 정체성과 남한주민
과의 상호인식』(2010, 북한이탈주민지원재단). 현재 북한이탈주민학회 회장(2011~2012), 재외한
인학회 편집위원장(2011~2012)으로 활동. 이메일 주소: yoonin@korea.ac.kr, 홈페이지 주소:
http://yoonin.hosting.paran.com

■ **라경수**　고려대학교 아세아문제연구소 HK연구교수. 고려대학교 정경대학 신문방송학과를 졸업하
고 일본 와세다대학 대학원 아시아태평양연구과에서 국제관계학 전공으로 석·박사 학위를 취득. 와세
다대 아시아연구소 연구원, 일본 시즈오카현립대학 및 아시아대학 국제관계학부 강사, 미국 하와이대
학교 한국학센터 객원연구원 등을 역임. 일본이민학회, 일본국제문화학회, 일본국제정치학회, 아시아
정경학회, 한일문화교류연구회 등의 회원으로 활동 중. 전공 분야는 동아시아 국제관계론, 국제이동론.
주요 논문으로 「越境するコリアン: 域内移動の視点から」(西川潤·平野健一郎編『東アジア共同体の構
築3: 國際移動と社會変容』岩波書店, 2007年), 「일본의 다문화주의와 재일코리안: '공생(共生)'과 '동
포(同胞)'의 사이」(『재외한인연구』 제22호, 2010) 등 다수. 이메일 주소: ksrha@korea.ac.kr

연도	저 자	제 목	발행처 및 호수	비 고
2011	정영순	글로벌리즘과 남북공동체 형성을 위한 한인디아스포라	『재외한인연구』제23호	pp. 45-76
2010	장윤수	『코리안 디아스포라와 문화 네트워크』	북코리아	단행본
	한진 외	『중앙아시아 고려인 디아스포라 문학』	국학자료원	단행본
	라경수	일본의 다문화주의와 재일코리언: '공생(共生)'과 '동포(同胞)'의 사이	『재외한인연구』제22호	pp. 57-96
	이미림	코리안 디아스포라 문학에 나타난 예술·사랑·국가: 구효서의 『랩소디 인 베를린』론	『세계한국어문학』제4집	pp. 97-127
	고인환	코리안 디아스포라 문학의 한 양상: 정철훈의 『인간의 악보』를 중심으로	『批評文學』제37호	pp. 55-71
	김태만	재중코리안 디아스포라의 트라우마	『中國現代文學』제54호	pp. 237-269
	김태만	재일코리안 디아스포라의 트라우마: 영화 〈우리에겐 원래 국가가 없었다〉, 〈박치기〉, 〈우리학교〉를 중심으로	『동북아문화연구』제25집	pp. 371-387
	리상봉	디아스포라와 로컬리티 硏究: 在日 코리안을 보는 새로운 視角	『한일민족문제연구』제18호	pp. 107-146
	김귀옥	분단과 전쟁의 디아스포라: 재일조선인 문제를 중심으로	『역사비평』제91호	pp. 53-93
	고인환	중국조선족 디아스포라 문학의 한 가능성: 김학철의 〈20세기의 신화〉에 나타난 작가의식을 중심으로	『韓國文學論叢』제55집	pp. 341-363
	윤정화	재일한인작가의 디아스포라 글쓰기 연구	이화여자대학교 박사학위논문	
2009	천관희	日本 右傾化와 재일코리언의 地位變化에 관한 硏究	전남대학교 박사학위논문	
2008	Yoon, In-Jin	Korean Diaspora and Transnationalism: The Experience of Korean Chinese	『문화역사지리』제20권 1호	pp. 1-18

연도	저 자	제 목	발행처 및 호수	비 고
2008	정성호	코리안 디아스포라: 공동체에서 네트워크로	『한국인구학』 제31권 3호	pp. 107-130
	박미영	미주 시조 선집에 나타난 디아스포라 작가 의식	『韓國詩歌研究』 제25권	pp. 259-300
2006	서경식	『디아스포라 기행: 추방당한 자의 시선』	돌베개	단행본
	김환기 외	재일 디아스포라 문학	새미	단행본
	정성하	코리안 디아스포라의 자기인식과 디아스포라 미션	『선교와 신학』 제17집	pp. 13-37
2004	윤인진	『코리안 디아스포라: 재외한인의 이주, 적응, 정체성』	고려대학교출판부	단행본
2003	프레드 벅스텐 · 최인범	『코리안 디아스포라와 세계 경제』	국제경제연구소	단행본
	임영상	코리언 디아스포라와 구술사	『역사문화연구』 제19집	pp. 247-277

<h3>부록 2　한국의 다문화주의 관련 주요 출판물 목록</h3>

연도	저 자	제 목	발행처 및 호수	비 고
2011	김정희	한 · 중 다문화 가정의 가족 문식성 경험에 관한 연구	중앙대학교 박사학위논문	
2010	윤인진 · 송영호 · 김상돈 · 송주영	『한국인의 이주노동자와 다문화 사회에 대한 인식』	이담북스	단행본
	윤상우 · 김상돈	사회적 가치관이 한국의 다문화 수용성에 미치는 영향	『사회과학연구』 제36권 1호	pp. 91-117
	권승	한국 사회에서 전개되는 다문화주의의 실체분석에 관한 연구: Harold Troper의 다문화주의 정의에 기반하여	『21세기 정치학회보』 제20집 2호	pp. 55-75
	황정미	다문화 시민 없는 다문회 교육: 한국의 다문화 교육 아젠다에 대한 고찰	『담론 201』 13권 2호	pp. 93-123

연도	저자	제목	발행처 및 호수	비고
2010	Akaha, Tsuneo	International Migration and Multicultural Coexistence in Japan: Resistance and Accommodation to Change	『아세아연구』 53권 2호	pp. 57-101
	조현상	한국 다문화주의의 특징과 정책방향에 관한 연구	원광대학교 박사학위논문	
2009	최충옥 외	다문화 교육의 이론과 실제	양서원	단행본
	정유훈	국내 다문화 현상의 특징과 시사점: 성숙한 다문화 사회를 위한 과제	『經濟週評』 9-44 (통권 373호)	pp. 1-15
	이중섭	다문화주의에 기반한 이주민 사회통합정책에 관한 연구: 고용정책을 중심으로	부산대학교 박사학위논문	
2008	윤인진	한국적 다문화주의의 전개와 특성: 국가와 시민사회의 관계를 중심으로	『한국사회학』 42(2)	pp. 72-103
	김지현	한국 사회에서 다문화주의와 교육	『哲學研究』 제106집	pp. 29-52
	원숙연	다문화주의시대 소수자 정책의 차별적 포섭과 배제: 외국인 대상 정책을 중심으로 한 탐색적 접근	『韓國行政學報』 제42권 3호	pp. 29-49
	전형권	한국의 "디아스포라 현상"에 대한 교육적 접근: 다문화 도덕교육의 방향	『초등도덕교육』 제28권	pp. 259-294
	양영자	한국 다문화 교육의 개념 정립과 교육과정 개발 방향 탐색	이화여자대학교 박사학위논문	
2007	오경석 편	『한국에서의 다문화주의: 현실과 쟁점』	한울아카데미	단행본
	최현	한국인의 다문화 시티즌십(multicultural citizenship): 다문화 의식을 중심으로	『시민사회와 NGO』 제5권 2호	pp. 147-173
	양영자	분단: 다문화 시대 교육 이념으로서의 민족주의와 다문화주의의 양립가능성 모색	『교육과정연구』 25권 3호	pp. 23-48
2005	김남국	다문화 시대의 시민: 한국 사회에 대한 시론	『국제정치논총』 45(4)	pp. 97-121